高等学校金融学专业主要课程精品系列教材

U0771983

国际金融学

主　编　李小北　路剑　李禹桥　李奕杰
副主编　李新炎　安冬　艾笑贻　李大光

中国教育出版传媒集团
高等教育出版社·北京

内容简介

本书坚持以习近平经济思想为指导,以培养能够助力金融强国建设的优秀人才为编写目标,旨在通过通俗易懂的语言、专业的方法、科学的体系帮助读者更好地理解、认识、把握国际金融的专业基础理论,更好地学习掌握实践方面的实务技能。本书构建了较为完整、全面的知识体系,涵盖了国际收支、外汇与外汇汇率、国际储备、国际金融市场、国际资本流动、国际货币制度、国际信贷、外债管理、国际金融机构、国际金融安全、国际金融规则等方面的内容,实现了对构建"以国内大循环为主体、国内国际双循环相互促进"新发展格局战略目标的系统阐释。同时,本书以"知识链接"等方式对国际金融热点问题进行深入讲解,对国际金融安全的相关内容重点介绍,具有结构设计合理、数据时效性强、顺应时代发展趋势的突出特点。

本书可作为普通高等学校金融学、国际经济与贸易、经济学等专业本科生和专业硕士生教材,也可供对相关理论知识感兴趣的读者学习和使用。

图书在版编目(CIP)数据

国际金融学 / 李小北等主编 . -- 北京:高等教育出版社,2025.3 . -- ISBN 978-7-04-063753-3

I. F831

中国国家版本馆 CIP 数据核字第 2025EW3862 号

Guoji Jinrongxue

| 策划编辑 | 李欣航 | 责任编辑 | 王一鸣 黄 茜 | 封面设计 | 张 楠 | 版式设计 | 杨 树 |
| 责任绘图 | 李沛蓉 | 责任校对 | 胡美萍 | 责任印制 | 刘弘远 | | |

出版发行	高等教育出版社	网 址	http://www.hep.edu.cn
社 址	北京市西城区德外大街 4 号		http://www.hep.com.cn
邮政编码	100120	网上订购	http://www.hepmall.com.cn
印 刷	天津鑫丰华印务有限公司		http://www.hepmall.com
开 本	787mm×1092mm 1/16		http://www.hepmall.cn
印 张	19.25		
字 数	420 千字	版 次	2025 年 3 月第 1 版
购书热线	010-58581118	印 次	2025 年 3 月第 1 次印刷
咨询电话	400-810-0598	定 价	51.00 元

主　编：

李小北　琼台师范学院　教授
　　　　海南省金融类专业教学指导委员会主任
路　剑　河北农业大学经济管理学院　院长
李禹桥　黑龙江省总工会教育处　博士
李奕杰　中国热带农业科学院国际合作处　助理研究员

副主编：

李新炎　东京海洋大学海洋　博士
安　冬　河北农业大学文管学院　副教授
田　轩　清华大学五道口金融学院　教授
徐望来　海南大学组织部　副部长
艾笑贻　海南省委统战部政策研究室　副主任
李大光　（原）国防大学政法学院　教授
钱耀军　海口经济学院东方外贸外语学院　院长

参　编：

叶圣鸿　东京明海大学　研究生
刘　媛　河北农业大学经济管理学院　讲师
李琳璐　山西农业大学经济管理学院　讲师
李丹妮　国际关系学院　研究生
李　瑞　同济大学经济与管理学院　研究生
黄成明　海南大学国际商学院　副教授

国际金融学是从货币金融的角度研究开放经济下一国的内外均衡目标如何同时实现的一门独立学科。国际金融是国家和地区之间基于经济、政治、文化等联系而产生的货币资金的周转和运动。随着商品、资本和劳动力等要素的国际流动的发展，一国经济与世界经济的相互依存性增加，就会导致外部均衡问题；同时，随着经济开放的进一步深入，也会使内部均衡问题发生变化。经济开放性使内外均衡的同时实现成为一国经济发展重要课题。在经济全球化和科技日新月异的今天，我们迎来了百年大变局加速期、国际格局变换期、世界秩序调整期、全球治理重塑期。国际金融无论在市场规模、交易工具，还是在经营方式等方面都正在经历飞跃性的发展。

随着经济实力的增强，我国在国际金融体系中的影响力也日益上升。作为世界第二大经济体，我国对国际资本市场产生了很大影响。党的二十大以来，我国用世界的眼光推进新一轮金融改革，不断扩大金融开放，积极履行加入世贸组织、促进金融业开放的庄严承诺，放宽外资在我国金融业的限制，积极推动形成全面开放新格局。党的二十大的胜利召开为对外开放指明了方向，即在不断加强优质金融服务、扩大金融高水平开放的基础上，积极开创中国特色金融监管新局面，不断提升国际循环质量和水平，持续深化国际金融合作，稳步推进金融创新建设，促进共建"一带一路"资金融通。这不仅彰显出了大国担当，更是我国参与全球金融治理且在国际金融体系中影响力提升的重要表现。

因此，为了紧跟时代发展的步伐，使读者能够结合当下国内外金融经济形势更深入地学习、领悟和掌握国际金融学这门学科的知识与技能，本书主要突出了以下特点：

（1）数据、资料、规则时效性强。国际金融形势不断变化，原有的国际金融理论和规则不断面临新的挑战，必然需要持续更新。在编写中，编者将相关资料、规则和条例等都进行了更新，以保证其时效性。

（2）专业管理者参与编写。为了使编写更加充实和严谨，编者在编写过程中对业界进行了调研，吸收了多位专家的意见。由于近年来我国对外投资过程中海外投资贷款项目增量较大，在与行业内专业管理者研讨后，将第八章命名为"国际信贷"，其中包括贸易类的出口信贷和项目融资。

（3）知识系统条理完善，符合当代国际金融发展趋势。除了上述所说的第八章"国际信贷"的内容，本书还在第十二章专门分析和解读国际金融规则。

李小北负责全书的统稿和协调工作；李禹桥负责国内与国际金融内容和数据的收集更新；路剑负责对全书内容进行严格的审核和把关。李奕杰负责第一章内容的编写；艾笑贻和黄成明负责第二章内容的编写；路剑负责第三章至第四章内容的编写；李新炎负责第五章内容的编写；李小北负责第六章至第七章内容的编写；安冬和刘媛负责第八章至第九章内容的编写；徐望来负责第十章内容的编写；李禹桥和钱耀军负责第十一章内容的编写；田轩负责第十二章内容的编写；李琳璐和李大光负责内容的总体核对；叶圣鸿、李丹妮和李瑞负责查阅翻译英国、日本的金融行业相关文献。

在本书的编写过程中，得到了来自各个单位和同行的关怀、指导和帮助，特别是高等教育出版社编辑们集思广益、精益求精，每句话甚至每个字都经历了反复推敲，共同协助完成了本书的编写，在此表达衷心的谢意。由于编者水平有限，此次编写难免有所不足，敬请广大读者提出宝贵意见。

编　者

2024 年 12 月 18 日

目录

第一章

国际金融概论

国际金融是国家和地区之间由于经济、政治、文化等联系而产生的货币资金的周转和运动。在经济全球化的今天，国际金融无论在市场规模、交易工具，还是在经营方式等方面均经历着飞跃性的发展。本章的主要内容包括国际金融的发展简史、特点、新发展，国际金融对全球经济发展的作用，以及国际金融体系的内容和演变特征。

第一节　国际金融发展简史

国际金融学是研究货币与资本在国际范围内运动的一般规律的科学，是在各国国内金融的基础上形成和发展起来的，并随着各国社会经济和商品货币关系的发展而发展，同时它也反过来对各国社会经济发展起着催化和推动作用。为更好地学习国际金融原理和实务，把握国际金融的发展脉络，必须要进行国际金融调研工作，有必要了解国际金融发展史。

一、早期金融市场的形成

根据金融市场最基本、最简明的含义，只要有货币资金的借贷活动，就会产生金融市场（Financial Market）。从这个意义上说，早在封建社会，金融活动就已经出现，但仍然不能构成现代意义上的金融市场。其原因是各地商品经济尚未形成规模，发生的借贷活动主要是为了满足个人消费和简单再生产的需要，因此当时无论在借贷数量上，还是在借贷方式上均很有限。并且，受通信和交通运输等客观条件的限制，各国之间经济交往不多，交易规模有限，形成于各国的初级金融市场是相互分割的，国际规模的金融市场尚未形成。

封建社会后期，英国、法国、德国等欧洲国家在工业革命的推动下，商品生产和流通规模不断扩大，企业融资需求猛增，从而大大促进了各国金融业的发展，现代意义上的金融市场逐渐形成。与此同时，随着各国工业产品产量大幅增长，企业对国际原料和产品市场的依赖程度日益增加，发生在国际上的外币保管、汇兑等金融活动相继出现，国家之间贸易交往逐渐增多，流行于早期工业化国家的金融活动开始走向国际化。随着国家之间融资活动规模的不断增加，国际金融市场开始形成。

但是，由于在封建社会时期各国生产力发展有限，国际贸易在很大程度上仍以易货贸易方式进行，各国所进口的外国商品主要是供王宫贵族消费的奢侈品，而且国家间的贸易差额多以黄金和白银支付。因此，当时的国际金融主要集中在贸易差额的货币支付和货币保管领域，并且发展比较缓慢。

尽管如此，上述金融业的发展对有关国家资本主义生产方式的形成并最终取代封建生产方式，以及对各国商品经济的发展均起到了推动和催化作用。

二、19 世纪的国际金融

进入 19 世纪，欧洲和北美洲工业化国家经济发展较快。在资本主义生产方式的推动下，以信用为中心的货币与资金的金融活动迅速发展，银行、证券交易所等各类金融机构广泛建立，加速了资本的积累和生产规模的扩大，促进了国际贸易的发展以及国际分工的形成，并为现代世界经济的形成和发展创造了条件。

英国早在 18 世纪 60 年代就发起了第一次工业革命，国民经济得到飞速发展，成为当时的世界经济中心和商品生产中心。与此同时，英国也建立了当时世界上最为完善的银行制度，伦敦成为提供贸易信贷和其他各种金融服务的中心。英国政府出于对全球战略的考虑，一方面积极进行对外经济扩张，成为当时全球最大的工业品生产国和输出国，英镑随之成为国际贸易中最为广泛使用的计价和结算货币；另一方面积极进行资本输出，向海外殖民地输送大量低息贷款，成为最大的资本输出国。英国在国际贸易和国际金融领域的主导地位，使得伦敦由国内贸易与金融中心迅速发展成为首屈一指的国际贸易中心和国际金融中心。

除英国外，欧美其他一些主要工业化国家的商品经济也相继得到长足发展。随着对外贸易和投资的不断发展以及对外军事和经济的不断扩张，这些国家相继建立了本国的金融市场，有些城市逐渐发展成为国际金融中心，例如美国的纽约、瑞士的苏黎世、法国的巴黎、德国的法兰克福、意大利的米兰。

三、现代国际金融及金融市场的形成

进入 20 世纪，随着商品经济的进一步发展，大量科学技术运用于商品生产领域，各主要发达国家的经济得到了空前发展。这些国家的银行资本与工业资本相互渗透形成了金融资本，这种金融资本强有力地促进了本国商品经济向现代化市场经济的转变，使国际经贸合作得到了快速的发展，推动了金融多元化，以现代银行制度和信用工具为中心的金融市场应运而生。第二次世界大战后，布雷顿森林体系确立了以美元为中心地位的国际货币体系，使国际货币基金组织与世界银行一道成为协调国际金融、投资和贸易的两大国际经济组织。并且，众多跨国公司的出现和发展，把各国的经济活动紧密地联系在一起，给国际金融市场的发展注入了新的活力，这无论是对世界市场的形成，还是对当今世界经济的发展均发挥了积极的作用。

当前，市场经济国家的商品经济高度发达，与之相适应，金融交易中传统的货币交易已经让位于证券或票据交易，并且金融工具创新层出不穷，金融工具已从较单一的存款、现金、债券、股票、商业票据等演变为多目的、多形式、系列化的种类。对金融制度与金融业务产生了重大影响。

信息和通信技术在金融领域的广泛应用，使得世界各主要金融市场联结成一个有机整体，市场主体可迅速且方便地了解各市场的行情，并可在全球范围内 24 小时连续不间断地进行交易。这为各国政府、企业、居民个人参与投融资活动提供了较好的平台。现代金融活动不仅包括通过金融中介机构实现的间接金融交易，也包括借助诸多金融工具实现资金从资金盈余部门向资金需求部门转移的直接金融活动；不仅包括货币市场，也包括资本市场；不仅包括本币市场，也包括外汇市场和黄金市场等。

综上所述，金融业从无到有，从初级到高级，从国内到国际，经历了一个漫长并且不断创新、交易手段不断完善的发展过程。在此过程中新的金融工具不断出现，市场规模不断扩大，对世界经济一体化产生了巨大的推动和促进作用。综观各国金融业发展现状，发达国家具有比较成熟的金融体制机制，是这些国家市场经济高度发展的必然结果；而许多发展中国家金融业欠发达，恰恰是因其商品经济、市场经济发展滞后所致。国际金融的发展，既是世界经济和世界市场发展的需要，也是各国参与国际分工的需要，更是世界经济发展的必然结果。

国际货币
基金组织

第二节　国际金融的特点

金融即资金的融通。从金融总的范畴来看，国际金融与国内金融并没有太大的区别，两者都是商品经济发展的产物，都遵循着相同的商品经济的供求规律和公平竞争规律，都对社会经济的发展起着重要推动作用。但是，国际金融与国内金融又是两个不同的概念，两者是相辅相成的。国内金融是国际金融发展的基础和前提，国际金融则是国内金融的国外延伸。由于国际金融是超越国界的经济活动，其涉及的内容和范围比国内金融要复杂广泛得多，因而同国内金融相比，国际金融也有其自身的特点。

一、以国际货币（世界货币）作为国际支付的手段

国内金融贸易活动只需使用本国货币进行计价、结算和支付，而国际金融贸易活动

则需要借助于国际支付手段，充当这种国际支付手段的货币是国际货币或世界货币。所谓国际货币，就是在国际经济交往中充当交易手段、支付手段和储备货币的货币。国际货币可以是贵金属货币（如黄金货币），也可以是某一国发行的可以自由买卖和兑换的纸币（如美元、日元、欧元、英镑等），还可以是某一国际组织（或机构）创设的"一篮子"货币（如特别提款权）和商品支付合同中所规定使用的货币。

二、国际金融活动的法律约束比较复杂

国内金融的法律约束是一国统一的金融法令、条例和规章制度。国际金融活动的有关业务也必须遵守各主权国家的法律规定，但从事国际金融不能仅考虑本国的法规，还要考虑国际惯例、国际公约和国际协定。这是因为各国的经济制度、经济实力以及经济发展各不相同，加之国际政治、经济、军事和社会等因素的影响，导致各国国际金融的政策差异往往很大，有时还可能会发生尖锐的对立和激烈的冲突。各国开展国际金融活动都有一个相同的目标，即企图从国际经济中获得利益并促进本国经济的发展，若各国当事人不遵循国际惯例、国际公约和国际协定，就无法使各方当事人的权利和义务关系得到协调，最终导致各自的利益不能得到保证。

三、国际金融活动具有较大的风险性

国际金融是一种全球性的经济活动，它与其他各种国际经济活动相互交织，常常会因为国际金融动荡和国际经济形势的变动受到难以预料的挫折和损害。比如，汇率和利率的变动会造成某些国家国际收支失衡和经济利益受损；国际贸易中结算或计价货币的选择、结算的方式和条件的不同可能给一国经济带来损失；国际信贷中的不确定因素会带来信用风险；一国政局的动荡或金融政策的变动等都可能导致与该国有关的金融活动遭受严重损失。因为引起这些损失的因素存在复杂性和不可预测性，所以从事国际金融所承担的风险比国内金融要大得多。

四、国际金融活动所面对的社会文化环境比较复杂

国际金融联结着诸多国家的货币信用活动和业务往来。世界各地所讲语言不同、各国的商业文化有很大区别、各国的风俗习惯和宗教信仰各异等这些社会文化环境的因素会给国际金融活动的顺利开展带来许多国内金融活动很少遇到的困难和障碍。因此，从事国际金融活动比从事国内金融活动的难度要大得多。

五、国际金融活动对管理者和经营者的要求比较高

从事国际金融活动的管理者和经营者应具有较高的素质。首先，必须通晓从事国际金融活动要使用的语言；其次，要掌握国际金融的基本理论和实务知识；再次，要通晓本国及交易对象国的金融法律法规，以及国际惯例、国际公约和国际协定；最后，对国际金融活动管理者和经营者的政治素养、个人的素质、观察分析能力、决策及应变能力等方面都有较高的要求。

布雷顿
森林体系

第三节　国际金融理论与新发展

一、国际收支理论

国际收支理论是专门研究国际收支失衡的原因以及如何使其达到平衡的理论，国际收支平衡和内部经济均衡（经济增长、物价稳定和就业）的关系，开放经济条件下国民收入、价格和利率的变动以及实现内部和外部均衡的宏观经济政策选择的理论。国际收支理论主要包括弹性分析法、乘数论、吸收论、货币论以及蒙代尔－弗莱明模型。

（一）弹性分析法

弹性分析法（Elasticity Approach）研究的是在收入不变的条件下汇率变动对于一国国际收支由失衡状态调整到均衡状态的作用，其核心是研究货币贬值或商品的相对价格发生改变后，进出口总量将发生什么变化，并且探究如果要使进出口差额得到改善，需要满足何种条件。

弹性分析法是金本位制崩溃后，主要资本主义国家之间矛盾激化，进行激烈的贸易战、货币战的产物，是对国际收支价格和现金流动机制的补充。该理论考察货币贬值的价格效应，强调汇率在平衡国际收支、改善贸易条件方面的作用，关注政府面对严重国际收支逆差应采取何种经济政策。目前在实行严格资本管制的国家中，货币贬值的价格效应仍然是其改善国际收支时所遵循的政策依据。

但该理论也有其局限性：首先，该理论假定"其他经济条件"与汇率无关，国际收支初始处于均衡状态，没有考虑资本流动；其次，该理论采用局部均衡分析方法，将汇率视为调节国际收支的唯一手段，用短期微观分析研究宏观问题；再次，在实际运用中，进出口各类商品的需求弹性、商品的结构等数据在计量时存在技术上的困难；最后，该方法只是一种比较静态分析，忽视了"时滞"（Time-Lags）因素。

（二）乘数论

乘数论（Multiplier Approach）是凯恩斯主义在国际收支领域的延伸，它分析的是在汇率和价格不变的条件下国民收入变动在国际收支调整中的作用。虽然乘数论也没有考虑国际资本流动的作用，但是该理论阐述了国际收支和国民收入之间的关系以及各国经济通过进出口相互影响的原理，对现实经济具有更强的指导意义。特别是在布雷顿森林体系建立和国际货币基金组织（International Monetary Fund，IMF）成立后，国民收入和国际收支之间的因果关系更加显著，乘数论为政府在宏观上调整国民收入进而调节国际收支提供了理论依据。

但该理论也有其局限性：第一，该理论仅分析非充分就业的情况，并且没有考虑汇率和价格因素的作用；第二，该理论仍为局部分析，仅考虑进口的收入弹性，简单阐述了进口的收入变动与国民收入变动之间的关系，没有深入考虑进出口对整个宏观经济的影响；第三，该理论没有考虑国际上日益重要的资本流动，而将国际收支简单地等同为贸易收支；第四，乘数的估计非常复杂，难以测算，该理论存在技术上的困难。

（三）吸收论

吸收论（Absorption Approach）主张采用一国的收入水平和支出行为来分析货币贬值对该国国际收支的影响。吸收论将国内总支出定义为国内吸收。该理论以凯恩斯宏观经济理论为基础，采用一般均衡分析方法，将国际收支纳入宏观分析模型，从国内总收入与国内总支出的相对关系出发研究国际收支问题并提出相应的政策主张。该理论弥补了弹性分析法作为局部分析的不足，研究了弹性分析法的必要条件，建立了比较完整的理论体系，为货币学派国际收支调节理论的完善以及国际收支一般均衡理论奠定了基础。

该理论的局限性主要表现在：第一，该理论承袭凯恩斯主义分析方法，强调短期分析和价格刚性，并没有对贬值的长期效应、贸易品和非贸易品的相对价格变化（这将导致资源再配置）进行分析；第二，在分析对象上，该理论没有考虑国际资本流动，将国际收支简单地等同为贸易收支；第三，在贬值分析中，该理论没有考虑相对价格和支出结构的作用；第四，该理论为简单的单一国家模型，所获结论缺乏可信度。

（四）货币论

货币论（Monetary Approach）认为国际收支失衡的根本原因在于国内的货币需求与货币供给失衡，国际收支问题在本质上是一个货币问题。该理论从弗里德曼的恒久收入假说出发，即假设实际货币需求是稳定的。在长期，实际货币供给量是由名义货币供给量与实际货币需求量之间的相互作用决定的，而且最终必须由实际货币需求量决定。实际货币量往往变动缓慢，而名义货币量则常常独立于实际货币量发生显著的变动。对于持币者来说，只有实际货币需求才有意义。该理论着重考虑货币因素对国际收支的影响，运用长期均衡分析和存量分析的方法，对货币市场与国际收支的关系做了全面的宏观分析，指出只要保持货币供应的适度增长，就可以保持国际收支平衡。

该理论的局限性主要体现在：第一，该理论过于强调货币因素对国际收支的影响，认为货币供给是导致国际收支失衡的唯一因素，而忽视了收入水平、进出口政策等实物因素，因果关系颠倒；第二，该理论仅注重货币存量的分析，忽视了商品市场、流量因素对国际收支的影响；第三，该理论的前提假设存在问题，比如假设货币需求稳定不变、货币供给不影响产出、一价定律成立等。

（五）蒙代尔－弗莱明模型

蒙代尔－弗莱明模型最大的特点是采用一般均衡的分析方法。该模型认为，在开放经济条件下，只有内部均衡和外部均衡同时实现，经济才处于一般均衡状态。该模型运用直观的图形，用一般均衡的分析方法，将高度抽象的经济学原理形象化，从而清晰地阐述了不同汇率制度下，各国如何运用最主要的宏观经济管理工具——财政政策和货币政策来达到内外均衡的状态。该模型既没有忽略资本项目，又没有忽略经常项目，克服了货币主义强调货币政策单一性的做法，指出了特定汇率制度下，财政政策和货币政策的指派应该按照比较利益的原则进行。

该模型的局限性体现在：第一，该模型是 IS–LM 模型在开放经济下的扩展，假定价格水平不变，是一种非充分就业均衡；第二，该模型仅适用于小国的分析，忽视了外国价格、利率水平、政策可能变化对本国经济的影响；第三，假设静态预期，没有考虑时滞效应，是一种短期均衡分析；第四，该模型在对资本流动的流量分析时，假设国际资本流动具有利率弹性，但实际上，利率的提高对于资本流入只能发挥一次性的影响，因而实现的一般均衡可能只是短期、表面的均衡。

（六）国际收支理论新发展

1981 年，威廉·比特引入了消费的时间偏好和迭代模型，他从有限寿命的居民消费的时间偏好角度出发，考察居民财富与国际收支的关系，得到总收入与总支出的关系。1982 年，弗瑞·萨克斯引入了理性预期，他认为经常账户是居民和企业跨时期分配收入和支出的结果，是当前经济变量和未来经济变量的函数。1989 年，墨菲基于汇率超调模型分析了进口商品的价格和数量之间的替代作用，对货币论的国际收支失衡仅仅是货币现象的结论提出了质疑。1996 年及 2005 年，奥伯斯法尔德和罗格夫（Obstfeld & Rogoff）应用跨时期动态模型，分析了国际收支及微观主体的动态行为对经常账户的影响，得到基本经常账户模型。随后，他们提出了一个新模型，可引入价格黏性和动态调整。2008 年，关于经常账户失衡的研究发现，经常账户失衡与以下两个因素有关：① 结构性因素；② 工资谈判制度。

二、汇率决定理论

汇率决定理论的演变与发展和货币制度的演变有着紧密的联系，主要的西方汇率决定理论包括：购买力平价说、利率平价说、国际收支说以及资产市场分析法。

（一）购买力平价说

购买力平价说（Theory of Purchasing Power Parity）是现代汇率理论中最具有影响力的理论之一，其理论渊源可以追溯到 16 世纪。瑞典学者卡塞尔在其 1922 年出版的《1914 年以后的货币与外汇》一书中对之进行了系统阐述。该学说认为，货币的价值在于其具有的购买力。两种货币间的汇率取决于两国货币各自所具有的购买力之比（绝对购买力平价）；汇率的变动也取决于两国货币购买力的变动（相对购买力平价）。

购买力平价说虽然在汇率决定理论方面做出过重大贡献，并产生了重要影响，但其本身仍然存在一定的缺陷。具体表现在：第一，该理论只考虑了可贸易商品，没有考虑不可贸易商品，也没有考虑交易成本和贸易壁垒；第二，购买力平价理论比较注重国际收支中的经常账户特别是贸易收支状况，但对金融账户的变化却很少涉及；第三，该理论存在一些技术性问题，比如说一般物价水平指标的选取、样本商品的确定等；第四，该理论过分强调物价对汇率的作用，但忽视了汇率变动对物价的影响；第五，相对购买力平价理论本身也存在一些缺陷与不足，如基期汇率的选择问题。

1964 年，巴拉萨和萨缪尔森两位经济学家分别发表论文，系统地修正了购买力平价说，研究了经济增长与实际汇率之间的关系，被称为巴拉萨－萨缪尔森效应。

（二）利率平价说

利率平价说（Theory of Interest Rate Parity）的理论渊源可以追溯到 19 世纪下半叶。1923 年，凯恩斯在其著作《货币改革论》中较为系统地阐述了利率平价说，之后经济学家们逐步完善了这一理论。该理论认为，两国之间的即期汇率与远期汇率的关系与两国的利率有密切的联系。投资者投资于国内所得到的短期收益，应该与折成外汇后在国外投资的短期投资收益相同，一旦两者出现系统性差异，投资者的套利行为将使汇率恢复至均衡水平。根据投资者行为的假设不同，利率平价说可以分为套补利率平价和非套补利率平价。

利率平价说是西方汇率决定理论的重要组成部分，是汇率理论上的重要发展与创新。其主要贡献与缺陷可以概括为以下五个方面：第一，研究了远期汇率波动的一般规律，使得远期汇率问题和远期外汇交易与预测日益受到重视和快速发展；第二，将汇率决定同利率变化有机地联系起来，用利率变化来解释远期汇率波动；第三，为各国对汇率的调节和干预提供重要依据，各国可通过适当调节国内利率水平来稳定市场汇率；第四，利率平价说只能作为短期汇率波动的一种解释，汇率波动还受其他多种因素的影响；第五，利率平价说要求国际资本可以自由流动，但现实经济中许多国家都实施较为严格的外汇管制。

（三）国际收支说

开放条件下的凯恩斯模型是 20 世纪 70 年代之前占主导地位的汇率决定理论。早期的代表性理论由米德于 1951 年提出，随后蒙代尔、弗莱明提出了蒙代尔－弗莱明模型。尽管该模型提出的最初目的是研究国际收支问题和分析开放经济中经济政策的含义，但是该模型也说明了影响国际收支的主要因素以及这些因素借由国际收支进而作用于汇率的过程。很多学者运用它来研究汇率决定问题，形成了国际收支说的现代形式。

在国际收支说（Balance of Payments Approach）中，均衡汇率是在内外均衡同时实现的条件下被决定的。国际收支说指出了汇率与国际收支之间存在的密切关系，可以应用该理论全面分析短期内汇率的变动和决定。但国际收支说并没有对影响国际收支的众多变量之间的关系以及它们与汇率之间的关系进行深入探讨，因而它作为一种汇率决定理论来说是不完整的。另外，国际收支说运用了流量分析的方法，但是却没有进一步分析是哪些因素决定了外汇供求流量，这使其对于现实的解释力大为降低。

（四）资产市场分析法

浮动汇率制度下，把汇率看成金融资产的相对价格，采用存量分析方法的汇率决定理论开始出现，被称为资产市场分析法（Asset Market Approach）。根据资产的可替代程度不同，资产市场分析法分为货币分析法和资产组合平衡分析法。货币分析法根据对商品价格的假设不同又可分为弹性价格货币分析法和黏性价格货币分析法。

弹性价格货币分析法是 20 世纪 70 年代初的主流汇率决定模型，主要代表人物是弗伦凯、马萨等。弹性价格货币分析法建立在三个主要假设上，即垂直的供给曲线、购买力平价理论长期持续有效、货币需求函数形式稳定。黏性价格货币分析法又称汇率超调模型，由美国麻省理工学院著名学者多恩布什于 1976 年提出。该方法基于金融市场比商品市场调整速度快这一现象，假定商品市场的价格是黏性的，即商品市场在长期内能够达到均衡，但在短期内却不一定，因而购买力平价只有在长期内才成立。

（五）汇率决定理论新发展

20 世纪 70 年代至 80 年代是资产市场分析法的鼎盛时期。20 世纪 80 年代，世界经济和贸易的发展使得汇率波动愈加频繁，而汇率的频繁波动又加大了汇率风险，所以这段时期汇率研究迅速发展。大量实证检验表明，宏观汇率模型对浮动汇率制下汇率波动的解释力度非常有限。人们开始从不同角度研究汇率决定，试图更加合理地解释现实经济中的汇率波动，出现了市场微观结构方法和汇率的混沌理论模型等。

三、汇率制度理论

20 世纪 90 年代末以来，在国际资本高度流动的条件下，新兴市场经济国家与转轨经济国家的汇率制度问题成为关注的焦点，经济学家对于汇率制度的安排与看法发生了深刻变化，国际学术界对汇率制度理论研究出现了许多新的成果，主要包括原罪论、害怕浮动论、中间制度消失论、汇率制度选择论、汇率制度转换论。

（一）原罪论

原罪论是指由于本币不可兑换、本国金融市场的不完全性，一国的货币不能用于国际信贷，甚至在本国货币市场上也不能用于长期信贷。前者称作货币错配，后者称作期限错配。这种"原罪"的直接后果是使该国金融体系变得很脆弱。这一理论揭示了为什么与发达国家相比，发展中国家较容易发生金融危机。由于"原罪"的存在，该国在汇率政策方面面临的直接后果是无论企业还是政府都不愿意汇率浮动，更不愿意本币贬值，而政府在固定汇率制度下又会陷入两难。因此，无论是固定汇率制还是浮动汇率制都无法解决原罪论问题。

（二）害怕浮动论

害怕浮动论是指一些国家虽然被归类为实行浮动汇率制，却将其汇率波动维持在以某一货币为锚点的一个狭小区间内，这反映了这些国家由于多种原因对大规模的汇率波动存在一种长期的害怕心理。近年来，害怕浮动论逐渐受到了国际学术界的重视，并且已有经验分析确认了"害怕浮动"现象的存在。

（三）中间制度消失论

中间制度消失论认为，日益增长的国际资本流动使得政府对汇率的承诺变得十分脆弱，唯一可持久的汇率制度是自由浮动制或具有非常强硬承诺机制的固定汇率制，而介于两者之间的中间性汇率制度正在消失或应当消失。这一理论又被称为"两极论"。

（四）汇率制度选择论

汇率制度选择论认为，从汇率制度演变的时间维度看，由于国内经济形势和国际经济环境处于动态调整过程中，但汇率制度选择是一个中短期呈静态、长期呈动态的变化过程，所以无法对某国的最优汇率制度选择进行一个简单且明确的判断。各国应该根据特定的经济状况权衡利弊，选择适合自己的汇率制度。

（五）汇率制度转换论

汇率制度转换论是在汇率制度选择论的研究基础之上，对汇率制度转换的动态过程进行研究而形成的理论。汇率制度的转换必然存在一定的原因、方向、策略和影响。

四、国际储备理论

国际储备理论主要研究国际储备的适度规模问题，也就是国际储备需求理论。以20世纪80年代为界，国际储备理论研究可以被划分为80年代以前早期的国际储备理论和80年代以后国际储备理论的新发展两个阶段。

（一）早期的国际储备理论

特里芬在其1960年编写的《黄金与美元危机——自由兑换的未来》一书中提出一国的国际储备水平主要取决于特定时期的经济发展水平和发展目标。特里芬认为，一国的国际储备应与该国的进口额保持一定的比例关系，以40%为标准、20%为最低限，如果该比例低于30%，就必须对国际收支进行调节。

（二）国际储备理论的新发展

20世纪80年代的国际储备理论的研究重点是检验国际储备需求的决定因素，即主要研究国际储备实际持有量与需求量不一致的非均衡模型。

20世纪90年代，国际储备需求的研究已从对某一类国家（发达国家或发展中国家）的研究转向对具体国家的研究。

进入21世纪后，受2008年国际金融危机等经济事件的影响，各国学者对国际储备的研究更加侧重对金融危机的预防与处理。

五、国际资本流动理论

（一）费雪的国际资本流动理论

20世纪初，美国经济学家费雪（I. Fisher）在李嘉图（D. Ricardo）的比较利益理论的基础上，提出了费雪国际资本流动理论。费雪认为，在一定时期内一国的资本存量是既定的，既可以用来生产当期消费品，也可以用来生产未来消费品。假设国际市场的实际利率为r，A、B两国的均衡实际利率分别为r_A、r_B，且$r_B<r<r_A$，则在开放经济条件下，A国必然是资本流入国，投资大于储蓄，而B国是资本流出国，投资小于储蓄。换言之，当国际市场均衡利率r介于r_A和r_B之间时，A国必然增加未来消费品的生产，减少当期消费品的生产。相反，B国必然减少未来消费品的生产，增加当期消费品的生产，然后两国进行交换，从而使A、B两国的效用都得到增加。

（二）麦克杜尔的国际资本流动理论

该理论模型是由麦克杜尔（G. D. A. MacDougall）首先提出来的。此后，肯普（M. C.

Kemp）和琼斯（R. W. Jones）作了更为细致的论述。麦克杜尔认为，国际资本流动的原因是各国利率与预期利润率之间的差异。在完全竞争条件下，资本由资本充裕国流向资本短缺国，使各国的资本边际产出趋于一致，从而提高世界资源的利用效率，增加全世界的财富总量，提高各国的经济效益。

（三）国际间接投资理论

传统的国际资本流动理论利用国际资本流动的一般模型来解释证券投资的起因和流动规律，认为各国存在的利率差异是国际证券投资发生的原因。现代国际间接投资理论的主要发展是资产选择理论。资产选择理论的主要代表人物是美国经济学家托宾。该理论假定投资者都是风险厌恶者。在风险一定时，投资者偏好收益率较高的资产组合；在收益率一定时，投资者偏好风险较低的资产组合。所以，证券的预期收益与风险成正比，证券的收益率越高风险也越大。

（四）国际资本流动理论的新发展——人口年龄结构论

人口年龄结构论以生命周期消费理论为基础，即理性人为了应对收入在其不同年龄阶段间的变化，而将一生的收入和消费加以平滑。将生命周期消费理论推广至国家层面，一国不同年龄段人群的比例，即人口年龄结构，会影响整个社会的总消费与总储蓄。在开放经济的条件下，由于不同国家和地区的人口年龄结构分布不一致，那些当期收入大于生命周期平均消费的国家会将储蓄提供给当期收入小于生命周期消费的国家，这就形成了国际资本流动。

六、货币危机理论

（一）第一代货币危机模型（投机性攻击模型）

20 世纪 70 年代末，拉丁美洲国家爆发的一系列国际收支危机（比如 1973—1982 年爆发的墨西哥危机，1978—1981 年爆发的阿根廷危机）引起了经济学界的注意。1979 年，美国经济学家克鲁格曼在萨兰特（Salant）和亨德森（Henderson）商品投机性冲击模型的基础上建立了货币投机性攻击模型。货币投机性攻击模型是西方关于金融危机的第一个比较成熟的模型，这一模型后来经过弗拉德（Flood）和戈德（Garder）的完善，合称为克鲁格曼－弗拉德－戈德模型。

（二）第二代货币危机模型（"自我实现"的货币危机模型）

1992—1993 年欧洲货币危机动摇了第一代货币危机模型的权威地位。第一代货币危机模型认为持续的国内信贷创造和维持固定汇率之间的矛盾导致了货币危机，但 1992—1993 年欧洲危机国的国内信贷水平并没有快速扩张。而且在危机发生两年后，其中一些国家的币值又恢复到以前的水平，说明这些欧洲国家并没有出现明显的宏观经济问题，也就是说，货币危机在宏观经济基础健康的情况下也能发生，这显然与第一代货币危机模型描述的特征不符。因此，为了解释欧洲货币危机，奥伯斯法尔德（Obstfeld）等人提出许多新的货币危机模型，后来被统称为第二代货币危机模型或"自我实现"的货币危机模型。

（三）第三代货币危机模型（"道德风险"危机模型）

然而，上述两代货币危机模型无法解释 1997—1998 年的亚洲金融危机与 2009 年的欧债危机。这两次货币危机与以往的货币危机有着明显的区别，存在两个显著的特征：一是"双危机"或"多危机"，即货币危机与银行危机、主权债务危机交织在一起；二是"传染性"。为了解释这些不同于以往的货币危机，以克鲁格曼为代表的经济学家提出了第三代货币危机模型，第三代货币危机模型强调道德风险带来的严重后果并将传染效应作为引发货币危机的关键因素。

（四）第四代货币危机模型

克鲁格曼注意到，从第一代到第三代的所有货币危机模型都是在相关重大货币危机发生之后形成的理论创新，且上述三代模型基本上都是围绕固定汇率制度下的问题展开研究的。一方面，此种理论创新跟不上现实的发展；另一方面，仅仅局限于金融世界或虚拟经济来研究货币危机难以准确地把握和透视其本质。克鲁格曼认为，未来的第四代货币危机模型应不局限于研究货币危机本身，而是要作为更广义的金融危机模型，为探讨植根于实体经济中的金融危机的更深层原因提供研究框架。克鲁格曼期待第四代危机模型要有能力预测以前从来没有发生过的金融危机，并给出了第四代金融危机模型的两个最早版本，即开放经济版本和封闭经济版本。在第四代模型中，克鲁格曼将关注的焦点从资产负债表的负债一侧转向了资产一侧。[①]

七、国际货币体系改革相关理论

（一）设立汇率目标区

设立汇率目标区是指有关国家的货币当局选择一组可以调整的基本参考汇率，制定一个围绕其上下波动的范围并加以维持。汇率目标区主要分为"硬目标区"和"软目标区"。前者的汇率波动范围很小，不经常修订；后者的汇率波动范围较大，经常修订。本方案由约翰·威廉姆森（John Williamson）最早提出，并于 1987 年与米勒（Miller）一起提出了设立汇率目标区的行动计划。汇率目标区理论结合了浮动汇率制和固定汇率制的优点，却也保留了两者的不足。该方案在确定均衡汇率、有效维持汇率目标区等方面仍存在问题，并且设立汇率目标区也无法从根本上弥补现行国际货币制度的缺陷。

① 克鲁格曼，奥伯斯法尔德.国际经济学：理论与政策 [M]. 6 版.海闻，译.北京：人民大学出版社，2006.

（二）IMF提出的国际货币体系新框架

IMF提出了建立国际货币体系新框架的几点意见：第一，通过披露各国所有相关的经济和财政资料，对各国的经济政策进行有效监测；第二，实行地区性监测和政策协调；第三，由IMF和世界银行制定金融系统的监管方案以实施更为有效的监管；第四，建立有效的债务处理方法，防止债务危机；第五，加强国际金融组织的作用，增强其资金实力；第六，继续推进资本自由化。

但是，这些意见受到了来自加拿大、英国和美国等国家的反对。并且这种方案也仅为现行货币体系的改良，不能解决其存在的根本问题。

（三）建立新的国际货币体系

建立新的国际货币体系主要包括：成立更有约束力的国际金融机构、重建布雷顿森林体系、实行全面的浮动汇率制。但是建立一个新的国际货币体系成本巨大，因此这三种方案仅限于理论上的讨论。

（四）在世界范围内建立货币联盟

这种观点源于20世纪60年代末欧共体建设欧洲货币体系的行动计划。该方案最初是指一定地区内有关国家（地区）加强货币金融领域的国际合作，最终形成一个统一体。近几年，区域经济一体化和经济全球化成为世界经济发展的主要特点，建立货币联盟的思想从欧洲扩展到世界范围。蒙代尔曾预言，在未来十年内将出现三大货币区域：欧元区、美元区和亚洲货币区，即"稳定性三岛"。

（五）二十国集团机制

二十国集团（G20）诞生于金融危机蔓延之时，其成立以来在促进国际协调与合作、改革国际金融机构、改革国际金融监管和加强二十国集团机制建设等方面取得了巨大成就。二十国集团峰会是现今最重要的国际经济政策协调机制，对推进国际货币体系改革发挥着重要的作用。2008年国际金融危机后，全球经济保持复苏势头，但发展仍不均衡，下行风险依然存在，促进国际货币体系改革是二十国集团面临的巨大问题。

亚洲金融
危机

第四节 国际金融对全球经济发展的作用

金融与经济发展有着密切的关系。金融业的发展状况在一定程度上制约着经济发展的规模和速度。如果把工业比作经济发展的心脏，那么金融业就是经济发展的大动脉；国内金融是一国国内经济的大动脉，国际金融就是世界经济的大动脉。国际金融作为金融的重要组成部分，对世界经济和各国各地区的经济发展都具有重要的作用。

一、国际金融对世界经济发展的作用

（一）推动国际贸易的发展

国际贸易的产生和发展推动了国际金融的产生与发展；同时，国际金融的发展也反过来对国际贸易的发展起着巨大的促进作用。国际金融的传统职能和作用就是为国际贸易提供融资和结算服务。如果没有国际货币的运动以及国际货币的国际计价、结算和支付等职能的发挥，国际贸易就会永远停留在物物交换的低水平上。从历史发展的进程来看，国际贸易随着世界经济的发展而发展，同时也推动着国际金融关系的进步；而国际金融关系的进步又为国际贸易的更大发展提供着更好的融资环境和金融支持。第二次世界大战以后尤其是 20 世纪七八十年代以来，虽然国际贸易融资和结算的金额在国际金融交易总金额中的比重下降幅度较大，但国际金融对国际贸易的融资和结算的支持是不断增强的。此外，由于国际金融的发展推动了国际投资的发展，本国的海外投资企业又可以起到推动本土出口贸易发展的重要作用。20 世纪 60 年代后期的日本和 20 世纪 80 年代初的美国都是由海外的子公司购买本土的出口产品从而支持本国的出口贸易。

（二）推动经济国际化的发展

经济国际化的迅速发展，以国际资金融通和国际金融服务为重要条件。在经济国际化的过程中，跨国公司的发展对其起到了极大的推动作用，而跨国公司的发展和对外直接投资有着密切的联系，即跨国公司的发展是以大规模的国际资本流动为基础的。从资本输出的历史看，最早输出资本的英国、美国等国也是最早建立跨国公司的国家。跨国公司的主要经营活动是向海外进行直接投资，近几十年来，其投资数额迅速增长。跨国银行等国际性的金融组织机构在推动经济国际化的过程中发挥着极大的作用。跨国公司既是跨国银行资金的最大供应者，又是跨国银行信贷的最大需求者和利益获得者。发达国家的跨国银行常常利用其庞大的资金规模支持本国跨国公司的海外扩张，同时利用其债权债务关系逐步扩大对国外工业企业的影响力和控制权，其结果是，在世界范围内，银行资本与工业资本日益融合，加速了国际金融资本的形成与发展，并且银行资本始终处于核心地位。跨国公司与国际金融市场也有着紧密联系，国际金融市场不仅是跨国公司理想的资金投放市场，而且是跨国公司重要的资金来源，它既可以提供用来融通贸易、生产和债务的短期资金，又可以提供用来扩大生产和更新厂房设备的中长期资本。20 世纪 70 年代以来，国际金融市场迅速扩张，跨国公司在国际金融市场中的融资活动趋向多元化，对推动经济国际化起着重要作用。经济国际化的发展，无论在什么领域，离开了国际金融的先导都是不可能的。

（三）合理配置世界资源，提高劳动生产率

国际金融发展的内在动力是资本的趋利性。在哪些地方和哪些领域进行投资能够获得较高回报，资本就会朝哪里运动，这是市场经济的一般规律。市场经济的优点之一，就是能比较有效地配置资源。国际资本的流动能够促进世界各地资源得到较为有效的利用和较合理的配置，促进劳动生产率的提高。由于历史的原因，当今世界各国各地区的发展不平衡，具体表现为人力资源、资本资源、自然资源、信息资源以及技术资源等在世界分布不均匀。世界经济的发展推动着各国在发挥本国优势的同时积极对世界各国的资源加以更有效的利用，充分享受国际分工带来的益处。在这一过程中，国际资本起着极大的推动作用。这是因为，国际资本是实现充分利用世界各种资源的必要条件。例如，发达国家一般拥有较丰富的资本资源，但国内的有利投资场所已相对有限，必须输出资本寻找有利的投资场所，充分发挥资本资源的最大效力，获取更高回报；发展中国家一般拥有较丰富的人力和自然资源，但资本资源相对缺乏，必须引进外资，并与本国的丰富人力资源和自然资源相结合，充分发挥各种资源的效力，获得更高回报。再如，信息和技术资源，其利用都是有偿的，没有资本的回报，这些资源也是难以充分利用的。种种国际资本的运作，促进了世界各种资源的有效利用，总体上推动了世界劳动生产率的提高。

（四）密切各国经济之间的联系，推动国际经济合作

国际金融与国别金融之间是一般与特殊的关系。国际金融是一般，国别金融是特殊。国际金融的发展以国别金融的发展为基础，并被国别金融国际化发展的内在要求所推动。与此同时，国际金融的发展又推动了各国金融的国际化发展，密切了各国金融之间的关系。一般来说，一国金融的发展水平代表了该国的经济发展水平。所以，国际金融的发展在加强各国金融之间关系的同时，也加强了各国经济之间的关系。一国金融的国际化发展程度越高，该国经济与世界经济的业务联系就越紧密，一国经济与世界其他国家经济相互协调的领域和方面也就越多、越广泛。这必然会推动世界各国的经济合作，并有利于世界经济与各国经济的顺利发展。

（五）导致国际经济中的竞争加剧

国际金融的发展推动世界经济一体化的发展，使各国之间的相互依存日趋紧密，同时也推动着各国为缩小本国同别国间的差距并走在世界各国的前列而展开激烈竞争。20世纪80年代以来，各国掀起了金融改革的浪潮，纷纷放松金融管制，实行金融自由化；国际金融市场竞争激烈，银行兼并增多；金融创新不断涌现，以争夺资金来源取得优势地位；科技金融迅速拓展，以提高效率、降低成本、扩大经营规模；争夺国际金融市场份额，以获取更多的国际金融平均利润；推动世界经济和金融的区域化和集团化发展，以增强国际竞争能力；争夺国际金融和世界经济组织中的领导权，以提高对国际金融和世界经济的控制能力和影响力。该时期，西方国家的金融改革以促进竞争为宗旨并放松

金融管制，但放松金融管制并不意味着废弃金融管制，实际上其在微观层面的金融活动实行自由化的同时，政府在宏观层面的管理与监督也在不断加强。自 2008 年国际金融危机以来，国际金融监管体系进行了较大改革，各国的金融监管日渐加强。国际金融领域的竞争是世界各国经济之间竞争的集中表现。国际金融的发展使得国际金融领域竞争的加剧，同时也使国际经济中各个领域竞争的加剧，这在客观上为国际经济的顺利发展带来了一定的不稳定因素。

二、国际金融对我国经济的作用

随着对外开放的不断深入和扩大，我国与世界市场和国际经济的联系日益密切，国际金融对我国的现代化建设发挥着越来越大的作用。

（一）利用外资促进经济建设

作为发展中国家，我国在投资和储蓄之间存在一定缺口，而我国的大规模现代化建设需要大量资金，这除了依靠国内资金，还要充分利用外部资金来补充。改革开放以来，我国通过各种渠道利用外部资金。据商务部统计，2014—2022 年，我国实际使用外资金额为 13 330.7 亿美元，2022 年外商投资企业进出口商品总值为 20 764 亿美元。通过利用外资，解决了我国急需的部分资金，促进了我国的现代化建设。

（二）促进我国对外贸易的发展

大力发展对外贸易，是保持国际收支平衡的基本环节。改革开放以来，我国不断加强对国际金融市场的调查研究，努力改进和完善国际结算工作，积极开展国际信托和国际咨询业务，不断扩大和开展国际保险和国际运输业务，为国际贸易的发展提供了强有力的保证。我国还大力开展外币储蓄存款、信托存款等各种存款业务，积极积累外汇资金，为对外贸易提供融资服务。此外，通过吸引外资，不断改善我国的产品结构和产业结构，提高产品的档次，增加产品的种类，从而改变了我国的出口商品结构，提高了对外贸易的效益和规模。外商投资企业的产品出口额不断增长，给国内经济注入了部分资金，扩展了我国国际金融业务，直接推动了我国对外贸易的发展。

（三）开拓海外市场

当今世界经济发展的特点之一，就是任何一个国家都已经不能仅仅依靠本国的资源、技术、资金、人才、信息、市场来谋求自身的发展，而应充分利用资源国际化、资金国际化、技术国际化、信息国际化、市场国际化五方面的优势，重视发展企业跨国经营，走经济国际化道路。在这一过程中，一国在国际市场的占有份额是其经济国际化的重要衡量因素。因此，各国都努力开拓海外市场，以谋取更多的经济利益。传统的进入国际市场的方式是发展出口商品贸易，但由于区域集团化和贸易保护主义的盛行，使这种传统的进入国际市场的方式受到一定阻碍。而通过国际金融和国际直接投资开展跨国经营则成为当今世界各国开拓海外市场的重要方式。早在 20 世纪 60 年代，美国、日本等国就积极开展对外直接投资，其目的主要在于为国内工业制成品开拓海外市场。截至 2022 年年底，中国对外直接投资主要呈现以下五个特点。一是对外投资规模保持世界前列。2022 年，中国对外直接投资流量 1 631.2 亿美元，为全球第二位，连续 11 年位列全球前三，连续七年占全球份额超过一成。2022 年年末，中国对外直接投资存量达 2.75 万亿美元，连续六年排名全球前三。二是境外企业覆盖全球超过 80% 的国家和地区。2022 年年末，中国境内投资者共在全球 190 个国家和地区设立境外企业共 4.7 万家。近 60% 的企业分布在亚洲，北美洲占 13%，欧洲占 10.2%，拉丁美洲占 7.9%，非洲占 7.1%，大洋洲占 2.6%。其中，在共建"一带一路"国家设立境外企业 1.6 万家。三是投资领域广泛。2022 年，中国对外直接投资涵盖了国民经济的 18 个行业大类，其中流向租赁和商务服务、制造、金融、批发零售、采矿、交通运输等领域的投资均超过百亿美元。四是地方企业对外投资持续活跃。2022 年在中国对外非金融类投资流量中，地方企业投资 860.5 亿美元，占总流量的 61%，较上年提升 3.3 个百分点。其中，东部占比 77.3%，浙江、广东、上海位列前三。五是互利共赢助力经济发展。2022 年，境外企业向投资所在地纳税 750 亿美元，同比增长 35.1%。截至 2022 年年底境外企业员工总数超 410 万人，其中雇用外方员工近 250 万人。2022 年，对外投资带动货物进出口 2 566 亿美元。非金融类境外企业实现销售收入 3.5 万亿美元，增长 14.4%。

（四）防范汇率风险，使外汇资金保值增值

20 世纪 70 年代以来，国际货币体系逐渐过渡到自由浮动汇率制度，国际社会经济环境更加复杂，各国外汇储备的安全性受到了更大的挑战，各国外汇储备也逐渐走向多元化，根据不断变化的国际市场情况不断调整储备货币的币种，并积极进行安全的投资，以确保外汇储备的保值增值。改革开放以来，我国的外汇储备大幅度增长。国家外汇管理局于 2023 年 1 月 7 日公布数据显示，截至 2022 年 12 月末，我国外汇储备规模为 31 277 亿美元，较 2022 年 11 月末上升 102 亿美元，升幅为 0.33%。2022 年 12 月，受主要经济体货币政策及预期、全球宏观经济数据等因素影响，美元指数下跌，全球金融资产价格总体下跌。在汇率折算和资产价格变化等因素综合作用下，该月外汇储备规模上升。我国经济韧性强、潜力大、活力足，长期向好的基本面没有改变，有利于外汇储备规模保持总体稳定。如何对其进行管理并使其保值增值是一个十分重要的问题。我国积极开展国际外汇交易，并把一定的外汇资金投到相对稳定的币种和安全的信用工具上，以此作为防范风险、保值增值的手段，对维护我国在对外经济贸易交往中的经济利益起到了重要作用。随着中国加入世界贸易组织和人民币国际化程度加深，我国的金融领域在国际市场上的地位将日益上升。国际汇率、利率的变动对我国的经济、金融会产生重要影响，这就需要我们深入研究国际金融市场，更熟练地掌握国际金融业务，以更好地维护我国的国际经济利益。

（五）培养从事国际经济的专业人才

一方面，从世界发达国家名校毕业的硕士生和博士生中招聘、引进人才，因为他们既有理论知识，又有国际交流的经验；另一方面，在国内专业大学中选拔优秀人才。现代国际投资和国际金融的重要渠道和主要形式是跨国银行和跨国公司，兴办跨国企业，扩大国际投资，拓展国际金融业务，可以为各类从事国际事务、国际经济和金融业务的人员提供实践的机会，并能够改善和提高他们的素质和能力。随着我国金融国际化、经济国际化的发展，必将培养出更多的国际金融专业人才。

中国（上海）
自由贸易
试验区

第五节 国际金融体系

一、国际金融体系的概念

国际金融体系（The International Financial System）是指调节各国货币在国际支付、结算、汇兑与转移等方面所确定的规则、惯例、政策、机制和组织机构安排的总称。一般而言，国际金融体系有狭义和广义之分。狭义的国际金融体系特指国际货币及其支付系统。广义的国际金融体系可包括国际货币体系、国际金融市场、国际金融机构与组织的运行和治理体系。本书采用的是广义的国际金融体系。

国际金融体系是国际货币关系的集中反映，它构成了国际金融活动的总体框架。在市场经济体制下，各国之间的货币金融交往，都要受到国际金融体系的约束。

国际金融体系是随着国际经济交往的不断扩大而产生与发展的。由于各国之间商品劳务往来、资本转移日趋频繁，资本流通速度也日益加快，这些活动最终都要通过货币在各国之间进行结算、支付。因此，就产生了在国际范围内协调各国货币关系的要求。国际金融体系正是在协调众多国家货币制度、法律制度及经济制度这一协调的基础上形成的。

现行的国际金融体系具有两方面特征：第一，世界各地的许多央行在制定货币政策时都效仿美国联邦储备委员会的某些做法；第二，美元仍然是全球使用最广泛的货币。

二、国际金融体系的内容

（一）制定国际收支调节机制以及汇率制度

国际收支调节机制指有效地帮助与促进国际收支出现严重失衡的国家通过各种措施进行调节，使其在国际范围能公平地承担国际收支调节的责任和义务的机制。

由于汇率变动可直接影响各国之间经济利益的再分配，因此，形成一种较为稳定的、为各国共同遵守的汇率制度，成为国际金融体系所要解决的核心问题。一国货币与其他货币之间的汇率如何决定与维持；一国货币能否成为自由兑换货币；是采取固定汇率制度还是采取浮动汇率制度，或是采取其他汇率制度等，都是国际金融体系的主要内容。

（二）选择与确定国际储备资产

选择与确定国际储备资产是指采用什么货币作为各国之间的支付货币。在一个特定时期中心储备货币如何确定，以维护整个储备体系的运行；世界各国的储备资产又如何选择，以满足各种经济交易的要求。

（三）协调与管理国际金融事务

各国实行的货币金融政策，会对相互交往的国家乃至整个世界经济产生影响。因此通过国际金融机构制定若干为各成员国所认同与遵守的规则、惯例和制度，协调各国与国际金融活动有关的货币金融政策，也构成了国际金融体系的重要内容。

三、国际金融体系的发展阶段

以国际储备货币及其制度为线索，国际金融体系的发展可划分为以下三个阶段。

（一）第一阶段：金属货币本位制度时期

首先是金属货币阶段。金币在西方可以追溯到古罗马时代，中世纪著名的"弗罗林"（Florin）金币亦属此类。其次是经典金本位阶段。19世纪，部分工业化国家采用的金银复本位奠定了货币体系标准化基础，而金银复本位下的兑换比例也是汇率的雏形。随着金币铸造技术的发展，1821年，英国铸造"索维林"（Sovereign）金币，标志着经典金本位建立。美国的金本位制度则由1913年通过的《联邦储备法》确定。第一次世界大战前，主要资本主义国家都已实施金本位制度。最后，金本位制度重建阶段。第一次世界大战造成经典金本位制度下的固定汇率无法维持，但是出于对金本位制度缺乏约束的忧虑，各国在战后陆续重建金本位货币体系。而在金本位制度重建艰难前行之时，大萧条和经济危机接踵而至，英国在经历数次货币贬值后，于1931年停止了与黄金的兑换，美国和法国分别于1933年和1936年放弃了货币与黄金的兑换，相当于宣告了金本位制度的终结。

（二）第二阶段：布雷顿森林体系时期

重建是第二次世界大战后各国共同的首要目标。第一次世界大战后重建金本位制度的失败加剧了德国的经济危机，并演变为政治危机，同时，金本位的"通缩倾向"（Deflationary Bias）也限制了应对大萧条的政策弹性，重建国际金融体系需要吸取教训。

作为 1944 年布雷顿森林会议的成果，布雷顿森林体系确定美元作为基础货币，以 35 美元 1 盎司的比例锚定黄金，其他货币与美元保持固定汇率，并允许在 1% 以内浮动。同时，建立 IMF 等国际组织维护货币体系运行。布雷顿森林体系作为战胜国和战败国的纽带，提供了第二次世界大战后欧洲三十年黄金时期的基础，同时避免了出现第一次世界大战后因缺乏合作机制而出现大规模冲突的政治风险。

（三）第三阶段：后布雷顿森林体系时期

第二次世界大战战后重建使德国、日本等工业国家的劳动生产率迅速上升，美元与主要货币间的固定汇率难以维持，并且美元与黄金的固定汇率也屡现危机。1971 年，在历经数年的协调和争执后，时任美国总统尼克松宣布终止美元兑换黄金。尽管此后美国与其他 9 个主要国家在当年签订了《史密森协定》，试图通过放宽浮动区间挽回布雷顿森林体系，但是，由于 20 世纪 70 年代美国为维持其经济增长目标持续实施低利率政策，使美元实际上不断贬值，最终使得欧洲各国和日本陆续宣布实施浮动汇率制度。1976 年，IMF 通过《牙买加协定》，修订组织章程，布雷顿森林体系瓦解。以"松绑"为基础的后布雷顿森林体系，最大的特点是浮动汇率制度的实行。在储备货币方面，经历早期动荡后，依然维持了以美元为基础储备货币的格局。此外，欧元的诞生也具有里程碑意义。

四、国际金融体系的演变特征

（一）过度金融化，全球资产价格上涨

国际金融体系助推经济过度金融化开始于 20 世纪 70 年代，20 世纪 90 年代后，在西方新自由主义推动下，经济全球化迅猛发展，伴随着美国等西方主要国家的产业空心化，金融化在全球范围内不断拓展和深化。美国是全球经济过度金融化的推手，也是全球金融不稳定和金融系统性风险的制造者。过度金融化催生了次贷危机的爆发，为了应对危机、缓和经济衰退，美联储实施了多轮量化宽松政策，导致全球流动性泛滥，推动了全球资产价格剧烈上涨。在新冠疫情暴发后，美联储的量化宽松政策可谓变本加厉，美国超级扩张的货币政策加剧了全球的流动性过剩，推高了新兴市场国家与发展中国家的负债水平，加剧了全球金融的不稳定性。而一旦美国国内经济复苏导致其通胀率上涨，美联储就会开始实行紧缩的货币政策，这种货币政策的持续收紧又会给外围国家造成新的负面冲击。

（二）体系碎片化，国际储备货币多元化

国际金融体系的碎片化是指演进中的国际金融体系由原来的相对统一、多边合作、整体融合的金融运行体系逐步演变为以相对分离、区域性和俱乐部式协调为主的，以排他性、针对性、竞争性和分散多样性为特征的国际金融体系。国际金融体系碎片化主要

是经济全球化退潮和全球经济治理分裂的结果，这表现为以下几点。一是国际储备货币的碎片化。世界多极化特别是大国博弈和地缘政治的竞争加剧，导致布雷顿森林体系成立以来形成的美元垄断的单一储备货币体系转化为多元储备货币体系。美元、欧元、人民币、英镑、日元等多种货币都分担国际储备货币的职能。二是国际支付体系的碎片化。在地缘政治竞争加剧的冲击下，全球支付系统出现部分裂解的情况。一直以来，美元都是全球支付系统中主要的计价、结算和储备货币。但随着俄乌冲突愈演愈烈，美国开始将俄罗斯的部分银行排除在国际资金清算最主要的系统——环球银行金融电信协会（SWIFT）之外，俄罗斯在西方国家的资产也被冻结。三是全球金融市场和国际投资的碎片化。实际上，碎片化趋势不仅体现在国际金融领域，国际经济金融全球化都可能让位于区域化与碎片化的合作。这一趋势体现在贸易和投资领域，表现为全球供应链的区域化与缩短。这一趋势体现在金融领域，表现为国际储备货币的多元化与国际货币体系的碎片化。国际贸易、国际投资、国际储备、国际金融市场以及全球产业链碎片化和多元化是相互促进、互为因果的逻辑关系。

（三）行为政治化，多国金融利益被损害

国际金融体系的政治化源于美国作为唯一超级金融大国和金融霸权国，可以利用作为世界主要贸易结算、国际投资和国际储备货币的美元对其他国家的经济活动进行负面冲击。当前的国际金融体系已经成为美国牺牲他国金融安全和金融利益、维护本国政治利益的一件金融武器。美国早期的金融制裁主要是通过世界银行冻结资产、取消或者减少援助款为主，随后升级为使用 SWIFT 和纽约清算所银行同业支付系统（CHIPS）来监视和限制全球金融活动。

五、国际金融体系的现状

伴随着国际经济和金融一体化程度的不断提高，特别是经济区域化的快速发展，该体系也发生了一些局部性变化，主要呈现以下基本特征。

第一，国际汇率制度以浮动汇率安排为主、多种汇率安排并存。目前，全球有三类基本的汇率安排：一是独立浮动汇率安排，实行经济体包括美国、日本、欧盟和部分新兴市场经济体；二是固定汇率安排，包括实行货币局制度和传统钉住汇率制度的经济体，以及已取消法定货币的国家（如欧盟内部和实行美元化的国家）；三是"中间道路"安排，即各种介于浮动汇率和固定汇率之间的安排，如爬行钉住制、区间浮动制和管理浮动制等，主要包括一些外向型程度较高或国内通货膨胀比较严重的发展中经济体。

第二，国际金融市场在国际收支调节中具有显著的作用。在布雷顿森林体系时代，由于各国实行严格的金融管制，国际金融市场在国际收支调节中的作用比较有限，许多国家的经常账户逆差调节主要依靠财政政策和货币政策。在发生严重逆差时，也可有限地运用汇率政策，并从 IMF 获得一定的短期信贷支持。然而，自 20 世纪 70 年代以来，

伴随国际金融市场的迅速发展，各国可以方便地通过商业性国际融资弥补其经常账户逆差，从而避免采用财政紧缩等可能影响国内经济稳定的调节措施。作为一种基于市场的安排，国际金融市场的存在一方面提供了充裕的国际流动性，从而大大降低了各国国际收支调节的代价；但另一方面，它也产生了新的不稳定因素。其中最主要的是，它使一些国家放松内部约束，滥用财政扩张政策，延误必要的国内经济改革和调整，结果是不仅经常账户逆差最终变得难以控制，而且常常为沉重的外债负担所累，甚至成为金融动荡的根源。

第三，国际资本流动缺乏有效监管。自 20 世纪 80 年代以来，随着各国资本管制的不断放松，国际资本流动迅猛扩张。目前，全球各类国际资本的日交易量已经超过 1.5 万亿美元。近年来不少研究显示，国际资本市场存在着严重的结构性缺陷，许多国际投资和信贷决策都是在信息不充分的情况下作出的。在资本流向的国别选择上，特别是对于发展中国家的资本流动，常常发生"饱饥综合征"，即当看好一些国家的经济增长前景时，国际资本大规模涌向那里，而当这些国家经济出现危机迹象时，国际资本又快速离去。因此常常造成这些国家内外经济失衡，并最终导致货币和金融动荡。此外，在危机发生的前后，由于缺乏有效监管，大规模投机性短期资本的参与更是加剧了有关国家的危机，并在危机的国际传递方面扮演了核心角色。

第四，多边国际金融机构的功能存在严重缺陷，且具有不公正性。1973 年后，IMF 已不再具有对各国汇率安排进行约束的权力，其主要功能是对发生国际收支危机的国家提供短期信贷，以增强其清偿能力。然而，由于该组织长期以来资金来源严重不足，因此对于危机国家的救援要求存在行动迟缓和力不从心的情况。2023 年，联合国秘书长古特雷斯公开批评 IMF 和世界银行。他认为 IMF 在为富裕国家背书而不是使穷国受益。敦促这两大国际金融机构纠正其历史错误和改变当前存在的偏见与不公正。

第五，全球性货币金融合作成效甚微，区域性货币一体化进展显著。目前，全球性货币金融合作的主要渠道是七国首脑和财长会议。总体上看，这个协调机制常常流于形式和务虚，很少有实质性内容。近年来，IMF 和国际清算银行也在试图发挥更积极的作用，但或者成效并不显著，或者对各国并没有真正的约束力。相比之下，区域性货币合作进程却取得了显著的进展。经过数十年的努力，欧元于 1999 年成功面世，欧元区内部也已建立起统一的中央银行和货币政策框架。值得注意的是，欧元的诞生产生了明显的示范效应。最近几年，在拉美、中东欧等地区，一些国家开始采用美元化和货币局制度，或者在区域内实行固定汇率安排。

第六，美元的金融霸权地位基本依旧。自人类进入信用货币本位时代以来，一直没有诞生独立的世界货币。因此，国际经济交易始终依赖少数几个主权国家的货币来充当国际支付手段和储备资产。美元正是这些货币中最主要的一种。自布雷顿森林体系建立起，借助美国强大的经济和政治力量，美元便建立了全球性金融霸权地位。半个多世纪以来，尽管美元在国际支付和储备资产体系中的份额有所下降，但目前仍然占据了极大份额。依靠这种地位，美国获得了大量的"铸币税"收入，可以通过输出美元不断占有别国的实际经济资源。

虽然，近期内国际金融体系很大可能上会维持现状。但从中长期看，伴随着经济全球化的持续发展，各国之间经济联系将更加紧密和深化，预计会有更多的国家积极致力于构建一个稳定和合理的国际金融体系。同时，随着金融全球化发展，国际金融风险亦会随之而来。

本章小结

1. 国际金融经历了漫长而复杂的历史。

国际金融主要经历了金属货币本位制度时期、布雷顿森林体系时期、后布雷顿森林体系时期。

2. 国际金融具有以下五个特点：

（1）以国际货币（世界货币）作为国际支付的手段。

（2）国际金融活动的法律约束比较复杂。

（3）国际金融活动具有较大的风险性。

（4）国际金融活动所面对的社会文化环境比较复杂。

（5）国际金融活动对管理者和经营者的要求比较高。

3. 国际金融带来的机遇和挑战。

国际金融可以促进贸易投资、促进资金流动、增强风险管理、促进金融市场发展、促进国际合作和规范、促进经济融合和全球化。国际金融为全球经济发展提供了资金、市场和机制，促进了贸易、投资、创新和风险管理等。然而，国际金融也带来了一定的挑战，如金融风险传染、资本流动的波动性和不平等，需要国际合作和政策协调来应对。

关键词

国际金融发展史　金属货币本位制度　布雷顿森林体系　浮动汇率制度　金融危机　国际经济合作　国际金融机构　汇率波动　国际货币基金组织　世界银行　国际金融体系

练习题

1. 试述国际金融的形成与发展过程。

2. 试述国际金融的特点。

3. 试述国际金融对我国经济发展的作用。

4. 布雷顿森林体系在国际金融发展中扮演了什么角色？

5. 请解释国际金融市场全球化的含义。

6. 请举例说明国际金融风险和波动性的因素。

7. 国际金融机构是如何促进国际金融合作和发展的？

8. 请阐述国际金融对可持续发展的影响。

9. 国际金融市场中的汇率波动对贸易和投资有何影响？

10. 国际金融市场的全球化程度如何影响资金流动和金融产品的交易？

11. 国际金融体系的概念是什么？

12. 国际金融体系的内容及构成包括哪些方面？

13. 国际金融体系的发展趋势是怎样的？

14. 国际金融体系的现状如何？

第二章

国际收支

国际收支是一个国家在一定时期内由对外经济往来、对外债权债务清算而引起的所有货币收支。它是一国对外政治、经济关系的缩影，也是一国在世界经济中所处的地位的反映。本章的主要内容包括国际收支的内涵、国际收支平衡表的具体内容，经济均衡与国际收支调节政策措施，以及我国国际收支的历史、管理目标和调节政策。

第一节　国际收支与国际收支平衡表

一、国际收支的含义

国际收支（Balance of International Payments）是指一定时期内一国与外部世界（其他国家或地区）因贸易、非贸易和资本往来而发生的资金收支，包括货币收支和以货币表示的资产转移，如图 2-1 所示。

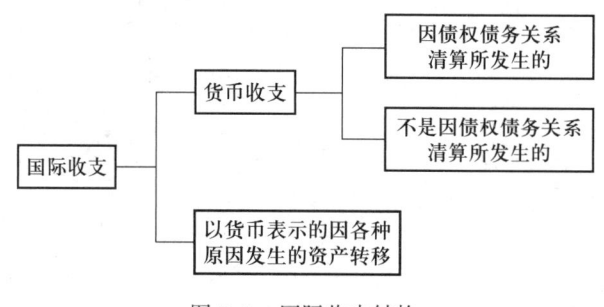

图 2-1　国际收支结构

国际收支是一定时期内一国与外部世界各种经济关联的综合反映，也是一国内部经济社会与外部经济社会接轨的焦点。国际收支的动态变化，是当今世界各国开放型经济运行的重要内容。国际收支问题，归根结底是国际收支的平衡问题，即一国的各种对外经济关联的综合平衡问题。一国的国际收支是否平衡以及如何达成平衡，对该国的各项国内国际经济政策以及整个宏观经济运行均具有重要影响。因此，国际收支平衡成为当今世界各国宏观经济调控的重要目标之一，我国也不例外。

近代以来，随着世界各国外向型经济的发展，国际经济活动日益频繁，国际经济关系日趋紧密，各国之间由此产生了错综复杂的资金收支，它们集中体现为国际债务债权的清算与货币的收付。国际债务债权关系因国际经济交易而发生，例如，在国际商品交易中，商品进口国有支出进口商品价款的债务，商品出口国有收入出口商品价款的债权，于是形成了一种国际借贷关系。这种关系通常具有在某一时点发生（如商品进口时）与在某一时点结束（如支付商品价款时）的特点，它表示一国在某一时点上所有对外债务债权冲抵后的余额，因此是一种"存量"。

国际经济交易会发生国际借贷，而国际借贷的清算，必然引起国际货币的流通。这种货币流通分为自国外流至国内与自国内流至国外两种，前者为外汇的收入，后者为外汇的支出。

由此可见，所有国际活动的最终经济结果集中表现为各国之间的各种经济交易关系。相应地，一国的国际收支也可以说是一国在一定时期内（通常为一年、一季或一个月）的经济交易情况的综合表现，因此是一种"流量"。

国际收支有狭义和广义之分。狭义的国际收支仅指外汇收支，只包括现在或将来附有外汇收支的国际经济交易，不包括无外汇收支的国际经济交易（如国际经济间的物物交换、补偿贸易、无偿援助等）。狭义的国际收支是分析一国货币对外汇价的稳定程度和外汇市场行情变化的重要依据。但是，第二次世界大战结束以后，这种狭义的国际收支概念逐渐不能满足各国经济分析的实际需要。其主要原因有两个方面：第一，第二次世界大战后，不引起外汇收支的无偿输出（比如对外援助这种无偿的单方面转移）的数量上升，即不是因债权债务关系清算而发生的货币收支大量涌现；第二，由于凯恩斯主义经济理论流行并深刻地影响当时各国政府的经济政策，各国不约而同地都开始重视分析对外经济关系对国内经济稳定与发展的影响。这种分析的框架远远超过外汇收支涵盖的范围，并且这种影响的深度与广度也远非外汇收支的消长变化所能囊括的，必须整体把握一国全部对外经济关系及其与国内经济的联结。

广义的国际收支是指把一定时期的全部国际经济交易都包括在内，而不仅限于附有外汇收支的国际经济交易。国际货币基金组织要求各会员国必须按期报送本国的国际收支统计报表，使其可以根据广义的国际收支概念对国际收支的定义作出统一规定，并根据世界经济发展情况不断进行修订。在2008年编制的《国际收支手册》（第六版）中，国际货币基金组织对国际收支作出了如下新的定义："国际收支是某个时期内居民与非居民之间的交易汇总统计表，组成部分有货物和服务账户、初次收入账户、二次收入账户、资本账户和金融账户。交易是两个机构单位之间通过共同协议或法律实施产生的、涉及价值交换或转移的相互行为。交易根据所涉及经济价值的性质进行分类，即货物或服务、初次收入、二次收入、资本转移、非生产非金融资产、金融资产或负债。由于是价值交换，所以一项交易由两个经济流量组成，每个方向一个流量。"

国际收支记录的内容是经济交易。当一个经济实体向另一个经济实体转移实物资产或金融资产的所有权或提供劳务时，就发生了经济交易。在大多数情况下，经济交易就是交换，它包括三类：一是商品和劳务与金融资产交换，即商品和劳务的买卖；二是金融资产与金融资产的交换；三是商品和劳务与商品和劳务的交换，即以物易物和换工。在某些情况下，在转移商品和劳务或金融资产时不发生交换，它包括两类：一是无偿的商品和劳务转移；二是无偿的金融资产转移。在一个会计（年度）期间发生的经济交易是一种流量，这与存量有所不同，存量表示的是某一时点的状况，流量则表示某段时间发生的情况。为了便于分析，流量可分为非金融流量和金融流量，前者包括商品、劳务和单方面转移的流量，后者包括金融资产和负债的变动。国际收支既记录非金融交易又记录金融交易，前者出现在经常项目中，后者出现在资本和金融项目中。至于经济交易的时间，在国际收支中是在发生债务时而不是在清偿债务时记录，即采用权责发生制记录经济交易。

国际收支记录的经济交易，大部分发生在一国居民与非居民之间。一般来说，居民指的是这样一些经济实体，它们与本国领土的联系比与其他任何国家的联系更为密切。不是居民的经济实体称为非居民。具体地说，一个经济社会或国家的居民包括以下四种。一是一般政府。一国居民不仅包括中央、州（省）与地方政府，而且包括其驻外使馆、领馆和军事设施。换句话说，一国政府被视为本国居民，即使它在外国从事各种活动，如它的大使馆和领事馆行使职能，它仍被视为其本国居民。因此，大使馆、领事馆和被派往此两馆的国民均被视为本国居民。二是在领土内居住的个人。永久居住在一个国家的个人，无论持有哪国国籍，均被视为该国居民。一国的居民可能是另一国的国民。在某一国家中的他国旅游者、访问者及工人，停留时间不满一年者，均为他国居民。外国政府的外交、军事及其他官方代表（包括家属）不是东道国的居民。边境劳工（在一国长期工作但住在另一国）是居住国的居民，而不是其工作国家的居民。移民工人如果在其工作所在国居住了至少一年，便被视为该国居民。否则，他们被视为其主要居住地所在国的居民。三是服务于个人的私人非营利机构。四是领土内的工商企业。所有在本国领土运营的企业都被归类为居民，即使它们部分或全部为外国人所有。本国企业在外国的分公司和子公司被归类为非居民。除以上四类外，像联合国、世界银行和国际货币基金组织等这类官方国际组织不作为任何国家（包括这些国际性机构的所在国家）的居民处理，即它们是任何国家的非居民。但是，这些机构的雇员只要在所在国居住一年或更长时间，就是该所在国的居民。

二、国际收支平衡表的内涵

国际收支平衡表（Balance of Payment，BOP）是指按照一定的编制原则和格式，将一国一定时期内的国际收支的不同项目进行排列组合、对比，以反映和说明该国的国际收支状况的表式。这种表式被称为该国某一时期的国际收支平衡表，它是对一个国家一定时期内发生的国际收支行为的具体系统的统计与记录。理解国际收支平衡表要注意以下几点。

第一，国际收支平衡表所表示的是一国在一定时期从国外所得到的资金和对国外所支付的资金，因而，它只能是流量而不是存量，是一定时期的发生额而不是某个时点的持有额。

第二，由于国际收支平衡表所表示的是一国在一定时期对外资产和负债的流量而不是存量，因此国际收支平衡表不是一个国家的资产负债表。

第三，国际收支平衡表是采用复式记账法进行记录编制的。所有项目都可归纳为两类：资金占用类科目（或借方科目）和资金来源类科目（或贷方科目）。凡是属于对外国人支付的项目，都属于借方科目，其增加记借方，前面加 "–" 号，其减少记贷方，前面加 "+" 号；凡是属于从外国人那里得到收入的项目，都属于贷方科目，其增加记贷方，前面加 "+" 号，其减少记借方，前面加 "–" 号。从国际收支平衡表的编制方法上讲，由于设置了误差和遗漏项目，一国的国际收支平衡表永远都是平衡的，但并不是说该国的国际收支就是平衡的。

第四，从理论上讲，一国的对外支出，就是其他相关国家得自该国的收入；反之亦然。

三、国际收支平衡表的内容

一国国际收支平衡表所包括的内容很多，而且由于各国的编制要求不同，因此，各国自行编制的本国国际收支平衡表，其项目内容各具特点。现将国际货币基金组织编制的国际收支平衡表的项目内容逐一进行介绍。IMF 编制的国际收支平衡表通常分为三大项目：经常项目、资本和金融项目，以及误差和遗漏项目。

中国国际收支
平衡表

（一）经常项目

经常项目（Current Account）可以分为三个子项目：货物和服务、收入以及经常转移。

1. 货物和服务

货物一般包括居民向非居民出口或者从非居民那里进口的大多数可移动货物。可移动货物的所有权（实际的或推算的）一般已发生变更，但是，用于加工的货物及货物修理是两个例外。非货币黄金包括不作为当局储备资产（货币黄金）的所有黄金的进口和出口，非货币黄金等同于其他商品包含在货物中。服务的内容包括运输、旅游、通信服务、建筑服务、保险服务、金融服务（不同于保险公司和退休基金会的服务）、计算机和信息服务、专有权使用费和特许费、个人和文化及娱乐服务、其他商业服务以及政府服务。

国际服务的生产和国际服务贸易不同于货物的生产和货物贸易。例如，某一经济体生产的货物运送到另一经济体的居民那里，该区居民可能知道也可能不知道货物是什么时间生产的。相比之下服务的生产在生产发生之前就同某一经济体的生产者与另一经济体的消费者或一组消费者事先作出的一项安排联系在一起。因此，国际服务贸易同国际服务生产紧密联系在一起，其生产过程涉及某一居民和另一非居民。然而，货物和服务的界限已变得模糊了。列为货物的项目包括一定成分的服务，反之亦然。

2. 收入

收入包括职工报酬和投资收入。职工报酬包括以现金或实物形式支付给非居民工人（即在使馆工作的当地工作人员）的工资、薪金和其他福利。投资收入包括居民因拥有国外金融资产而得到的收入，包括直接投资收入、证券投资收入和其他投资收入三部分。

3. 经常转移

经常转移又称单方面转移，指不属于资本转移的所有转移。资本转移包括：固定资产所有权的转移；同固定资产收买放弃相联系的或以其为条件的资金转移；债权人不索取任何回报而取消的债务。

经常转移根据实施转移的主体不同，可分为政府单方面转移和私人单方面转移两种。

（二）资本和金融项目

资本和金融项目（Capital and Financial Account）由资本项目和金融项目两部分组成，但若国外资产和负债的计价及其他变化不反映为交易，就不包括在资本和金融项目内，而是反映在国际投资头寸中。

资本项目的主要组成部分，包括资本转移和非生产、非金融资产的收买/放弃。资本转移包括固定资产的所有权转移、同固定资产买进卖出联系在一起或以其为条件的资金转移以及债权人不索取任何回报而取消的债务。非生产、非金融资产的收买/放弃总体来说包括各种无形资产，如注册的单位名称、租赁合同或其他可转让的合同和商誉。

金融项目包括直接投资、证券投资、其他投资和储备资产。直接投资反映某一经济体的居民单位（直接投资者）对另一经济体的居民单位（直接投资企业）的永久权益，它包括直接投资者和直接投资企业之间的所有交易。证券投资包括股票和债券的交易。其他投资包括长期或短期的贸易信贷、贷款、货币和存款以及其他类型的应收款项和应付款项。储备资产包括某一经济体的货币当局认为可以用来满足国际收支和在某些情况下满足其他目的的各类资产的交易，涉及的项目包括货币黄金、特别提款权、在基金组织的储备头寸、外汇资产以及其他债权。

（三）误差和遗漏项目

出现误差和遗漏项目（Errors and Omissions）的原因包括：第一，编制国际收支平衡表的原始资料来自各个渠道，在这些原始资料上，当事人出于各种目的，故意改变、伪造或压低某些项目的数字，造成资料失实或资料缺失；第二，由于某些交易项目跨年度，导致统计口径不一致；第三，短期资本的国际移动，由于其投机性非常强，流入流出异常迅速，且为了逃避外汇管制和其他官方限制，常采取隐蔽的形式超越正常的收付渠道出入国境，很难得到其真实资料。

出于上述各种原因，官方统计所得到的经常项目与资本和金融项目实际上并不能真正达到平衡，从而导致国际收支平衡表的借方与贷方之间出现差额。因此设立一个误差和遗漏项目，以误差和遗漏项目的数字来抵补前面所有项目借方与贷方之间的差额，从而使借贷双方最终达到平衡。当官方统计结果显示借方大于贷方时，两者之间的差额就记误差和遗漏项目的贷方，前面加"+"号；当官方统计结果显示贷方大于借方时，两者之间的差额就记误差和遗漏项目的借方，前面加"–"号。

四、国际收支平衡表的差额

当前，考察国际收支状况主要关注四个差额：一是贸易收支差额，等于商品出口减商品进口（按绝对值计算），或等于商品出口加商品进口（按 BOP 记账符号计算）；二是商品、服务和收益差额，等于商品交易差额加服务收支差额和收益差额；三是经常项目差额，等于商品、服务和收益差额加单方转移收支差额；四是基本国际收支差额，等于经常项目差额加长期资本移动差额。需要注意的是，在分配的特别提款权、误差和遗漏项目为零的前提下，基本国际收支差额的顺差或逆差并不直接反映官方储备资产相对应的变化，还要看短期资本移动的流量和流向。

第二节　经济均衡与国际收支调节

一、国际收支与国内经济的联系

国际收支与国内经济有着广泛的联系，国际收支在大多数情况下表现为一种外汇收支，其本身是一种相对独立的货币收支过程。但是，在我国目前的外汇管理体制下，它与国内的人民币流通及人民币资金收支有着密切的联系。外汇收入，会引起人民币供应增加；外汇支出，则会使人民币供应下降。而且在外汇收支平衡、外汇储备不变的情况下，外汇收支也可能在结构上影响人民币流通。外汇收支对人民币资金收支的影响，可从贸易外汇收支与资本外汇收支两方面考察。从出口创汇来看，贸易外汇收入是由垫支的人民币资金转化而来的；从进口用汇来看，企业单位首先用人民币资金购买外汇资金，然后在国内出售进口的商品，外汇资金又恢复到人民币资金状态，两者是相互转换的；从资本往来的主要表现形式来看，外汇资本的流入，必然引起国内人民币资金投放的增加。

国际收支与国内社会总供求有着重要联系。在开放经济中，社会总供求不仅决定于国内经济部门，还与对外经济部门密切相关，商品进口可以增加社会总供应量，商品出口则相应减少社会总供应量；资本流入，短期内相当于增加投资需求，长期可增加社会总供应量；资本流出，短期内相当于减少投资需求，长期将减少社会总供应量。

二、国际收支失衡与国内经济均衡

国际收支平衡，即国际收支基本相等，这有利于实现国内经济的均衡。而国际收支失衡，即国际收支出现顺差或逆差，则对国内经济均衡影响较大。主要表现在以下几个方面。

第一，从宏观经济变量之间的关系看，经常账户与国民收入有紧密联系，进出口的变化对国民收入会产生乘数效应，如果国际收支失衡，国内经济均衡不可能持久。

第二，从资本流动与金融市场的关系看，资本和金融账户与国内金融市场是密切相关的，外汇资本的流动必然引起国内资金流量的变化。当资本和金融账户出现顺差或逆差时，国内的金融市场利率、证券价格等，势必会受影响，从而影响国内各个经济领域的发展。

第三，从国际储备的增减变化看，国际收支失衡意味着国际储备经常处于变动中，这会直接影响国内的货币供应量。国际储备增加必然导致国内货币供给增多，由此会对国民经济产生扩张作用；国际储备减少则会引起国内货币供给减少，对国民经济产生抑制作用。

第四，从国际收支与国内总需求的关系看，国际收支顺差或逆差可以用来调节总供求的平衡，社会总供求的均衡可以用公式表示为：投资需求 + 国外资本流入 − 国内资本流出 = 生产资料供给 + 消费资料供给 + 商品劳务进口 − 商品劳务出口。

这意味着社会总供求的平衡不仅取决于国内生产与消费的比例，而且取决于国际收支的各账户，如果国内总需求大于总供给，可以适当安排贸易逆差，以吸收外资来平衡社会总供求，这有利于缓和国内供求矛盾和资金不足，为实现国内经济均衡创造条件。

三、国际收支调节的政策措施

目前在以 IMF 为基础的国际货币体系下，各国对国际收支失衡通常采用以下五种调节对策。

（一）财政政策

财政政策一般是从收、支两方面进行调整，即通过对各类税收的调节和通过对公共支出系统的调节来实现政策目标。当国际收支处于逆差时，财政当局通过紧缩性财政政策，以增加税收和减少预算支出抑制公共支出与私人支出，从而抑制总需求和物价上涨，物价上涨受到抑制，有利于改善贸易收支和国际收支。反之，在国际收支出现顺差的情况下，政府则可通过减税和增加预算支出来实行扩张性财政政策，以扩大总需求，减少盈余。不过，需要指出的是，一国实行什么样的财政政策，在一般情况下主要取决于国内经济需要。

（二）货币政策

货币政策是各国普遍、频繁采用的调节国际收支的政策措施，中央银行通过运用各种政策工具来调整需求规模，进而影响通货膨胀率达到调节国际收支平衡的目的。以国际收支逆差为例，中央银行需要实行紧缩性货币政策，通常可以采用以下手段：提高利率，以增加融资成本的方式来限制货币需求的膨胀，并吸引资本流入；提高存款准备金率，以紧缩信贷规模，从而达到制约进出口规模的目的；实行公开市场业务操作，卖出债券，回笼货币，调节货币需求规模从而减少直至消除国际收支逆差。这类政策的局限是国际收支的改善往往与国内经济目标冲突，只有在国际收支逆差是由于总需求大于总供给同时实现充分就业的情况下，采取紧缩政策才不至于牺牲国内经济。

（三）利用国际信贷

借用国外资金来弥补国际收支逆差是调节国际收支常用的方法之一。向国际金融市场借款，虽然利率较高，但限制较少、使用方便，已成为逆差国弥补逆差资金的最主要来源。此外，逆差国也可利用国际金融机构或政府贷款，此类贷款条件较为优惠，但数量不大。

（四）外汇政策调节

国际收支的外汇政策包括建立外汇平准基金和推行一定的汇率政策。建立外汇平准基金制度，即由中央银行拨出一定数量外汇储备，作为外汇平准基金，当国际收支发生短期性不平衡时，通过中央银行在外汇市场买卖外汇来调节外汇供求，影响汇率，使之起到推动出口、增加外汇收入和改善国际收支的作用。这一政策对消除偶发性因素或非正常资本流动所造成的国际收支失衡来说是一种简便易行的操作方法。推行一定的汇率政策，在不同汇率制度下是有所区别的。以固定汇率制度为例，调整汇率是中央银行采用货币法定贬值与升值的方式，降低或提高本国货币的对外价值，可以达到调节国际收支的目的。例如，当一国发生国际收支逆差时，当局可通过货币法定贬值、降低本币汇率、提高外币汇率等手段，使本国产品以外币表示的价格下跌，提高其竞争力，扩大出口，扭转国际收支逆差。

（五）直接管制政策

直接管制政策是指政府通过发布行政命令对国际经济交易进行行政干预，以求平衡国际收支的政策措施。它可分为数量性管制措施和价格性管制措施，前者包括进口配额、进口许可证、外汇管制等各种进口非关税壁垒；后者主要是动用关税壁垒、减少进口支出，同时也可以采用出口补贴、出口退税、外汇留成等行政手段，增加出口收入。直接管制政策灵活、具体，易于有针对性地区别实施，不致引起整个经济局势的起伏。但是，它也会带来国际收支隐性赤字、招致贸易伙伴国报复等不良后果。

巴西的困境

第三节　我国的国际收支

一、我国国际收支的基本状况

（一）我国国际收支管理的历史沿革

中华人民共和国成立以来，我国的国际收支随着社会主义经济的发展经历了从狭义的外汇收支过渡到广义的国际收支的演变过程。这一过程可以划分为两个阶段：1949—1978 年为第一阶段；1978 年至今为第二阶段。

1949—1978 年的 30 年，我国与其他国家之间的政治、经济、文化等方面的交往较少，主要对外经济活动为对外商品贸易和侨汇业务。因此，我国没有编制国际收支平衡表，只是编制了外汇收支平衡表，用以反映我国对外商品贸易和以侨汇为主的非贸易往来外汇收支。在此期间，我国虽然也曾参与过一些国际借贷和其他形式的融资活动，但这些融资无论在数量还是规模上都十分有限，尚未构成完整意义上的国际收支。并且在这期间，我国向 70 多个发展中国家提供的经济技术援助开支也作为财政支出处理，未列入外汇收支平衡表。

1978 年以来，随着改革开放进程的推进，我国对外经济交往的领域越来越广，内容也越来越丰富，对外贸易和利用外资的规模不断扩大，旅游、金融、保险、服务贸易及对外承包、文教、科技等非贸易交往也呈现出前所未有的发展势头。实践表明，不断扩大的国际经济交往，使我国的国际收支范围和规模发生了重大变化。仅仅依赖原来的外汇收支统计已不能全面、综合地反映我国对外经济独立自主的情况，必须突破原来的外汇收支局限，建立一套既适合我国国情又符合国际通行标准的国际收支平衡表。1980 年，我国正式恢复在 IMF 和世界银行中的合法席位以后，遵照会员国须向上述国际组织定期报送国际收支平衡表的义务，我国开始正式编制国际收支平衡表，并建立国际收支统计制度。1984 年 10 月，我国对国际收支统计制度进行了补充和修改，使得国际收支平衡表在项目设置、分类上更具有国际可比性，并将国际收支平衡表由每半年编制一次改成每季度编制一次。1985 年 9 月，国家外汇管理局正式发布了我国 1982—1984 年的国际收支平衡表。1997 年以前我国根据 IMF《国际收支手册》（第四版）的格式编制国际收支平衡表，从 1997 年起按照《国际收支手册》（第五版）规定的新格式编制国际收支平衡表。2001 年，IMF 国际收支统计委员会启动了修订《国际收支手册》（第五版）的工作，2008 年正式发布了《国际收支手册》（第六版），我国国际收支平衡表的编制工作也随之进一步调整，以保持协调一致。定期编制和公布国际收支平衡表，有利于我国加强对国际收支的宏观管理。

（二）我国国际收支状况的基本特征

总体来看，我国近年来的国际收支状况有如下特征。

1. 国际收支继续改善

各地区各部门着力推动外贸保稳提质，加快发展外贸新业态新模式，加大力度吸引和利用外资，不断优化营商环境，促进外贸外资持续增长，我国国际收支保持总体稳定，可以从以下三个方面体现出来。一是货物贸易规模再创新高。2022 年，货物进出口总额首次突破 40 万亿元人民币大关，达到 42.1 万亿元人民币，比上年增长 7.7%；全年货物进出口贸易顺差比上年扩大 35.4%。在高基数基础上贸易规模继续攀升，我国的全球第一货物贸易大国地位更加稳固。二是利用外资持续增加。良好的经济发展前景和不断强化的引资综合优势使我国持续成为全球投资兴业热土。2022 年，我国实际使用外资 12 327 亿元人民币，比上年增长 6.3%，引资规模再创新高，保持世界前列。三是外汇储备基本稳定。2022 年年末，我国外汇储备余额 31 277 亿美元，保持在 3 万亿美元以上，稳居世界第一。

2. 高水平开放纵深推进

我国坚持扩大对外开放，积极推进制度型开放，务实开展多双边经贸合作，推动国际产能合作和第三方市场合作，共建"一带一路"的朋友圈越来越大，对外开放的范围、领域和层次不断拓展，为发展注入新的动力，这体现在以下三个方面。一是高质量共建"一带一路"成效显著。2022 年，我国与共建"一带一路"国家货物贸易额同比增长 19.4%，明显高于整体进出口增速；中欧班列累计开行 1.6 万列，同比增长 9%；西部陆海新通道班列累计发送货物 75.6 万标箱，同比增长 18.5%。二是《区域全面经济伙伴关系协定》（RCEP）建设初显成效。2022 年，我国对 RCEP 贸易伙伴进出口额、非金融类直接投资分别比上年增长 7.5%、18.9%，吸收其直接投资增长 23.1%。三是自贸区建设扎实推进。2022 年，我国 21 个自由贸易试验区进出口额比上年增长 14.5%；海南自由贸易港货物进出口额突破 2 000 亿元，增长 36.8%。

3. 国际收支在国民经济中很重要，且地位不断提高

对外经济活动在国民经济中所占比重逐步加大，国民经济对外依存度不断增

大，国际收支在国民经济中的地位不断提高。我国对外依存度主要经历了以下三个阶段。

第一个阶段是 1985 年至 1990 年，中国对外开放逐步扩大，出口也在缓慢增长。1985 年，中国对外贸易依存度为 22.71%，其中出口依存度为 8.89%，进口依存度为 13.82%；1990 年中国对外贸易依存度接近 30%，为 29.46%，其中出口依存度为 15.82%，进口依存度为 13.64%，中国出口渐渐赶上并超过进口。这一阶段，主要由于国内资源紧缺和大量技术设备的进口，我国进口依存度连续多年高于出口依存度。

第二个阶段是 1990 年至 2000 年，在这一阶段，中国实行了一系列的宏观经济调控措施，使出口额年均增长率超过了中国年均 GDP 的增长率。此时，劳动密集型产业崛起，加工贸易开始发展，推动外贸稳步上升，出口快速增长，出口依存度超过进口依存度，中国的对外贸易依存度也于 1994 年突破 40%。虽然 1996 年至 1999 年四年内中国的对外贸易依存度有所下降，但依然保持在 33% 左右，并于 2000 年再次达到 39.16%。

第三个阶段是 2001 年至今。中国加入世界贸易组织后，经济全球化程度进一步加深，对外贸易在经济增长中的作用日益明显，2004 年中国进出口贸易总额历史性地突破万亿美元大关。这段时期对外贸易的增长速度远远高于中国国内生产总值的增长速度和世界贸易的增长速度。中国对外贸易依存度在这段时期也持续上升，在 2006 年更是达到了 64.24% 的高点。

二、我国国际收支的管理目标和调节政策

（一）我国国际收支的管理目标

从理论上讲，国际收支的管理目标是实现国际收支平衡。一国国际收支是否平衡，通常有短期静态平衡和长期动态平衡两种判断标准。前者是指报告期末（通常是一年）本国国际收支平衡表中总收支差额为零；后者是指一段时期内（通常是一年以上）经常项目差额是否与正常的资本流量净值基本相抵，并与官方外汇储备资产的合理增减相适应，而且一方面能被本国经济正常发展所吸收或承受，另一方面有助于实现最佳经济效益。

具体到我国来说，由于我国是发展中大国，国民经济在改革中发展，金融行业仍存在发展空间，因而在判断国际收支平衡与否时，必须考虑其与国民经济发展的关系。当个别年份发生顺差或逆差时，只要它们不是由于宏观经济内部实质性失调引起的，且没有超出国民经济正常发展所能承受的范围，就不能称为国际收支失衡。因此，我国国际收支平衡的管理目标应是长期动态均衡标准，即保持适度的外债规模，维持一个合理的债务年限结构，实现经常账户收支平衡，略有盈余，使资本和金融账户收支与国民经济适度增长的客观需要相适应。

（二）调节我国国际收支平衡的政策选择

综合以上分析，考虑到我国国际收支的现状和近年来的管理目标，我国国际收支平衡的调节应采取以下政策措施。

1. 财政政策和货币政策

财政政策方面，自我国取消财政对出口和大部分进口补贴后，税收成为财政调节国际收支的最主要手段。目前，我国主要使用关税（以进口关税为主）、出口退税和对外商投资的税收优惠等手段来调节对外经济活动。货币政策方面，我国除了通过紧缩和放松货币总量调节宏观经济，作用于对外经济活动外，还具体对进出口贸易和外商投资有针对性地发放优惠贷款，达到调节进出口贸易和鼓励外商投资的目的。

2. 汇率政策

动用汇率政策调节国际收支平衡会面临两难选择：提高本币汇率，本币升值，贸易品出口竞争力下降，外部经济平衡难以维持；降低本币汇率，本币贬值，国内通货膨胀压力增大，国内经济供求无法平衡。在这种情况下，我国动用汇率政策调节国际收支，必须进行准确定位。我国是发展中大国，维持经济的供求内部平衡比维持外部平衡更为重要，不能以牺牲内部平衡去追求外部平衡。

同时，在我国国际收支业已形成贸易、非贸易及金融账户三足鼎立的格局下，应力求避免汇率政策调整给国际收支带来负面影响。在我国动用汇率政策调节国际收支平衡时，政府不宜直接决定汇率水平，应逐步减轻汇率作为调节国际收支经常账户的政策工具力度，而把汇率决定权交给外汇市场。这可以避免政府间隔地对汇率进行大幅度调整给经济运行带来冲击；避免政府单纯为平衡国际收支在人为调整汇率时，引发资源在贸易品和非贸易品部门之间的配置不当，导致经济内部平衡与外部平衡的不协调。总体来看，应把人民币币值稳定作为长期的政策目标。

3. 外贸政策

采用外贸政策来调节我国的国际收支，应从我国国际收支属于结构性不平衡的现实出发，适时调整，把改善贸易收支的重点放在调整进出口商品结构上。具体外贸政策取向是：实现对外贸易从数量型向效益型转变，重点解决外贸经营秩序混乱的局面，提高市场组织化程度，靠优化进出口商品结构和改善贸易条件来改变依赖本币贬值扩大出口的倾向，力争通过改善贸易结构实现贸易收支基本平衡。具体措施是：发挥行业进出口商会及同业组织的协调作用，统一出口报价，指导进口销价；改变过去多头进口、重复引进的进口模式，实施集中进口和分散进口相结合的进口管理模式；继续扩大高附加值的机电产品出口份额，不断调整我国出口商品结构，以适应国际市场需求的变化。

4. 引资政策

金融账户作为我国国际收支的一个重要组成部分，如果控制不严，极易造成经常账户进行金融账户交易及虚假的外商直接投资的现象，给经常账户的平衡带来冲击，进而影响国际收支综合差额的平衡。为此，必须重新调整利用外资的政策：趁外资仍保持净

加快构建以国内大循环为主体、国内国际双循环相互促进的新发展格局

流入态势之机，坚决调整并取消一些不符合国际惯例的外资政策，由原来不规范的普惠性倾斜政策，向实施国民待遇政策转变，以提高外资进入的质量。基于我国目前经常账户可自由兑换而资本和金融账户部分可兑换的制度背景下，要更加关注非贸易收支项目的平衡，防范并加强对资本外流的管理，实行从严的资本流动政策，以防国内通过出口低报和进口超报将外汇截留在境外。应保持合理的外债规模，以现存国际储备为后盾，利用中长期国际贷款期限"以新还旧"，并保证外债用于促进出口或替代进口的贸易品生产项目，而不能用于非贸易品部门和进口品的消费。

本章小结

1. 国际收支是指一定时期一国与外部世界（其他国家或地区）因贸易、非贸易和资本往来而发生的资金收支，包括货币收支和以货币表示的资产转移。

2. 国际收支的平衡是指经常账户、资本账户和金融账户之间的总体收支平衡。如果一个国家的国际收支平衡，意味着其对外交往中的支付与收入相等，净国际债务和资产的变化为零。

3. 国际收支平衡表（Balance of Payments，BOP）是一种会计表格，用于记录一个国家或地区在一定时间内与其他国家或地区之间的经济交流所形成的收支状况。它提供了国际收支的全面概览，包括经常账户、资本账户和金融账户等各个组成部分的收支情况。国际收支平衡表通常分为经常账户、资本和金融账户、误差和遗漏项目三个主要部分。

4. 国际收支平衡表的差额指的是国际收支的总体结余或赤字，即经常账户、资本账户和金融账户的收支之和。

关键词

国际收支 国际收支平衡 国际收支平衡表 经常账户 资本和金融账户 收入 外汇储备 汇率 国际收支调节

练习题

1. 简述国际收支的基本概念。
2. 国际收支平衡表为什么能够自动实现平衡？
3. 如何分析一国的国际收支状况？
4. 简述调控国际收支失衡的政策措施。
5. 经常账户与资本和金融账户在国际收支中有什么不同？
6. 什么是贸易顺差和贸易逆差？它们对国际收支有何影响？

7. 请举例说明国际收入的来源是什么。

8. 简述外汇储备对国际收支的重要性。

9. 汇率对国际收支有何影响？请阐述汇率升值和贬值的概念。

10. 为什么国际收支的平衡对一个国家的经济稳定和可持续发展至关重要？

第三章

外汇与外汇汇率

外汇是货币行政当局以银行存款、长短期政府证券等形式保有的在国际收支逆差时可以使用的债权。外汇汇率亦称"外汇汇价",是外汇与本币之间的比价。本章的主要内容包括外汇的概念、分类和作用,外汇汇率的标价和分类,外汇市场的作用和参与者,现行人民币汇率制度的特点和发展历程,外汇交易的概念和方式,以及外汇风险的分类、特征和管理措施。

第一节 外汇概述

一、外汇的概念

外汇是国际汇兑(Foreign Exchange)的简称,外汇有动态和静态之分。动态的外汇是指人们将一种货币兑换成另一种货币,以清偿国际债权债务的金融活动。在这一意义上,外汇的概念等同于国际结算。静态的外汇,又有广义和狭义之分。

各国外汇管制法令所称的外汇是广义的外汇。例如,《中华人民共和国外汇管理条例》给外汇所下的定义是指以外币表示的可以用作国际清偿的支付手段和资产,它包括外币现钞(包括纸币、铸币);外币支付凭证或者支付工具(包括票据、银行存款凭证、银行卡等);外币有价证券(包括债券、股票等);特别提款权、欧洲货币单位;其他外汇资产。可见,外汇广义上的概念等同于外币资产。

狭义的外汇即通常所说的外汇,是指以外币表示的用于国际结算的支付手段。只有各国普遍接受的支付手段,才能用于国际结算。因此,以外币表示的有价证券和黄金不能视为外汇,因为它们不能用于国际结算,只有把它们变为国外的银行存款时才能用于国际结算。严格来说,外币现钞也不能算作外汇,因为它们一旦流入他国,便立即失去法定货币的身份与作用,外币持有者须将这些外币向其所在国银行兑换成该国货币才能使用。可见狭义的外汇概念不包括外币和外币信用凭证,只有在国外的银行存款和可以等同于存款的外币票据与外币凭证如汇票、支票、本票和电汇凭证等可以直接用于国际结算的资产才包括其中。

在理解外汇这个概念时，应注意：必须是以外币表示的国外资产，即要具有国际性；必须是在国外能得到偿付的货币债权（空头支票、拒付的汇票不能视为外汇），即要具有可偿性；必须是可以兑换成其他支付手段的外币资产（不能兑换成其他国家的货币，不能视为外汇），即要具有可兑换性。

二、外汇的分类

根据不同的分类标准，可以对外汇进行不同的分类。

（一）按货币兑换限制程度划分
按货币兑换的限制程度不同，外汇可分为自由兑换、有限自由兑换两种类型。

1. 自由兑换外汇

自由兑换外汇是指不需要外汇管理当局批准就可以自由兑换成其他国家货币，或者是可以向第三者办理支付的外国货币及支付手段。如美元、英镑、欧元、日元等货币以及用这些货币表示的汇票、支票、股票、债券等支付凭证和信用凭证，均为自由兑换外汇。

根据《国际货币基金组织协定》第八条（成员国的一般义务）的规定，一国货币成为自由兑换外汇，必须符合三个条件：（1）对本国国际收支中的经常往来项目（贸易和非贸易的付款）和资金转移不加限制；（2）不采取歧视性的货币措施或多种货币汇率；（3）在另一个会员国要求下，随时有义务购回对方经常项目往来中所结存的本国货币。可见，自由兑换外汇在国际兑换结算中被广泛使用，在国际金融市场中可自由买卖，并可不受限制地兑换成其他国家的货币。

2. 有限自由兑换外汇

有限自由兑换外汇是指未经货币发行国批准，不能自由兑换成其他货币或对第三者进行支付的外汇。根据《国际货币基金组织协定》的规定，对国际性经常往来的付款和资金转移有一定限制的货币均属于有限自由兑换外汇。此类货币通常存在一个以上的汇率，外汇交易也常受限制。

（二）按交割期限划分
按交割期限的不同，外汇可分为即期外汇和远期外汇。

1. 即期外汇

即期外汇又称现汇或外汇现货，是指国际贸易或外汇买卖中即期进行收付的外汇，是在买卖成交后立即交割或在第一或第二个营业日内完成交割的外汇。交割是指买卖双方进行钱货两清，外汇交割是指一方付出本币，另一方付出外币。

2. 远期外汇

远期外汇又称期汇。在国际贸易和外汇买卖中，有时买卖双方先订立买卖合同，规定买卖外汇的数量、汇率、期限等，在约定到期日，依照合同规定的汇率进行交割。远期外汇的期限一般为 1~6 个月，也可长达 1 年。

（三）按照来源和用途划分

按照来源和用途的不同，外汇可分为贸易外汇和非贸易外汇。

1. 贸易外汇

贸易外汇是指由商品的进口和出口而发生的支出和收入的外汇，包括对外贸易中因收付贸易货款、交易佣金、运输费和保险费等发生的外汇。我国的贸易外汇，主要包括出口外汇、补偿贸易外汇、来料加工的外汇收入等。贸易外汇是一国外汇收支的重要项目，在国际收支平衡中占有极其重要的地位。

2. 非贸易外汇

非贸易外汇是指由非贸易业务往来而发生的收入和支出的外汇，包括侨汇、旅游外汇、劳务外汇、私人外汇、驻外机构经费以及交通、民航、邮电、铁路、银行、保险、港口等部门对外业务收支的外汇。随着经济国际化的发展，非贸易外汇收入在一些国家的外汇收入中所占的比例越来越高。

三、外汇的作用

外汇的产生是商品生产国际化和资本流动的必然结果。随着社会生产力、社会分工和商品经济的发展，国际贸易和跨国支付需求急剧膨胀，资本输出的意义日益加深。国际商品贸易、国际借贷活动和国外投资，以及各国间发生的政治、军事、社会、科学技术等方面的往来和交流，都会产生债权债务关系，需要办理国际结算和货币收支，进而产生对外汇的需求。因此，外汇在国际经济交往中起着不可或缺的作用。

（一）作为国际结算的计价手段和支付工具，便利国际结算

国际结算是世界上不同国家对经济贸易往来产生的债权债务的清理，由于各国货币制度不同，本国货币不能成为国际支付手段，只有外汇这种信用工具才能保证结算的顺利进行。

通过国际汇兑可以实现购买力的国际转移，使国与国之间的货币流通成为可能。由于各国货币制度不同，本国货币不能在其他国家内流通，除了使用国际共同确认的清偿手段——黄金以外，不同国家的购买力是不能转移的。随着外汇业务的发展，外汇作为国际支付手段而被各国普遍接受，使外汇成为一种国际购买力。一个国家持有外汇，即掌握一定数量的国际购买力，该国可以动用所持有的外汇在国际市场上购买所需要的各种商品、劳务以及偿付对外债务。把一国购买力转换为他国购买力，使货币在国际流通，扩大了流通的范围，为商品的国际交换提供了可能。

（二）促进国际贸易的发展

用外汇进行结算既可以节省运输现金的费用，又可以避免风险。特别是通过各种信用工具在国际贸易中的运用，促进了国际商品交换的发展，扩大了国际贸易。

（三）便利国际资本供求之间的调剂，发挥调节资金余缺的作用

世界各国经济发展不平衡，资金余缺情况不同，资金供求矛盾的表现方式也各不相同，客观上就要调节资金余缺。发达国家存在着资金过剩的情况，发展中国家则资金短缺。使用外汇可以加速资金在国际上的周转，有助于进行国际投资和资本转移，调节国际资金供求关系。

（四）作为国际储备起着平衡国际收支的作用

一国的国际收支出现逆差，可以动用外汇储备来弥补。一个国家的外汇储备越多，则该国国际清偿能力越强。在当今的国际经济活动中，已经没有一个国家直接用黄金偿还债务，弥补国际收支逆差和外汇短缺，而是在国际市场上以市价卖出所持有的黄金换取外汇进行偿付。

世界银行

第二节　外汇汇率概述

一、汇率的概念

外汇汇率（Foreign Exchange Rates）又称外汇汇价，是不同货币之间兑换的比率或比价，也可以说是以一种货币表示的另一种货币的价格。

外汇是可以在国际上自由兑换、自由买卖的资产，也是一种特殊商品，汇率就是这种特殊商品的"特殊价格"。一般商品的价格是用货币表示的，但不能反过来用商品表现货币的价格。在国际汇兑中，不同的货币之间可以相互表示自己的价格，因此，外汇汇率也就具有双向表示的特点：既可以用本币表示外币价格，又可以用外币表示本币价格。至于是用本币表示外币，还是用外币表示本币，则取决于一国所采用的不同标价方法。

二、汇率标价方法

汇率有两种基本的标价方法：一是直接标价法；二是间接标价法。20 世纪五六十年代以来，西方各国的跨国银行普遍采用"美元标价法"。

（一）直接标价法

直接标价法（Direct Quotation）是指以一定单位的外国货币为标准来计算折合多少单位的本国货币。例如，2015 年 7 月 9 日，我国国家外汇管理局公布的人民币对美元官方汇价为 100 美元等于 611.51 元人民币，这就是直接标价法。这种标价法的特点是外币数额固定不变，折合本币的数额根据外国货币和本国货币币值对比的变化而变化，如果一定数额的外币折合本币数额减少，则外币贬值、本币升值。

（二）间接标价法

间接标价法（Indirect Quotation）是指以一定单位的本国货币为标准来计算折合多少单位的外国货币。例如，2023 年 2 月 7 日，纽约市场美元兑换欧元的汇价为 1 美元等于 0.93 欧元即是美元的间接标价法。这种标价法的特点是：以本币为计价标准，固定不变，折合外币的数额根据本币与外币币值对比的变化而变化，如果一定数额的本币折合外币的数额增加，则本币升值、外币贬值；反之，如果一定数额的本币折合外币的数额减少，则本币贬值、外币升值。

世界上采用间接标价法的国家主要是英国和美国。英国是资本主义发展最早的国家，英镑曾经是世界贸易计价结算的中心货币。因此，长期以来伦敦外汇市场上的英镑采用间接标价法。第二次世界大战后，美国经济实力迅速扩大，美元逐渐成为国际结算、国际储备的主要货币，为了便于计价结算，从 1978 年 9 月 1 日开始，纽约外汇市场也改用间接标价法，以美元为标准公布美元与其他货币之间的汇价，但是对英镑仍沿用直接标价法。

直接标价法和间接标价法都是针对本国货币和外国货币之间的关系而言的。对于某个国家或某个外汇市场来说，本币以外其他各种货币之间的比价无法用直接或间接标价法来判断。实际上非本国货币之间的汇价往往是以一种国际上的主要货币或关键货币（Key Currency）为标准的。例如，第二次世界大战后由于美元是世界货币的中心货币，各国外汇市场上公布的外汇牌价均以美元为标准，这种情况被称为"美元标价法"。

美元标价法与两种基本的标价方法并不矛盾。银行汇价挂牌时，标出美元与其他各种货币之间的比价，如果需要计算美元以外的两种货币之间的比价，必须通过各自货币与美元的比价进行套算。

三、汇率的分类

汇率是外汇理论与政策以及外汇业务的一个中心内容，它虽然被概括地定义为两种货币之间的价格之比，但在实际应用中汇率可以从不同角度划分为不同的种类。

（一）按汇率制定的不同方法，可分为基础汇率和套算汇率

1. 基础汇率

基础汇率（Basic Rate）是一国所制定的本国货币与基准货币（往往是关键货币）之间的汇率。与本国货币有关的外国货币往往有许多种，但不可能使本币与每种货币都单独确定一个汇率，所以往往选择一种主要的货币即关键货币作为本国汇率的制定标准，由此确定的汇率是本币与其他各种货币之间汇率套算的基础，因此称为基础汇率。选择的关键货币往往是国际贸易、国际结算和国际储备中的主要货币，并且与本国的国际收支活动关系最为密切。第二次世界大战后，美元在国际贸易与金融领域占据了主要地位，因此，许多国家都将本币对美元的汇率定为基础汇率。

2. 套算汇率

套算汇率（Cross Rate）是在基础汇率的基础上套算出的本币与非关键货币之间的汇率。如果本币与美元之间的汇率是基础汇率，那么本币与非美元之间的汇率即为套算汇率，它是通过它们各自与美元之间的基础汇率套算出来的。例如，2023年2月7日，我国人民币对美元基础汇率确定为1美元=6.79元人民币，同时伦敦外汇市场1英镑=1.20美元，则人民币对英镑的汇率可根据基础汇率和外汇行市套算为1英镑=6.79×1.20=8.148元人民币，该汇率即为套算汇率。

目前，各国外汇市场上每天公布的汇率都是各种货币与美元之间的汇率，非美元货币之间的汇率均需通过美元汇率套算出来。

（二）从银行买卖外汇的角度出发，可分为买入价、卖出价和中间价

1. 买入价

买入价（Buying Rate），即买入汇率，是银行从同业或客户那里买入外汇时使用的汇率。

2. 卖出价

卖出价（Selling Rate），即卖出汇率，是银行向同业或客户卖出外汇时使用的汇率。

银行从事外汇的买卖活动分别以不同汇率进行，其买入外汇时往往以较低的价格买入，卖出外汇时往往以较高的价格卖出，低价买进、高价卖出的差价即为银行的经营费用和利润，一般约为0.1%（也就是中间价上下各0.05%），具体要根据外汇市场行情、供求关系及银行自己的经营策略而定。我国的外汇买卖差价率为0.5%。买价、卖价是从银行角度来划分的，在直接标价法下，较低的价格为买入价，较高的价格为卖出价。例如：银行的1美元兑日元买入、卖出价分别为109.30/109.60日元，表明银行从客户处买入美元卖出日元使用的牌价为109.30，则客户卖出美元买入日元就要使用109.60的牌价，反之亦然。在间接标价法下则相反，价格较低的是外汇卖出价，价格较高的是外汇买入价。

3. 中间价

中间价（Middle Rate），即买入价与卖出价的平均价。为了便捷方便，各种新闻

媒体在报道外汇行情时都采用中间价，人们在了解和研究汇率变化时往往也参照其中间价。

（三）按外汇交易中支付方式的不同，可分为电汇汇率、信汇汇率和票汇汇率

1. 电汇汇率

电汇汇率（Telegraphic Transfer Rate，T/T Rate），也称电汇价，是买卖外汇时以电汇方式支付外汇所使用的汇率。用电汇方式支付外汇，银行往往用电报、电传等通信方式通知国外分行支付款项，外汇付出迅速，银行占用利息减少，因而向对方收取的价格（汇率）也就较高。现代外汇市场上多用电汇方式付出外汇，因而电汇汇率成为一种具有代表性的汇率，也是较其他汇率较高的一种。

2. 信汇汇率

信汇汇率（Mail Transfer Rate，M/T Rate），也称信汇价，是银行用信函方式通知给付外汇的汇率。银行卖出的外汇需要用信函通知国外分行支付，所用时间较长，因此需将在途利息占用扣除，汇率也就较电汇汇率低。

3. 票汇汇率

票汇汇率（Demand Draft Rate，D/D Rate），是银行买卖即期汇票的汇率。买卖即期汇票所需的时间也较长，因而汇率也较电汇汇率低。如果买卖的是远期汇票（如 30 天期、60 天期），则其汇率水平决定于远期期限长短和该种外汇升贬值的可能性。

（四）按外汇买卖成交后交割时间的长短，可分为即期汇率和远期汇率

1. 即期汇率

即期汇率（Spot Exchange Rate），也称现汇率，是交易双方达成外汇买卖协议后，在两个工作日以内办理交割的汇率。这一汇率一般就是现时外汇市场的汇率水平。

2. 远期汇率

远期汇率（Forward Exchange Rate），也称期汇率，是交易双方达成外汇买卖协议，约定在将来某一时间进行外汇实际交割所使用的汇率。这一汇率是双方以即期汇率为基础约定的，但往往与即期汇率有一定差价，其差价称为升水或贴水。当远期汇率高于即期汇率时称为外汇升水，当远期汇率低于即期汇率时称为外汇贴水。升贴水主要受利率差异、供求关系、汇率预期等因素的影响。另外，远期汇率虽然是未来交割时所用的汇率，但与未来交割时的市场现汇率是不同的，前者是事先约定的远期汇率，后者是将来的即期汇率。

（五）按外汇管制程度的不同，可分为官方汇率和市场汇率

1. 官方汇率

官方汇率（Official Rate），也称法定汇率，是外汇管制较严格的国家授权其外汇管理当局制定并公布的本国货币与其他各种货币之间的外汇牌价。这些国家一般没有外汇

市场，外汇交易必须按官方汇率进行。官方汇率一经制定往往不能频繁变动，这虽然保证了汇率的稳定，但是汇率较缺乏弹性。

2. 市场汇率

市场汇率（Market Rate）是外汇管制较松的国家在自由外汇市场上进行外汇交易的汇率。它一般存在于市场机制较发达的国家，在这些国家的外汇市场上，外汇交易不受官方限制，市场汇率受外汇供求关系的影响，自发地、经常地流动，官方不能规定市场汇率，而只能通过参与外汇市场活动来干预汇率变化，以避免汇率出现过度频繁或大幅度的波动。

除外汇管制严格的国家实行官方汇率、外汇管制放松的国家实行市场汇率外，在一些逐步放松外汇管制、建立外汇市场的国家中，可能会出现官方汇率与市场汇率并存的状况，在官方规定的一定范围内使用官方汇率，而在外汇市场上使用由供求关系决定的市场汇率。

（六）按国际汇率制度的不同，可分为固定汇率、浮动汇率

1. 固定汇率

固定汇率（Fixed Exchange Rate）是指本国货币与其他国家货币之间维持一个固定比率，汇率波动只能限制在一定范围内，由官方干预来保证汇率的稳定。金本位制度下和布雷顿森林体系下通行固定汇率制度，并且目前许多发展中国家仍然实行固定汇率制度。

2. 浮动汇率

浮动汇率（Floating Exchange Rate）是指本国货币与其他国家货币之间的汇率不由官方制定，而由外汇市场供求关系决定，可自由浮动，官方在汇率出现过度波动时才出面干预市场，这是布雷顿森林体系解体后西方国家普遍实行的汇率制度。由于各国具体情况的不同，选择汇率浮动的方式也会有所不同，所以，浮动汇率制度又可以进一步分为自由浮动、管理浮动、联合浮动、钉住浮动等。

（七）根据纸币制度下汇率是否经过通货膨胀调整，可分为名义汇率和实际汇率

1. 名义汇率

名义汇率（Nominal Exchange Rate）是由官方公布的或在市场上通行的、没有剔除通货膨胀因素的汇率。由于纸币制度下各国都会发生不同程度的通货膨胀，货币在国内的购买力因此也会有不同程度的下降，由此造成的货币对内贬值应该反映在货币的对外比价即汇率上，但现实中的汇率变化与国内通货膨胀的发生常常是相互脱离的，名义汇率便是没有消除过去一段时期两种货币通货膨胀差异的汇率。

2. 实际汇率

实际汇率（Real Exchange Rate）是在名义汇率的基础上剔除了通货膨胀因素后的汇率。从计算方法上看，它是在现期名义汇率的基础上用过去一段时期两种货币各自的通

货膨胀率（物价指数上涨幅度）来加以校正，从而得出的实际的而不是名义的汇率水平及汇率变化程度。由于消除了货币之间存在的通货膨胀差异，它比名义汇率更能反映不同货币的实际购买力水平。由此可以看出，实际汇率与购买力平价（PPP）有着相似的作用和特点。

（八）在实行复汇率的国家中，因外汇使用范围的不同可分为贸易汇率、金融汇率

1. 贸易汇率

贸易汇率（Commercial Rate）是用于进出口贸易及其从属费用的计价结算的汇率。官方制定与其他汇率不同的贸易汇率主要是为了促进出口、限制进口，改善本国贸易状况。

外汇交易所

2. 金融汇率

金融汇率（Financial Rate）是用于非贸易往来如劳务、资本移动等方面的汇率。官方制定金融汇率的目的往往是为了增加非贸易外汇收入以及限制资本流出。

第三节 外 汇 市 场

一、外汇市场的概念及作用

外汇市场（Foreign Exchange Market）是专门从事外汇买卖的市场，包括金融机构之间的同业外汇买卖市场（或称批发市场）和金融机构与顾客之间的外汇零售市场，前者通常是无形市场，其中由于各国的货币制度不同，使用的货币不一样，在履行国际债权债务的结算时，就必须解决各国货币之间的兑换问题，也就是进行外汇买卖。

外汇市场的作用主要表现在以下两个方面。一是使货币支付和资本转移得以实现。各国之间的政治、经济和文化往来等都会产生国际支付行为，借助外汇市场可以进行资金调拨，清偿由此产生的债权债务关系，这是进行国际交往的前提。二是减少汇率变动风险，有利于国际贸易的发展。浮动汇率制度下，汇率经常性的剧烈波动会直接影响国际贸易和国际资本流动。外汇市场通过各种外汇交易活动（如远期外汇买卖、期货或期权交易等），可以减少或消除汇率风险，促进国际贸易的发展。

外汇市场交易可分为两种类型，即抽象的或无固定场所的市场和具体的或有固定场所的外汇市场。抽象的外汇市场，既没有固定的场所，也没有固定的营业时间，主要通过电信设备与各种外汇机构和个人联系，形成外汇交易的市场。如伦敦、纽约、苏黎世等世界主要外汇市场都属于这一类。具体的外汇市场，有固定的场所、固定的营业时间，由从事外汇买卖的双方在规定时间进行交易。这种交易方式也称定点交易。过去大部分欧洲的外汇市场都属于这一类。如巴黎、法兰克福、阿姆斯特丹等地的外汇交易都

曾为定点交易。随着电子技术的广泛应用，现代化通信设施正在使上述两种交易的差别逐渐消失。目前，世界各大金融中心的外汇市场都互相联结，消除了时间和空间的限制，使全球范围内不同市场上的外汇买卖在 24 小时内都可以成交，各种外汇票据交换也能在当天完成，外汇市场已经形成了一个横跨全球的统一市场。

二、外汇市场参与者

（一）商业银行

各发达国家较大的商业银行通常都有外汇买卖以及承办外汇存款、汇兑、贴现等业务。在一些实行外汇管制的国家中，外汇业务是由各国中央银行指定或授权经营外汇业务的银行办理。这些银行通常是本国的外汇专业银行、在本国的外国银行分支机构和一些金融机构。

商业银行不仅受进出口商的委托，办理进出口结汇业务，充当外汇买卖的中介人，还通过自行买卖外汇来获取利润。商业银行作为中间媒介进行外汇交易时，通常保持买卖平衡，即有出有进，从买卖差价中获取利润，不冒积存的风险。如果商业银行接受的进口商的委托多于出口商的委托，或者说商业银行卖出的外汇多于买进的外汇，商业银行将使用自己的外汇账户通过出售自己的外汇来弥补差额。商业银行也可以和别的银行进行交易，以保持其原有的外汇平衡。当然，在某种情况下，如商业银行预期外汇将升值的时候，它也可以有意保持自己外汇的不平衡地位，即留一个"敞口"，这样如果外汇如其预期一致升值，商业银行即可通过这一操作而获利。商业银行对各种必要的外汇均保持一定数量的水平，并随时根据情况进行各种买卖外汇的活动。商业银行是重要的经营外汇的场所。

（二）中央银行及政府主管外汇的机构

各国中央银行参与外汇市场的活动有两个目的：一是储备管理；二是汇率管理。一般来讲，中央银行或直接拥有，或代理财政经营本国的官方外汇储备。中央银行这时在外汇市场的角色与一般参与者相同。另外，在外汇市场汇率急剧波动时，中央银行为稳定汇率，控制本国货币的供应量，实现货币政策，也经常通过参与市场交易进行干预，在外汇过多时买入或在外汇短缺时卖出。中央银行在外汇市场中所起的这种监督市场运行、干预汇率走势的作用表明，中央银行不仅是外汇市场参与者，在一定程度上也可以说是外汇市场的"操盘手"。不过，中央银行并不直接参与外汇市场上的活动，而是通过经纪人和商业银行进行交易。

（三）外汇经纪人

外汇经纪人是专门从事介绍成交或代客买卖外汇，从中收取手续费的公司或汇兑商。外汇经纪人主要依靠他们与外汇银行的密切联系、熟知外汇供求情况等优势，利用现代化的通信工具接洽外汇交易，促使多种多样的市场参与者找到合适的交易价格和合适的交易对手成交。当然，由于外汇经纪人大都从事数额较大的外汇买卖，故他们与商业银行的交易往来最密切，商业银行一般通过经纪人调整其外汇存量。相比之下，外汇经纪人与外汇的实际需求者和供给者接触不多。

经纪人分两种。凡是用自己的资金参与外汇中介买卖，并自己承担外汇买卖损益者，是一般经纪人（General Broker）；仅以收取佣金为目的，代客买卖外汇者，称作跑街或捐客（Running Broker）。

（四）外汇交易商

外汇交易商（Exchange Dealer 或 Exchange Trader）是指专门从事外汇交易、从事外国票据业务的公司或个人。外汇交易商大都从事数额较大的外汇买卖，利用时间与空间的差异获取外汇买卖价格上的差额利润。

（五）外汇的实际供给者和需求者

从事进出口贸易的工商企业、旅行者、投资者、投机者、留学生、移民等都是外汇的实际供给者或需求者，他们通过外汇市场进行买卖，以获利或兑换外汇。其中个人外汇需求者大多是通过外汇专业银行进行买卖。

（六）外汇投机者

外汇投机者（Exchange Speculator）是专门利用不同货币在不同时间或不同地点的外汇市场上汇率的变动，进行买空卖空、套汇套利的投机活动，以获取利润。外汇投机者在进行外汇投机活动时需要冒一定的风险。

三、外汇市场监管

在没有外汇管制的国家，政府对市场上的外汇买卖活动并不作限制。中央银行对本国外汇市场的监管，主要为了避免受全球外汇市场巨大的资金规模影响带来的风险。本国外汇市场承受的风险主要表现在两方面：一是汇率波动；二是商业银行在从事外汇交易时承担的外汇风险。相应地，中央银行在外汇市场汇率低于或高于正常汇率水平时，利用外汇平准基金，干预市场买卖，以达到汇率政策目标。此外，中央银行也会采取行政手段，对银行从事外汇交易施加一定的限制。这些限制包括对每笔外汇交易加以限制，如对银行每笔外汇交易的金额限制、全部外汇交易的金额限制，以及银行所留外汇敞口的总额限制等。

四、现代世界外汇市场的发展

第二次世界大战后，随着国际经济的飞速发展，世界外汇市场的格局也发生了巨大变化，表现在以下三个方面。第一，外汇市场由区域发展到全球。外汇市场由集中于西欧和北美，扩大到亚洲和拉丁美洲。目前国际金融中心包括伦敦、纽约、巴黎、法兰克福、布鲁塞尔、苏黎世、阿姆斯特丹、米兰、斯德哥尔摩、卢森堡、东京、马尼拉、拿骚、开曼群岛等。外汇市场向全球发展，使各国营业时间互相衔接，形成了全球性 24 小时不间断的连续交易，方便了外汇买卖。第二，外汇交易更加复杂化。因汇率波动和交易范围扩大，新的交易工具和交易方式不断涌现，使得外汇市场上的交易活动越来越复杂。第三，各地外汇市场之间的汇率趋向一致，现代通信技术在外汇市场上的广泛应用，使各地的行情变化可以迅速传播，各市场之间的汇率差价能够迅速得以调整，加上外汇市场国际化，增强了短期资本在各国之间的游动，使外汇市场资金供求失衡的状况可以很快得到调节，使汇率趋向一致。

与此同时，世界外汇市场的交易量也急剧上升，20 世纪 80 年代以后尤为突出。世界外汇市场平均日交易量仅在 20 世纪 80 年代就上升了三倍，即由 1985 年的 1 500 亿美元扩大到 1989 年的 6 400 亿美元。[①] 伦敦、苏黎世、法兰克福、巴黎、纽约、东京、新加坡市和中国香港等国际金融中心的外汇交易发展更为迅速。世界外汇交易量的增长远远超过世界贸易量的增长，2022 年第一季度，全球贸易额达 7.7 万亿美元，创下了历史纪录，比 2021 年第一季度增加了约 1 万亿美元，全球货物贸易和服务贸易均实现增长。其中，货物贸易总额为 6.1 万亿美元，比 2021 年同期增长了约 25%，比 2021 年第四季度增长了 3.6%；服务贸易总额为 1.6 万亿美元，比 2021 年同期增长了约 22%，比 2021 年第四季度增长了 1.7%。据国际清算银行 2022 年 10 月发布的外汇交易报告看，2022 年全球外汇日交易总量达 7.5 万亿美元，较 2019 年增长了 14%。其中人民币份额增加最多，由 4.3% 增至 7%，成为全球外汇交易最活跃的第五大货币。

巴西外汇管理
规定

第四节　现行人民币汇率制度

一、现行人民币汇率制度概述

（一）现行人民币汇率制度

人民币汇率制度是以市场供求为基础、参考一篮子货币进行调节、有管理的浮动汇

①　韩继云.建立健全我国银行间外汇交易市场探讨［J］.当代财经，1994（11）：10，41–45.

率制度。自 2005 年 7 月 21 日起，我国开始实行有管理的浮动汇率制度。新的人民币汇率制度，以市场汇率作为人民币对其他国家货币的唯一价值标准，这使外汇市场上的外汇供求状况成为决定人民币汇率的主要依据。

现行人民币汇率制度主要包括三个方面的内容：一是以市场供求为基础的汇率浮动，发挥汇率的价格信号作用；二是根据经常项目主要是贸易平衡状况动态调节汇率浮动幅度，发挥"有管理"的优势；三是参考一篮子货币，即从一篮子货币的角度看汇率，不片面地关注人民币与某个单一货币的双边汇率。

（二）现行人民币汇率制度特点

1. 市场供求为基础

根据新的人民币汇率制度确定的汇率与当前的进出口贸易、通货膨胀水平、国内货币政策、资本的输出输入等经济状况密切相连，经济的变化情况会通过外汇供求的变化作用到外汇汇率上。

2. 有管理的汇率

我国的外汇市场是需要继续健全和完善的市场，政府必须用宏观调控措施来对市场的缺陷加以弥补，因而对人民币汇率进行必要的管理是必需的。主要体现在三个方面：国家对外汇市场进行监管、国家对人民币汇率实施宏观调控、中国人民银行进行必要的市场干预。

3. 浮动的汇率

浮动的汇率制度就是一种具有适度弹性的汇率制度。在中国，中国人民银行于每个工作日闭市后公布当日银行间外汇市场美元等交易货币对人民币汇率的收盘价，作为下一个工作日该货币对人民币交易的中间价格。

4. 参考一篮子货币

一篮子货币，是指按照我国对外经济发展的实际情况，选择若干种主要货币，赋予相应的权重，组成一个货币篮子。同时，根据国内外经济金融形势，以市场供求为基础，参考一篮子货币计算人民币多边汇率指数的变化，对人民币汇率进行管理和调节，维护人民币汇率在合理均衡水平上的基本稳定。篮子内的货币构成，将综合考虑在我国对外贸易、外债、外商直接投资等对外经贸活动中占较大比重的主要国家和地区的

篮子货币

货币。参考一篮子货币表明外币之间的汇率变化会影响人民币汇率，但参考一篮子货币不等于盯住一篮子货币，它还需要将市场供求关系作为另一重要依据，据此形成有管理的浮动汇率。这将有利于增加汇率弹性，抑制单边投机活动，维护多边汇率。

二、现行人民币汇率制度发展历程

（一）发展初期

首先是人民币内部结算价与官方汇率并存时期（1981 年至 1984 年）。改革开放以前，人民币汇率长期低于出口创汇成本，但高于国内外消费物价之比。从兼顾贸易和非贸易两方面的需要出发，1979 年 8 月政府决定自 1981 年 1 月 1 日起在官方汇率之外实行贸易内部结算汇率，它由全国出口平均换汇成本加一定幅度的利润计算出来，明显低于官方汇率。

其次是取消内部结算汇率，进入官方汇率与外汇调剂市场汇率并存时期（1985 年至 1993 年）。双重汇率体制明显调动了出口企业的积极性，国家外汇储备也有所增加。但是这种安排存在明显的问题：第一，从对外关系来看，IMF 将双重汇率看作是政府对出口的补贴，发达国家以此为理由要对我国出口商品征收补贴税；第二，从国内角度来看，双重汇率造成外汇管理工作中的混乱。所以，从 1985 年 1 月 1 日起人民币汇率又恢复到单一汇价。

为了配合外贸改革和推行承包制，我国逐步取消财政补贴，从 1988 年起增加外汇留成比例，普遍设立外汇调剂中心，放开调剂市场汇率，形成官方汇率和调剂市场汇率并存的局面。

（二）发展中期

首先是汇率并轨与有管理的浮动汇率制时期（1994 年至 2005 年 7 月）。1993 年在《中共中央关于建立社会主义市场经济体制若干问题的决定》中提出，"改革外汇管理体制，建立以市场为基础的有管理的浮动汇率制度和统一规范的外汇市场。逐步使人民币成为可兑换的货币"。国务院决定从 1994 年起，进一步改革我国的外汇管理体系。具体措施包括：第一，实行以市场供求为基础的、单一的、有管理的浮动汇率制。1994 年 1 月 1 日，人民币官方汇率与外汇调剂价格实行了并轨。第二，实行银行结售汇制，取消外汇留成和上缴。第三，建立全国统一的、规范的银行间外汇交易市场，中国人民银行通过参与该市场交易管理人民币汇率，人民币对外公布的汇率即为该市场所形成的汇率。1996 年 12 月我国实现人民币经常项目可兑换，实现了人民币自由兑换的重要一步。

其次是 1994 年以后，我国实行以市场供求为基础的管理浮动汇率制度，但人民币对美元的名义汇率除了在 1994 年 1 月至 1995 年 8 月期间小幅度升值外，始终保持相对稳定状态。亚洲金融危机以后，为了稳定人民币币值，创造有利的出口环境，中国政府进一步收窄了人民币汇率的浮动区间。1999 年，IMF 对中国汇率制度的划分也从"管理浮动"转为"钉住单一货币的固定钉住制"。

自 2005 年 7 月 21 日起，我国对完善人民币汇率形成机制进行改革。人民币汇率不再盯住单一美元，而是选择若干种主要货币组成一个货币篮子，同时参考一篮子货币计算人民币多边汇率指数的变化。实行以市场供求为基础、参考一篮子货币进行调节、有管理的浮动汇率制度。人民币汇率形成机制改革以来，以市场供求为基础，人民币总体小幅升值。

2005 年 7 月 21 日，人民币汇率形成机制改革后，中国人民银行每个工作日闭市后公布当日银行间外汇市场美元等交易货币对人民币汇率的收盘价，作为下一个工作日该货币对人民币交易的中间价。自 2006 年 1 月 4 日起，中国人民银行授权中国外汇交易中心于每个工作日上午 9 时 15 分对外公布当日人民币对美元、欧元、日元和港元汇率中间价，作为当日银行间即期外汇市场（含 OTC 方式和撮合方式）以及银行柜台交易汇率的中间价。保持人民币汇率在合理均衡水平上的基本稳定的新人民币汇率制度平稳实施充分证明了"以市场供求为基础、参考一篮子货币进行调节、有管理的浮动汇率制度"符合我国汇率改革主动性、可控性、渐进性的要求。人民币汇率将以市场供求为基础，参考一篮子货币，在合理、均衡的水平上保持基本稳定。

三、人民币自由兑换

货币可兑换是指一国货币持有者可以为任何目的而将所持有的货币按市场汇率兑换成另一国货币的权利。货币可兑换包括经常项目下可兑换和资本项目下可兑换。1996 年人民币已实现了国际收支经常项目下的可兑换。

（一）货币的自由兑换

货币依据兑换自由程度，可分为：不可兑换货币；国际收支经常项目下可兑换货币；完全可自由兑换货币，即在经常项目和资本项目下均可以自由兑换。在《国际货币基金组织协定》第八条中规定了经常项目下可兑换的具体要求（具体要求参见第三章第一节外汇概述中相关内容）。资本项目下的可兑换要求是取消对短期金融资本、直接投资和证券投资引起的外汇收支的各种兑换限制，使资本能够自由出入境。在具体实践中，某些国际储备货币在国际化进程中依然对资本项目下的兑换实施一些必要的限制。IMF 对资本项目下可兑换没有给予严格界定。

（二）经常项目下可兑换的标准和术语

如果一国解除了对经常项目下支付转移的限制，即实现了经常项目下的可兑换，也即承担了《国际货币基金组织协定》第八条所规定的义务，则成为 IMF 第八条会员国。此外，《国际货币基金组织协定》还规定实现经常项目下可兑换应对以下四项内容的对外支付不加限制：第一，所有与对外贸易、其他经常性业务（包括劳务）以及正常短期银行业务有关的支付；第二，应付贷款利息和各项投资净收入支付；第三，数额不大的偿还贷款本金或摊提直接投资折旧的支付；第四，数额不大的家庭生产费用汇款。

如果一国未承担《国际货币基金组织协定》第八条的义务，且对资本项目支付也进行限制，则成为第十四条会员国，每年要向 IMF 提出报告，并就取消外汇管制事宜同 IMF 进行磋商。

（三）人民币国际化进程

中国人民银行发布的《2023 年人民币国际化报告》指出，2022 年以来，人民币跨境收付金额在上年高基数的基础上延续增长态势。2022 年，银行代客人民币跨境收付金额合计为 42.1 万亿元，同比增长 15.10%，收付金额创历史新高。2023 年 1—9 月，人民币跨境收付金额为 38.9 万亿元，同比增长 24.00%。环球银行金融电信协会（SWIFT）数据显示，人民币国际支付份额于 2021 年 12 月提高至 2.70%，超过日元成为全球第四位支付货币，2022 年 1 月进一步提升至 3.20%，2023 年 9 月已经达到 3.71%，创历史新高。根据中国人民银行数据显示，自人民币跨境支付系统建立以来，人民币跨境支付金额持续增长，截至 2022 年第三季度末，跨境支付系统处理业务金额已突破 25 万亿元，较去年同期增长 17.30%。IMF 发布的官方外汇储备货币构成（COFER）数据显示，2022 年第一季度，人民币在全球外汇储备中的占比达到了 2.88%，较 2016 年人民币刚加入特别提款权（SDR）货币篮子时上升 1.80 个百分点，在主要储备货币中排名第五。2022 年 5 月，IMF 将人民币在特别提款权（SDR）中权重由 10.92% 上调至 12.28%，反映出对人民币可自由使用程度提高的认可。

实体经济相关跨境人民币结算量保持较快增长，大宗商品、跨境电商等领域成为新的增长点，跨境双向投资活动持续活跃。人民币汇率总体呈现双向波动态势，市场主体使用人民币规避汇率风险的内生需求逐步增长。人民币跨境投融资、交易结算等基础性制度持续完善，服务实体经济能力不断增强。

我国金融市场开放持续推进，人民币资产对全球投资者保持较高吸引力，证券投资项下人民币跨境收付总体呈净流入态势。截至 2021 年年末，境外主体持有境内人民币股票、债券、贷款及存款等金融资产金额合计为 10.83 万亿元，同比增长 20.5%。离岸人民币市场逐步回暖、交易更加活跃。截至 2022 年年末，主要离岸市场人民币存款余额约 1.5 万亿元。根据国际清算银行（BIS）2022 年调查，近三年来人民币外汇交易在全球市场的份额由 4.30% 增长至 7.00%，排名由第八位上升至第五位。

（四）持续推进人民币国际化的对策

人民币国际化要顺势而为，继续坚持市场驱动、互利共赢的原则，更加注重提高质量和水平，聚焦贸易投资便利化，不断优化人民币跨境投融资、交易结算等基础性制度安排，增强跨境人民币业务服务实体经济和推动高质量发展的能力，为经济主体提供多元化的币种选择，扎实推进人民币国际使用。同时，坚持稳中求进，不断提升监管能力和开放条件下的风险防范水平，筑牢"防波堤"，保障人民币国际化在守住安全底线的前提下稳步推进。

一是便利经营主体在对外贸易投资中更多使用人民币。加强本外币协同，完善人民币跨境使用基础设施建设，使人民币能用、好用。有序推进本外币一体化资金池试点。围绕自由贸易试验区（自由贸易港）、粤港澳大湾区及上海国际金融中心建设，推动人民币跨境投融资业务创新，优化粤港澳大湾区"跨境理财通"试点规则，建成海南自由贸易港、横琴粤澳深度合作区资金"电子围网"。

二是稳妥有序推进金融市场全面制度型开放。进一步提高我国金融市场开放和准入程度，提高人民币金融资产的流动性，丰富风险对冲工具，提高外汇交易操作便利性，更好满足全球人民币资产投资者资产配置和风险管理需求。支持更多境外央行、国际开发机构、跨国企业集团等在境内发行熊猫债。

三是继续稳步推进央行间双边本币互换和本币结算合作。发挥好货币互换对支持离岸人民币市场发展和促进贸易投资便利化的作用，加强与周边和东盟国家本币结算（Local Currency Settlement，LCS）合作。推进人民币对相关国家货币直接交易，支持境外国家和地区发展当地人民币外汇市场。

四是支持离岸人民币市场健康发展。完善离岸市场人民币流动性供给机制，激发市场主体创新发展离岸人民币市场产品和服务的动力。丰富离岸人民币风险管理工具，满足国际投资者风险管理需要。优化人民币清算行布局，加强对清算行的政策支持，发挥好清算行培育离岸人民币市场的积极作用。

五是加强跨境人民币业务监管。强化事中事后监测和非现场检查能力建设，加强现场检查工作。进一步完善跨境资金流动评估预警体系，健全本外币一体化的跨境资金流动宏观审慎管理框架，丰富宏观审慎管理工具箱，加强宏观审慎管理与微观监管间的配合，提升开放条件下跨境资金流动的管理能力和风险防控能力，守好不发生系统性金融风险的底线。

第五节 外汇交易

一、外汇交易的定义

外汇交易就是一国货币与另一国货币进行交换。与其他金融市场不同，外汇市场没有具体地点，也没有中央交易所，而是通过银行、企业和个人间的电子网络进行交易。外汇交易是指同时买入一对货币组合中的一种货币而卖出另外一种货币。

二、外汇交易的方式

（一）即期外汇交易

即期外汇交易又称现汇交易，是交易双方约定于成交后的两个营业日内办理交割的外汇交易方式。

（二）远期交易

远期交易又称期汇交易，外汇买卖成交后并不交割，根据合同规定约定时间办理交割的外汇交易方式。

（三）套汇

套汇指利用不同的外汇市场，不同的货币种类，不同的交割时间以及一些货币汇率和利率上的差异，进行从低价一方买进，高价一方卖出，从中赚取利润的外汇交易方式。

（四）套利交易

套利交易利用两国货币市场出现的利率差异，将资金从一个市场转移到另一个市场，以赚取利润的交易方式。

（五）掉期交易

掉期交易指将币种相同，但交易方向相反，交割日不同的两笔或者以上的外汇交易结合起来所进行的交易。

（六）外汇期货

外汇期货指以汇率为标的物的期货合约，用来回避汇率风险。它是金融期货中最早出现的品种。

（七）外汇期权交易

外汇期权交易指期权买方在向期权卖方支付相应期权费后获得一项权利，即期权买方在支付一定数额的期权费后，有权在约定的到期日按照双方事先约定的协定汇率和金额同期权卖方买卖约定的货币，同时期权的买方也有权不执行上述买卖合约。

三、外汇交易的种类

外汇交易主要可分为现钞交易、现货外汇交易、合约现货外汇交易、外汇期货交易、外汇期权交易、远期外汇交易等。

现钞交易是旅游者以及由于其他各种目的需要外汇现钞者之间进行的买卖，包括现金、外汇旅行支票等；现货外汇交易是大银行之间，以及大银行代理大客户的交易，买卖约定成交后，最迟在两个营业日之内完成资金收付交割；合约现货外汇交易是投资人与金融公司签订合同来买卖外汇的方式，适合于大众的投资；外汇期货交易是按约定的时间，并按已确定的汇率进行交易，每个合同的金额是固定的；外汇期权交易是就将来是否购买或者出售某种货币的选择权而预先进行的交易；远期外汇交易是根据合同规定在约定日期办理交割，合同可大可小，交割期也比较灵活。

从外汇交易的数量来看，由国际贸易而产生的外汇交易占整个外汇交易的比重不断减少，据统计，这一比重只有 1% 左右。那么，可以说外汇交易的主流是投资性的，以在外汇汇价波动中营利为目的。因此，现货、合约现货以及期货交易在外汇交易中所占的比重较大。

（一）现货外汇交易

现货外汇交易是大银行之间，以及大银行代理大客户的交易，买卖约定成交后，最迟在两个营业日之内完成资金收付交割。

个人外汇交易，是指个人委托银行，参照国际外汇市场实时汇率，把一种外币买卖成另一种外币的交易行为。由于投资者必须持有足额的要卖出外币，才能进行交易，较国际上流行的外汇保证金交易缺少保证金交易的卖空机制和融资杠杆机制，因此也被称为实盘交易。

自从 1993 年 12 月中国银行上海分行开始代理个人外汇买卖业务以来，随着我国居民个人外汇存款的大幅增长，新交易方式的引进和投资环境的变化，个人外汇买卖业务迅速发展，已成为我国除股票以外最大的投资市场。

（二）合约现货外汇交易

合约现货外汇交易，又称外汇保证金交易、按金交易、虚盘交易，指投资者和专业从事外汇买卖的金融公司（银行、交易商或经纪商），签订委托买卖外汇的合同，缴付一定比率（一般不超过 10%）的交易保证金，便可按一定融资倍数买卖十几万、几十万甚至上百万美元的外汇。因此，这种合约形式的买卖只是对某种外汇的某个价格作出书面或口头的承诺，然后等待价格出现上升或下跌时，再进行买卖的结算，从变化的价差中获取利润，当然也承担了亏损的风险。由于这种投资所需的资金可多可少，所以吸引了许多投资者的参与。

外汇投资以合约形式出现，主要的优点在于节省投资金额。以合约形式买卖外汇，投资额一般不高于合约金额的 5%，而得到的利润或付出的亏损却是按整个合约的金额计算的。外汇合约的金额是根据外币的种类来确定的，具体来说，每一个合约的金额分别是 12 500 000 日元、62 500 英镑、125 000 欧元、125 000 瑞士法郎，每张合约的价值约为 10 万美元。每种货币的每个合约的金额是不能根据投资者的要求改变的。投资者可以根据自己定金或保证金的多少，买卖几个或几十个合约。一般情况下，投资者利用 1 000 美元的保证金就可以买卖一个合约，当汇率上升或下降，投资者的盈利与亏损是按合约的金额，即 10 万美元来计算的。

（三）外汇期货交易

外汇期货交易是指在约定的日期，按照已经确定的汇率，用美元买卖一定数量的另一种货币。外汇期货买卖与合约现货外汇的买卖有共同点也有不同点。合约现货外汇的买卖是通过银行或外汇交易公司来进行的，外汇期货的买卖是在专门的期货市场进行的。全世界的期货市场主要有：芝加哥期货交易所、纽约商品交易所、悉尼期货交易所、新加坡期货交易所、伦敦期货交易所。期货市场至少要包括两个部分：一是交易市场，另一个是清算中心。期货的买方或卖方在交易所成交后，清算中心就成为其交易对方，直至期货合同实际交割为止。期货外汇和合约外汇交易既有一定的联系，也有一定的区别，以下从两者对比的角度介绍期货外汇的具体运作方式。

外汇期货的交易数量和合约现货外汇交易是完全一样的。外汇期货买卖最少是一个合同。

（四）外汇期权交易

期权（Option），是一种特定的金融合同，它是指期权的买方支付一定期权费，从而获取某种权利而不是一种义务，在未来某一特定日期或某一特定日期前，以规定的价格（协定价格）买入或卖出特定数量的某种标的物。外汇期权交易（Foreign Exchange Option），又称货币期权（Currency Option），是一种选择契约，其持有人即期权买方享有在契约期满或之前按已规定的价格购买或销售一定数额的某种外汇资产的权利，而期权卖方收取期权费，有义务在买方要求下执行卖出（或买进）合约规定的特定数量的某种外汇资产。

根据外汇交易和期权交易的特点，可以把外汇期权交易分为现汇期权交易和外汇期货期权交易。

现汇期权交易是指期权买方有权在期权到期日或之前以协定汇价购入一定数量的某种外汇现货，或售出一定数量的某种外汇现货，前者称为买进选择权，后者称为卖出选择权。经营国际现汇期权的主要是美国的费城证券交易所。

外汇期货期权交易是指期权买方有权在到期日或之前，以协定的汇价购入或售出一定数量的某种外汇期货，即买入延买期权可使期权买方按协定价取得外汇期货的多头地位；买入延卖期权可使期权卖方按协定价建立外汇期货的空头地位。买方行使期货期权后的交割同于外汇期货交割，而与现汇期权不同的是，外汇期货期权为美式期权，即可以在到期日前任何时候行使其权利。经营外汇期货期权的主要有芝加哥的国际货币市场和伦敦的国际金融期货交易所两家。

国家外汇管理局扩大跨境贸易投资高水平开放试点

第六节 外汇风险及管理

一、外汇风险的概念

外汇风险是指一家企业的成本、利润、现金流或市场价值因外汇汇率波动而引起的潜在的上涨或下落的风险。外汇汇率波动既可能给企业带来损失，也可能给企业带来收益。由于美元仍然是国际上最主要的货币，世界各国主要的官方储备仍是美元。美元也是我国外汇储备中的主要货币，是国家外汇管理局制定外汇汇率的关键货币，2012年我国外汇储备已达33 115.89亿美元，成为全球外汇储备第一的国家。所以，我国涉及的外汇风险主要是指美元与各种货币之间的汇率变化，即因外汇市场变动引起汇率的变动，致使以外币计价的资产上涨或者下降的风险。

外汇风险可能具有两种结果，或是获得利益，或是遭受损失。在一家国际企业组织的全部活动中，其经营活动过程、结果、预期经营收益中，都存在着由于外汇汇率变化而引起的外汇风险。外汇汇率受诸多因素的影响，变幻莫测。客户进行外汇实盘交易，有可能获得利润，也有可能遭受损失，这取决于客户对市场行情的判断是否准确，这就是所谓的"市场风险"。

从国际外汇市场外汇买卖的角度看，买卖盈亏未能抵消的那部分，就面临着汇率波动的风险。人们通常把这部分承受外汇风险的外币金额称为"受险部分"或"外汇敞口"（Foreign Exchange Exposure），其包括直接受险部分（Direct Exposure）和间接受险部分（Indirect Exposure）。前者指经济实体和个人参与以外币计价结算的国际经济交易而产生的外汇风险，其金额是确定的；后者是指因汇率变动、经济状况变化及经济结构变化的间接影响，使那些不使用外汇的部门和个人也承担风险，其金额是不确定的。

在当代金融活动中，外汇的风险波及范围越来越大，几乎影响到所有的经济部门。

二、外汇风险的分类

根据外汇风险的作用对象和表现形式，可将外汇风险分为三类：交易风险、折算风险和经济风险。

（一）交易风险

交易风险（Transaction Risk）也称交易结算风险，是指在运用外币进行计价收付的交易中，经济主体因外汇汇率变动而蒙受损失的可能性。它是一种流量风险。交易风险主要表现在以下几个方面：第一，在商品、劳务的进出口交易中，从合同的签订到货款结算的这一期间，外汇汇率变化所产生的风险；第二，在以外币计价的国际信贷中，债权债务未清偿之前存在的风险；第三，外汇银行在外汇买卖中持有外汇头寸的多头或空头，也会因汇率变动而遭受的风险。

（二）折算风险

折算风险（Translation Risk）又称会计风险（Accounting Risk），是指经济主体在对资产负债表进行会计处理的过程中，因汇率变动而引起海外资产和负债价值的变化而产生的风险。它是一种存量风险。

同一般的企业相比，跨国公司的海外分公司或子公司所面临的折算风险更为复杂。一方面，当它们以东道国的货币入账和编制会计报表时，需要将所使用的外币转换成东道国的货币，面临折算风险；另一方面，当它们向总公司或母公司上报会计报表时，又要将东道国的货币折算成总公司或母公司所在国的货币，同样面临折算风险。

（三）经济风险

经济风险（Economic Risk）又称经营风险（Operating Risk），是指因意料之外的汇率波动引起公司或企业未来一定期间的收益或现金流量变化的一种潜在风险。在这里，收益是指税后利润，现金流量（Cash Flow）指收益加上折旧。经济风险可包括真实资产风险、金融资产风险和营业收入风险三方面，其大小主要取决于汇率变动对生产成本、销售价格以及产销数量的影响程度。例如，一国货币贬值可能使得出口货物的外币价格下降从而刺激出口，也可能使得使用的进口原材料的本币成本提高而减少供给，此外，汇率变动对价格和数量的影响可能无法马上体现，这些因素都直接影响着企业收益变化幅度的大小。

与交易风险不同，经济风险侧重于企业的全局，从企业的整体预测将来一定时间内发生的现金流量变化。因此，经济风险的来源不是会计程序，而是经济环境。经济风险能否避免很大程度上取决于企业预测能力的高低。预测的准确程度直接影响企业在生产、销售和融资等方面的战略决策。此外，折算风险和交易风险的影响是一次性的，而经济风险的影响是长期的，它不仅影响企业在国内的经济行为与效益，而且直接影响企业在海外的经营效果和投资收益。因此，经济风险一般被认为是三种外汇风险中最重要的。但是由于经济风险跨度较长，对其测量存在着很大的主观性和不确定性，要准确计量企业的经济风险存在很大的难度，所以企业的经营者通常更重视对交易风险和折算风险的管理。

虽然交易风险、折算风险与经济风险都是由于未预期的汇率变动引起的企业或个人外汇资产或负债在价值上的变动，但它们的侧重点各有不同。第一，从损益结果的计量上看，交易风险可以从会计程序中体现，使用一个具体的数字表示，从单笔独立的交易或子公司或母公司经营的角度来测量其风险，具有客观性和静态性的特点；而经济风险的测量需要从企业整体经营上预测、规划和分析，涉及企业财务、生产、价格、市场等各方面因素，因而带有一定的动态性和主观性。第二，从测量时间来看，交易风险与折算风险的损益结果，只突出了企业过去已经发生的交易在某一时间点的受险程度；而经济风险则要测量将来某一时间段出现的外汇风险。不同的时间段的汇率波动，对各期的现金流量、经济风险受险程度以及企业资产价值的变动将产生不同的影响。

三、外汇风险的构成要素

企业在国际经济活动中，一方面，经常要使用外币进行收付，因而会发生外币与本币（或两种外币）之间的实际兑换。由于从交易的达成到账款的实际收付以及借贷本息的最后偿付均有一段期限，兑换时如果汇率在这一期限内发生不利于企业的变化，则企业将单位外币兑换成本币（或两种外币间兑换）的收入就会减少，或以本币兑换单位外币的成本就会增加，于是产生了交易风险和经济风险；另一方面，由于本币是衡量企业经济效益的共同指标，因此即使企业的外币收付不与本币或某一外币发生实际兑换，也需要在账面上将外币折算成本币，以考核企业的经营成果，而随着时间的推移，汇率发生波动，外币折算成本币的账面余额也会发生变化，于是产生了折算风险。

由此可见，外汇风险包含三个要素：本币、外币和时间。只要企业在经营活动中以外币计价结算，且存在时间间隔，就会产生外汇风险。一般来说，未清偿的外币债权债务余额越大，间隔时间越长，外汇风险就越大。在浮动汇率制下，由于汇率的波动更频繁、更剧烈，又没有波动幅度的限制，因此企业面临的外汇风险比在固定汇率下更经常、更明显、更难以预测。由于外汇风险由本币、外币和时间构成，且缺一不可，因此防范外汇风险有两种基本思路。一是防范由外币因素引起的风险，其解决方法或不以外币计价结算，彻底清除外汇风险；或使同一外币所表示的流量相反的资金数额相等；或通过选择计价结算的外币种类，以消除或减少外汇风险。二是防范时间因素引起的外汇风险，其解决方法或把将来外币与另一货币之间的兑换提前到现在进行，彻底清除外汇风险；或根据对汇率走势的预测，适当调整将来外币支付的时间，以减少外汇风险。

四、外汇风险的特征

外汇风险具有或然性、不确定性和相对性三大特性。外汇风险的或然性是指外汇风险可能发生也可能不发生，不具有必然性；外汇风险的不确定性是指外汇风险给持有外汇或有外汇需求的经济实体带来的可能是损失也可能是盈利，它取决于在汇率变动时经济实体是债权地位还是债务地位；外汇风险的相对性是指外汇风险若给一方带来的是损失，给另一方带来的必然是盈利。

五、汇率风险及主要表现

自 1973 年布雷顿森林体系瓦解，特别是 1976 年《牙买加协定》正式承认浮动汇率制的合法性以来，控制在一定波动范围的固定汇率制随之解体。目前，世界各国普遍实行浮动汇率制，美元、日元、欧元、英镑等主要货币之间的比价时刻都处在上下波动之中，致使国际债权债务的决算由于汇率的变动而事先难以掌握，从而产生了汇率风险。同样，汇率风险对我国的国际收支平衡和企业的经济收益也存在着一定的影响，特别是在我国对外开放迅速发展的今天，这种影响尤为突出。

由于国际分工的存在，国与国之间贸易和金融往来成为必然，并且成为促进本国经济发展的重要推动力。外汇汇率的波动，会给从事国际贸易者和国际投资者带来巨大的风险，这种风险称为汇率风险，它表现在两个方面：贸易性汇率风险和金融性汇率风险。在国际贸易活动中，商品和劳务的价格一般是用外汇或国际货币来计价。目前大约 70% 的国家用美元来计价。但由于汇率的频繁波动，生产者和经营者在进行国际贸易活动时，就难以估算其费用和盈利。由此产生的风险称为贸易性风险。在国际金融市场上，借贷的都是外汇，如果借贷的外汇汇率上升，借款人就会遭受巨大损失，汇率的剧烈变化甚至可以吞噬大企业，外汇汇率的波动还直接影响一国外汇储备价值的增减，从而给各国中央银行的管理带来巨大风险和困难。此种汇率风险称为金融性汇率风险。

六、影响汇率波动的因素

影响汇率波动的基本因素主要有以下四种。

第一，国际收支及外汇储备。所谓国际收支就是一个国家的货币收入总额与付给其他国家的货币支出总额的对比。如果货币收入总额大于支出总额，便会出现国际收支顺差，反之，则是国际收支逆差。国际收支状况对一国汇率的变动能产生直接的影响。发生国际收支顺差，会使该国货币对外汇率上升，反之，该国货币汇率下跌。

第二，利率。利率作为一国借贷状况的基本反映，对汇率波动起决定性作用。利率水平直接对国际资本流动产生影响，高利率国家发生资本流入，低利率国家则发生资本流出，资本流动会造成外汇市场供求关系的变化，从而对外汇汇率的波动产生影响。一般而言，一国利率提高，将导致该国货币升值；反之，该国货币贬值。

第三，通货膨胀。一般而言，通货膨胀会导致本国货币汇率下跌，通货膨胀的缓解会使汇率上浮。通货膨胀影响本国货币的价值和购买力，会引发出口商品竞争力减弱、进口商品的竞争力提高，还会对外汇市场造成心理影响，削弱本国货币在国际市场上的信用地位。这几方面的影响都会导致本国货币贬值。

第四，政治局势。一国及国际政治局势的变化，也会对外汇市场产生影响。政治局势的变化一般包括政治冲突、军事冲突、选举和政权更迭等，这些政治因素对汇率的影响有时很大，但影响时限一般都很短。

七、外汇风险管理措施

企业外汇交易风险与结算某一具体交易有关，指企业在以外币进行的各种交易过程中，由于汇率变动使折算为本币的数额减少而造成的损失。加强外汇风险管理应从以下方面入手。

（一）内部防范措施

外汇风险的内部防范通过技术交易进行规避，外汇交易风险防范的内部技术是指企业内部用于防范和降低外汇风险的方法。在签订交易合同前，就采取措施防范风险，如选择有利计价货币、适当调整商品价格或订立协议等。

1. 选择有利的计价货币

外汇风险的大小与外币币种有着密切联系，交易中收付货币币种的不同，所承受的外汇风险也会有所不同。在外汇收支中，原则上应争取用硬货币收汇，用软货币付汇。例如，在进出口贸易中，进口支付争取用软货币，出口收汇争取用硬货币；在借用外资时，争取借用软货币，减小所承受的风险。

在合同中订立货币保值条款。在交易谈判时，经过双方协商，在合同中订立适当的保值条款，以防止汇率多变的风险。货币保值条款的种类很多，并无固定模式，但无论采用何种保值方式，只要合同双方同意，并可达到保值目的即可。主要有黄金保值、硬货币保值、一篮子货币保值。目前合同中采用的一般是硬货币保值条款。订立这种保值条款时，需注意三点：首先，要明确规定货款到期应支付的货币；其次，选定另一种硬货币保值；最后，在合同中标明结算货币与保值货币在签订合同时的即期汇率。收付货款时，如果结算货币贬值超过合同规定幅度，则按结算货币与保值货币的新汇率将货款加以调整，使其仍等于合同中原折算的保值货币金额。

2. 适当调整商品的价格或订立协议

在进出口贸易中，一般应坚持出口收硬货币，进口付软货币的原则，但有时由于某些原因使出口不得不用软货币成交，进口不得不用硬货币成交，这样就存在外汇风险。为了防范风险，可采取调整价格法，主要有加价保值法和压价保值法两种。

通过风险分摊防范交易风险。指交易双方按签订的协议分摊因汇率变化造成的风险。其主要过程是：确定产品的基价和基本汇率，确定调整基本汇率的方法和时间，确定以基本汇率为基数的汇率变化幅度，确定交易双方分摊汇率变化风险的比率，根据情况协商调整产品的基价。

灵活掌握收付时间防范外汇交易风险。在国际金融市场瞬息万变的情况下，提前或推迟收款、付款，对外贸企业来说会产生不同的利益效果。因此，企业应根据实际情况灵活掌握收付时间。作为出口商，当计价货币坚挺，即汇率呈上升趋势时，由于收款日期越向后推就越能收到汇率收益，故企业应在合同规定的履约期限内尽可能推迟出运货物，或向外方提供信用，以延长出口汇票期限。若汇率呈下跌趋势时，应争取提前结汇，即加速履行合同，如以预收货款的方式在货物装运前就收汇。当然，这要在双方协商同意的基础上才能进行。反之，当企业作为进口商时，也做出相应调整。由于使用这种方法，企业所受利益，便是外方的损失，故不易为外方所接受。但企业应对此有所了解，一方面在有条件时可借此避免收汇风险，另一方面则可以防止外方向我方企业转嫁风险。

（二）外部管理措施

外汇风险的防范除内部管理措施外，企业还有很多外部套期保值工具可供选用，如远期外汇合同、外汇期权交易等。开展外汇交易是一种实用、直接而科学的方法。

1. 通过远期外汇交易防范交易风险

在进行远期外汇交易时，企业与银行签订合同，在合同中约定买入卖出货币的名称、金额、远期汇率、交割日期等。从签订合同到交割这段时间内汇率不变，可防范日后汇率变动的风险。远期外汇交易的一个变种是具有日期选择权的远期合约，其允许企业在一个预先规定的时间范围内的任何一天执行外汇交易。当然，远期外汇交易本身是存在风险的，企业能否避免损失和获得好处，关键在于对汇率的预测是否正确。同时，远期外汇交易在避免了汇率不利变动风险的同时，也丧失了汇率有利变动而带来的获利机会。

2. 以外汇期权交易防范交易风险

所谓外汇期权，是外汇期权交易双方按照协定的汇率，就将来是否购买或出售某种货币的选择权，预先签订的一个合约。外汇期权合约给期权买方的是权利，而没有义务，期权分为看涨期权和看跌期权。对套期保值者来说，外汇期权有三个其他保值方法无法相比的优点：其一，将外汇风险局限于期权保险费；其二，保留获利的机会；其三，增强了风险管理的灵活性。

无论是哪种类型的外汇风险，重要的是要确保风险管理策略与企业的整体目标一致。这也意味着使企业避免现金流风险，现金流风险将会影响企业战略的实现。

（三）分析现有数据

由于数据完整性较难实现，只能就现有的数据对外汇风险进行基础分析。

基础分析是侧重于重要的经济数据和政治新闻，来确定货币价值的走向。所有的货币市场都是相互关联的，研究各种货币市场的信息将有助于了解当前事件驱动外汇市场的方向，做出更好的决策。全球股市和大宗商品市场也能影响外汇市场，特别是在存在投资流入和流出的国家。

国家外汇管理局公布 2022 年 12 月及全年银行结售汇和银行代客涉外收付款数据

基础分析的其他内容包括，货币政策的决定，利率市场以及税收和监管法律的变化。

（四）制定对冲策略

一旦确定并评估风险后，接下来要考虑的是，确定哪些对冲策略可以更好地使公司在其风险偏好范围内实现其战略目标。确定这些以后，公司要根据这些目标制定对冲政策。

本章小结

1. 外汇是指以外币表示的用于国际结算的支付手段。

2. 外汇可以按照不同的分类方式进行分类。按货币兑换限制程度分类可分为自由兑换外汇和有限自由兑换外汇；按交割期限分类可分为即期外汇和远期外汇；按来源和用途分类可分为贸易外汇和非贸易外汇。

3. 外汇的作用。① 作为国际结算的计价手段和支付工具，便利国际结算；② 促进国际贸易的发展；③ 便利国际资本供求之间的调剂，发挥调节资金余缺的作用；④ 作为国际储备起着平衡国际收支的作用。

4. 汇率是指两种不同货币之间的兑换比率，即一种货币可以用多少单位的另一种货币来表示。汇率是国际货币市场上货币供求关系的反映，它决定了不同货币之间的相对价值。汇率的标价方法可以分为直接标价法、间接标价法。

5. 外汇市场是进行外汇买卖和汇率确定的场所，是供应和需求的交汇点。外汇市场的参与者包括商业银行、中央银行及政府主管外汇的机构、外汇经济人、外汇交易商、外汇的实际供给者和需求者、外汇投机者等。

6. 现行人民币汇率制度是一种管理浮动汇率制度，也被称为"有管理的浮动汇率制度"或"双边浮动汇率制度"。人民币的基准汇率是由中国人民银行每个交易日设定的中间价，即参考一篮子货币对人民币的汇率计算得出。基准汇率在一定范围内浮动，由市场供求和中央银行干预来决定。人民币汇率在每个交易日可以在一定范围内浮动。中国人民银行设定了一个汇率波动限制值，即汇率波动的上下限。中国人民银行会根据市场情况和经济需要进行干预，以维护人民币的汇率稳定。中国人民银行可以通过市场操作来调节人民币供求关系，稳定汇率。

关键词　　外汇　外汇市场　外汇期货　即期外汇　远期外汇　汇率　直接标价法　间接标价法　实际汇率　名义汇率　即期汇率　远期汇率　外汇市场　篮子货币

练习题　　1. 什么是外汇？构成外汇必须具备哪三个要素？

2. 什么是汇率？如何区分直接标价法和间接标价法下的银行买价和卖价？

3. 试述外汇市场的概念及作用。

4. 人民币有何特点？

5. 请分析人民币自由兑换不宜过快的原因。

6. 什么是实际汇率和名义汇率？它们有何不同？

7. 解释一下即期汇率和远期汇率的概念以及它们的用途。

8. 中央银行如何干预外汇市场以影响汇率？请阐述一些常见的干预手段。

9. 什么是汇率风险？企业如何管理汇率风险？

10. 外汇市场的参与者有哪些？请说明他们在外汇交易中的角色。

11. 外汇储备对一个国家的经济有何重要性？请阐述一些外汇储备的用途。

第四章

国际储备

国际储备，又称"国际储备资产"。是指一国官方所持有的可用于国际支付，并能维持本国货币汇价的货币资产。国际储备不仅关系到各国调节国际收支和稳定汇率的能力，而且会影响世界物价水平和国际贸易的发展。本章的主要内容包括国际储备的概念与作用，国际储备的供给和需求，国际储备的总量、结构和流动性管理，国际储备的成本－收益分析，以及我国的国际储备的总体状况。

第一节　国际储备的相关概念与作用

一、国际储备的相关概念

国际储备（International Reserves）是由一国货币当局持有的各种形式的资产，能在该国出现国际收支逆差时直接或通过同其他资产有保障的兑换来支持该国汇率。根据该定义，国际储备应满足三个条件：第一是官方持有性；第二是普遍接受性；第三是流动性。

在不同的历史发展阶段，国际储备的构成有所不同。在第二次世界大战后，国际储备主要由以下四种形式的资产构成。

（一）外汇储备

外汇储备（Foreign Exchange Reserves）是指一国货币当局持有的以国际货币表示的流动资产，主要采取国外银行存款和外国政府债券等形式。国际货币具有以下三项职能：第一，作为国际价值尺度，各国官方可以选择它作为本国货币的定值单位，私人部门在国际经济往来中用它作为计价单位；第二，作为国际支付手段，各国中央银行可将它作为外汇市场上的干预货币，私人部门可将它作为外汇交易和国际结算中使用的货币资产；第三，作为国际贮藏手段，各国货币当局将它作为储备资产。

目前的国际货币（亦称储备货币）主要为美元，此外还有欧元、日元、英镑、瑞士法郎等。

（二）黄金储备

黄金储备（Gold Reserves）指一国货币当局持有的，用以平衡国际收支，维持或影响汇率水平，作为金融资产持有的黄金。它在稳定国民经济、抑制通货膨胀、提高国际资信等方面有着特殊作用。黄金储备的管理意义在于实现黄金储备最大可能的流动性和收益性。在布雷顿森林体系时期，黄金是重要的国际储备形式。1978 年，国际货币基金组织实行黄金非货币化政策，黄金在国际储备中的地位显著下降。目前，黄金已不能直接用于国际支付。但是，它可以在黄金市场上出售，换成可用于国际支付的货币。因此，国际货币基金组织在统计各国国际储备时，也将各国货币当局的货币性黄金持有额统计其中。但是，严格来说，黄金在各国国际储备中已降到二线储备的地位。

（三）在 IMF 的储备头寸

在 IMF 的储备头寸（Reserve Position in IMF）是指一国在 IMF 的储备部分提款权余额加上债权头寸。IMF 的成员国可以无条件地提取其储备头寸用于弥补国际收支逆差。

IMF 在 1944 年成立时决定，会员国份额的 25% 须用黄金给付，因此这 25% 额度范围的贷款也叫黄金份额贷款，另外 75% 用本国货币给付。并且当 IMF 持有该国的货币，由于他国的购买而降到份额的 75% 以下时，则产生了本国对 IMF 的债权，属于超黄金部分提款，可以无条件提取并用于国际收支逆差的支付。储备头寸是一国在 IMF 的自动提款权，其数额的大小主要取决于该会员国在 IMF 认缴的份额，会员国可使用的最高限额为份额的 125%，最低为 0。

（四）特别提款权

特别提款权（Special Drawing Rights，SDR）亦称"纸黄金"（Paper Gold），最早发行于 1969 年，是国际货币基金组织根据会员国认缴的份额分配的，可用于偿还国际货币基金组织债务、弥补会员国政府之间国际收支逆差的一种账面资产。其价值由美元、欧元、人民币、日元和英镑组成的一篮子储备货币决定。会员国在发生国际收支逆差时，可用它向 IMF 指定的其他会员国换取外汇，以偿付国际收支逆差或偿还 IMF 的贷款，还可与黄金、自由兑换货币一样充当国际储备。因为它是 IMF 原有的普通提款权以外的一种补充，所以称为特别提款权。

1969 年，最初发行时每一单位特别提款权等于 0.888 671 克黄金，与当时的美元等值。发行特别提款权旨在补充黄金及可自由兑换货币以保持外汇市场的稳定。2010 年 11 月 15 日，IMF 执行董事会完成了对组成特别提款权的一篮子货币的例行五年期审查，并对货币篮子权重进行了调整，美元和日元的权重略有下降，欧元和英镑的权重略有上升，这次调整后，美元的权重由 2005 年审查确定的 44% 下降至 41.9%，欧元的权重由 34% 上升至 37.4%，英镑的权重由 11% 上升至 11.3%，日元的权重由 11% 下降至 9.4%。2015 年 11 月 30 日，IMF 主席拉加德宣布将人民币纳入 IMF 特别提款权货币篮子，新的特别提款权货币篮子将于 2016 年 10 月 1 日生效。2022 年 5 月 11 日，IMF 执董会完成了五年一次的特别提款权（SDR）定值审查，维持现有 SDR 篮子货币构成不变，即仍由美元、欧元、人民币、日元和英镑构成，并将人民币权重由 10.92% 上调至 12.28%。

二、国际清偿能力

国际清偿能力（International Liquidity）指一个国家的对外支付能力。它是与国际储备密切联系的概念，包括 L1、L2 和 L3 三个组成部分。

L1 为一国货币当局自有的国际储备，主要指国际储备中的外汇及黄金储备。

L2 为一国货币当局的借贷能力，包括无条件提款权（包括在 IMF 的储备头寸和特别提款权）和得到《国际货币基金组织协定》保证的其他官方来源的借款权利。后者主要涉及备用信贷、借款总安排和互换货币协定。备用信贷是 IMF 会员国与 IMF 签订的一种贷款协定，在需要时可按协定提取款项，可随时动用，未使用的部分计入借入储备。借款总安排是由 IMF 和世界银行集团共同管理，它是 IMF 向会员国提供贷款的重要来源。互换货币协定是两国政府签署的使用对方货币的协定。当一国出现国际收支逆差时，可按规定的条件自动使用对方的货币，并按规定的期限偿还。

L3 指一国商业银行所持有的外汇资产，由于这些外汇并未直接掌握在货币当局手中，故不计入该国的国际储备。但是，它属于这个国家的对外支付能力，故计入国际清偿能力。

三、国际储备多元化

国际储备多元化指储备资产形式和储备货币的种类不断增加的趋势。它主要表现在以下三个方面。第一，黄金在国际储备中的地位不断下降。在第二次世界大战结束前，黄金储备曾一度占世界总储备的 90% 以上。第二，外汇储备由单一储备货币逐渐向多种储备货币过渡。IMF 发布的官方外汇储备货币构成库（COFER）显示，2021 年第四季度美元在全球外汇储备中居首位，总量达 7.09 万亿美元，占全球外汇储备的比重为 58.80%；欧元在全球外汇储备中的规模为 2.48 万亿美元，占比为 20.59%；日元在全球外汇储备中的规模达到 6 651 亿美元，占比为 5.52%，排名全球第三；人民币在全球外汇储备中的规模达到 3 361 亿美元，占比达 2.79%，在国际上的地位日益上升。第三，出现了新的储备资产形式，如特别提款权、在 IMF 的储备头寸、欧洲货币单位以及欧元等。

在国际储备多元化过程中，最主要是外汇储备多元化，因为目前外汇储备已成为国际储备的主体。

外汇储备多元化的积极影响有以下几点。第一，它有利于解决外汇储备资产供应不足的问题。当美元作为单一储备货币时，美国很难满足全世界对外汇储备不断增长的需求。第二，它提供了国际储备货币结构管理的手段。例如，各国可以通过储备货币的分散化，相应减少汇率波动给储备资产带来的外汇风险。第三，它有利于打破美元的霸权地位，使世界经济的运行不再受其过大影响。

但是，外汇储备多元化也表现出一些消极影响。首先，它助长了世界储备资产总额的增加，成为世界性通货膨胀加剧的因素。其次，它加剧了国际金融市场的波动，政府在调整储备货币结构的过程中，会引起外汇市场的供求波动，并影响到储备货币发行国的利率波动。最后，它所引起的国际资本流动可能对储备货币发行国的经济运行带来冲击。

中央银行干预
外汇市场取得
外汇

四、国际储备的作用

国际储备对于持有它的国家主要有下述四个方面的作用：

（一）缓解国际收支不平衡对本国的经济冲击

政府可动用国际储备弥补国际收支逆差，从而避免其他调节措施，如提高利率、提高关税、减少物资出口、加强外汇管制等，可能对经济运行产生的不利影响。这些措施虽然都可以缓解国际收支逆差，但是也会给经济运行带来各种消极影响。但是，调节国际储备不能从根本上解决长期国际收支逆差的问题，只能为结构调整赢得必要的时间，使其他国际收支调节措施推迟到一个适当的时机进行，或者减轻其他国际收支调节措施的力度。国际储备的这种缓冲器作用有利于经济持续稳定地发展。

（二）维持本国货币的汇率稳定

一国货币当局可以动用外汇储备干预外汇市场，通过改变外汇市场供求关系来稳定汇率，或者使汇率的运动符合政府的既定目标。当政府拥有足够数量的外汇储备时，便可以影响市场心理，增强人们对本币汇率的信心，这也是国际储备稳定汇率的重要途径。在当代国际市场游资充斥的情况下，国际储备稳定汇率的作用对于保证经济平稳运行具有十分重要的意义。

（三）充当本国对外借债的基本保证

国际储备是反映一国借债能力的重要指标。国际储备较多的国家会有较强的偿债能力。它减少了外国债权人向该国贷款的风险，也使该国能以较优惠的条件使用外资。

（四）影响货币发行量

当中央银行购买外汇以增加外汇储备的总量时，就会有相应数量的本币投入流通，这可能会引起本国的通货膨胀。当中央银行出售外汇时，也可能回收相应数量的本国货币，引起通货紧缩。国际储备数量的变动通过改变本币流通数量而对经济运行产生的影响取决于该国的具体条件。例如，在经济过热时，政府增加外汇储备，由此引起的通货膨胀可能对经济产生不利影响。但是，政府显然可以利用外汇储备的这种作用促进经济发展，比如在失业严重时增加外汇储备的数量，通过货币流通量的增加来刺激总需求。

第二节 国际储备的供给和需求

一、国际储备的供给

国际储备的供给涉及世界和国家两个层次。

从世界的角度来看，国际储备的供给涉及储备货币发行国提供的外汇资产、IMF 提供的特别提款权，以及扣除非货币用量的黄金生产。

从一个国家的角度来看，国际储备的供给来源于以下五个方面。

（一）国际收支顺差

国际收支顺差会使该国国际储备增加，逆差则导致该国国际储备减少。在国际收支的各个组成部分中，经常项目的状况对一国的国际储备具有特别重要的意义。国际竞争力具有持久性，因此，由较强的国际竞争力引起的国际收支顺差是一国增加国际储备的可靠途径。相对而言，资本和金融项目的顺差会因资本外逃而发生逆转，特别是短期资本流入导致的国际储备增加具有显著的不稳定性。资本和金融项目中还包括了政府或中央银行的对外借款。这种借款可补充该国的外汇储备，储备货币发行国还可通过互换货币协定来增强其国际清偿能力。

（二）货币当局在外汇市场上买入外汇

为了稳定汇率、缓解本币对外币升值的压力或防止本国商品国际竞争力的下降，政府可能在外汇市场上用本币购买外汇，使其外汇储备增加。

（三）国际货币基金组织的贷款

国际货币基金组织的贷款可分为三类：一是会员国在 IMF 的储备头寸；二是特别提款权；三是其他形式的贷款。这部分国际储备来源与该国在 IMF 的份额分配有直接关系，而在份额分配中，发达国家占有较大比重，发展中国家占比较小，很难把它作为国际储备的重要来源。

（四）中央银行在国内购买黄金

中央银行使用本国货币购买黄金，可增加该国黄金储备；但如果它在国外黄金市场上用外汇购买黄金，只能改变其国际储备的构成，不能增加国际储备量。

二、国际储备的需求

国际储备的需求是指一国货币当局愿意使用一定数量的实际资源换取的国际储备数量。影响国际储备需求的主要因素有以下几个方面。

（一）持有国际储备的机会成本

持有国际储备的机会成本，即持有国际储备所相应放弃的实际资源可能给该国带来的收益。一国货币当局持有的国际储备越多，它所放弃的当前能够加以利用的实际资源的数量就越大；如果货币当局减少国际储备持有额，节约下来的外汇可以转化为进口商品和服务等实际资源，为该国当前的经济发展服务。人们通常用外汇资金所能转化的进口资源的投资收益率来表示持有的国际储备的机会成本。进口资源的投资收益率越高，持有国际储备的机会成本就越大。一般来说，发展中国家在经济发展中更多地受资源约束的制约，进口资源（特别是设备、技术和重要原料）的投资收益率较高，从而持有国际储备的机会成本高于发达国家。

（二）外部冲击的规模和频度

各国都需要持有国际储备，主要原因之一是弥补国际收支逆差，而一国国际收支逆差在很大程度上受到外部冲击的影响。例如世界经济的周期波动，世界市场上的商品价格、利率和汇率的变动，世界经济结构的变动和世界政治局势的变化等。如果此类外部冲击经常发生且规模较大，则该国需要持有较多的国际储备。

（三）政府的政策偏好

持有国际储备是一种政府行为，对它的需求必然取决于政府的政策偏好。在政策选择过程中，对国际储备影响较大的有以下三个因素。第一，汇率政策。如果政府选择盯住汇率制，或者在管理浮动汇率制下强调汇率的稳定，它就需要持有较多的国际储备以增强干预外汇市场的能力。第二，政府所强调的重点经济目标。如果强调当前增长，则可以减少对国际储备的需求，将外汇储备转化为进口实际资源；如果强调持续增长，则需要持有较多的国际储备，以避免国际收支逆差导致进口减少和影响经济增长。第三，政府对直接管制的基本态度。如果政府采取了严厉的直接管制措施，就可以较少地利用国际储备来平衡国际收支，从而相应减少对国际储备的需求。

（四）一国国内经济发展状况

一国的国际收支差额在相当大的程度上取决于该国国内经济发展状况。其中，对国际储备需求影响较大的因素有以下三个。第一，该国经济增长速度和边际进口倾向。如果其经济增长较快且边际进口倾向较高，则为了支持大量进口，该国需要持有较多的国际储备。第二，该国经济发展水平和经济结构。例如，发展中国家经济发展水平较低，经济发展受制于资源约束，产业结构不健全，进口商品需求弹性和出口商品供给弹性都较小。当进口商品价格上升时，它很难大幅减少进口量；当出口商品价格上升时，它也很难大幅增加出口量。这样，它就需要持有较多的国际储备来应对外来冲击。第三，该国各种市场的价格水平，包括商品和服务的价格，工资、利率、股价和债券价格等。如果其商品价格较低，在商品市场上具有较强的国际竞争力，就可以减少出现贸易逆差的局面；如果使资本市场对外资有较大的吸引力，该国也可以相应减少对国际储备的需求。

此外，一国国际储备需求及储备总量还会受到该国对外交往规模、借用国外资金的能力、货币在国际货币体系中的地位以及各国政策的国际协调等多种因素的影响。如一国对外交往规模较大，则其就需要持有较多的国际储备；发达国家借用国外资金能力较强，则其可相应降低国际储备需求。

以数字金融促进跨境投融资便利化

众多因素影响着一国对国际储备的需求，且它们的相对重要性会随着时间的推移而发生变化。从国际储备资产占国民生产总值比重的角度看，发展中国家对国际储备的需求大于发达国家。

第三节　国际储备管理

一、国际储备管理的基本原则

各国在进行国际储备管理时，一般会遵循两个原则。

（一）保持适度的国际储备量

一国持有的国际储备并非越多越好，判断国际储备是否偏多的标准是看储备增量给该国带来的收益是否小于相应数额的进口实际资源给该国带来的利益。储备过多意味着部分储备资源的低效利用。此外，在追求高储备的过程中，某些政策措施可能给经济带来消极的影响。例如，政府在外汇市场上用本币购买外汇，可能会引起通货膨胀。一国持有的国际储备也不是越少越好。当国际储备数量很少时，储备的边际收益大于储备的机会成本，此时增加储备是改进资源配置效率的途径。

（二）统筹兼顾国际储备的安全性、流动性和盈利性

国际储备的安全性是指储备资产保持原有价值的属性。影响这种安全性的主要因素是用户配置和汇率波动。例如，美国发生严重的通货膨胀和美元汇率下降，会使持有美元储备资产的国家蒙受损失。

国际储备的流动性是指储备资产作为普遍接受的国际支付手段的属性。各种储备

资产的流动性有所不同，以美元活期存款形式持有的储备资产具有较高的流动性，因为美元支票是直接的国际支付手段。以黄金或外汇有价证券形式持有的国际储备的流动性不如美元活期存款，因为它们不是直接的国际支付手段，要付出一定的交易成本和时间。

国际储备的盈利性是指储备资产给持有者带来利息、债息和股息等收益的属性。

国际储备资产的安全性、流动性和盈利性之间存在着替代关系，即此长彼消的关系。一般说来，流动性越强，盈利性越低；安全性越强，盈利性越差。例如，外汇活期存款的流动性强于外币有价证券，但是盈利性不如后者。黄金储备从长期来看有较强的保值功能，但是持有黄金不能获得利息收入。安全性较强的其他资产风险较低，盈利性也会相应下降。

政府在国际储备资产管理中，需要同时考虑国际储备资产的上述三种属性。流动性涉及国际储备资产能否在不蒙受损失的条件下随时投入使用，安全性涉及国际储备资产的价值贮藏手段职能，盈利性关系国际储备资产在未动用期间所产生的收益。在不同的经济环境下，三种属性的相对重要性会有所不同。例如，在国际收支逆差严重时，需要大量动用国际储蓄资产，保证国际储蓄资产的流动性，具有较为重要的意义。在通货膨胀恶性发展时，保证国际储备资产的安全性有较为重要的意义。在国际收支大体平衡或出现顺差时，相对重视国际储备资产的盈利性可以使该国获取更大的资产增值利益。

二、国际储备总量管理

一国政府在国际储备总量管理中主要考虑两个问题：如何确定适度国际储备规模，以及采取何种措施使国际储备达到适度水平。

（一）适度国际储备的规模

1. 国际储备与进口额的比例

美国经济学家罗伯特·特里芬（Robert Triffin）教授在1960年出版的《黄金与美元危机——自由兑换的未来》一书中指出，一国的国际储备额与其贸易进口额之间存在着一定的比例关系，可以用国际储备与进口额的比率来决定一国的国际储备需求水平。根据他的验证，一国的国际储备与进口额的比例一般以40%为合理，低于30%就需要采取调节措施，20%为最低限。一般认为，国际储备额应能满足3个月进口用汇需要，这已成为大多数国家确定储备适度量的重要参考指标。特里芬开创了系统研究国际储备的先河。自此之后，国际储备适度规模的研究得到了很大发展。

但是这一指标也有缺陷，它只是从外汇支出的角度来分析国际储备规模，而忽略了外汇收入，因而是不全面的，实践中，这种曾经被看作是"理想定额"的国际通行标准也被证明是不科学的。如1997年亚洲金融危机前，泰国、马来西亚、菲律宾和印度尼西亚等国国际储备均高于上述标准，然而在国际投机资本的冲击下，依然发生了金融危机。

2. 国际储备占外债总额的比例

一国国际储备占外债总额的比例是衡量一国资信和对外清偿力的重要指标，国际经济界认为，一般来说，国际储备额占一国外债总额的 50% 为宜。

这一比例的缺陷在于忽略了一个国家对外债的偿付额往往是不均衡的，只注意了外债总额，没有注意到外债总额中短期债务与中长期债务的比例、债务本息期的分布，特别是即将到期的债务偿还额的情况。如果一国短期外债比重大，短期内还本付息所需的外汇就多，国际储备就应多些；如果中长期债务比重大，则短期内国际储备量就较少，例如，印度、印度尼西亚、巴基斯坦和土耳其等中等负债国在 20 世纪 80 年代这一比率均未达到 20%，但却均未发生偿债困难。

3. 适度国际储备区间

一国国际储备的适度规模通常介于经常储备量和保险储备量之间。所谓经常储备量是指保证一国正常经济增长最低限度的进口贸易总量所必需的储备量，它是一国际储备的下限；所谓保险储备量是指既能满足一国国际收支逆差的弥补，又能保证国内经济增长所需的实际资源投入的储备量，这是一国国际储备的上限。各国货币当局根据本国的具体情况在这一区间内进行灵活管理，优化配置。

4. 国际货币基金组织衡量国际储备充裕程度的参考因素

在评估各成员国国际储备充裕程度时，IMF 认为一国实行下列举措就表示该国国际储备不足：一是国内利率较高，目的在于抑制资金外流，鼓励国外资金流入，来保证对储备的需要；二是加强对经常项目下与资本项目下支出的管制，目的是限制外汇资金的流出，减少国际收支逆差的增加；三是把加大国际储备的积累作为经济政策的主要目标；四是持续的对外汇率不稳定；五是新增的国际储备不是来源于经常项目下收入与资本投资的增加，而来自对外借款。同时 IMF 还采用历史分析法、利用实际储备增减趋势、特里芬的进口比例法和国际储备与国际收支总差额比率的增减趋势等指标加以综合测评，来衡量成员国国际储备充裕程度。

由于适度国际储备规模的确定较复杂，至今还没有完全科学、准确、适用于所有国家的统一指标。实践中，各国一般参考上述主要指标和举措，结合本国的实际情况和不同时期的政策目标来确定本国适度的国际储备规模。

（二）适度国际储备规模的确定方法

1. 定性分析法

定性分析法的基本思路是：国际储备的短缺或过剩会直接影响某些关键的经济变量和政策倾向，因此，考察这些经济变量和政策倾向的变动，就可以判断国际储备水平是否适度。例如，表明一国国际储备不足的经济变量和政策倾向主要有：持续的高利率政策；外汇管制、外贸管制；紧缩性需求管理；持续的汇率不稳定；把增加国际储备作为首要的经济目标；新增国际储备主要来自信用安排；等等。

这些客观指标产生的背景是，该国政府已经明确其适度国际储备规模的水平，因而当其采取高利率政策或奖出限入政策来改善国际收支时，便意味着该国存在国际储备不足问题。在国际储备不足的情况下，该国政府缺乏干预外汇市场的能力，从而导致其汇率不稳定。于是，该国被迫通过国外借款来弥补国际储备缺口。

定性分析法不乏其合理性，但它只能粗略地反映国际储备的适度性，不能测算出一个确定的国际储备规模。并且用来反映国际储备适度性的经济变量和政策措施的变化可能并非由国际储备过剩或不足引起，而是由其他经济因素甚至政治因素所引起。因为这种方法的前提是假定国际储备水平是一种重要的政策目标，政府为达到预定的国际储备水平目标而调整内部和外部的政策，但有些时候政府的政策调整可能是为了实现其他更重要的政策目标。

2. 定量分析法

定量分析法主要包括比例分析法、成本－收益分析法。

（1）比例分析法。即采用国际储备规模与某种经济活动变量之间的比例关系来测算储备需求的最适度水平。其中，特里芬教授提出的进口比例法（国际储备／进口）是国际上普遍采用的一种简便易行的衡量方法。

除此以外，比例分析法常用的比例指标还有：国际储备对外债总额的比例、国际储备对国民生产总值的比例等。比例分析法因简明易行而被许多国家所采用，IMF 也是这一方法的支持者。但是比例分析法也有明显的缺点。第一，某一比例关系只能反映个别经济变量对储备需求的影响，而不能全面反映各种经济变量的影响。第二，对于国际储备／进口比例法来说，一方面，它在理论上存在缺陷，即国际储备的作用并非只是支付进口；另一方面，各国情况不同，例如，各国对持有国际储备的好处和付出的代价看法不同、各国在世界经济中所处的地位不同等。这些差异决定了各国储备政策的差异，因而各国对储备的需要量也就不同。所以，只用进口贸易这个单一指标作为决定各国国际储备需求量的依据，显得有些依据不足。

（2）成本－收益分析法。又称机会成本分析法。这是 20 世纪 60 年代以来，以海勒、阿加沃尔为首的经济学家，将微观经济学的厂商理论——边际成本等于边际收益——运用于外汇储备总量管理而得出的，即当持有储备的边际成本等于边际收益时，所持有的储备量是适度的。一般情况下，国际储备的需求量与持有储备的机会成本成反比，与持有储备的边际收益成正比。持有储备的机会成本是运用外汇进口资源要素以促进国内经济增长的边际产出（可采用国内投资收益率来计算）。持有储备的边际收益则是运用储备弥补国际收支逆差，避免或推迟采用政策性调节措施，减少和缓解对经济造成的不利影响，以及运用外汇购买国外有息资产的收益。只有当持有储备的边际收益等于持有储备的机会成本，从而带来社会福利最大化时，才是最适度的储备规模。

成本－收益分析法具有测算的准确性高于比例分析法的优点，这种方法采用多元回归和相关分析的技术建立储备需求函数，克服了比例分析法采取单一变量的片面性。但在宏观经济中，有些变量并不像微观经济变量一样有界限分明的成本和收益，只能测算综合成本和综合收益。这使成本－收益法存在着以下缺点：计算方法比较复杂；涉及的经济变量较多；有的数据难以获得，只能凭经验主观选择或采用其他近似指标替代。这些缺点影响了其计算结果的准确性，因而很难在实际生活中采用。

（三）国际储备不足的判断及措施

由于各国国情不同，IMF 判断一国国际储备不足的标准有五个方面：一是持续的高利率政策；二是加强对国际经济交易的限制；三是把增加国际储备作为首要经济目标；四是持续的汇率不稳定；五是新增国际储备主要来自信用安排。

这些客观标准的隐含假设条件是各国政府已经了解适度国际储备的规模，因此，当它们采取高利率政策或奖出限入政策来改善国际收支时，意味着该国存在储备不足问题。在储备不足的情况下，该国政府缺乏干预外汇市场的能力，从而使汇率不稳。于是，该国被迫通过国外借款来弥补储备不足。这些事后指标对于确定适度储备量有一定的参考价值。

不同国家在国际储备总量管理中采取的措施有所不同。发达国家比发展中国家更加侧重于依靠借入国际储备来保证国际清偿能力。各国国际储备调节措施会在不同程度上影响经济生活的其他方面，各国政府需要根据特定情况来选择国际储备调节措施。一般来说，在短期，政府主要依靠干预外汇市场来调节国际储备量；从长期来看，调节国际储备依赖于各种国际收支调节措施。

例如，发展中国家在国际储备不足时，通常采取以下国际收支调节措施：第一，通过出口退税、出口担保、外汇留成和复汇率制等手段鼓励出口；第二，以各种贸易和非贸易壁垒限制进口；第三，以外汇管制和延期支付等办法限制资本外流；第四，回避对外贬值。

维持汇率稳定本来是国际储备的基本职能之一，但是在持续国际收支逆差和国际储备不足的情况下，实行货币对外贬值政策，既有利于改善国际收支，又可以在新的基础上更有效地实现稳定汇率的目标。

三、国际储备的结构管理

国际储备的结构管理主要涉及三个方面的内容：一是如何确定黄金储备、外汇储备、在 IMF 的储备头寸和特别提款权四种基本储备资产的结构；二是如何确定外汇储备的币种结构；三是如何确定同种货币资产的流动性结构。

（一）国际储备资产基本形式的结构管理

在国际储备的四种基本形式中，在 IMF 的储备头寸和特别提款权的持有量主要取决于 IMF 的政策，因此各国政府进行国际储备的结构管理主要是调整黄金储备和外汇储备的比例。

黄金储备具有安全性，可避免通货膨胀所带来的成本贬值的风险，也可以避免外汇储备资产被冻结的政治风险。但是，黄金储备的变现成本较高，且持有它不能获得利息收入，其流动性和盈利性均不如外汇储备。

调整黄金储备的基本手段是在国际黄金市场上买卖黄金。由于布雷顿森林体系瓦解后国际黄金市场上金价频繁波动，选择入市时机是这种结果调整中的重要课题。政府监管部门需要做好金价的预测工作，尽量争取在金价较高时出售黄金，或者在金价较低时买入黄金。

（二）外汇储备币种结构管理

对于用于当前国际支付的那部分外汇储备，即交易储备，币种结构应与该国的需求结构保持一致，或者说取决于该国对外贸易支付所使用的货币。例如，若一国有大量日元债务，但是其只持有美元储备，那么一旦日元升值，该国将蒙受巨额损失。在安排外汇储备币种结构时，政府应计算预期的以各种货币清偿的进口净额（进口大于出口的余额）和还本付息支出净额。

如果一国当局有很强的汇率预测能力，采取积极的外汇风险管理策略，那么它可以根据无抛补利率平价来安排预防性储备货币的币种结构。例如，若利率差大于高利率的货币预期贬值率，则持有高利率货币可增强储备货币的盈利性；若利率差小于高利率的货币预期贬值率，则持有低利率货币将有利于增强储备资产的盈利性。但是，一旦预测失误，该国便可能蒙受储备资产价值损失。

因此，各国通常根据分散原理来安排预防性储备货币的币种结构，即实行储备货币多样化。根据投资组合选择原理，把各种相互独立的不同资产进行混合搭配的投资，其风险要低于任何一种单一资产投资的风险。在这种多样化的储备结构中，一种储备资产的损失可由另一种资产的升值来弥补，从而相应降低了整个国际储备所面临的风险。在具体管理工作中，政府有关部门需要建立投资组合选择模型，根据本国的国情和政策的目标确定各种货币在预防性储备中所占的比重。

（三）储备货币流动性管理

在币种结构管理中，政府主要考虑的是储备资产的安全性和盈利性之间的关系；而在流动性结构管理中，政府主要考虑的是流动性与盈利性之间的关系。根据流动性之间的差异，同种储备资产可分为多种层次。例如，有的国家货币当局将储备资产分为三个层次：一级储备包括外币活期存款、商业票据和短期国库券，它们有很强的变现能力，这种储备的数量取决于该国对交易性储备的需要；二级储备指 2 年至 5 年中期债券；三级储备指高收益的长期债券，这部分储备资产的数量取决于该国为应对突发事件的预防性储备的需要。在二级和三级储备管理中，政府需要考虑该国长期负债的期限要求。

　　各种层次储备资产之间并不存在截然的界限。例如，即将到期的中期和长期债券的流动性并不亚于短期国库券。因此，只要货币当局对持有中期和长期债券作出合理的安排，保证在每一个时期都有一部分将到期的中期和长期债券，那么，即使中期和长期债券所占的比重较高，该国仍能保证整个国际储备资产的流动性符合政策要求。在中期和

西媒："一带一路"向高质量发展升级

长期债券选择中，货币当局更倾向于信誉良好、政局稳定国家的政府债券和 AAA 级欧洲债券，而较少选择有国家风险的政府债券和一般公司债券，因为一般公司债券的安全性不如政府债券，一般公司债券的流动性和盈利性不如欧洲债券。现在，许多国家在选择活期存款的存放地点时，都不再选择该货币发行国，而是存入欧洲货币市场，因为境外货币被冻结的风险较小，且存款利率往往高于发行国的存款利率。

第四节　国际储备的成本－收益分析

　　成本－收益分析是从国际储备的机会成本和收益的角度研究适度储备量决定的理论。

一、国际储备的机会成本

　　外汇对于一个国家可能有多种用途。当外汇被一国货币当局用作国际储备，该国便放弃了外汇的其他用途可能带来的收益。从广义角度看，外汇在其他用途上可能带来的最大收益是国际储备的机会成本。从狭义角度看，一国货币当局持有的外汇储备会减少粮食、机器、原料、技术运输服务等实际资源的购买，而这些实际资源可能带来的最大产量构成国际储备的机会成本。

　　影响国际储备成本的主要因素有以下三个方面。

　　第一，货币当局持有的国际储备的数量。一国国际储备的数量越多，国际储备的机会成本越大。

　　第二，生产资料在该国进口中所占的比重。在狭义的机会成本概念中，不考虑进口生活资料所能满足人们多种多样的需求所产生的利益，以及个人和企业在其他方面动用外汇所产生的收益（如购买外国股票）。因此，生产资料在该国进口中所占的比重越大，持有国际储备所放弃的产量越大。

　　第三，进口生产资料增加该国产量的能力。该能力越大，国际储备机会成本越高。这种能力取决于一系列的因素，其中最主要的是进口生产资料的资产成本比率以及该国是否存在闲置的劳动力。进口生产资料的资本产量越低，进口生产资料增加产量的能力越强，国际储备的机会成本就越高。

二、国际储备的收益

从广义上看，国际储备可以给一个国家带来多种收益，如避免国际收支逆差迫使政府采取紧缩政策所带来的损失、在意外情况下保持进口的能力、稳定汇率、提高该国的国际信誉、增强人们对经济稳定运行的信心，以及国际储备能够带来一定的利益或债息收入等。从狭义上看，国际储备的收益主要表现为避免国际收支逆差调节措施所带来的产量下降。

影响国际储备收益的主要因素有以下三个方面。

第一，货币当局持有的国际储备数量。一国国际储备数量越大，即基数越大，当国际储备的利率上升时，国际储备的收益越大。

第二，计划期内动用国际储备为国际收支融通资金的概率。该概率值越大，国际储备的收益越大。这种概率取决于一系列因素，其中最重要的是预期计划期间国际收支逆差出现的概率，预期国际收支逆差规模，政府稳定汇率的意愿，以及政府的客观经济目标等。

第三，进口生产资料与总产量的比率。该比率越小，进口生产资料对该国产量越重要。动用外汇储备可避免进口生产资料的减少，从而可避免相应的产量损失。

三、适度国际储备量的决定

为简化分析，假定国际储备的收益和机会成本都能够用产量的变化来表示。下面采用一般边际分析方法的图形说明适度国际储备量的决定问题。

在图 4-1 中，边际生产率表示产量的变动与实际资源增量或国际储备增量的比值。C 曲线是一条水平线，表示不受储备数量影响的实际资源边际生产率。这条水平线的上下位置取决于进口生产资料增加产量的能力。MP 曲线呈向右下方倾斜的形状，表示国际储备的边际生产率随储备收支逆差调节中的紧缩措施的力度会相应下降，从而使储备增量能够避免的产量下降幅度减小。国际储备的边际生产率与商品的边际效用一样具有心理现象的性质，从而受到欲望递减法则的支配，即国际储备数量越多，储备增量给政府带来的满足程度越小，或者说政府根据预测和既定目标选择认为它能够避免的产量损失越小。

上述两条曲线的交点 E 所对应的国际储备量 Q_e 为适度国际储备量。其左方的点（如 Q_1）表示储备不足，其右方的点（如 Q_2）表示储备过度。当国际储备为 Q_1 时，储备的边际生产率大于实际资源的边际生产率（$r_A>r_B$），储备增量的边际收益大于其边际成本，政府应增加其储备数量。当国际储备为 Q_2 时，储备的边际生产率小于实际资源的边际生产率（$r_N<r_M$），即储备的边际收益小于其边际成本，政府应减少储备数量。当储备为 Q_e 时，其边际收益等于边际成本，储备数量已调到适度数量。

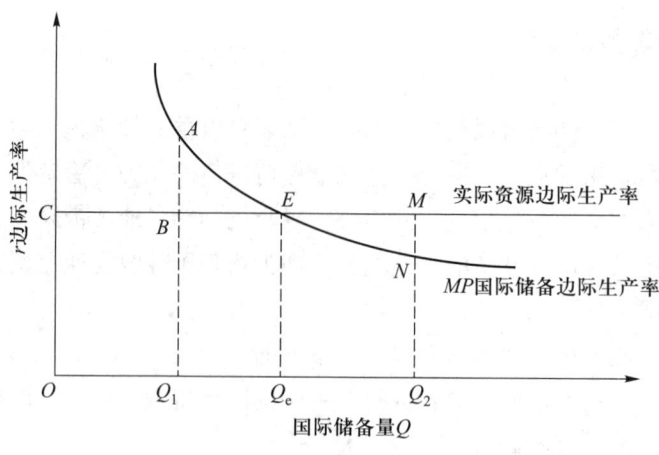

图 4-1 适度国际储备量的决定

四、对国际储备成本－收益分析评价

成本－收益分析为人们理解适度国际储备量提供了一个理论上的标准。它所应用的一些方法，如边际分析法等，具有一定的合理性和一定的可操作性，一些经济学家已经在对它作出某些修正的前提下，用它来分析若干国家国际储备是否适度的问题。

但是，上述分析只是一种十分简化的理论模型，而任何经济模型都必然具有一定程度的背离现实的缺点。例如，它没有考虑国际储备具有多种形式、不同流动性的储备资产会带来不同的利息和债息收入等。

当使用该理论解释现实时，会遇到许多困难，特别是针对如何计算国际储备的收益这一问题尚未达成共识。目前，人们强调的是持有国际储备可以避免国际收支逆差对产量的冲击，但是，这只是储备收益的一部分。我国货币当局拥有较多的国际储备，在 20 世纪 90 年代后期的亚洲金融危机中成功地捍卫了人民币和港元汇率的稳定，从而避免了一系列危机的发生，而储备的这种收益目前尚未有公认的定量标准。

第五节　我国的国际储备

一、我国的国际储备概况

我国外汇储备是全球金融市场的重要参与者和负责任的长期投资者。一方面，我国外汇储备始终坚持多元化、分散化的投资理念，根据市场情况灵活调整、持续优化货币和资产结构，利用不同货币、不同资产类别之间的此消彼长关系，控制总体投资风险，保障外汇储备保值增值。另一方面，我国外汇储备始终以"安全、流动、保值增值"为经营目标，核心职能是维护国际收支平衡和汇率稳定、维护国家金融安全，实现了长期、稳健的经营收益，收益率在全球外汇储备管理机构中处于较高水平。

二、我国外汇储备总体情况

我国外汇储备以安全、流动和保值增值为目标，按照市场化原则对全球主要国家和地区、主要货币及资产类别开展投资，实现了投资组合较为有效的多元化和分散化。

近年来，面对国际金融市场不确定性上升，外汇储备统筹发展与安全，保持战略定力积极稳健经营，持续提升投资管理专业化水平，不断优化完善覆盖市场风险、信用风险等传统风险和气候变化风险等非传统风险的系统性风险管理框架，有效保障了外汇储备资产的安全、流动和保值增值。

我国外汇储备在安全、流动和保值增值的基础上，还把可持续投资作为长期目标，近年来围绕 ESG（环境、社会、治理）主题不断拓展可持续投资的深度和广度，深入践行绿色投融资理念。

除此之外，我国外汇储备持续创新多元化运用渠道和方式，多层次、大力度支持国家对外战略。

当前，我国迈上全面建设社会主义现代化国家新征程，做好外汇储备经营管理的意义更加重大。

三、我国外汇储备规模

党的十八大以来，我国不断完善中国特色外汇储备经营管理，外汇储备成功经受住了多轮外部冲击的考验，维护了外汇储备规模的总体稳定，充分发挥了国家经济金融的"稳定器"和"压舱石"作用。数据显示，自 2006 年起，我国外汇储备规模连续 18 年稳居世界第一，近年来始终稳定在 3 万亿美元以上。

国家外汇管理局统计数据显示，截至 2022 年 12 月底，我国外汇储备规模为 31 277 亿美元，较 11 月末上升 102 亿美元，上升幅度为 0.33%。2022 年 12 月，受主要经济体货币政策及预期、全球宏观经济数据等因素影响，美元指数下跌，全球金融资产价格总体下跌。汇率折算和资产价格变化等因素综合作用，该月外汇储备规模上升。我国经济韧性强、潜力大、活力足，长期向好的基本面没有改变，有利于外汇储备规模保持总体稳定。

金融赋能外贸
打造新优势

本章小结

1. 国际储备（International Reserves）是由一国货币当局持有的各种形式的资产，能在该国出现国际收支逆差时直接或通过同其他资产有保障的兑换来支持该国汇率。根据该定义，国际储备应满足三个条件：第一是官方持有性；第二是普遍接受性；第三是流动性。

2. 国际清偿能力（International Liquidity）指一个国家的对外支付能力。它是与国际储备密切联系的概念，包括一国货币当局自有的国际储备、一国货币当局的借贷能力以及一国商业银行所持有的外汇资产。

3. 国际储备管理的基本原则：一是保持适度的国际储备量；二是统筹兼顾国际储备的安全性、流动性和盈利性。

关键词

国际储备　国际储备管理　外汇储备　定量分析法　定性分析法　国际储备成本和收益

练习题

1. 国际储备的概念是什么？

2. 国际储备与国际清偿力有何区别？

3. 影响国际储备需求的主要因素是什么？

4. 外汇多元化的原因是什么？

5. 国际储备的作用是什么？都有哪些来源？

6. 进行国际储备管理时，应遵循什么原则？

7. 如何确定适度的国际储备规模？如何判定国际储备规模不足？

8. 影响国际储备成本的因素有哪些？

9. 如何评价国际储备规模？

10. 国际储备规模对一国经济发展有何影响？

11. 国际储备的供给方和需求方都有谁？

12. 请用图示法说明，如何确定适度国际储备规模？

第五章

国际金融市场

国际金融市场是由国际性的资金借贷、结算、汇兑以及有价证券、黄金和外汇的买卖活动所组成的市场。国际金融市场十分重要，商品、劳务与资本的国际性转移、黄金输出入、外汇的买卖和国际货币体系运转等各方面的国际经济交往均借助国际金融市场展开。本章的主要内容包括国际金融市场的分类及发展新趋势，国际货币市场、资本市场和金融衍生工具市场，以及主要国际金融市场的概况。

第一节　国际金融市场概述

一、国际金融市场的概念

由国际性的资金借贷、有价证券的发行与交易、外汇和黄金买卖活动所形成的市场称为国际金融市场。广义的国际金融市场的概念是指从事外汇、黄金、证券买卖和长、短期资金借贷等各种国际金融业务活动的场所。狭义的国际金融市场是指国际性资金借贷的场所。国际金融市场通常是一种无形的市场，并不设在某一固定的场所，而是由各种金融机构组成，业务活动一般通过通信系统进行买卖和资金借贷交易。这也是它与国内金融市场及传统的国际金融市场的区别。

二、国际金融市场形成的条件

形成国际金融市场有以下几个条件。

第一，比较稳定的政治经济局面。这是所有条件中最基本的一条。如果一个国家政治局势动荡、经济状况长期恶化，就不可能在这个国家建立起国际金融市场，即使建立起来也不能正常运转。黎巴嫩内战使贝鲁特丧失了中东国际金融中心的重要地位，就是一个典型的例子。

第二，以高度发达、完善的国内金融市场为基础。国际金融市场是在国内金融业务发展的基础上和国际金融业务活动不断增长的条件下产生的。因此，一个国家只有金融体系健全、金融法规完善透明、金融工具种类丰富、信用制度比较发达、能顺利进行筹借和运用资金，才能建立起一个正常运转的国际金融市场。

第三，实行自由外汇制度。在自由外汇制度下，外汇管制比较宽松，外汇调拨和兑换比较自由方便，对存款、利率、税率都没有特别严格的条例，对居民和非居民的金融交易活动一视同仁。

第四，货币制度稳定、作为国际支付手段的货币供应充分。这样才能满足国际金融市场巨额的资金活动的需要。

第五，地理位置优越，交通方便，通信设备完善。这是中国香港作为重要的国际金融市场迅速崛起的一个重要原因。

第六，具有较强的国际经济活动能力，如国际运输、保险等便利条件。

第七，具有一批专业水平较高和业务经验丰富的专业人员。

只有具备以上条件，才能形成一个能够发挥应有作用和正常运转的国际金融市场，才能成为重要的国际借贷中心和国际结算中心。国际金融市场是在生产国际化的基础上形成和发展起来的，反过来又有力地促进了世界经济国际化的进一步发展，在调节各国国际收支、促进国际贸易的发展、实现资本在全球再分配和作为国际债权债务结算中心等方面发挥着越来越重要的作用。但是，由于以美元为中心的布雷顿森林体系瓦解，新的、更为健全的国际货币体系尚未形成，特别是大量游资的存在，国际金融市场也为国际金融投机活动提供了场所，助长了各国通货膨胀，从而给各国经济带来了消极影响。我国的对外开放应当积极审慎地利用国际金融市场，从国际金融市场筹借资金，为国家现代化服务。

三、国际金融市场的分类

国际金融市场随着国际经济活动的发展和业务活动的变化，也在不断发展变化。从不同角度，国际金融市场可以分为不同类型：按照历史演变划分，可以分为传统的国际金融市场和新兴的国际金融市场；按照交易范围划分，可以分为综合性的国际金融市场和专业性的国际金融市场；按照地域划分，可以分为以某个地点命名的具体的国际金融市场。按照惯例，一般把国际金融市场按照交易对象分为外汇市场、货币市场、资本市场和黄金市场。事实上，这四个市场的业务活动是有密切联系的，例如国际金融市场上的长、短期资金活动是和外汇买卖活动一起进行的。

但是，这四个市场不仅在具体业务活动方面有所不同，在其他方面也有所区别。货币市场和外汇市场的区别是：货币市场是短期资金借贷的市场，进行交易的是同一种货币，如资金供给者提供美元，资金需求者借入的也是美元；而外汇市场是用不同国家货币进行交易的市场，例如用美元买英镑，或用日元买欧元。货币市场和资本市场的区别是：第一，融通资金的期限不同，货币市场是短期资金交易的市场，资本市场是提供长期资金的市场；第二，市场信用交易工具不同，货币市场交易的信用工具是 1 年以下的短期有价证券和信贷资金，一般为 3 至 6 个月，最长可达 1 年，最短为 1 日或几个小时，而资本市场交易的信用工具是 1 年以上的有价证券和信贷资金，最长可达数十年，或者没有确定的期限，如股票；第三，资金用途不同，从货币市场融通的资金大都应用于工商企业所需的短期周转资金，而从资本市场融通的资金大都用于企业的新建、扩建、购置机器设备、储存原材料等；第四，风险程度不同，货币市场的信用工具，由于期限短、流动性大、价格波动幅度小，因而风险也较小；而资本市场的信用工具由于期限长、流动性差、价格波动幅度较大，因而风险也较大。

第二次世界大战前，伦敦、纽约等国际金融中心已经形成。在这种国际金融中心中，尽管外国人可以自由参加金融市场活动，如筹集资金、自由兑换货币等，其金融业务活动在一定程度上具有国际性，但实际上还是国内金融市场。因为它是由国内金融机构为本国投资者和借款人服务，受所在国政府的政策和法律的约束，主要经营国内业务。金融业务活动有所发展后，经营居民和非居民之间的业务，即本国借、外国贷，或外国借、本国贷业务的国际金融市场，称为在岸国际金融市场。

离岸国际金融市场（Off-shore International Finance Market）是经营非居民之间业务的国际金融市场。它不受任何国内国际银行法规限制，任何一个国家也不能单独控制这个市场；市场上的借贷关系是外国人之间的借贷关系；市场上借贷的货币，包括主要西方国家的货币，借款人可以在其中任意选择。离岸国际金融市场又分为纯离岸金融市场和混合型离岸金融市场。纯离岸金融市场禁止非居民经营在岸业务和国内业务；混合型离岸金融市场允许非居民经营在岸业务和国内业务，但要上交存款准备金、利息预扣税和所得税款。当地金融当局严格控制发放"全面业务"的执照数量。因此，在混合型离岸金融市场上，主要业务仍然是离岸业务。目前，离岸国际金融市场有欧洲货币市场、加勒比离岸中心（包括开曼群岛、英属维尔京群岛）以及中东的巴林国际金融市场。国际金融市场划分如图 5-1 所示。

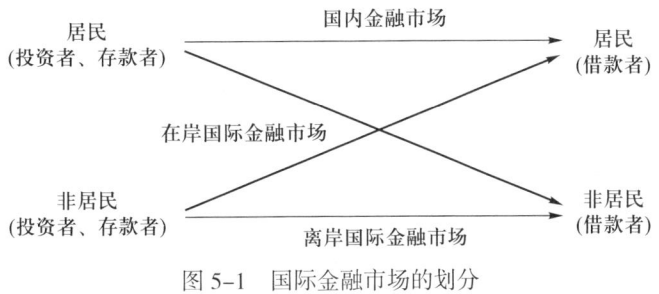

图 5-1 国际金融市场的划分

四、国际金融市场发展新趋势

随着世界经济全球化、一体化趋势的加强和计算机网络技术在金融领域的广泛应用，国际金融市场从 20 世纪 70 年代开始发生了一系列结构性变化。到 21 世纪的今天，国际金融市场的发展已经出现了一体化、证券化和创新金融的特点，并且借助互联网的优势对国际金融进行了创新模式发展，未来的重要发展趋势将会是以物联网为基础的全球国际金融市场的新虚拟金融。

（一）国际金融市场一体化逐步完善

各国经济的相互依存度的加深和各国生产的国际化是国际金融市场一体化的基础。国际金融市场一体化就是将国内和国外金融市场以及各国国际金融市场日益紧密相连，共同构成一个统一的全球性金融市场。

国际金融市场一体化的一个表现形式是：各国金融市场在时间和空间上的联系日益紧密，它使全球的金融投资者能够在 24 小时内在任何一个主要的金融市场上不停地进行各种金融活动。由于计算机网络技术和卫星通信的应用，全球资金调拨和资金融通能在几秒内迅速完成；各国银行和金融机构实现了跨国化；全球金融交易量明显增加，并呈现出持续化、制度化的趋势。目前，各个金融机构之间已经形成了一个全时区、全方位的一体化国际金融市场，并且未来将会是个人和个人、机构和个人之间的全新国际金融市场。

国际金融市场一体化的另一个表现形式是证券和交易的国际化。参与证券交易的借款人和投资者都不受国籍的限制，他们买卖的证券既可以是市场所在国发行的证券，也可以是外国发行的证券，证券面值货币也不受任何限制，欧洲货币市场就是这一表现形式的典型代表。技术进步及应用为证券交易与投资国际化提供了技术保障并加快了这一进程。比如，加拿大股票交易所和美洲股票交易所，使投资者在一家交易所就可以了解整个北美的股票行情；英国伦敦股票交易所的"股票交易自动报价系统"（SEAQ）和美国纽约的"证券交易商协会自动报价系统"（NASDAQ）实现联网等。因此，证券交易和投资国际化可以使投资者最大限度地分散投资风险并获得更高收益，为借款人和投资人提供了便利，最大限度地降低了借款人的筹资成本。

（二）融资方式的证券化趋势

国际金融市场证券化趋势表现在以下几个方面。

1. 融资手段证券化

国际性银行作为融资渠道的重要性开始下降，而证券市场作为融资渠道的重要性开始上升。从 1981 年开始，传统的通过商业银行筹借资金的方式开始逐渐让位于通过金融市场发行长短期债券的方式，商业银行在吸收存款、发放贷款方面的优势在减弱。截至 2021 年 3 月底，全球股票市场总市值在过去一年增加了近 60%，突破 106 万亿美元。其中，美国股市市值增加近 70%，最终突破 45 万亿美元。

2. 国际性银行参与证券市场业务

国际性银行本身也参与国际证券市场业务，并成为证券市场的主要发行人和买主，同时也是新证券发行的安排者和管理者。1990 年 9 月 20 日，美国联邦储备委员会宣布，允许美国最大的银行之一J.P.摩根银行经销公司发行债券和股票，从而打破了《1933年银行法》的限制。银行经营的证券业务与其贷款业务结合在一起，可减少贷款业务下降给银行带来的损失，降低筹资者的成本和银行的风险。

3. 发展中国家的部分外债通过债务资本化转换为债券和股票

20世纪80年代初，发展中国家的债务危机使国际银行贷款风险急剧增加，国际银行资金随着石油输出国盈余资金下降而大量减少，这就促使银行提高资产的流动性、自由资本的充足性和资产动用的多样性，也促使筹资者纷纷转向证券市场。

（三）国际金融市场创新不断

国际金融市场金融创新是风险和竞争的产物。它最早起源于20世纪60年代末，发展于70年代。广义的金融创新包括：金融市场的创新，如金融期货和期权交易市场的产生、完善和不断发展；金融工具的创新；金融业务的创新。

国际金融市场创新中金融工具创新的影响最大。传统的金融工具在收益、风险、流动性、数量和期限等方面具有不同的特性。金融工具创新就是把传统金融工具的原有特征进行分解，然后重新安排组合，使之适应新形势下投资者避险、保值和获利的需要。

国际金融市场创新的原因是多方面的，既有创新的需求，也有创新的供给，而科技进步又为创新提供了条件。可以说，这是多种因素综合作用的结果，主要有以下几个方面的因素。

1. 对信贷需求的增长

第二次世界大战后，经济全球化有了巨大的发展，这就要求一种能够促进资本流动、便利资金借贷和富有效率的金融体制作保证，需要金融机构提供具有多功能和多用途的工具，还需要更有效率的金融市场提供更大数量的融资和全面的金融服务。近几年，随着经济全球化和世界经济一体化的快速发展，各国政府想要适当扩大社会融资总规模，保持贷款适度增加，而社会融资规模和银行新增贷款幅度的增长，也会反过来激活本地区经济发展的活力。

2. 规避风险的需要

20世纪70年代以来，由于国际金融市场上汇率、利率动荡不定，国际金融危机频发，金融机构遇到资金价格变化时给金融头寸带来风险，产生了对转移价格风险型金融工具的需求；投资者在国际债务危机的影响下，产生了对转移信用风险型金融工具的需求。

3. 增强流动性的需求

20世纪70年代，两次石油危机和一些银行为逃避金融管制、扩大信贷资金来源，对具有较大流动性金融工具的需求上升。比如在进入21世纪后，虚拟金融的出现就进一步增强了金融工具的流动性。

4. 提高竞争力的需要

在国际金融市场日趋一体化和不少国家实行金融自由化的情况下，国内外银行及不同类型金融机构之间存在业务交叉和激烈的竞争，这就要求积极开展新的业务领域，应用新的技术，发展新的交易方式。

五、国际金融市场的作用

国际金融市场的产生和发展，对世界经济既有积极作用，也有消极作用。

国际金融市场对世界经济发展的积极作用有以下几点。第一，有利于调节国际收支。国际收支逆差国和国际收支顺差国可以通过国际金融市场来调节，从而解决本国的国际收支平衡问题，可以避免因国际收支失衡对本国经济发展带来不利影响。第二，推动国际贸易和国际投资的发展。国际金融市场的发达便利了国际资金的调拨和结算，使其成本大大降低，促进了国际贸易，也加速了国际资本流动。第三，有利于优化国际分工。在市场规律作用下，国际金融市场上的资金流向经济效益最好、资金利用率最高的国家和地区，从而有利于资源全球最优配置，有助于建立合理的国际分工。

国际金融市场对世界经济发展的消极作用有：第一，助长投机；第二，大量资本在各国之间流动，不利于有关国家执行自己的货币政策；第三，造成外汇市场动荡；第四，加速经济危机的国际传递。

第二节　国际货币市场、资本市场和金融衍生工具市场

一、国际货币市场

（一）国际货币市场的定义

国际货币市场指各国银行对多种货币所开展的业务活动。货币市场是经营期限在一年以内的借贷资本市场。常用的借贷方式如银行信贷、同业拆借等短期周转业务。在货币市场上发行和流通的票据、证券也是短期的，如国库券、商业票据、银行承兑汇票和转让大额定期存单等。这些票证的共性是期限短、风险小和流动性强，都具有活跃的次级市场，随时可以出售变成现金。由于这些票证的功能近似于货币，所以把短期信贷和短期票证流通的市场叫作货币市场。

（二）国际货币市场的金融工具

1. 商业票据

商业票据是指没有抵押品的短期票据。从本质上说，它是以出票人本身为付款人的本票，由出票人许诺在一定时间、地点付给收款人一定金额的票据。商业票据是最早的信用工具，起源于商业信用。而商业信用的出现先于金融市场的产生之前。在没有金融

市场时，商业票据没有流通市场，只能由收款人保存，到期才能收款。到有了银行，有了金融市场，商业票据的持有者才可以拿商业票据到银行去抵押，到市场上去贴现，提前取得资金。

商业票据的主要种类和特点是：① 短期票据，是货币市场中的短期信用工具，最短期限是 30 天，最长是 270 天；② 单名票据，发行时只需一个人签名；③ 融通票据，为短期周转资金而发行；④ 大额票据，面额是整数，多数以 10 万美元为倍数计算；⑤ 无担保票据，不须担保品和保证人，只需靠公司信用担保；⑥ 市场票据，以非特定公众为销售对象。

2. 国库券

国库券指国家财政当局为弥补国库收支不平衡而发行的一种政府债券。因国库券的债务人是国家，其还款保证是国家财政收入，所以它几乎不存在信用违约风险，是金融市场风险最小的信用工具。中国国库券的期限最短的为一年，而西方国家国库券品种较多，一般可分为 3 个月、6 个月、9 个月、1 年期四种，其面额起点各国不一。

3. 短期信贷

短期信贷主要包括银行对工商企业的信贷和银行同业拆借。前者主要解决企业流通资金的需要，后者主要解决银行平衡一定头寸、调节资金余缺的需要。

4. 可转让定期存单

简称定期存单，指银行发行的对持有人偿付具有可转让性质的定期存款凭证。凭证上载有发行的金额及利率，还有偿还日期和方法。如果存单期限超过 1 年，则可在期中支付利息。

5. 银行承兑汇票

商业汇票是指发票人签发一定金额委托付款人于指定的到期日无条件支付给收款人或持票人的票据。汇票在性质上属于委托证券，是由发票人委托付款人付款，而本票是由发票人自己付款，两者的区别是明显的。商业汇票分为商业承兑汇票和银行承兑汇票，其中银行承兑汇票指以银行为付款人并经银行承兑的远期汇票。"承兑"就是银行为付款人，表示承诺汇票上的委托支付，负担支付票面金额的义务的行为。

（三）国际货币市场的功能

国际货币市场有以下主要功能。首先，保持资金的流动性。货币市场为短期资金提供了流动性，使得资金可以在需要时迅速获得。这对于企业和个人来说非常重要，因为需要在短时间内支付账单、购买商品或进行其他经济活动。其次，调节资金余缺。货币市场允许资金需求者和资金供应者进行交易，从而实现了资金的合理配置。当资金需求者需要短期资金时，可以通过货币市场获得资金；而当资金供应者希望将短期资金投资于长期资产时，也可以通过货币市场实现。最后，满足短期融资需要。货币市场为短期融资提供了场所，企业和个人可以通过发行短期债务或向银行贷款等方式获得短期资金。这些资金通常用于支付日常开支、购买原材料、偿还债务等短期需求。

二、国际资本市场

（一）国际资本市场的定义

国际资本市场，又称"国际借贷市场"。国际资本市场是指国际金融市场中期限在1年以上的各种资金交易活动所形成的市场。国际资本市场主要是用于筹措和运用国内、国际资金，以满足本国的生产建设和国民经济发展的需要。它由国际债券市场、国际股票市场、国际银行中长期信贷市场三部分组成。国际资本市场是国际借贷资本集中的场所，也是国际资本以货币形式进行交易和流通的国际存贷活动场所。通过资金的借贷及债券发行，促进资金在各国之间的移动和再分配。国际资本市场的中长期资金供应者大多数为商业银行、储蓄银行和保险公司。

（二）国际资本市场的分类

1. 按交易性质分类

国际资本市场根据证券发行交易性质可分为一级市场和二级市场。一级市场，也称发行市场或初级市场，是资本需求者将证券首次出售给公众时形成的市场。它是新证券和票据等金融工具的买卖市场。该市场的主要经营者是投资银行、经纪人和证券自营商（在我国这三种业务统一于证券公司）。它们承担政府、公司新发行的证券以及承购或分销股票。二级市场，也称次级市场或流通市场，是已发行的有价证券买卖流通的场所，是有价证券所有权转让的市场。它为证券持有者提供变现能力，在其需要现金时能够出卖证券得以兑现，并且使新的储蓄者有投资的机会。证券交易市场有证券交易所的场内交易和场外交易两种。

2. 按借贷形式分类

国际资本市场按借贷形式，分为国际信贷市场和国际债券市场。信贷市场又分为中长期国际信贷市场和短期国际信贷市场，其中中长期国际信贷市场属于国际资本市场，短期国际信贷市场属于国际货币市场。中长期国际信贷市场指期限在一年以上的中长期资金借贷所形成的市场。这一市场上主要的金融工具是中长期国际贷款。

国际债券市场又分为中长期国际债券市场和短期国际债券市场，其中中长期国际债券市场属于国际资本市场，短期国际债券市场属于国际货币市场。中长期国际债券市场是专门从事一年及以上期限的国际债券发行、买卖的场所。

（三）国际资本市场的功能

国际资本市场有以下主要功能。首先，国际资本市场提供了一种机制，使资本能迅速有效地从资本盈余单位向资本不足单位转移，此时资本市场承担了一级市场功能，只有一级市场才能通过发行和增发新的证券，为资金需求者提供新的资金来源。第二，国际资本市场为已发行证券提供充分流动性的二级市场，即发行证券的流通市场，二级市场的存在是为了保证一级市场更有效地运行，二级市场上投资人可以通过不断调整其资产组合来降低风险，获取最大收益，并且随时使证券变现；同时发行人也可以迅速并持续地从社会上募集到其扩张所需的资金。第三，国际资本市场能够更广泛的吸引国外资本或国际资本，提高资本使用效率及跨空间调配速度。第四，国际资本市场能够以较低的成本吸收资本，降低融资成本，提高资金运作效率。第五，国际资本市场能够通过发行国际证券的形式或创造新的金融工具，规避风险，逃避各国的金融、外汇管制及税收问题。

三、金融衍生工具

（一）金融衍生工具的含义

金融衍生工具 (Financial Derivative Instrument) 亦称"金融衍生产品"。衍生工具一词源于"衍生"，它起源于原生性金融产品或基础性金融工具，这种原生性金融产品包括货币、外汇、存单、债券、股票等。基础性金融工具主要有四种形式：其一，利率或债务工具的价格；其二，外汇汇率；其三，股票价格或股票指数；其四，商品期货价格。简单地说，金融衍生工具是指从传统金融工具中衍生而来的新型金融工具。从理论上讲，金融衍生工具是根据某种相关资产的预期价格变化而进行定价的金融工具。这种相关资产可以是货币、外汇、债券、股票等金融资产，也可以是金融资产的价格。实际上，金融工具又是反映借贷双方之间债权债务关系的一种合约证明文件。这种合约文件一般使用书面的形式，以避免因口头协议而引起的争执或纠纷。金融衍生工具的出现，是在国际金融市场上金融资产价格发生剧烈波动、原生市场交易的利差变化的情况下，满足人们寻求赚取有关资产差价、投机或保值需求的结果。因此，金融衍生工具是通过预测股价、利率、汇率等金融工具在一定时期内的市场行情走势，以支付少量保证金签订远期合约或互换不同金融商品的衍生交易合约。

（二）金融衍生工具的功能

1. 套期保值

套期保值（Hedging）最初是指商品期货市场买进或卖出一笔期货商品，以抵补现货商品之缺，使其不受该商品价格变动的影响，后来这个术语扩展用于外汇市场。套期和套利一样，是外汇市场上重要的交易活动，套利主要取决于各国之间的利率差异，只要利率差异存在，套利也总是存在的；而套期是使各国货币利率和汇率在期限结构上形成一种有机联系，两者互相影响、制约，推动了国际金融市场的一体化，利用金融期货，可在现货市场基础上，在期货市场做一笔买卖方向相反、期限相同的交易来套期保值；而利用金融互换，可使有浮动利率负债的交易者把支付浮动利率换为支付固定利率，从而避免利率上升的风险。

2. 投机

投机 (Speculation) 一般是指一种在预测价格将要上升时先买后卖，在预测价格要下跌时先卖后买以赚取利润的行为。金融衍生工具除了用于规避风险外，客观上也成为了一种投机者投机获利的工具。应该说，在国际金融市场上的投机活动也属于一种正常的交易行为，有其存在的必要性和合理性，但是过度的投机容易扰乱金融秩序，引起金融市场的动荡和不安。

（三）金融衍生工具的分类

1. 按性质进行划分

按性质的不同，金融衍生工具可以划分为金融远期、金融期货、金融期权、金融互换和再衍生金融工具五种。

（1）金融远期。金融远期是指合约双方同意在未来日期按照固定资产交易金融资产的合约。金融远期合约规定了将来交易的资产、交易的日期、交易的价格和交易的数量、合约条款。其中，合约条款因合约双方的需要不同而不同。金融远期合约主要有远期外汇交易合约和远期利率协议。

（2）金融期货。金融期货是指买卖双方在有组织的交易所内以公开竞价的形式达成的，在将来某一特定时间交收标准数量特定金融工具的协议。金融期货主要包括货币期货、利率期货和股票指数期货三种。

（3）金融期权。金融期权是指持有期权合约的买卖方享有的契约期满或在此之前按合同的约定价格购买或出售约定数量的某一种金融工具的权利。金融期权分为现货期权和期货期权两大类。

（4）金融互换。金融互换是指两个或两个以上的当事人按共同商定的条件，在约定的时间内，交换一系列支付款项的金融交易。金融互换主要有货币互换和利率互换两种。

（5）再衍生金融工具。再衍生金融工具是在金融远期、金融期货、金融期权、金融互换等基础上混合形成的新型金融工具。

2. 按基础工具划分

按基础工具的不同，金融市场衍生工具可划分为货币衍生工具、利率衍生工具和股权式衍生工具。

（1）货币衍生工具。货币衍生工具是指以各种货币作为基础工具的金融衍生工具，主要包括远期货币协议、货币期货、货币期权、货币互换以及上述合约的混合交易合约。

（2）利率衍生工具。利率衍生工具是指以利率为基础工具的金融衍生工具，主要包括远期利率协议、利率期货、利率期权、利率互换以及上述合约的混合交易合约。

（3）股权式衍生工具。股权式衍生工具是指以股票或股票指数为基础工具的金融衍生工具，主要包括股票期货、股票期权、股票指数期货、股票指数期权及上述合约的混合交易合约。

第三节　主要国际金融市场

一、英国伦敦国际金融市场

自 14 世纪起，来自意大利北部伦巴第地区的银行家和商人就在伦敦泰晤士河北岸的一条大街上设立商铺，经营放款业务，为英国银行业奠定了基础。这条大街名为伦巴第街，几乎成为伦敦货币市场的同义词。英格兰银行、各大商业银行的总行、投资银行、外国银行的分行、证券交易所、保险公司以及黄金、外汇和商品市场等，都集中开设在这条大街，形成了举世闻名的"伦敦城"（City of London）。19 世纪，英国的对外贸易和海上运输居世界第一位，英镑成为国际清算中最主要的货币。与此相适应，伦敦金融市场成为国际金融业服务中心。虽然第二次世界大战以后，英国经济实力衰退，英镑作为主要储备货币的地位被美元所取代，伦敦国际金融市场的地位有所下降，但仍是仅次于纽约国际金融市场的最主要的国际金融市场，并且仍然是最大的外汇市场，特别是在国际金融市场利率和黄金价格决定等方面，仍然有不可替代的作用。

伦敦国际金融市场不仅满足一般国际金融市场的必备条件，还有其独特优势。

第一，历史悠久，信誉高。伦敦作为重要国际金融中心的历史长达 200 多年。

第二，金融机构集中。在面积仅 2.6 平方公里的"伦敦城"中集中了包括英格兰银行、清算银行（巴克莱银行、国民威斯敏斯特银行、米特兰银行、劳埃德银行、库茨银行、威廉姆斯和格林银行）、投资银行、海外银行贴现公司、承兑商行、债券交易所等英国主要金融机构。以伦敦劳合社为核心的世界保险市场也设在"伦敦城"。

第三，通信设备先进发达，有一套科学的管理方法和众多金融管理人才。由于历史传统和经验的积累，其金融工作人员以丰富的经验、熟练的业务技能和较高的办事效率闻名世界。

第四，鼓励外国银行参与竞争，在金融立法上给非居民以种种特权。1958 年，英国放松了对国际业务的限制，并于 1979 年取消了全部外汇管制，这些政策不仅巩固了伦敦金融市场的地位，还进一步促进了伦敦金融市场的发展。

第五，伦敦优越的地理位置以及英语是国际金融的交易用语，都有利于保持其主要的国际金融市场地位。

第六，伦敦国际金融市场和其他国际金融市场一样，由货币市场、外汇市场、资本市场和黄金市场组成。伦敦国际金融市场是国际短期资金的周转地，欧洲货币市场的资金总额的 1/3、美国银行对外交易额的 1/2、石油输出国组织成员国在欧洲存款的 1/2，都通过伦敦国际金融市场周转和交易。20 世纪 80 年代后期，外国银行在伦敦金融市场的资本总额和吸收存款高达 2 000 多亿英镑，每年外汇成交总额达 3 万亿英镑，经营"欧洲美元"成交额最高一天可达 500 亿美元。伦敦股票交易所代表 300 多家股票交易所，通过 1 500 多名股票经纪人和掮客，从事 8 500 多种股票与证券的经营，市场价值 3 000 多亿英镑，每天股票交易 25 000 多笔，成交额达 8 亿英镑。伦敦保险市场一年保险收入达 100 多亿英镑，国际性保险收入占整个西方世界的 1/5。到了 20 世纪 90 年代，伦敦外汇市场业务量急剧增长，1995 年日交易额达 4 640 亿美元，1998 年达 6 370 亿美元。2010 年伦敦外汇交易占全球成交额的 36.7%。根据英格兰银行公布的调查结果，2021 年 4 月，英国每日平均外汇交易量达到创纪录的 29 850 亿美元。美元或欧元仍然是伦敦最受欢迎的交易对象，2021 年 4 月的日均交易量接近 9 130 亿美元。

尽管如此，伦敦国际金融市场的传统地位仍然不断受到挑战。面对这种形势，伦敦国际金融市场利用发达的市场，进行多样化的经营，在竞争中求发展。一是大力发展银行业务的全能化、专业化和电子化，以适应不断变化和动荡的国际金融市场形势。二是增强本国银行的金融实力，提高竞争能力，其途径是合并或收购其他银行的金融资产。这些措施使伦敦国际金融市场的国际化和经营活动多样化趋势不断加强。

二、美国纽约国际金融市场

纽约作为重要的国际金融市场的地位，是在第二次世界大战后随着美国经济实力的增长和美元取代英镑成为主要的国际储备货币而确立起来的。20 世纪 80 年代以前，纽约属于传统的国际金融中心，主要经营在岸金融业务。1981 年 12 月，在《国际银行设施》（*International Banking Facilities*，IBF）正式开始实施后，纽约国际金融市场又增加了离岸金融业务。纽约黄金市场（New York Gold Market）建立于 1975 年，以黄金期货交易为主。

纽约国际金融市场的金融机构由纽约联邦储备银行、商业银行、外国银行和其他金融机构组成。外国银行在美国设立的分支机构 90% 以上设在纽约，截至 1982 年共有 285 家，其中 122 家分行，97 家代表处，53 家代理处，另外 13 家通过美国附属公司从事银行业务活动。它们和纽约国内银行一起，形成了强大的国际金融力量。这些银行从事国际信贷业务量增长很快，其资产从 1983 年的 643 亿美元增长到 1984 年 3 月的 1 870 亿美元。由于美国进出口贸易大都以本币美元计价，美元又是主要的国际储备货币支付工具，因此，外汇市场在纽约金融市场虽不占重要地位，但其交易量仍居世界第二位。美国金融市场上的资金借贷活动，无论是短期资金交易，还是长期资金交易，主要采用证券交易方式进行，纽约证券交易所是世界第二大证券交易所。2005 年 4 月末，纽约证券交易所收购全电子证券交易所（Archipelago Holdings），成为一个营利性机构。2006 年 6 月 1 日，纽约证券交易所宣布与泛欧证券交易所合并组成纽约泛欧交易所集团（NYSE Euronext）。

纽交所对美国国内公司上市的条件要求为：公司最近一年的税前盈利不少于 250 万美元；社会公众拥有该公司的股票不少于 100 万股；公司至少有 2 000 名投资者，每个投资者拥有100股以上的股票；普通股的发行额按市场价格折算不少于4 000万美元；公司的有形资产净值不少于4 000万美元。作为世界性的证券交易场所，纽交所也接受外国公司挂牌上市，上市条件较美国国内公司更为严格，主要包括：社会公众持有的股票不少于250万股；有100股以上的股东人数不少于5 000名；公司的股票市值不少于1亿美元；公司必须在最近3个财政年度里连续盈利，且在最后一年不少于250万美元、前两年每年不少于200万美元或在最后一年不少于450万美元，3年累计不少于650万美元；公司的有形资产净值不少于1亿美元；以及对公司的管理和操作方面也存在多项要求。

纽约黄金市场是在1974年美国政府取消了私人购买和持有黄金的禁令以后发展起来的。纽约黄金市场主要是进行期货交易，期货交易双方先签订合同，在预约的日期办理交割。但美国黄金市场成交的黄金期货到期真正交割的仅占交易总额的2%，投资者进行黄金期货投机在整个黄金交易中所占比重很大。目前，纽约和芝加哥黄金市场对黄金的吸收量约占世界总吸收量的25%，它们对国际金价的动向起着较大的作用。美国金融管理部门为控制投机活动、稳定市场运行，对黄金市场的期货交易制定了管理条例，建立了商品交易委员会，对黄金交易进行严格的监督。伴随着纽约跻身世界第四大黄金加工业中心，纽约黄金市场成为黄金生产商和加工商的联系纽带。

2020年3月美股一共熔断了四次

三、瑞士苏黎世国际金融市场

由于瑞士是一个永久的中立国，其政治、经济稳定，资本输出、输入自由，瑞士法郎长期保持稳定，有利于私人财产的保护，1982年其黄金外汇储备达366亿瑞士法郎。所有这些有利条件，促使苏黎世迅速发展成为重要的国际金融中心。苏黎世外汇市场没有外汇经纪人，而是通过电话、电传在银行之间进行外汇交易。

苏黎世外汇市场的交易量多年来一直排名全球外汇交易市场前列，紧随伦敦、纽约，然而近年来随着新兴经济体的崛起和银行业保密制度受到挑战，新加坡外汇市场逐步超越苏黎世外汇市场，成为全球第三大外汇交易市场。

苏黎世黄金市场是在第二次世界大战后发展起来的世界性的黄金自由市场，和其他黄金市场相比，有以下特点：一是现货交易为主；二是零售业务为主；三是小宗交易为主；四是金币交易占世界第一，是世界其他黄金市场的主要供应者。因此，苏黎世黄金市场的影响日益增长。

四、中国香港国际金融市场

中国香港国际金融市场是20世纪70年代以后发展起来的新兴国际金融市场。70年代以前，香港地区只是一个转口贸易口岸和出口导向型的轻工业生产城市。70年代以后，为了适应国际经济形势的变化，香港地区逐步成为一个以加工工业为基础，以对外贸易为主导，以多种经济为特点的国际贸易与金融中心。金融业与工业、对外贸易、房地产成为香港地区经济的四大支柱，金融业占香港地区生产总值的 1/5 左右。香港地区在 20 世纪 70 年代成为重要的国际金融市场与下列措施有很大关系：1973 年香港解除了外汇管制；1974 年开放黄金市场；1978 年放宽外国银行在港设立分行的限制；1980 年 3 月建立了黄金期货市场；1982 年设立了金融期货市场。正是这些措施和香港的地理位置，促使香港金融市场进一步国际化，使它迅速成为主要的国际金融市场。

截至 2020 年年底，香港交易所拥有 2 538 家上市公司，股票总市值达 48 万亿港元；全年股票成交额达 32 万亿港元。2020 年新上市公司 154 家，IPO 筹资额达 3 975 亿港元。根据世界证券交易所联合会（WFE）的数据，截至 2020 年年底，香港交易所的股票总市值、成交额、IPO 筹资额分别位居全球的第五位、第八位、第三位。

香港黄金市场虽然有 80 多年的历史，但一直是一个封闭性的市场，直到 1974 年取消《禁止黄金进出口条例》后，大量国际黄金商家进入该市场，才得到迅速发展，与伦敦黄金市场、苏黎世黄金市场、纽约黄金市场共同构成世界四大金市。香港黄金市场可以分为三个部分：传统的金银贸易市场，即香港金银业贸易场；以伦敦方式经营的黄金市场，即"本地伦敦金市场"；黄金期货市场。其中成交量最大的是香港金银业贸易场，而影响最大的是"本地伦敦金市场"。香港金银业贸易场是一个有形市场，只有持牌成员才能进行买卖黄金。而国际金商因难以挤入香港金银业贸易场，逐渐形成一个以外资金商为主体的无形市场，主要成员是伦敦五大金商和瑞士三大银行，该市场的交易形式是以美元报价，在香港直接成交，成交后次日在伦敦交收黄金，故该市场被称为"本地伦敦金市场"。

目前，香港海外银行业务、存款业务迅速增长，境外美元存款日益增加，已成为世界四大金融中心之一。香港金融市场作为国际金融中心及人民币离岸中心，势必面临更多来自世界投资者的参与，令监管难度提高，因此，香港监管机构需要适时主动检讨监管制度，顺应金融市场的快速变化，既要保护市场自由，也要管控风险，并加强与内地监管机构的机制合作及制度互补。金融市场的行为不能逾越法律法规，企业的商业行为不能侵犯公众利益，企业需要做到自律，同时防范道德风险。香港金融监管仍有不足之处，监管机构需要与业界建立更加长效的沟通机制。金融市场瞬息万变，产品复杂，监管机构需要不断追踪市场风险，香港金融市场需要及时了解市场产品以及了解新事物可能带来的风险。

国际市场对中国经济投下"信任票"，区域化合作成人民币国际化推手

五、新加坡国际金融市场

1968 年 10 月，在新加坡的美洲银行经新加坡政府同意，开始经营亚洲美元业务，

吸收亚洲和大洋洲地区的美元存款。随后，在新加坡的一些其他银行也开始经营这项业务，亚洲美元和亚洲美元市场从此形成和发展起来。新加坡国际金融市场就是在亚洲美元市场的发展过程中形成的。

新加坡由于地理位置优越，在一日内可以和世界上大多数国际金融中心进行直接外汇交易。1970年以来，新加坡政府采取各种措施促进亚洲美元市场的进一步发展。1970年，新加坡制订《银行法》；1971年颁布《外汇管制法》；1973年颁布《所得税（修正）法案》，将境外业务的盈利税由40%降至10%，对亚洲货币经营单位（Asian Currency Unit，ACU）免除20%的存款准备金；1982年，新加坡119家商业银行成为新加坡国际市场的主体，其中外资银行105家，外资银行的资产占全部银行总产值的70%左右，存款占全部存款总额的69%，净收益占全部银行总收益的2/3。

新加坡的银行体系经历了数次变迁，最初新加坡政府允许外国银行从事当地银行可进行的所有业务，但此后为了保护本国银行业，逐渐开始限制外国银行的业务领域，开始颁发限制性银行执照和离岸银行执照，最终形成了目前的三大类商业银行：完全执照银行、限制性执照银行、离岸性执照银行。完全执照银行能够在新加坡毫无限制地从事所有银行业务，而且只有完全执照银行才能在新加坡开设一家以上的分行。完全执照的发放在1971年停止，共有13家当地银行、24家外国银行获得这一执照。完全执照银行可以获得亚洲货币经营单位执照，从事主要离岸业务。限制性执照在1971年到1973年颁发，共有14家外国银行获得这一执照。限制性执照银行不得接受新加坡货币，不得接受定期和储蓄存款（25万美元以上的定期存款），而且只能在新加坡境内设立一家办公机构。限制性执照银行可以获得亚洲货币经营单位执照，从事离岸交易。离岸性执照从1973年开始向外国银行颁发，此后开业的银行大都获得这类执照。根据规定，离岸性执照银行的业务主要集中于亚洲货币经营单位交易上。从1978年开始，离岸性执照银行可以从事国内金融业务，但必须符合以下条件：不得从事新加坡元的普通存款业务；不得吸收新加坡居民的新加坡元定期存款；非新加坡居民的新加坡元定期存款只有等于或超过25万新加坡元的方可接受；每家离岸性执照银行的新加坡元存款不得超过5 000万新加坡元；在新加坡不能成立一家以上的分行。

新加坡无论债券市场、外汇市场、股票市场还是衍生品市场，均需要建立一个有深度的投资者群体，资产管理业务的发展是撬动诸多市场的支点。所以，新加坡优先发展资产管理业务，努力成为亚洲的资产管理中心：既管理全球公司在亚洲的资产，又管理亚洲公司在全球的资产。为了实现打造"东方苏黎世"的发展目标，新加坡政府持续性地强化其具有国际竞争力的税收等激励政策。特别是近年来，新加坡政府实施了免收年营业收入100万新加坡元以下小企业的企业所得税，对外来总部机构实施了更为优惠的企业所得税税率，取消了对个人征收遗产税等一系列关键性政策措施。

六、日本东京国际金融市场

东京成为新兴的国际金融中心，是在日本经济、金融实力和日元国际地位提高的过程中形成的。2022 年，日本的外汇储备为 1.227 5 万亿美元。

东京外汇市场和伦敦、纽约相比，其特点是：第一，地区性强，这主要是因为东京与伦敦、纽约的时差较大，日元也不是主要的国际储备货币；第二，交易货币主要是美元，占交易量的 99%；第三，交易量随着进出口结算时间而波动；第四，政府对外汇管制较为严格。

七、中国上海国际金融市场

上海目前已经成为一个重要的国际金融市场。上海具有十分有利的地理位置，其地处太平洋西岸，与东京、新加坡等相邻或处于同一个时区，可与国际金融中心伦敦、纽约构建连续 24 小时的接力营业交易。截至 2023 年年底，上海金融市场交易总额同比增长 15%，跨境人民币结算量突破 20 万亿元。上海吸引了各类持牌金融机构超过 1 770 家，其中外资金融机构占比近三分之一。上海的金融市场体系涵盖了股票、债券、外汇、衍生品等多个领域，形成了多层次、多元化的市场结构。

近年来随着上海经济社会的发展，上海国际金融中心建设取得重大进展，其金融体系日益完善，金融生态环境持续优化。尽管上海在金融市场交易额和金融机构数量上取得了显著成绩，但仍面临一些挑战。例如，人民币尚未实现完全自由兑换，这在很大程度上限制了上海成为真正的国际金融中心。

本章小结

1. 国际金融市场的概念：① 狭义的国际金融市场，狭义的国际金融市场又称为国际资金市场，是指不同经济主体进行国际资金借贷与资本交易的场所，其中包括了短期资金市场（货币市场）和长期资金市场（资本市场）；② 广义的国际金融市场，广义的国际金融市场是指从事各种国际金融业务活动的场所，主要包括国际货币市场、国际资本市场、外汇市场、黄金市场以及金融衍生工具市场等。

2. 国际金融市场的分类：① 按照交易对象来划分，国际金融市场可划分为货币市场、资本市场、外汇市场与黄金市场。

关键词　　国际金融市场　国际离岸金融市场　金融衍生工具

练习题

1. 国际金融市场的建立应具备什么条件？

2. 国内金融市场和国际金融市场有哪些区别？

3. 国际金融市场的分类有哪些？

4. 简述国际金融市场的发展形势。

5. 什么是远期外汇交易？

6. 国际金融市场发展至今，中国在其中的地位发生了怎样的变化？

第六章

国际资本流动

国际资本流动是资本从一个国家或地区转移到另一个国家或地区，即资本在各国之间的转移。国际资本流动打破了国与国之间的界限，使资本能够在全球范围内进行有效配置。本章的主要内容包括国际资本流动的原因、形式、影响和新趋势，国际资本流动的经济效应，以及控制国际资本流动的不良影响。

第一节　国际资本流动基本原理

资本作为能够带来剩余价值的价值，一出现就具有国际性的特征。但是，资本的国际性并不代表国际资本在资本出现时就已经形成，实际上，国际资本的形成经历了一段漫长的过程，它是资本主义发展到一定阶段时的产物。国际资本同一般资本一样处在不断的循环周期过程中，其形态也在不断地发生变化。

国际资本的形成，一是国际商品资本的形成，二是国际货币资本和国际生产资本的形成。国际商品资本规模的扩大推动了国际贸易的迅速发展，国际货币资本和国际生产资本规模的扩大推动了国际投资规模的不断扩大。三种资本的运动互相促进、互相推动，构成了一个不可分割的整体。

一、国际资本流动的含义

国际资本流动是指资本跨越国界在各国之间的转移、输出或输入。国际资本流动包括资本流入和资本流出两个方面。资本流入是指外国资本流入本国，也就是本国的资本输入。资本流入项目主要包括：① 外国在本国的资产增加；② 外国对本国的负债减少；③ 本国对外国的负债增加；④ 本国在外国的资产减少。

资本流出是指本国资本流到外国，也就是本国输出资本。资本流出项目主要包括：① 外国的资产增加；② 本国对外国的负债减少；③ 外国在本国的资产减少；④ 外国对本国的负债增加。

二、国际资本流动的原因

引起国际资本流动的原因很多，总结起来主要有以下几个方面。

（一）过剩资本的形成或国际收支大量顺差

过剩资本是指相对过剩的资本。随着资本主义生产方式的建立，以及资本主义劳动生产率和资本积累率的提高，资本积累迅速增长，大量的过剩资本被输往国外追逐高额利润，早期的国际资本流动由此而产生。随着资本主义的发展，资本在国外获得的利润大量增加，反过来又加速了资本积累，加剧了资本过剩，进而导致资本对外输出规模的扩大，加剧了国际资本流动。近二十年来，国际经济关系发生了巨大变化，国际资本、金融、经济等一体化趋势有增无减，加之信息和通信技术的运用，资本流动方式的创新与多样化，使当今世界的国际资本流动频繁而快捷。总之，过剩资本的形成与国际收支大量顺差是早期也是现代国际资本流动的一个重要原因。

（二）各国利用外资策略的实施

无论是发达国家，还是发展中国家，都会不同程度地通过不同的政策和方式吸引外资，以达到一定的经济目的。目前美国是全球最大的债务国。而大部分发展中国家，经济比较落后，迫切需要资金加速本国经济的发展，因此，往往通过开放市场、提供优惠税收、改善投资软硬环境等措施吸引外资的进入，从而增加或扩大国际资本的需求，引起或加剧国际资本流动。

（三）利润的驱动

增值是资本运动的内在动力，利润驱动是各种资本输出的共有动机。当投资者预期到一国的资本收益率高于他国时，资本就会从他国流向这一国；反之，资本就会从这一国流向他国。此外，当投资者在一国所获得的实际利润高于本国或他国时，投资者就会增加对这一国的投资，以获取更多的国际超额利润或国际垄断利润，这也会导致或加剧国际资本流动。在利润机制的驱动下，资本从利率低的国家或地区流往利率高的国家或地区，这是国际资本流动的又一个重要原因。

（四）汇率的变化

汇率的变化也会引起国际资本流动，尤其是 20 世纪 70 年代以来，随着浮动汇率制度的普遍建立，主要国家货币汇率经常波动且幅度较大。如果一个国家货币汇率持续上升，则会产生兑换需求，从而导致国际资本流入，如果一个国家货币汇率不稳定或下降，资本持有者可能预期到所持的资本实际价值将会降低，则会把手中的资本或货币资产转换成他国资产，从而导致资本向汇率稳定或升高的国家或地区流动。

一般情况下，利率与汇率呈正相关关系。一国利率提高，其汇率也会上浮；反之，一国利率降低，其汇率则会下浮。例如，1994 年美元汇率下滑，为此美国连续进行了 7 次加息，以期稳定汇率。尽管加息能否完全见效取决于各种因素，但加息确实已成为各国用来稳定汇率的一种常用方法。当然，利率、汇率的变化，伴随的是短期国际资本（游资或热钱）的经常或大量的流动。

（五）通货膨胀的发生

通货膨胀往往与一个国家的财政赤字有关系。如果一个国家出现了财政赤字，该赤字又是以发行纸币弥补，必然增加了通货膨胀的压力，一旦发生了严重的通货膨胀，为减少损失，投资者会把国内资产转换成外国债权。如果一个国家发生了财政赤字，而该赤字以出售债券或向外借款而弥补，也可能会导致国际资本流动。因为，当某个时期人们预期到政府会通过印发纸币或征收额外赋税来偿付债务时，则会把资产从国内转往国外。

（六）政治、经济及战争风险的存在

政治、经济及战争风险的存在，也是影响一个国家资本流动的重要因素。政治风险是指由于一国的投资环境恶化而可能使资本持有者所持有的资本遭受损失。经济风险是指由于一国投资条件发生变化而可能给资本持有者带来的损失。战争风险是指可能爆发或已经爆发的战争对资本流动造成的可能影响。

（七）国际炒家的恶性投机

恶性投机包含两种含义。第一，投机者基于对市场走势的判断，纯粹以追逐利润为目的，刻意打压某种货币而抢购另一种货币的行为。这种行为的普遍发生会导致有关国家货币汇率的大起大落，进而加剧投机行为，汇率进一步动荡，形成恶性循环，投机者则在"乱"中牟利，这是一种以经济利益为目的的恶性投机。第二，投机者不是以追求盈利为目的，而是基于某种政治理念或对某种社会制度的偏见，动用大规模资金对某国货币进行刻意打压，由此阻碍、破坏该国经济的正常发展。但无论哪种投机，都会导致资本的大规模外逃，并会导致该国经济的衰退，如 1997 年爆发的亚洲金融危机。

（八）其他因素

新闻舆论、谣言、政府对资本市场和外汇市场的干预以及人们的心理预期等因素，都会对短期资本流动产生极大的影响。

三、国际资本流动对国际经济的影响

国际资本流动不仅是资金在各国之间的流动，它还伴随资源、技术和管理技能的国际转移。随着国际资本流动规模的迅速扩大，资本流动对世界经济的影响与日俱增，已经成为制约当今世界经济结构性变动的重要因素之一。

（一）推动世界经济增长

资本要素超越国界的限制，在全球范围内寻求资本增值有利场所的同时，也在客观上缓解或弥补了东道国（尤其是发展中国家）的储蓄与投资缺口，促进了东道国本地资本的形成，使其发挥出经济增长的潜能。不仅如此，资本流动还带动其他生产要素在各国间的移动和更新配置，特别是带动跨国公司优势要素在公司体系内的跨国流动和重组。这些要素经过结合，并与东道国的生产资源相互作用，从总体上促进技术进步、人力资源开发、贸易良性循环和劳动生产率提高，共同推动各国经济的增长。

（二）促进国际分工进一步深化

当代的资本国际流动，特别是发达国家之间的资本双向交流及相互渗透，大大推动了以发挥各自特长为基础的国际分工。由于世界上 1/3 左右的私人生产性资本控制在跨国公司手里，生产与分工的国际化便成为现代世界经济的核心特征。跨国公司将其基本生产过程分解为各个相对独立的部分，把各个不同的零部件加工乃至各个不同的工序转移到不同的国家，从而把国际分工和协作推向了一个更加广泛而深入的阶段。近年来，许多跨国公司的经营管理战略发生了新的转变，跨国公司采用的多国当地战略已经或正在转换为地区或全球战略，即复合一体化新战略日益取代着简单一体化战略，对公司拥有的一揽子生产资源和各个增值环节进行跨国界的配置、协调和管理，将每一海外子公司从事的活动作为其整体的有机组成部分对待，新战略使跨国公司得以在更广阔的区域内协调更多的子公司开展增值活动，从而成为国际经济中富有效率的竞争者。跨国公司开创的以公司内部分工为特征的国际生产一体化体系，是更深层次的生产一体化，是当今世界经济结构变动的一个显著特征。

（三）促进国际贸易和技术转移

由跨国公司担当主体的国际直接投资不仅对世界范围内的生产和投资产生了重大而深远的影响，它对国际贸易、金融及科技交流的促进也是显而易见的。遍布全球的跨国公司及其子公司之间的交往，大大促进了国际贸易的增长。分布在不同国家的分支公司，需要母公司或本国其他公司供应各种装备，同时，分公司产品可以向母公司返销，或向其他国家出口，国际分工深化引起分支公司间的零部件或半成品交流，这大大增加了国际贸易的商品流动。世界贸易中约 1/3 属于跨国公司内部贸易，其主要构成是中间产品。

跨国公司不仅是当今技术创新和开发的主角，也是技术转移的重要载体和主要渠道。全世界约 80% 的技术转让费支付发生在跨国公司内部。跨国公司通过国际资本流动向位于不同国家的子公司进行技术转移，较之公开市场交易或其他方式转让更为容易。

（四）加速区域经济一体化

国际投资的增长将世界各国日益纳入跨国公司组织管理的多国生产和服务网络中，来自发达国家的跨国公司正加紧推行以母国为核心的地区网络战略，这种战略的实施使区域内交叉投资和贸易大大增加，从而加速了区域经济一体化的进程。值得注意的是，在区域内相互投资的作用下，亚太地区的经济日趋一体化，并成为有别于欧洲联盟和北美地区政策导向一体化的另一种典型模式。国际证券投资和国际信贷的增长推动了国际金融市场的一体化，使国际资金市场与外汇市场的关系日益紧密，大大节省了资本流动的成本和时间。

四、国际资本流动的形式

（一）国际直接投资

国际直接投资是指一国投资者将资本用于他国的生产或经营，并掌握一定经营权（或控制权）的投资行为。它是资本国际流动的主要形式之一。跨国公司对外直接投资通常采用两种基本方式：一是在东道国创办新的企业；二是收购（或兼并）东道国已存在的企业。

创立新企业的传统方式是由外国投资者投入全部资本，在东道国创立一个拥有全部控制权的独资企业。这种方式可使投资者独享投资的权益，充分利用企业的内部优势，同时也要求投资者拥有较全面的经营实力，承担更多的风险。创立新企业的另一种方式是由两个以上的投资者共同创立一个国际合资或合营企业。合资方可以是东道国的投资者，也可以是第三国的投资者。这种方式能够集中各方的优势，从而增加新企业的活力、能量和国际竞争力，还可以分散投资者的风险。收购国外企业是指从证券市场取得企业的股权证券，或者在企业增资时以适当的价格取得企业增发的股权证券，或者是同企业直接谈判购买条件以取得企业的所有权。前两种方式一般用于参股，全部购买采用后一种方式。国际收购也可以采用联合出资的方式进行。这种投资方式的最大优点是可以使投资者较快地进入国际市场，使企业不必经历艰难的开创阶段。

（二）国际证券投资

国际证券投资属于国际间接投资的范畴，它是指购买外国企业发行的股票或企业和政府发行的证券等有价证券并获取有关收益的一种投资行为。这种投资方式的优势在于资本运用相当灵活，可以随时调用和转移资本，政治风险和经济风险相对较小。

证券投资与直接投资的区别在于证券投资者对于投资企业无实际控制权和管理权，即使是购买股票也达不到控股的比重。证券投资者只能收取债券或股票的利息或红利；而直接投资者则持有足够的股权，能管理所投资的企业。

国际证券投资分为国际债券投资和国际股票投资。国际债券又可分为外国债券和欧洲债券。外国债券是指一个国家的发行者在另一个国家的证券市场发行的债券。这种债券以市场所在国的货币为面额货币，有关发行的程序和申请手续要依据市场所在国的证券管理法规。欧洲债券是以某种境外货币为面额货币的债券。欧洲债券的发行人、投资者、承销机构、发行市场和面额货币一般分属于不同国家，也不需遵照发行市场所在国的证券法规进行管理和发行。

现代国际证券市场发展很快、证券种类不断增加，出现了浮动利率债券、零息债券、双重货币债券、可转换债券等。

国际股票是指一国企业在海外融资时发行的股权证券，可划分为两种类型：一是某一国的企业在其他国家的证券市场挂牌上市；二是某一国的企业股票只在国内证券市场上市，但其中一部分被非居民所购买。

（三）国际贷款

根据贷款来源的性质，借用国外贷款可分为国际金融组织贷款、外国政府贷款、国际商业银行贷款、出口信贷和国际金融租赁等，国际上通常将其划入国际间接投资的范围。

国际金融组织贷款主要是指世界银行集团（包括复兴开发银行、国际开发协会、国际金融公司等机构）、亚洲开发银行、泛美开发银行等全球性和区域性的金融组织或机构提供的贷款，这类贷款有"软贷款"与"硬贷款"之分。"软贷款"指低息或无息的长期贷款；"硬贷款"指利息相对较高、期限较短的贷款，但利息比商业银行贷款低，贷款期也比商业银行贷款长。

外国政府贷款是指外国政府向发展中国家提供的长期优惠性贷款，它具有政府间开发援助性质，其赠与成分一般在 35% 以上。所谓赠与成分，是与市场利率和偿还期相对比较而计算出的贷款优惠程度指标。由于外国政府提供贷款要受双边协议的约束，而且成本较低，故这类官方资本较难争取到手。

国际商业银行贷款是由国际金融市场上的商业银行提供的商业性贷款，在利率、贷款期限上都没有什么优惠，但借款人可自由运用所借资金。

出口信贷是一国的进出口银行或商业银行为扶持出口而向本国出口商或他国进口商提供的低利率贷款。出口信贷和一般信用一样，是商品买卖中的延期付款或货币的借贷行为。出口信贷只限于购买贷款国的出口商品，贷款利率一般低于国际金融市场的利率，利差往往由出口国政府补贴，贷款期限最长不超过 10 年。项目融资是近年来国际上比较创新的一种贷款模式。项目融资主要用于大型的国际工程项目贷款，投资额大、建设周期长，贷款人依赖该项目所产生的现金流量和收益作为偿还贷款的资金来源，并将项目建成后所形成的资产作为贷款的抵押担保，但是借款人的股东或实际控制人不再提供任何信用担保。为降低项目融资的风险，贷款人通常会要求与项目完工有利害关系的第三方当事人提供各种担保，第三方当事人包括设备供应商、项目建成后产品的买主或基础设施的用户、承包商等，主要是为保证项目的顺利建成投产，在规定的时间内产生经济效益。

中国的对外投资与外资使用

上海合作组织

国际金融租赁是利用国际商业贷款的又一种广泛采用的形式。在这种形式中，当一国企业需要筹备设备时，可以通过租赁公司租赁进口设备来代替融资购买设备，从而达到融通资金，改善财务状况的目的。与其他信贷筹资方式相比，国际金融租赁的租金相对较高，因为它包括租赁公司筹措的贷款利息和公司利润。由于它是一种利用融物代替融资的方式，具有浓厚的金融业务色彩，因而被看作是一项与设备有关的贷款业务。

五、国际资本流动的演变及新趋势

第二次世界大战后，除美国外，各参战国的经济均惨遭破坏，美国趁机向外扩张，对外投资的规模迅速扩大，直接投资是美国向外扩张的主要方式。

（一）第二次世界大战后至 20 世纪 60 年代末的国际资本流动

1946—1965 年，美国对外贷款与赠予总额达 840 亿美元。1946 年后美国政府对外投资逐年增加。1946 年为 50 亿美元。1956 年是美国私人资本流动的转折点，总额超过以往任何一个时期的水平。1965 年美国的私人对外投资中，直接投资占 80% 以上。在总额上，截至 1965 年，美国对外投资达 900 亿美元，在美国的外国投资约 250 亿美元。

英国在 1938—1948 年对外投资的总值约 19.5 亿英镑，同期在海外的英镑负债迅速增长，超过了英国对外投资总额，而成为净债务国，致使第二次世界大战后英国对外投资的地位发生了根本性的变化，美国取代英国，成为国际资本的主要来源地和世界主要债权国。

（二）20 世纪 70 年代至 90 年代的国际资本流动

进入 20 世纪 70 年代后，生产国际化的程度进一步提高，国际投资的规模超过了以往任何一个时期。许多资本主义国家对外投资的累计总额超过了当年的出口值。随着经济发展水平不均衡性的加剧，主要资本主义国家间在国际投资领域中的地位又有了新的变化。日本奋起直追，成为世界上后起的对外投资大国。这一时期的国际资本流动呈现以下特点：

1. 国际资本主要流向发达资本主义国家

最初的国际资本流向是由发达国家流向落后国家，即帝国主义国家流入殖民地、半殖民地国家或地区。20 世纪 80 年代以来，整个资本主义世界对发展中国家的投资在对外投资总额中所占比例额逐步减少，而且对发展中国家的投资集中于几个"新兴工业化"国家或地区。据世界银行估计，1965 年以来，平均约 3/4 的直接投资流入发达工业国，其中接受外国投资最多的是美国。其余的也集中在少数几个"新兴工业化"国家，如巴西、墨西哥、新加坡、韩国等。

2. 发达资本主义国家的私人对外直接投资增长迅速

到 1988 年年底，发达资本主义国家的私人对外直接投资累计额已超过 9 200 亿美元。尤其是日本，从 20 世纪 60 年代以来其私人对外直接投资增长速度加快，进入 80 年代中期后，日本对外直接投资累计总额进入世界前三位。截至 1995 年年底，全世界共有跨国母公司 3.7 万家和 20 万家国外子公司或分公司。这些跨国公司控制着世界私营生产性资产的 1/3。对外直接投资高度集中于大型、巨型跨国公司，最大的 100 家跨国公司占全球跨国直接投资总额的 1/3。

3. 在部门结构上从传统的采掘业转向制造业、第三产业和科技密集型产业

20 世纪 70 年代以前主要资本主义国家对落后国家的投资，主要集中在开采矿产资源以及铁路运输上。随着发展中国家石油等矿业资源的国有化和民族经济的发展，外国垄断资本对采掘业的投资比重明显下降，对制造业投资的比重明显上升。例如，1981年，美国在巴西、墨西哥、阿根廷和委内瑞拉的投资 66% 集中于加工制造业；1973—1980 年，英国在发展中国家的私人直接投资额中，制造业比重由 40% 上升到 47%；1986 年，外国在美国的直接投资中，投资于农业、林业和采掘业的只占 5%，而投资于制造业的占 31%。到 20 世纪 90 年代，随着信息技术的发展，服务行业国际直接投资增长最快，现已占全球直接投资总额的一半以上，即全球资本年流量的 50%～55%。在投资自由化浪潮冲击下，某些服务行业的禁区（如金融、保险、电信、航运等）也开始对外国投资者开放，这为跨国公司提供了新的机遇。

4. 20 世纪 90 年代国际资本流向发展中国家的比例增多

20 世纪 90 年代初期，国际资本流向发达国家的资本相对减少，而流向发展中国家的资本相比 70 年代与 80 年代有所增加。1991 年发展中国家利用国外直接投资 391 亿美元，1992 年为 515 亿美元，占全世界的比重由 20 世纪 80 年代的每年平均 16.0% 分别上升到 24.1% 和 32.5%。《中国金融统计年鉴》显示，1990 年官方开发援助资金为530 亿美元，1993 年为 560 亿美元。

5. 20 世纪 90 年代初期国际资本市场规模加速扩大，国际银行贷款重新活跃

1992 年国际资本市场融资额增长幅度为 13.7%，全年融资达 6 097 亿美元。1993 年呈现全面繁荣局面，国际信贷突破以前相对收缩、停滞局面，全年新安排贷款约 1 400亿美元，普通借贷总额达到 1 300 亿美元的新水平。

（三）当代国际资本流动的趋势和特点

2008年国际金融危机后，国际资本流动表现出新特点。金融危机后的最初几年里，全球经济经历了诸多变化。从货币政策看，为了应对危机促进经济复苏，主要发达经济体实施了量化宽松的货币政策，全球流动性比较充裕。不少经济体特别是新兴经济体利用这一宽松的融资环境扩大国际债券发行量，导致组合投资流动的规模愈发庞大。新冠疫情全球爆发后，为应对持续高企的通货膨胀，主要发达国家的中央银行不得不多次提高利率，特别是美联储短期内多次加息，使国际资本流动出现了新变化。

1. 全球外国直接投资增长乏力

从规模看，全球外国直接投资（FDI）流量呈现出增长乏力的长期趋势。据联合国贸易和发展会议（UNCTAD）统计，2008年国际金融危机前后，FDI流量除2005年、2006年外，其余各年份均未超过2007年的1.9万亿美元，2020年FDI流量仅为0.93万亿美元，2021年反弹至1.65万亿美元，虽然成绩显著，但较2007年仍低13%。

2. 债券融资成为跨境资本流入主渠道

银行贷款在跨境资本流动中的地位大幅下滑，监管套利、金融自由化和金融创新推动国际银行业务长达数十年的扩张，其占全球GDP的比重于2007年达到60%的峰值。2008年国际金融危机后，随着遭受重创的欧洲银行纷纷退出国际市场，国际和国家层面推进一系列国际银行监管改革，国际银行业务的增长受到抑制。不过，国际银行业务收缩主要因发达国家银行去杠杆所致，自2008年至2019年，发达国家银行跨境债权占其本国GDP的比重从70%下降至50%左右，同期新兴市场国家的银行却在扩张国际业务，其跨境债权占本国GDP的比重从约7%上升至近9%。越来越多的借款人通过投资基金和其他投资组合进行外币融资，证券投资已经超过银行成为最大的外国信贷来源。据国际清算银行的全球流动性指标（GLIs）显示，从2008年第三季度至2021年第二季度，美国以外地区非银行部门借款人的美元信贷余额（包括银行贷款和债券融资）增加了一倍，达13.2万亿美元，其中债券融资占比由31%升至53.8%。与此同时，债券融资在新兴市场资本流入中的重要性愈加凸显，截至2021年6月底，新兴市场美元信贷余额中银行信贷和债券融资占比分别为50.9%和49.1%。

3. 全球流动性依然由美元主导，新兴市场美元债务占比更高

据国际清算银行（BIS）统计，至2021年6月底，美国以外地区非银部门借款人的美元信贷存量为13.2万亿美元，欧元区以外非银借款人的欧元信贷存量3.6万亿欧元（约合4.3万亿美元），日本以外非银借款人的日元信贷存量45万亿日元（约合0.4万亿美元），美元计价债务占三者合计的76.7%；其中，新兴市场非银部门外币计价债务分别为4.1万亿美元、7 900亿欧元（约9 430亿美元）和7万亿日元（约620亿美元），美元计价债务占三者合计的比重高达80.4%。

4. 中国成为全球资本流动模式的重要主导者

中国在外国直接投资流入量世界排名中已多年保持在前两位，与此同时，中国快速成为重要的对外直接投资国。据UNCTAD统计，2021年，中国吸引外商直接投资

1 735 亿美元，占发展中经济体 FDI 流入量的比重约 20%（2020 年高达 22%）；2021 年中国对外直接投资 1 330 亿美元，成为当年全球最大对外投资国。据 BIS 统计，截至 2021 年 6 月底，国际银行对中国的综合国际债权超过 9 700 亿美元，占其对所有新兴市场和发展中经济体（EMDEs）国际债权总规模的 18%；中资银行跨境贷款业务快速上升，占新兴市场所有跨境债权比重达 26%，在亚洲新兴市场所有跨境债权中占比 38%，在非洲和中东占比约 20%。中国在全球金融活动中的深度参与，正在推动全球资本流动模式发生重大改变，对全球金融稳定和国际资本流动格局产生深远影响。

国际资金流动与其他类资本流动的区别

第二节　国际资本流动的经济效应

一、国际资本流动的经济利益

多元化和更有效率的国际资本流动，对于促进全球经济利益的提高和国际贸易的增长、促进国际经济一体化、提高国际经济参与者的防范风险能力，产生了积极的推动作用。

（一）国际资本流动有利于促进发展中国家的资本形成

资本形成问题是发展中国家发展经济的核心问题。发展中国家贫穷的恶性循环是阻碍其资金积累的最主要的循环关系。资本的供给取决于储蓄能力和储蓄愿望，资本的需求取决于投资的刺激。在发展中国家，资本形成的供求两方面存在着恶性循环关系。从需求方面看，由于公众的购买力很小，对投资的吸引力很小。购买力之所以小，是因为实际收入低，而实际收入低则是因为生产效率低，生产效率低则是在生产中使用资本数量少的结果，而这至少在某种程度上是由于其对投资的吸引力小。从供给方面看，实际收入少导致储蓄能力小，实际收入少是因为生产率低，生产率低来源于资本的缺乏，资本之所以缺乏，是由于储蓄能力小造成的。

对发展中国家来说，影响资本形成的市场需求不足，是实际购买力的不足，而不是"有效需求"的不足，这种实际购买力的不足压制了对个人投资的刺激。

引进外资是促进发展中国家资本形成的一条有效途径。由于发展中国家外资流入的增长以及发达经济体外资流入的大幅下降，发展中国家占全球 FDI 的比重上升至 54%。2020 年全球外国直接投资大幅下降，从 2019 年的 1.5 万亿美元下降至 8 590 亿美元，同比降幅达 42%。下降集中在发达国家，其外国直接投资流量同比急剧下降 69%，降至 2 290 亿美元，是过去 25 年来的最低水平。发展中国家的情况相对较好，降至 6 160 亿美元，同比降幅为 12%，流入发展中经济体的外国直接投资占全球外国直接投资的 72%，这是有记录以来的最高比例。如此巨额的资本流入，为发展中国家发展本国经济，增加出口贸易和提高国民收入产生了积极的作用。对外资的引进和有效利用，可以拉动对发展中国家地区的人力资源与自然资源的需求，提高对这些资源的利用程度和利用效率，对拓展发展中国家有利，对作为主要资本流出国的发达国家也是有利的。

一般来说，发展中国家引进外资的形式包括外国企业直接投资、国际借款（官方和非官方以及赠予），其中以外国企业直接投资为主。外国企业直接投资，其投资决策由外国投资者做出，但即使不同于直接以国内发展为目的的资本形成，也还是直接用在资本形成上，因为它总会给生产原产品的国家增添真正的新的生产力。国际借款与捐款作为一种外国投资，可以由发展中国家政府统筹使用，建设公共服务事业和作为社会经营成本，从而奠定一国经济发展的基础。

但是，以外资代替国内储蓄，总会引起消费的增加，政府间的赠与由于没有还本付息的压力，更容易直接或间接地用于消费。国际投资或捐赠若用于消费，无益于发展中国家的资本形成，因此，发展中国家对外资和本国资源的利用必须作出全面计划及预算，以保证在分配国内外全部可用资源时首先用于资本形成。

（二）国际资本流动有利于促进国际贸易的发展

随着国际资本流动的规模日益扩大，国际金融活动已从国际贸易活动的附属物变成其基础，国际资本流动特别是国际投资，对国际贸易产生了巨大的影响。

第一，对外援助和投资，对接受国来说，有利于促进其经济发展，改善其国民经济的薄弱环节，加速基础设施建设，增强其发展对外贸易的基础，提高其发展对外贸易的能力，同时改善了直接投资的环境。

第二，对外援助和投资，对投资国来说，有利于改善其政治、经济与贸易环境，有利于其贸易的扩大，同时带动了其商品输出。此外，通过对外投资，便于投资者更好地收集情报，提高了产品的竞争力，从而拥有了进入东道国的贸易渠道。

第三，对外直接投资的部门对国际贸易的商品结构具有优化作用。国际直接投资转向制造业、商业、金融业、保险业，尤其是新兴工业部门，使国际贸易商品结构出现了以下变化：① 国际服务业在迅速发展；② 国际中间产品增多；③ 发达国家和发展中国家出口商品结构进一步优化，发展中国家出口制成品所占比重大大提高。

第四，国际资本流动有利于贸易方式的多样化。随着各大跨国公司的对外投资日益扩大，许多跨国公司设立了自己的贸易机构甚至贸易子公司专营进出口业务，从而有效地降低了贸易成本。这种做法打破了传统的贸易由商人作为生产者和消费者中介的形式，降低了贸易中间商和代理商的地位。

第五，国际资本流动推动了第二次世界大战后贸易的自由化。对外直接投资的发展加速了生产国际化的进程，跨国公司在世界各地组织生产，其内部贸易也不断扩大。因此，产品的国际自由移动对于跨国公司的国际经营活动是十分必要的，这种切身利益决定了跨国公司的贸易自由化程度。

第六，以出口信贷形式存在的国际资本流动，有利于出口商资金周转与进口商解决支付的困难，从而直接推动了国际贸易的扩大。

（三）国际资本有利于促进国际金融市场的发展

1. 国际资本流动加速了世界经济一体化进程

当前世界经济一体化已成为不可抵挡的潮流，国际资本流动既随着一体化的发展而壮大，也对世界经济一体化产生了巨大的推动作用。国际资本流动在一定程度上促进了贸易融资，推动了国际贸易的发展，并进而推动了世界经济一体化；国际投机资本在世界各主要金融市场的套汇、套利活动，使国际金融交易中存在的汇率差异和利率差异被迅速降低，使得世界主要金融市场的价格呈现一体化趋势；国际流动资本在世界各金融市场之间追逐高额利润的流动过程，使得一国的经济、金融与世界经济和金融的相关性增强，从而加速了世界经济一体化的进程。

2. 国际资本流动极大地增加了国际金融市场的流动性

利用现代化的通信和交易手段，国际资本迅速地从一国流向另一国，可以有效地满足国际金融市场的资金需求尤其是短期资金需求，并能降低国际金融交易成本。此外，随着保证金交易、透支交易以及金融衍生工具的广泛运用，国际资本流动对国际金融市场的影响日益扩大，在获取巨额利润的同时，国际资本在客观上提高了国际金融市场的流动性。事实上，国际资本流动在得益于金融衍生工具的同时，也推动了金融衍生工具的创造和运用。

3. 适量国际投机资本有助于市场价格稳定

适量的金融投机，有利于减少金融商品的价格波动幅度，确保市场价格的稳定性；投机者进入金融市场承担并分散了原始金融市场的价格风险，使真正建立以风险规避为主的理性金融投资市场成为可能；投机者介入金融市场，大大提高了金融市场的流动性和资金营运率。

（四）国际资本流动在一定程度上有利于解决国际收支不平衡问题

国际收支不平衡的国家，因国际金融市场的发展而得到了利用其国内盈余资金或弥补国际收支赤字的便利条件。据世界银行统计，广大非石油输出国的不发达国家、中等发达国家甚至发达国家的国际收支赤字，大部分是通过从国际金融市场筹集资金来弥补的。而像石油输出国、日本等收支顺差国家，也由于国际金融市场的发展才得到了利用其国际贸易顺差的机会。

二、国际资本流动的风险和危害

世界各国在享受国际资本流动带来的便利的同时，也面临着伴随国际资本流动而来的种种风险。对这些风险处理不当，就很可能遭受损失。20 世纪 80 年代的债务危机，

90 年代的欧洲货币危机、墨西哥金融危机、亚洲金融危机，2008 年美国次贷危机引发的国际金融危机等提供了这方面的典型案例。

（一）国际资本流动中的外汇风险

外汇风险是指一个经济实体或个人，在涉外经济活动中因外汇汇率的变动，使其以外币计价的资产或负债价值发生变化而蒙受损失的可能性。

根据表现形式，外汇风险可以分为外汇交易风险、外汇结算风险、外汇折算风险、经济风险和国家风险五类。

1. 外汇交易风险

外汇交易风险是指企业或个人在债权债务因汇率变动后进行外汇交割清算时所出现的风险。这些债权债务在汇率发生变化前已经发生，但汇率变动后才清算。

2. 外汇结算风险

外汇结算风险是指企业或个人已发生的债权债务因汇率变动而造成结算过程中受损失的风险。汇率的变动影响企业的成本和收益，增加外汇收支的难度，企业在选择结算工具、结算方式时会更加注意结算的安全性及成本。如果汇率变动后原来的交易对企业十分不利，就可能对企业造成损失。

3. 外汇折算风险

外汇折算风险是指会计报表中的外汇项目因汇率变动而引起的转换为本币时价值跌落的风险。企业在一国注册，根据主权原则，会计报表应该使用注册国的货币作为记账货币，这要求跨国公司在对不同国家的分支机构进行会计报表合并时进行货币折算，从而使其暴露在外汇结算风险之下。

4. 经济风险

经济风险是指企业或个人的未来预期收益因汇率变动而可能受到损失的风险。由于存在经济风险，在经营和市场上可行的投资项目，可能因为未来的汇率变化而不能实现盈利。

5. 国家风险

国家风险也称为政治风险，是指企业或个人的外汇交易或对外投资因国家强制力量而中止所造成损失的可能性。例如，在货币风潮冲击一国外汇市场时，一国货币当局可能下令关闭外汇市场，中断市场的交易。

从宏观上看，国际资本流动中的外汇风险，有可能会因改变贸易商品的国际价格而造成一国贸易条件的恶化。由于汇率的变化，外汇风险会造成一国商品价格的大幅波动，影响一国的资本流动状况，改变一国经常项目状况，影响一国货币当局外汇储备的结构和数量，从而影响一国的国际收支，最终对一国国民收入和国内就业及经济发展造成不良影响。

从微观上看，国际资本流动中的外汇风险，通过汇率的不正常波动，加大企业成本和收益核算的难度，从而影响企业的涉外业务；通过改变企业债权债务的外汇价值，加大企业的偿债负担，从而造成企业不能按时偿还到期债务的风险。

通过上述宏观、微观两方面的影响，外汇风险可能最终影响企业的经营战略。

（二）国际资本流动中的利率风险

在国际资本流动中，利率是国际货币使用权的价格，国际资本流动中的利率风险，总体来说是由于国际金融市场的利率变动使借贷主体遭受损失的可能性。国际商业银行贷款和国际债券是涉及利率风险的国际资本流动的两种主要形式。

就国际商业银行贷款而言，对借方来说，如果借方按固定利率从国际商业银行借款，在国际商业银行贷款借入日至贷款偿清日的整个贷款有效期内，如果国际市场上商业银行贷款利率下跌，则借方按固定利率支付的利息额，必定高于逐期按市场利率所可能支付的利息总额；如果借款人是以浮动利率借入国际商业银行的贷款，在整个借款的有效期内，如果国际市场利率上涨，则借方按照浮动利率逐期支付的利息总额，就会高于按照贷款发放日利率水平所确定的利率所可能支付的利息额。这就是借方所面临的利率风险。对贷方而言，同样面临着与借方类似的利率风险。如果国际商业银行以固定利率发放贷款，但日后市场利率上升，则其按固定利率所收取的利息总额会低于按浮动利率所可能收取的利息总额；如果国际商业银行按浮动利率发放贷款，但日后市场利率下降，则其按浮动利率所收取的利息总额会低于按贷款发放日当天利率可能收取的固定利率计算的利息总额。除此之外，由于国际商业银行的资金往往来源于吸收存款或发行金融债券所获利的借款，在其贷款与对外贷款之间有一个利率不相匹配的问题。这种不相匹配，表现在浮动利率与固定利率的不匹配，也表现在利率期限的不匹配。市场利率的变化，有可能造成国际商业银行在支付其贷款利息和收取贷款利息两方面同时蒙受损失。因此，作为贷方的国际商业银行，其所面临的利率风险要比借方更为复杂。

就国际债券而言，对债券发行人来说，面临着与上述借款人类似的风险。如果债券发行者以固定利率发行国际债券，在其债券有效期内，如果市场利率下降，发行人将不能享受这种利率下降带来的好处；如果发行人以浮动利率发行国际债券，如果市场利率在债券有效期内上升，发行人将按不断上涨的利率支付债券利息，其支付额将大于按发行日市场利率以固定利率发行所可能发生的支付额。

对债券投资者来说，如果投资者将债券持有到期，其面临的风险与发行人类似。但是，若投资人在债券未到期时在市场上出售变现，如果是固定利率债券，那么在国际债券购买日到转让日的时间里，市场利率的上涨会造成两方面的损失，一方面，购买者将要蒙受在此期间内由于少收利息而带来的经济损失；另一方面，由于市场利率上涨，国际债券的流动价格会下跌，低于债券的发行价格，投资者再变现时会遭受由于债券价格下跌而带来的损失。这两种损失之和是投资者所蒙受的利率风险。如果是浮动利率债券，在购买日到转让日之间，市场利率的下跌也会造成两方面的影响，一方面，购买者要蒙受在此期间少收利息的损失；另一方面，市场利率的下降会造成债券流通价格上升，债券投资者在转让债券时会获得价格收益，这两者之差是投资者面临的利率风险。

（三）国际资本流动对流入国银行体系的影响

在大多数欠发达国家和发展中国家，银行机构作为金融中介占有优势地位，间接融资仍占垄断地位。流入这些国家的国际资本，有相当部分是首先流入这些国家的银行体系。进入 21 世纪后，国际资本大量流入发展中国家，对这些国家的银行体系造成很大影响，并由此带来相当大的风险。

对资本流入国的商业银行来说，巨额国际资本的流入，最直接的影响有两方面：一是商业银行的规模得以扩大；二是商业银行对这些资本的动用使得其资产负债表的结构发生变化。

考察国际资本流动对银行体系资产规模的影响时，应该注意到，在有些情况下，资本流动不一定会导致银行资产明显增加。当资本流入是用于弥补相应的经常账户逆差时，即当一个非居民从居民那里购买了国内资产后，居民又反过来利用这些外汇收入去进口国外商品，外汇收入又流出本国，这就不会导致国内银行信贷的扩大。当本地银行贷款给进口商时，它同时在进口商的账户上贷记外币贷款和借记外币存款两笔账。本地银行通过在外国银行提取存款完成这一交易。交易最后，本地银行发生了对外国银行的负债和进口商的贷款，但其国内资产并不增加。另一些情况下，资本净流入完全由中央银行进行中和。不论在哪种情况下，资本净流入都不会影响本币私人部门的信贷水平。

当国际资本以增加国内银行对外负债的形式流入一国时，对银行资产最直接的影响是国内商业银行的外币负债增加，同时该银行在某外国银行的外币存款增加。如果本国中央银行接受资本流入的商业银行外汇资产，则本币的银行储备相对于本币储备会增加。如果中央银行没有针对这种流动性的增加而采取措施中和其基础货币，商业银行便会利用其在中央银行的超额准备金增加贷款，这种贷款的增加在货币乘数的作用下会创造出数倍超额准备金的货币。对于商业银行来说，表现为其资产的增加；对于中央银行来说，表现为流通中货币的增加，国内通货膨胀的压力加大。

国际资本的流入在影响流入国商业银行资产规模的同时，也会通过一些重要的渠道使银行的资产负债表结构发生变化。资本流入国的银行会更加依赖于外国资本，并利用这些资本扩大其国内贷款和证券投资。具体分析资本流入国资产负债结构的变化，有着更重要的意义。

商业银行对外负债的增加如果只导致国外资产的增加，即银行投资于国外证券或把资金贷给国外，那么它的扩张效果将较小。但实际上，这种情况很少发生。通过分析一些发展中国家商业银行的资产负债表可以看出，绝大部分国家商业银行的外币负债要比外币资产增加得更快，与此同时，其国内非政府存款也急剧上升。这些现象表明，对国外的净负债并没有被中和，这将直接或间接地导致国内贷款、消费或投资的增加。

在这种情况下，银行部门是否可靠、银行贷款或投资的决策过程是否完善，将直接影响国际资本流入对当事国的经济效应。在不断变化的环境下，许多国家银行系统的问题往往是低劣的贷款决策和对贷款风险管理不当造成的。如果银行过分地陷入这种风险，有可能导致较大的亏损。

总体来说，国际资本流动对流入国商业银行资产负债表的影响可以归纳为：第一，高资本净流入时期往往与银行部门负债的增加一致，银行负债的增加往往是由外国资金借入导致的；第二，在中央银行进行中和操作的前提下，虽然在商业银行资产负债表上来自中央银行和政府的资金有所下降，但银行仍然能够扩大其业务规模；第三，国际资本的流入使商业银行中的资金大部分变成了国内贷款，对私人部门的证券投资也有所增加。

各发展中国家为了防止外资流入对本国国内信贷的影响，往往采取中和措施。国际流动资本进入一国，其中会有相当部分形成中央银行的外汇储备，这将直接导致其货币基础的增加；如果中央银行没有任何中和措施，在货币乘数的作用下，增加的货币基础将会创造出数倍的存款货币，从而造成国内信贷扩张。信贷扩张的后果：首先，会给中央银行造成通货膨胀的压力；其次，容易导致经济过热；最后，外汇储备的增加，容易造成本币汇率变动的压力。

中央银行中和操作有多种手段可供选择，如增加存款准备金比率，要求商业银行提前偿还对中央银行的债务，减少对商业银行的贷款，进行公开市场操作，对冲中央银行的债务。但是，有两方面的问题值得注意：一是这些措施也都有其自身的特点，如存款准备金比率的频繁变动不利于市场稳定，且对非银行金融机构不起作用；二是中央银行进行中和操作也有其相应的成本，因为中和措施相当于把风险从商业银行体系转到中央银行，从而造成了潜在的公共成本。

（四）国际资本流动对流入国证券市场的影响

20 世纪 80 年代，国际资本流入发展中国家主要还是采取外国直接投资的形式，但是进入 90 年代以后，国际资本的组成发生了明显的变化，短期国际投机资本以证券投资形式的流动开始扮演越来越重要的角色。

短期证券投资的比例之所以上升得如此之快，与国际投机资本的发展壮大密不可分。发展中国家国内股票市场上的外国投资者之所以重要，一方面，是由于外资投资于本国股票市场会影响一些金融资产的价格；另一方面，在某些国家，由于证券是许多银行和其他金融机构的重要资产，证券市场的价格波动会影响银行等金融机构的收益和资本金。极端的情况是，证券价格的剧烈下跌，会给整个银行体系带来严重的后果。

国际投机资本对流入国证券市场的影响：一是降低了市场的效率；二是增加了市场的波动性；三是加大了国内证券市场与国际证券市场的关联性，使得国际证券市场波动传入国内成为可能。

在完全有效率的市场上，所有的市场信息都会完全反映在市场价格中，即使是不完全有效率的市场，价格也反映了当前的市场信息，从而价格会使资本市场发挥配置资本的作用，错误的价格信息会导致资本错误地分配到生产效率低的企业。国际资本流入一国证券市场可能会给定价的效率带来一些问题，因为外国投资者的决策会受到其他市场的影响，不可能总反映东道国国内市场的经济因素。此外，由于外国投资者对一些上市公司了解较少，或者由于它们更加注意流动性，从而导致它们将许多股票排除在其资产组合之外，市场价格会因为外国投资者的出现而发生扭曲。

外国投资者的出现也会增大国内股票市场的波动性。在许多发展中国家，共同基金是国际流动资本进入本地股票市场的主要途径甚至是唯一途径，股票指数的下降可能会引起外国投资者从投资这一股票市场的基金中抽回资金，基金管理者则可能被迫卖掉本地股票市场的部分股票从而引起股票价格的进一步下跌。国际流动资本的参与还会使本地证券市场与国际证券市场之间的关联性加强，使国际证券市场的波动传入国内成为可能。国际证券市场的行情变动，一方面，会导致外国投资者相应调整其资金头寸，同时为满足其他市场对流动性的需求，外国投资者可能会卖出本地股票市场的股票，从而造成本地证券市场的价格波动；另一方面，国际证券市场的行情变动，也会调整外国投资者的市场预期。例如，某一新兴市场国家证券行情的下跌，可能会导致外国投资者对情况类似的其他新兴市场国家证券市场产生价格下跌的预期，从而导致其出售所持有的证券资产，造成该国证券市场的价格波动。

国际投机资本的高流动性和高投机性，决定了在一国经济情况发生不利转变时，它们会以很快的速度撤出。大量的国际投机资本流出，对一国宏观经济产生的危害主要表现在四个方面：一是影响一国的外债清偿能力和国家信用等级水平；二是导致市场信心崩溃，从而引起更多的资本撤出，造成当事国金融市场的极度混乱；三是导致一国国际收支不平衡；四是导致当事国货币汇率的巨幅波动，造成当事国货币贬值的压力。

第三节　控制国际资本流动的不良影响

由于国际资本的流入可能造成一国通货膨胀的压力增大、实际汇率升值、竞争程度加剧、国际收支不平衡、国内金融市场不稳定等后果，各发展中国家有必要采取适当的对策，消除或减轻国际资本流动对本国的不良影响。

对国际资本流入所应采取的经济措施，取决于国际资本流入的构成（长期资本或短期资本），各种政策工具的有效性、灵活性，以及本国国内金融市场的特点。对大多数国家来说，可供选择的政策措施包括货币政策、汇率政策及财政政策。

一、货币政策

由于大量的国际资本流入容易导致国内信贷的急剧扩张及实际汇率的升值，并可能由此导致一系列其他的经济问题，一国货币当局往往采取中和操作以减轻这种影响。一般来说，中央银行进行中和操作的手段包括改变存款准备金比率、进行公开市场操作、改变中央银行再贴现利率、提前收回对国内商业银行的贷款等。

（一）改变存款准备金比率

改变存款准备金比率可以降低货币乘数，从而降低信贷乘数，减轻国际资本流入对国内信贷扩张的压力。提高存款准备金比率，一种方法是简单地提高所有国内存款货币的准备金比率，例如，针对日益增多的国际资本流入，中国把法定准备金率从 2010 年的 18% 提高至 2012 年的 20%；另一种方法是提高边际准备金率，有的国家对商业银行新接受的外币存款再提出或增加存款准备金要求。

在有些国家，面对巨额资本流入，货币当局不是提高准备金比率，却反而降低存款准备金比率，其意图是通过降低存款准备金率，降低国内的市场利率，使流入国内的资本无利可图，从而减少资本流入。

采用存款准备金手段调节资本流入的措施受几方面的限制：一是存款准备金实质上相当于对银行系统征收的一种税，银行很可能把此项成本转嫁给顾客；二是提高存款准备金往往导致国内市场利率的上升，这将进一步刺激资本流入；三是存款准备金措施对于控制由非银行金融机构和资本市场作为中介的资本流入是无效的，反之，存款准备金的提高使得银行体系相对于非银行金融体系处于不利竞争地位。如果这种情况长期存在，会削弱银行的金融中介作用。

（二）公开市场操作

中央银行的公开市场操作可分为两个层次，即外汇市场上的操作和国内证券市场上的操作。前者主要是减轻外资流入对本币升值的压力，后者主要是通过影响国内市场利率以减少短期资本的流入。

在外汇市场的公开市场操作，主要是通过买入外汇、卖出本币实现的。国际资本流入本国，必然增加对本币的需求，从而导致对本币升值的压力。为了减轻这种压力，中央银行可以在外汇市场上卖出外币，平衡对本币的需求状况。

国内证券市场的公开市场操作往往是通过中央银行卖出政府证券实现的。由于国际资本流入的相当部分会形成中央银行大的外汇储备，新增的外汇储备会形成中央银行新的流动性，必须消除这种多余的压力，消除的有效方法就是在公开市场操作中卖出政府证券。

通过中央银行公开市场操作进行中和干预的最大优点是，这种货币政策操作既能限制信贷扩张，又不会像提高存款准备金比率那样增加银行体系的额外负担。

公开市场操作的缺点是，由于中央银行的公开市场操作不以营利为目的，在市场情况发生某些变化时，它可能会使中央银行遭受巨大的损失。此外，它还可能拉大国内外的利率差距，从而引起更多的国际短期资本流入。

（三）其他的中和政策措施

在国际资本大量流入时，一国政府可以要求将政府部门及国有企业等公共部门的存款存入中央银行，以此协调中和干预。

从效果上讲，这种存款从商业银行向中央银行的转移与公开市场操作类似，都减少了市场中的流动性。这种操作有几个优点：一方面，这种操作的成本较低，对于公共部门的存款，中央银行可以不付息或者支付低于市场利率的利息；另一方面这种操作不会提高短期利率。但这种操作也存在一定的局限性。首先，要求公共部门的存款存入中央银行，会导致银行体系大量的变动，这将使银行无法管理其现金头寸，其结果往往使银行丧失流动性；其次，要求某些公共存款存入中央银行，其中的私人部分的投资者将承担一部分损失；最后，在发展中国家，公共存款的数量往往有限，这一操作的效果自然也十分有限。

中央银行也可以通过提前收回对商业银行的贷款进行货币中和。其政策效果也是减少市场中的流动性，从而防止国际资本流动造成国内信贷的扩张。这种方法的弊端也是明显的，它会打断商业银行的原有部署，造成商业银行资金动用的混乱和紧张。

二、汇率政策

由于大量的资本流入往往造成货币的实际汇率的升值，如果名义汇率维持不变，会给货币当局带来较大的市场压力。汇率政策的作用就是让名义汇率实现某种变动，减轻资本流入对货币当局的压力。

一般而言，允许名义汇率升值有三个主要的优点：一是它使得货币供给、国内信贷以及国内银行体系免受资本流入的影响；二是这种政策通过汇率对商品价格产生影响，所以它有助于降低国内通货膨胀率；三是允许汇率波动带来一定的不确定性，这可以很好地阻止某些短期国际投机资本的流入。

汇率政策的实施可以采取三种形式：① 实行浮动利率制；② 让货币法定升值；③ 采取较灵活的汇率制度。

如果实行纯粹的浮动汇率制，资本流入带来的汇率变化则由市场决定，不需要任何专门的政策措施。但是，在纯粹的浮动汇率制下，大量的资本流入可能使国内通货在名义上和实际上急剧升值，这种升值会对一国的出口部门造成相当大的打击，并最终有损于一国的经济发展战略。此外，纯粹的浮动利率制容易造成外汇市场的不稳定性，从而加大外汇风险，给国民经济发展带来不利的影响。

对于实行固定汇率制的国家，法定升值措施往往是在货币政策中和之后。如果货币中和政策能够起作用，一国货币当局往往不愿意采用货币法定升值的措施。作为一种不得已的政策选择，在大多数发展中国家，货币法定升值并不多见。

相比较而言，采取相对灵活的汇率制度可能更有效，也更多见。在资本流入增加的阶段，一国的货币当局可以放宽汇率变动的幅度，设定更宽的汇率变动区间，汇率在此区间内变动，货币当局不加干涉。设定一个汇率浮动区间，也有利于市场的形成，有利于中央银行的预期，从而间接地调整国际资本的流向。灵活的汇率制安排还包括将原先仅与美元挂钩的钉住汇率制改为与一篮子货币挂钩。这样做有利于减小汇率的波动幅度。由于在放宽汇率变动幅度的条件下，汇率的波动所受限制仍然较大，因此，对国际投机资本而言，这一政策措施的效果是有限的。

三、财政政策

针对资本的大量流入，财政政策可以采取的措施包括实施紧缩的财政政策以及对资本流动征税。

（一）实施紧缩的财政政策

紧缩的财政政策的实施可以有两个途径：一是压缩财政开支；二是增加税收。压缩财政开支常常是一个在政治上比较敏感的问题。同时，财政政策产生效果也存在一段时滞，这一时滞的存在会增加其风险性。另外，由于财政政策的目标往往与基础设施建设相关，因此，紧缩财政开支对国际资本流动中的长期资本流动会起到抑制作用，而对短期资本流动往往不起作用，但一般而言，一国政府想要阻止的恰恰是短期国际资本流入。

在资本大量流入时期，国内投资者往往很容易从商业银行取得贷款。在这种情况下，通过增加税收，一方面，可以减少投资者的可支配收入，从而起到抑制投资的作用，并最终减少对国外资本的需求；另一方面，增加税收对投资者有很强的引导作用，有利于他们主动作出符合政府意图的投资决策。对这一点，临时性的税收所起的作用往往更大。

无论是压缩财政开支，还是增加税收，通常能带来市场利率的下降，这对于保持资本流动的稳定有积极的影响。

（二）对资本流动征税

减少资本净流入的一种方法是对资本流动征税，在这方面，经济学家詹姆斯·托宾倡导的对现货外汇交易进行征税的建议受到了广泛的关注，对现货外汇交易所征的税也往往被称为托宾税。

对资本流动征税，将会有效抑制短期资本的流入，而对长期资本流入所起的作用不大。因此，在确定是否征税之前，有必要对长期资本和短期资本作一定的区分。

目前，在大多数发展中国家，政府的政策都致力于促进长期资本流入，而抑制短期资本流入。这样做的原因主要是长期资本将在国内停留相当长的一段时间，因此，其突然逆转的可能性比较小，对一国金融市场的冲击较小。对于短期资本的流入，各国之所以采取抑制的措施，一方面，因为短期资本流入具有潜在的逆转性，容易造成金融市场的动荡；另一方面，短期国际资本的流入往往直接增加银行的短期存款，对于这些短期资金来源，国内银行的运用往往是相当一部分流入证券市场和房地产市场进行炒作，容易刺激经济泡沫，造成经济繁荣假象。由于托宾税的征收涉及不同国家之间进行的外汇交易，要想取得普遍的较好的效果，需要在税收政策、税收征收以及税款分配方面进行各国之间的协调。托宾的设想是对所有与货币兑换有关的国内证券和外汇交易征收一种税率统一的国际税，因此，要想有效地征税，必须达成国际协议，否则，金融交易的流动性会便利对托宾税的逃避。

对托宾税的批评主要集中在以下两点：一是托宾税会降低市场效率。由于托宾税会增加交易的成本，因此，投资者会持有金融资产而不想进行交易；二是如果托宾税只针对特定的资产，则会使投资转向未征税的资产，从而使现有的税收体系发生扭曲。

关于托宾税对市场效率的影响，也有人认为，由于投资者具有多元化投资的动机，因此托宾税可能会降低金融市场的波动性，托宾税会更多地抑制那些不稳定的交易者，从而最终有利于市场效率的提高，这种说法在亚洲金融危机中似乎得到了印证。对于开征托宾税引起的投资方向转移的问题，如果这种转移正是政府所希望看到的，也就达到了征税的目的，事实上，很多国家的政府（包括西方发达国家政府）都通过税收调节资本的分配。

上述政策往往是结合在一起使用的。由于不同的政策有着不同的特点和作用，组合政策往往比单一的政策措施效果更明显。但是，不恰当的政策组合也会带来更大的不利后果。例如，墨西哥在20世纪90年代初实行了不进行资本管制、短期汇率不变以及进行货币政策中和三项政策的组合，结果使得短期资本流入得到了汇率不变和国内利率较高的好处，而长期资本流入由于短期利率和汇率不敏感，反而面临长期汇率可能变动的风险。墨西哥这种政策组合的结果，使得流入墨西哥的资本日益短期化。在墨西哥1994年国内政治形势发生的动荡的情况下，这种政策组合引发了当年的大规模资本外逃，并最终造成了墨西哥的金融危机。

四、资本账户开放问题

较为开放的资本账户可能会在以下几个方面获得社会福利的增加。第一，资本自由流动可以使一国获得更多的由金融服务专业化带来的好处，同贸易商品一样，进口某种金融服务比生产这种金融服务效率更高。第二，资本账户的可兑换会增强金融部门的活力，国外的竞争将迫使国内的生产者提高效率，并将促进创新，提高生产力。如果国际金融市场能够对金融债权的风险和收益适当地定价，那么取消资本管制还将改进资源从储蓄者手中转移到投资者手中的全球性中介活动，这能将全球储蓄配置到生产性最强的投资中去。此外，企业也将更容易在国外拓展业务，采取新的技术和管理经验，尤其是利用新的金融产品来管理风险和为投资融资服务。第三，资本账户可兑换使居民能在全球范围内实现资产组合多样化，降低居民收入和财富遭受国内金融和实际部门冲击的不利影响。第四，资本项目自由化还有助于一国进入国际金融市场，降低借款成本。

不同国家之间、同一国家不同的经济发展时期，其资本项目开放的成本与收益之间的对比可能是不同的。对于那些经济发展水平较低、国内市场体系不健全、银行体系脆弱、宏观经济管理能力有限的国家来说，开放资本账户的成本可能高于潜在收益；而对于那些经济发展水平较高、市场经济发达、拥有较强的宏观调控能力的国家来说，开放资本账户则能带来更多的收益。因此，要求不同经济条件的国家实行同样的资本账户开放政策，是不适宜的。在历史上，西方发达国家基本上都有过资本管制的做法，如今大力鼓吹资本账户自由化的美国，在20世纪60年代末70年代初就曾为防止资本大量外流而实行了"利息平衡税"。从长远来看，世界各国开放其资本账户、享受全球一体化带来的种种好处是一种趋势，但是在当今国际金融体系尚不够健全的世界，发展中国家选择进行适当的资本项目管理，对短期国际资本流动加以适当的限制，可能更适合于其经济的发展。

国际炒家的
恶性投机

本章小结

1. 国际资本流动是指资本中跨越国界在各国之间的转移、输出或输入。国际资本流动包括资本流入和资本流出两个方面。随着国际资本流动规模的迅速扩大，资本流动对世界经济的影响与日俱增，已经成为制约当代世界经济结构性变动的重要因素之一。

2. 国际资本流动会产生诸多经济效应：（1）有利于促进发展中国家的资本形成；（2）有利于促进国际贸易的发展；（3）有利于促进国际金融市场的发展；（4）在一定程度上有利于解决国际收支不平衡问题。

3. 国际资本的流入可能造成一国通货膨胀的压力增大、实际汇率升值、竞争程度加剧、国际收支不平衡、国内金融市场不稳定等后果，各发展中国家有必要采取适当的对策，消除或减轻国际资本流动对本国的不良影响，可供选择的政策措施包括货币政策、汇率政策以及财政政策。

关键词 | 国际资本流动 资本流入 资本流出 过剩资本 利润驱动 通货膨胀 财政赤字 恶性投机 国际直接投资 国际金融租赁

练习题 | 1. 试述国际资本流动对国际资本的影响。

2. 第二次世界大战后国际资本流动格局发生了哪些变化？

3. 资本自由流动、固定汇率制度与货币政策有效性的关系是什么？

4. 如果中国人民银行在外汇市场上购买美元，同时，实行相反的公开市场操作以抵消干预的影响，将会对国际储备、货币供应和汇率产生什么影响？

5. 试述国际资本流动的含义。

6. 试述控制国际资本流动的不良影响。

7. 国际资本流动经济利益、风险和危害是什么？

8. 试述国际资本流动的演变和新趋势。

9. 国际资本流动的原因是什么？国际资本流动对国际经济有什么影响？

第七章

国际货币制度

国际货币制度亦称"国际货币体系",指各国之间货币流通的组织形式。国际货币制度是国际货币关系的集中反映,它构成国际金融活动总的框架,各国之间的货币金融交往在各个方面都要受到国际货币制度的约束。本章的主要内容包括国际货币制度的主要内容、类型及演变,国际金本位制的类型、特点和作用,布雷顿森林体系的核心内容、瓦解原因和作用,牙买加体系的主要内容和特点,国际货币制度的缺陷和改革路径,以及国际金融一体化的影响。

第一节 国际货币制度的主要内容、类型及演变

一、国际货币制度的主要内容

国际货币制度是指各国政府为了适应国际贸易和国际支付的需要,对货币在国际范围内发挥世界货币职能所作的一系列安排,包括为此所确定的原则、采取的措施和建立的组织机构。它的主要目的是协调各个国家的经济活动,促进国际贸易和国际支付活动的顺利进行。

国际货币制度是随着国际经济交往的不断发展而形成的。由于资本主义生产方式的确立和世界市场的形成,商品经济在全世界范围内发展,各国之间的贸易关系和其他领域的经济关系也日益扩大。各国之间的贸易往来、债务清算、资本流动等日趋频繁,它们最终都要通过货币进行结算和支付。但是,由于各国货币都是在本国社会经济的历史发展过程中形成的,它们在国际上不具备普遍被接受的性质。各国关于本国的货币单位以及它与外国货币的兑换,自然都要有不同的规定,这样,就产生了在国际范围内协调各国货币安排的必要,国际货币制度正是在这一基础上形成的。它的形成有两种情况,其中一种是缓慢发展的结果。随着各国经济交往的不断增多,一些活动方式就会得到公认。所以当越来越多的参与者遵守某些程序而给予法律的约束力时一种制度就发展起来,国际金铸币本位制的产生就属于这种情况。

国际货币制度主要包括以下几方面内容。

（一）国际收支及其调节机制

国际收支是各国对外经济活动的系统记录。从世界经济的全局来看，国际收支及其调节是国际货币的最主要问题，主要研究当一国国际收支出现不平衡时，各国政府应采取什么方式去弥补这一缺口。若调节机制失灵或不健全，会使整个国际货币制度失去运行的基础，因此，国际货币制度的一个首要内容就是确定国际收支调节机制，有效地帮助国际收支出现不平衡的国家进行调节，并使各国在国际范围内能公平地承担国际收支调节的责任和负担。

（二）汇率及汇率制度

首先是本国货币与其他货币之间的汇率的确定。围绕这个问题，各国必须考虑这样一些内容：货币比价确定的依据，货币比价波动的界限，货币比价的调整，维持货币比价所采取的措施，对同一货币是否采取多元比价等。其次是各国货币的可兑换性，也就是一国对外支付是否受限制，一国货币可否自由兑换成支付货币。各国政府一般都颁布一些金融法令，规定本国货币能否对外兑换和对外支付是否进行限制等。有时一国对某些项目的国外支付加以限制，对另外一些项目则不加限制，还有的国家则对国外一切的支付都加以限制等。

（三）国际货币或储备资金的确定

使用什么货币作为支付货币，一国应持有为世界各国普遍接受的资产作为储备资产，用以维持国际支付原则和满足国际收支的需要；各个不同的国家，用什么来作为储备资产，不但取决于各国本身的经济状况，而且也取决于国际的协调或国际的普遍可接受性。在此基础上，整个国际社会需要多少储备资产、新的储备资产如何供应与创造等，这都需要国际性的规则与制度作出妥善安排。

（四）国际货币活动的协调与管理

国际收支调节、国际汇率制度、国际体制都牵涉不同的国家，而这些又都有着不同的社会经济条件和特定的政策目标，所以在国际货币制度中就产生了国际货币活动的协调与管理问题。它的实质就是协调各国的国际货币活动和与此有关的经济政策。这种管理通常是通过国际货币组织进行的，具体落实在制定若干各方所共同认可和遵守的规则、惯例及制度。

国际货币制度实际上是一个大系统，而国际收支调节机制、国际汇率制度、国际储备体制、国际货币活动管理机构则构成子系统。这些子系统各有其特定的功能，并且相互间以稳定的方式联系在一起，从而构成作为一个大系统的国际货币制度的内部结构。这种内部结构，决定了国际货币制度的基本形态及其外部功能。

二、国际货币制度的类型

可以根据两个重要标准来划分国际货币制度的类型。

（一）汇率制度

汇率制度是国际货币制度的一个重要内容，在国际货币制度中具有举足轻重的地位，因此，根据货币制度按汇率波幅可分为固定汇率制（Fixed Exchange Rate）和浮动汇率制（Floating Exchange Rate）。介于这两者之间的还有可调整的钉住汇率制（Adjustable Pegging System Rates）、爬行钉住汇率制（Crawling Peg Exchange Rates）和管理浮动汇率制（Managed Flexible Exchange Rate）。

（二）储备体系

储备体系涉及储备资产的性质，它随着国际货币制度的整体变化而不断变化。根据储备体系来划分，国际货币制度可分为黄金储备制度、金汇兑本位制和多元化储备制度。

三、国际货币制度的演变

国际货币制度自从出现后，近百年来几经变革，经历了几次大的演变才发展到目前的格局。从历史线索来看，国际货币制度经历了以下几个阶段：

（一）1880—1914 年的国际金本位制

最早出现的国际货币制度是国际金本位制，它是在各国实行金本位制的基础上形成的。一般认为，国际金本位制开始于 1880 年，那时欧美一些主要国家都实行了金本位制。后来，1914 年第一次世界大战爆发，参战国实行黄金禁运和货币停止兑换黄金，致使该货币制度遭到严重的破坏，因此它只正常运行了 35 年。

（二）1918—1939 年的国际金本位制恢复期

这个时期的货币制度是松散的、局部的。第一次世界大战后，欧美各主要资本主义国家相继恢复金本位制（金块本位制）或金汇兑本位制，但没有维持多少年就偃旗息鼓了。其后，就出现了三个货币区或货币集团：英镑区（英镑集团）、法国法郎区（法郎集团）和美元区（美元集团）。在这三个货币区内部或外部出现了使用多种国际货币和浮动汇率的现象，它们互相之间在贸易中针锋相对，壁垒森严。

（三）1944—1972 年的金汇兑本位制

1944 年 7 月，44 个国家的代表聚会美国新罕布什尔州布雷顿森林镇建立了布雷顿森林体系。布雷顿森林体系的核心是黄金 – 美元本位。它的汇率制度是一种固定的或钉住的汇率制度，如果经济形势的发展确实需要汇率变动，那么，汇率将被允许进行变动，但必须在一定幅度以内。所以，这种汇率又可称为可调整的钉住汇率制。

布雷顿森林体系在国际货币制度发展史上占有重要地位。第二次世界大战后世界经济的重建，实际上是以布雷顿森林体系的建立为开端的。它为第二次世界大战后国际经济关系的发展提供了稳定的货币环境。在布雷顿森林体系运行了 25 年之后，随着各国经济实力的不断变化，美国黄金储备大量流失，美元币值下降，它逐步走向瓦解。1971 年 8 月，时任美国总统尼克松宣布美元不可兑换黄金，"美元泛滥"这一压力达到了顶峰，它宣告了以固定汇率制和货币可兑换为特征的布雷顿森林体系时代的结束。1973 年 3 月，当美元第二次贬值时，世界主要国家的货币开始实行浮动汇率制，这标志着布雷顿森林体系彻底瓦解。

（四）1973 年以后的浮动汇率制

1973 年布雷顿森林体系瓦解以后，国际货币制度出现了松散无固定约束的局面。经过几年的混乱、调整、协商、变革等，终于在 1976 年的牙买加会议上，确认了既成事实的多元化货币体系，也是通常人们所说的牙买加体系。牙买加体系的中心是国际储备多元化和浮动汇率制。

在这一时期，汇率并非仅由市场的供需力量决定，有时政府的干预手段也起着很大的作用。国际社会有人把这一时期称为无制度的时代，主要是因为在牙买加体系下，各国可自由选择汇率制度。但也有的经济学家认为事实并非完全如此，这一时期实际上是"有体系""有秩序"的，因为在这一时期，国际货币关系仍受到一定的国际制约和监督。

纵观国际货币制度的发展，其演变更替的最根本的原因，主要可以归结为以下两个方面。

一是国际生产关系的性质及其发展状况是国际货币制度演变的基础。譬如，国际金本位制同自由资本主义相适应。当时，资产阶级为了扩大世界市场而奔走全球各地，这客观上要求有一个自由而稳定的国际货币制度，这样，国际金本位制就应运而生了。

二是世界经济发展的不平衡是国际货币制度演变的直接原因。在国际货币制度发展的每一个时期，基本上都有个别国家居于中心地位。国际金本位制时期是英国，布雷顿森林体系时期是美国，牙买加体系时期是美、日、欧群雄并起。

第二节　国际金本位制

一、国际金本位制及其类型

所谓金本位制（Golden Standard），是指一国的本位货币（Standard Money）以一定量的黄金表示的货币制度，而本位货币是就一国货币制度的基准货币而言的。金本位制对近代国际贸易和金融的发展有很大的贡献。英国于 1816 年制定《金本位制度法案》（Gold Standard Act），采用金本位制，这是世界各国实施金本位制的开始。其后，鉴于英国金本位制的成功，以及客观环境的需要，各国开始相继依照实行（见表 7–1）。

表 7–1　各国实行金本位制的年份

国别	年份	国别	年份	国别	年份
英国	1816	比利时	1874	俄国	1898
德国	1817	瑞士	1874	荷兰	1875
瑞典	1873	意大利	1874	乌拉圭	1876
挪威	1873	美国	1879	巴拿马	1904
丹麦	1873	日本	1879	墨西哥	1905

英国在 1816 年实行了金本位制，但是那时候还没有国际金本位制，只有在一些重要国家都实行金本位制之后，才出现国际金本位制，所以，金本位制与国际金本位制是两个不同的概念，后者是一种国际货币制度。因此，一般把 1880 年作为国际金本位制开始的年份。

国际金本位制出现在国际商品经济发展的初期。在 19 世纪后半期至 20 世纪初期，金本位制发展成为世界性的货币制度。在世界大多数国家都实行金本位制的情况下，黄金的需求弹性无限大，因而黄金具有国际货币的职能，并普遍被用作国际结算的手段。这样，国际金本位制（International Gold Standard）就宣告形成。

依据货币与黄金的联系标准，国际金本位制可分为金本位制、金块本位制和金汇兑本位制，且这三种类型就是金本位制的历史演变过程。

（一）金本位制

金本位制（Gold Specie Standard）是国际金本位制的最初形态。其最理想的情况是纯粹金本位制度，它的主要内容包括以下几点。

第一，用黄金来规定货币所代表的价值，每一货币单位都有它法定的含量，各国货币按其所含黄金重量而有一定的比价。

第二，金币可以自由铸造，任何人都可按本币的含金量将金块交给国家造币厂铸成金币。

第三，金币具有无限的支付手段的权利。

第四，各国的货币储备是黄金，国际结算也使用黄金，黄金可以自由输入及输出。金本位制这种传统的货币制度具有三个特点：自由铸造、自由兑换和自由输入及输出。

（二）金块本位制

第一次世界大战发生后，世界各国先后停止金本位制的实行。自第一次世界大战结束后，各国相继恢复金本位制，但这时所恢复的并不是原来的金币本位制，而是金块本位制（Gold Bullion Standard）。金块本位制的特点是：货币单位仍有法定的含量，政府在规定的价格下，可以无限地买卖金块或金条，人们仍可自由地买卖和贮藏黄金，但金币已停止铸造和流通，纸币成为主要的流通工具。

（三）金汇兑本位制

第一次世界大战后，还有一种与金块本位制同时盛行的货币制度，就是金汇兑本位制（Gold Exchange Standard），这是以黄金与黄金外汇（即实施金币本位制和金块本位制国家的外汇）作为中央银行的发行准备，并允许以一定价格买卖黄金外汇（即银行券与黄金外汇的兑换）的制度。因此，这是一种间接使货币与黄金联系的本位制度。金汇兑本位制的特点是：本国货币并不与黄金挂钩，而是通过他国货币与黄金间接挂钩，即本国货币可在政府规定的汇率下自由兑换成另一种采用金币或金块本位制国家的货币。

二、国际金本位制的特点与作用

（一）国际金本位制的特点

国际金本位制作为一种国际货币制度，有其自身的特点。这些特点表现在以下几个方面。

第一，黄金充当了国际货币，开始阶段，各国金币自由兑换，在各国之间大量流通。后来，随着国际贸易的发展，金币的流通受到大量的限制，又因英国的政治经济大国地位和其在贸易、海运、保险、金融等方面的绝对优势，英镑及其银行券可以完全自由兑换黄金，各国国际收支的 90% 以上使用英镑，黄金只作为"价值的最后标准"和"最后清算手段"而存在。后来，英镑发展成为各国主要的外汇储备，而不再有更多的储备黄金。因此，一些近代经济学家认为，国际金本位制的后期已发展成为英镑本位制。

第二，各国货币的汇率由它们的含量比例所决定。例如，1 英镑的含量是 113.001 5 格令的纯金，1 美元的含金量是 23.22 格令的纯金，英镑兑美元的汇率就是 1 英镑等于 4.866 6 美元，这个汇率是固定不变的。实际上，英、美、法、德等国家货币的汇率在 1880—1914 年一直没有变动过，从来未发生过贬值或升值，所以金本位制是严格的固定汇率制。

第三，国际收支的自动调节。当一国发生收支逆差时，黄金外流，国内货币供应量减少，成本降低，这样就会扩大出口，减少进口，对外收支转为顺差，黄金就会流入；反之，当一国发生对外收支顺差，黄金又会流到国外。但从当时的实际情况来看，由于多种因素的影响，各国的黄金流动量并不大。后来，在"英镑本位"时，黄金准备不足，影响了国际收支自动调节功能的发挥。

（二）国际金本位制的作用

国际金本位制时期处在一个稳定的国际环境下。而且国际商品经济的增长，物价和汇率的稳定，国际贸易的发展，对国际金本位制度都有重要的促进作用。具体来讲，国际金本位制对世界经济发展的作用表现在以下几个方面：

1. 保持汇率稳定

在金本位制下，各国货币的汇率由它们的含金量比例决定，各国通过法律来制定其货币单位的含金量。因此，外汇市场的实际汇率往往围绕这个含金量之比而上下波动，波动有一个幅度，这个幅度就是黄金的输送点。由于黄金输送点限制了汇率波动，所以汇率波动幅度较小，基本上是稳定的。汇率的相对稳定，可以保障对外贸易与对外信贷的安全，为国际贸易和资本流动创造有利条件。

2. 自动调节国际收支

在金本位制下，各国的国际收支是自发进行调节的。国际收支的不平衡会引起黄金的流动，进而引起国内货币数量的变化，导致贸易双方国家国内物价和收入的变化，进而引起政府调节收支的不平衡。

3. 促进国际资本的流动

当一国发生国际收支逆差时，外汇的供应量小于需求，汇率（以本国货币表示）下降，当汇率下跌超过黄金输出点时会引起黄金外流，减少货币数量。于是，金融市场银根吃紧，短期资金利率上升。当国内利率高于国外利率时，就将产生套利活动，促使短期资金内流。短期资金的利率上升，也会促使长期资金利率上升，引起长期资金的内流。如一国发生国际收支顺差，则将发生相反的情形。这种资金流动，可以暂时改善国际收支，稳定国际金融。

4. 协调各国经济政策

实行金本位制的国家，把对外平衡（即国际收支平衡和汇率稳定）作为经济政策的首要目标，而把国内平衡（物价、就业、国民收入稳定增长）放在次要地位，服从对外平衡的需要，因而国际金本位制也使主要资本主义国家有可能协调其经济政策。

虽然国际金本位制促进了世界经济的发展，但它的弊端也十分明显：国际流通的货币量受到黄金属性的限制；国际收支的自动调节存在严重的缺陷；国际收支逆差因金币的大量外流，对国内经济影响巨大，造成经济衰退等。

三、国际金本位制的崩溃

由于国际金本位制不能适应战争时期增加通货的需要，1914年第一次世界大战爆发后，各国纷纷放弃金本位制，国际金本位制中断运行。20世纪20年代，资本主义世界处于相对稳定时期，各国又相继恢复了金本位制。但所恢复的不是原来的金本位制，而是金块本位制（如英国）或金汇兑本位制（如德国）。国际金本位制在此基础上恢复运转，但是恢复运转的已经是被削弱了的国际金本位制。即使如此，这种被削弱了的国际金本位制也只是昙花一现。由于它的基础不稳，一出现就遭到1929—1933年全球性经济大萧条的猛烈冲击，于是，各国又都先后放弃了金本位制。

这次危机从美国证券市场的崩溃开始，随即迅速蔓延到世界各国，德国首当其冲。1931年7月，在德国不少银行相继倒闭破产的情况下，德国政府采取了停止外债、禁止黄金自由输出，并实行严格的外汇管制等一系列措施，这意味着德国的金汇兑本位制的结束。危机的风暴很快到了伦敦，伦敦掀起了"挤兑风潮"，英格兰银行应付不了黄金、外汇的兑付，于1931年9月宣布停止黄金支付，停止纸币兑换黄金。从此，英国放弃了金块本位制。美国虽然黄金储备较多，但也经不起连续数次的黄金"挤兑风潮"，而不得不于1933年3月宣布停止纸币兑换黄金，禁止黄金输出。这也说明了美国一直维持下来的金本位制从此也结束了。美国放弃金本位制后，货币同黄金保持挂钩的就只有黄金集团国家，这些国家是法国、瑞士、荷兰、比利时和意大利。在1935年3月，比利时首先脱离黄金集团，宣布货币贬值。法国也因为黄金流失过多，而于1936年8月采取了法郎贬值的紧急措施，实际上是放弃了金本位制。紧接着，荷兰、瑞士和意大利都于1936年9月底宣布货币贬值，放弃了金本位制。至此，国际金本位制宣告彻底崩溃，从此，资本主义世界分裂为相互对立的货币集团和货币区，国际金本位制退出历史舞台。

国际金本位制瓦解的原因很多，其中最重要的原因有两个。

一是由于在帝国主义阶段，各国的政治、经济发展不平衡，黄金越来越集中于少数国家，多数国家的货币发行没有足够的黄金储备，国内纸币对黄金的兑换日益困难，黄金的国际流动日益受到了限制。

二是金本位制竞赛规则在20世纪30年代的全球性经济大萧条中遭到了破坏。金本位制竞赛规则之一是各国的黄金与金币的流出、流入应不受限制。这一规则在危机期间，由于许多国家限制黄金自由输出而遭到破坏。还有金融当局应按规定的官价，无限制地买卖黄金或外汇的做法也无人响应。这一切表明：由于世界经济情况的变化，迫使各国不能遵守金本位制竞赛规则，因此，金本位制的崩溃是必然的。

开放经济的
国民收入等式

第三节 布雷顿森林体系

一、创建布雷顿森林体系

第二次世界大战彻底改变了世界政治经济格局，英国、法国等老牌强国经济严重削弱，而美国却凭借第二次世界大战中的《租借法案》为同盟国提供军火而一跃成为世界第一大国。1945 年第二次世界大战结束时，美国的工业制成品占世界总量的一半，海外贸易额占世界总额的 1/3，黄金储备从 1938 年的 145.1 亿美元增加至 1945 年的 200.8 亿美元，约占资本主义世界黄金总储备的 59%，其海外投资超过了英国，成为世界上最大的债权国。第二次世界大战虽然削弱了英国的经济实力，但是其经济实力依然不可低估，国际贸易的 40% 依然使用英镑结算，英镑仍然是主要的国际储备货币，伦敦依旧是最大的国际金融中心。因此，重建第二次世界大战后国际金融新秩序的重任必然由英、美两国共同承担。早在 1940 年第二次世界大战爆发之初，美国就提出了以时任财政部部长助理哈利·怀特命名的"怀特计划"，1941 年英国财政大臣首席顾问约翰·凯恩斯提出了"凯恩斯计划"，这两个计划充分反映了两国各自的利益以及建立国际金融新秩序的深刻分歧。

"怀特计划"主张存款原则。建议成立稳定基金组织，金额不低于 50 亿美元。其成员国在黄金中的份额由黄金和本币构成，其多少取决于各国的外汇储备、国民收入和国际收支因素，并决定该国在基金组织的投票权。其成员国可以在自己缴纳的份额范围内向基金组织购买其他国家的货币。基金组织的货币单位"尤尼塔"（Unita）的含金量为 137.142 格令，相当于 10 美元。Unita 可兑换黄金，在成员国之间相互转让。各国要规定本币与 Unita 的法定平价，仅在必须纠正"国际收支基本不平衡"时，经基金组织同意才可调整平价，基金组织由执行董事会管理。"怀特计划"实际上反映了美国试图凭借其拥有的黄金和经济实力，操纵和控制基金组织，从而为谋求金融霸主地位铺平道路。

"凯恩斯计划"主张透支原则，按中央银行方式组建"国际清算联盟"，各国中央银行在国际清算联盟开户往来，这些账户的记账单位"班珂"（Bancor）以黄金计价，其价值可由国际清算联盟适时调整。其成员国可以用黄金换取 Bancor，但不可以用 Bancor 换取黄金。各国汇率以 Bancor 标价，未经理事会批准不得随意变动。各国在国际清算联盟中的份额以第二次世界大战前三年进出口贸易平均额计算。成员国发生国际收支逆差时，在 300 亿美元的额度内可以向国际清算联盟透支，而不必使用贷款方式。国际清算联盟总部设在伦敦、纽约两地，理事会在两国轮流举行。"凯恩斯计划"创造了新的国际清偿手段，降低黄金的作用，受到多数国家的赞同。

"怀特计划"和"凯恩斯计划"数易其稿，直到 1943 年 4 月 7 日，美国首先公开

"怀特计划"，英国于同日作出反应，公布了"凯恩斯计划"，引起了经济学界的巨大反响。1943 年 9 月 25 日至 10 月 9 日，由怀特和凯恩斯分别率领的两国小组在华盛顿召开了九次专题会议，经过双方的谈判，于 1944 年正式发表了《关于建立国际货币基金组织的专家联合声明》，为建立新的国际金融体系奠定了理论基础。1944 年 7 月 1—22 日，第二次世界大战中的 44 个不同盟国在美国新罕布什尔州的布雷顿森林镇召开了联合国与联盟国家国际货币金融会议，通过了以"怀特计划"为基础的《国际货币基金组织协定》和《国际复兴开发银行协定》，总称布雷顿森林协定。布雷顿森林协定确立了第二次世界大战以后以美元为中心的固定汇率体系的原则和运行机制，因此，把第二次世界大战后以固定汇率制为基本特征的国际金融体系称作布雷顿森林体系（Bretton Woods System）。

二、布雷顿森林体系制度的核心内容

布雷顿森林体系制度的内容广泛，但其核心内容在于以下四个方面：

（一）以美元为中心的汇兑平价体系

美元与黄金挂钩，其他货币与美元挂钩，构成了布雷顿森林体系的两大支柱。美国公布美元的含金量为 0.888 671 克，1 盎司黄金 =35 美元，美国承担各国中央银行按黄金官价用美元兑换黄金的义务。其他国家的货币则按黄金平价或固定比价与美元挂钩，各国货币与美元的法定平价一经 IMF 确认，便不可更改，其波动幅度不得超过法定平价的 1%，一旦突破规定的波幅，各国中央银行必须进行干预。只有当成员国基本国际收支不平衡时，经 IMF 批准才能改变汇兑平价。汇兑平价介于金本位制的永久性固定汇率和完全自由的浮动汇率之间，因此有的经济学家称之为"可调整的钉住体系""钉住汇兑平价"，是在特定条件下可调整的汇率制度。这种双挂钩形式类似于金汇兑制，不过布雷顿森林体系在确立汇兑平价和调整国际收支失衡方面有别于第二次世界大战前的金汇兑制。

（二）美元充当国际货币

第二次世界大战后，无论是欧洲国家重建家园、恢复经济，还是新独立的发展中国家建立国民经济基础，都需要从美国进口大量商品和物资，拥有美元就拥有了购买美国商品的能力，世界各国对美元的强烈需求造成了 20 世纪 50 年代的"美元荒"。储存和使用美元比黄金更有利，很少有人用美元兑换黄金，在 1949—1971 年世界各国储备中美元储备增长了 16 倍，而黄金储备只有少量增长。美国通货膨胀率一直很低，美元享有很高的信誉，世界上许多重要商品如石油、粮食、锑、铜、咖啡、可可及邮电、运输等劳务都用美元计价，衡量各国经济贸易发展的指标也以美元为单位，约 90% 的国际贸易用美元进行结算，各国中央银行干预外汇市场使用的也是美元。在布雷顿森林体系下，美元实际上等同于黄金，可以自由兑换为任何一国的货币，充当价值手段和流通手段。

（三）多渠道调节收支不平衡

布雷顿森林体系通过三条途径解决国际收支失衡问题。

1. 依靠国内经济政策

当成员国国际收支出现逆差时，该国采用紧缩性财政政策提高利率，使物价下跌，生产资源转入贸易部门，出口增加，进口减少，国际收支好转。成员国也要求 IMF 实施"稀缺货币"条款，对稀缺货币进行兑换限制，迫使贸易顺差国削减顺差；反之，当成员国国际收支出现顺差时，该国采用宽松性财政政策增加国内吸收，鼓励资本流出，借此平衡国际收支。

2. 依靠 IMF 的贷款

为了稳定汇兑平价，IMF 向成员国提供长期贷款和短期贷款。如各国都可以使用的普通提款权、特别提款权，出口原材料和初级产品的国家还可以申请出口波动补偿及初级产品国际缓冲贷款国。IMF 贷款的范围和金额日益扩大，1966 年和 1969 年，为了改善英国、美国和法国等主要工业国的国际收支逆差，IMF 分别发放了 35 亿美元和 25 亿美元的贷款。然而，随着世界经济的推进，国际收支普遍逆差的趋势蔓延，IMF 提供的贷款不足以解决各个国家的国际收支逆差问题。

3. 依靠汇率变动

当成员国发生国际收支根本性不平衡，其他调节措施无效或代价太高时，改变汇兑平价就成了最终的选择。但是成员国的汇率变动必须提前通知 IMF，并经过该组织的 85% 的投票权赞成后才能实施。在布雷顿森林体系下，汇率变动并不频繁，两次大规模的汇率变动发生在 1949 年和 1967 年，都与英镑贬值有关。1949 年 9 月 18 日，1 英镑从 4.02 美元跌到 2.80 美元，贬值 30.3%，引起与英镑有紧密联系的南非、澳大利亚、印度等国的货币相继贬值。1967 年 1 月，英镑再次贬值，从 1 英镑兑换 2.80 美元跌到 1 英镑兑换 2.40 美元，跌幅为 14.3%，丹麦、爱尔兰、新西兰、斯里兰卡等国货币随之贬值。

（四）由 IMF 全力维护布雷顿森林体系

IMF 吸收了全球 190 个国家参加，享有很高的威望，它有一套制定、实施和监督法规的完整程序，在协调南北关系、协调西方发达国家间的利益冲突、维护汇兑平价方面功不可没。尤其是 20 世纪 60 年代，美元危机（外汇市场上抛售美元、抢购黄金和其他硬通货的货币风潮）此起彼伏，固定汇率制摇摇欲坠时，IMF 采取了一系列应急措施。

1960 年 10 月，欧美主要工业国达成稳定黄金价格协定，以不高于 35.20 美元购买黄金。

　　1961 年 3 月，参加国际清算银行理事会的美国、英国、联邦德国、法国、意大利、荷兰、比利时、瑞典 8 国中央银行通过了《巴塞尔协定》，决定在发生国际收支困难时相互间予以必要的支援。

　　1961 年 10 月，《巴塞尔协定》除瑞典外的 7 国通过了《黄金总库协议》，各国共拿出 2.7 亿美元的黄金来平抑市价，共同维护黄金官价。

　　1962 年 3 月，美国与西方 14 个主要国家的中央银行签订总额为 117.3 亿美元的《货币互换协定》，通过短期货币互换，增强干预市场的能力。

　　1962 年 10 月，IMF 与 10 个最大工业国（比利时、加拿大、法国、联邦德国、意大利、日本、荷兰、瑞典、英国和美国）签署 60 亿美元的"借款总安排"，在必要时支持美元，维持国际货币体系的运转。

　　1968 年 3 月，实行黄金双价制，各国中央银行之间保持黄金官价，而黄金市场则由供求关系确定市价，美国已无力维持黄金官价。

　　1969 年 8 月，IMF 设立特别提款权账户，增加国际储备货币，缓解对美元的压力。

　　应当说，如果没有 IMF 严谨和卓有成效的工作以及在控制世界性金融危机方面起的关键作用，布雷顿森林体系不可能维持 30 年之久。

三、布雷顿森林体系的瓦解原因

（一）无法解决的特里芬难题

　　美国经济学家罗伯特·特里芬（Robert Triffin）对布雷顿森林体系进行分析研究指出，如果没有别的储备货币来取代美元，以美元为中心的汇兑平价体系必将崩溃。因为美元同时承担了相互矛盾的双重职能：一方面，为世界经济和贸易发展提供清偿力；另一方面，保持美元的货币信用，维持美元按官价兑换黄金。为了满足世界各国对美元储备的需要，美国只能通过对外负债形式提供美元，也就是国际收支继续逆差。然而国际收支长期逆差，美元就必须贬值而不能按官价兑换黄金。但如果为了保持美元的稳定，美国就应保持国际收支顺差，那么各国将因缺乏必要的国际清偿手段而降低生产和贸易发展速度。美元在布雷顿森林体系下的这种两难处境，被称为特里芬难题。1970 年，美国对外短期负债高达 469.6 亿美元，而其黄金储备只有 110.7 亿美元，即其海外债权是其黄金储备的 4.24 倍，美国黄金储备已是捉襟见肘。1971 年 8 月 15 日，美国总统尼克松宣布"新经济政策"，冻结国内工资物价，停止向国外中央银行兑换黄金，对进口产品开征 10% 临时进口附加税，至此，美元与黄金脱钩，布雷顿森林体系的一大支柱倒塌。

（二）僵化的汇兑体系不适应经济格局的变动

　　布雷顿森林体系把维护固定汇率制放在首要地位，成员国在国际收支根本不平衡时可以申请改变汇率。事实上，各国改变汇率的次数极少，1948—1969 年的 22 年间，只有 1 个国家货币升值，12 个国家汇率没有任何变动，27 个国家有 1 次贬值，24 个国家各贬值过 2 次或 3 次，5 个国家贬值超过 3 次。

然而这 22 年中，美、英、法、日、联邦德国五国的经济实力和地位已经发生了巨大变化，反映在国际收支上，美国持续逆差，英法两国逆差年份多于顺差年份，日本和联邦德国积累了巨额顺差，如果排除各国中央银行的强力干预，美元、英镑、法郎贬值，日元和德国马克升值是必然之举，外汇市场上的货币风潮就是很好的证明。但是，布雷顿森林体系的准则不能轻易突破，美国宁愿美元被高估，背上出口发展缓慢的包袱，也要继续享受美元作为国际货币所带来的"铸币税"收益和无偿或廉价占用他国实际资源的好处。英、法两国要维护大国的形象，很难根据国内经济政策需要适时调整汇率。而日本和联邦德国则把巨额美元储备作为增强实力、提高国际地位的手段，希望维持顺差，不愿调整汇率。同时，各国也深受僵化的汇率机制之苦，美元逐渐失去出口竞争力和海外市场，日本和联邦德国却因被迫买入美元维护平价而导致通货膨胀。此外，第二次世界大战后各国经济周期不同步，客观上要求各国采取各不相同的宏观经济政策来稳定本国经济发展，但是固定汇率制把大家捆绑在一起，财政政策在各国之间的传递畅通无阻，常常干扰一国独立实施经济政策，引起许多国家的不满。这种僵化的状态违背了建立"可调整的钉住汇率体系"的初衷，矛盾的积累最终冲破了布雷顿森林体系的约束机制。

（三）IMF 协调解决国际收支不平衡的能力有限

布雷顿森林体系的一个显著特征就是利用 IMF 调节各国国际收支不平衡。IMF 成立时筹集了 88 亿美元，1959 年首次增资到 149 亿美元，1965 年 2 月第二次增资到 210 亿美元。成员国国际收支逆差时，IMF 为之提供备用储备，帮助其解决困难。但是由于汇率机制的内在矛盾，各国国际收支问题日益严重，对 IMF 的贷款要求大大超过了 IMF 的财力，尽管 IMF 与十国集团达成了 60 亿美元的借款总安排，还创造了 93.15 亿的特别提款权，但仍然无法满足成员国为维持汇率稳定而需要的贷款支持，于是 IMF 不得不进入国际金融市场拆借资金，对成员国的贷款条件越来越严格，常常顾此失彼。而且按照 IMF 的贷款条件，发展中国家处于极其不利的地位。IMF 的贷款金额与各国的份额相联系，份额与贷款额成正比例关系，发展中国家份额小，因此得到的贷款就少。但是发展中国家的贸易条件不断恶化，经济发展又急需国外先进的技术和设备，国际收支困难尤其严重。从全球范围看，IMF 虽然做了不懈的努力，但是除了极少数国家国际收支为顺差外，绝大多数国家都出现了积累性国际收支逆差，IMF 并不能彻底、有效地协调解决国际收支问题。

四、布雷顿森林体系的作用

布雷顿森林体系是在第二次世界大战中极不平衡的政治经济局势下建立起来的，它反映了各国对金融稳定的良好愿望，同时也不可避免地融入了美国谋求金融霸主的意图，从而使美国成了最大受益者。抛开这一点，布雷顿森林体系支撑了 20 世纪 60 年代资本主义世界经济增长的"黄金时代"，对全球经济贸易发展起了积极作用。

（一）促进了第二次世界大战后国际贸易的迅速发展和生产国际化

各国严格遵守国际通行的固定汇率制，保持汇率的稳定，消除了国际贸易及对外的汇率风险，因而极大地推动了国际贸易的资本流动。据统计，1948—1971 年，资本主义国家的出口贸易平均增长 8%，大大高于第一次世界大战期间的 0.8%。以"马歇尔计划"为开端的大规模资本借贷和投资，使一大批国家走上负债发展经济的道路，通过生产国际化，积极参加国际分工，拉丁美洲各国及亚洲"四小龙"的调整发展令世界瞩目，号称奇迹。

（二）缓解了各国国际收支困难，保障了各国稳定、调整发展

IMF 不仅为各国提供部分应急贷款，还指导并协助各国进行国内经济政策调整，减少了国际收支不平衡对经济发展的制约。

（三）树立了开展国际货币合作的典范

布雷顿森林体系建立常设机构 IMF 来协调国际货币问题，该组织吸收了 190 个国家参加，每年召开一次全体成员会议，就国际金融问题交换意见，在共同讨论的基础上做出决策。在稳定汇率方面，IMF 与十国集团之间的互相协调已得到世界范围的肯定，通过 IMF 这样庞大的国际金融组织来协调解决国际金融问题，开辟了国际金融政策协调的新时代。

第四节　牙买加体系

布雷顿森林体系瓦解以后，国际金融关系动荡混乱，美元国际地位不断下降，出现国际储备多元化状况，许多国家实行浮动汇率制，汇率剧烈波动，全球性国际收支失衡现象日益严重，各国都在探寻国际货币制度改革新方案。1976 年 1 月，IMF 国际货币制度临时委员会在牙买加首都金斯顿（Kingston）召开会议，并达成了《牙买加协定》（*Jamaica Agreement*）。1976 年 4 月，IMF 理事会通过了《国际货币基金组织协定第二修正案》，从而逐渐形成牙买加体系。

一、牙买加体系的主要内容

《牙买加协定》涉及黄金、汇率制度、扩大 IMF 对发展中国家的资金融通，以及增

加会员国在 IMF 的份额等问题。它不仅对第二次修正国际货币基金组织协定有指导意义，而且对形成目前国际货币金融关系的格局有一定的作用。其主要内容包括以下五方面。

（一）浮动汇率合法化

IMF 同意固定汇率制和浮动汇率制暂时并存，会员国可以自由作出汇率方面的安排，但会员国的汇率政策须受 IMF 监督，以防各国采取损人利己的货币贬值政策。协定还要求各国在物价稳定的条件下，寻求持续的经济增长，稳定国内经济以促进国际金融的稳定，并尽力缩小汇率的波动幅度。IMF 还有权要求会员国解释它们的汇率政策。协定还规定实行浮动汇率制的会员国根据经济条件，应逐步恢复固定汇率制度，在将来世界经济出现稳定局面以后，经 IMF 总投票权的 85% 多数通过，可以恢复稳定的但可调整的汇率制度。

（二）黄金非货币化

废除黄金条款，实行黄金非货币化，目的是使黄金与货币完全脱离关系，让黄金成为一种单纯的商品。IMF 允许各会员国之间或会员国与基金组织之间以黄金清偿债券债务。并在以后逐步处理 IMF 所持有的黄金，按市价出售 IMF 黄金总额的 1/6、按官价归还各会员国，剩余部分（约 1 亿盎司）根据总投票权 85% 的多数作出处理决定。

（三）增加 IMF 会员国缴纳的经济份额

由原来的 292 亿特别提款权单位增加至 390 亿特别提款权单位，增长了 33.6%。各会员国应缴份额所占的比重也有所改变，主要是将石油输出国组织（OPEC）国家的比重由 5% 增长至 10%，其他发展中国家保持不变。主要西方国家中除联邦德国和日本的所占比重略增以外，其他都有所降低。

（四）扩大对发展中国家的资金融通

用出售黄金所得的收益建立信托基金（Trust Fund），以优惠条件向最穷困的发展中国家提供贷款，将 IMF 的信贷部分贷款额度由会员国份额的 100% 提高至 145%，并将 IMF "出口波动补偿贷款"（Compensatory Financing Facility）在份额中的比重，由占份额的 50% 提高到占份额的 75%。

（五）提高特别提款权的国际储备地位

修订特别提款权的有关条款，以使特别提款权逐步取代黄金和美元而成为国际货币制度的主要储备资产。协定规定各会员国之间可以自由进行特别提款权交易，而不必征得 IMF 的同意，IMF 与会员国之间的交易以特别提款权代替黄金，IMF 一般账户中所持有的资产一律以特别提款权表示。在 IMF 一般业务中扩大了特别提款权的使用范围，并且尽量扩大特别提款权的其他业务使用范围。另外，IMF 应随时对特别提款权制度进行监督，适时修改或增减有关规定。

从以上五方面可以看出，《牙买加协定》以及《国际货币基金组织协定第二修正案》对有关黄金、特别提款权和汇率的条款都进行了修改，推动了国际货币制度的改革。它通过建立一个合法机构促进货币体系的改进，如各国广泛的汇率安排；它为会员国确定一些目标，有助于决定将来变化的方向，如物价稳定与体系中的种种问题，如监督临时委员会新批准的外汇政策等。但它并没有进行新的重大改革，许多根本性的问题，如对汇率的监督，国际储备的创造和管理等，仍有待进一步研究和解决，而且发展中国家的重大要求没有得到满足。

二、牙买加体系的特点

牙买加体系实际上是以美元为中心的多元化国际储备货币和浮动汇率的体系。在这个体系中，黄金的国际货币地位趋于消失，美元虽仍在储备货币中居于首位，但美元的国际货币地位正在被削弱。德国马克与日元以及特别提款权和欧洲货币单位等储备货币的地位不断增强。各国采取的汇率制度可以自由安排。各国国际收支不平衡是通过汇率机制、利率机制等多元化的调节机制进行调节的。

（一）国际储备货币多元化

由于特别提款权本位难以建立，美元本位又难以维持，国际储备出现了分散化的趋势，形成了目前多元化的局面。

1. 美元仍是最主要的储备货币，但其地位正在下降

具体表现在美元仍是主要的国际计价单位、支付手段和国际价值的贮藏手段。首先，从国际计价单位来说，美元仍是许多发展中国家货币钉住的关键货币，1974 年有 61 个国家的货币钉住美元，到 1990 年年底，世界上还有 25 个国家的货币钉住美元。目前，国际贸易的一些重要商品，如石油、某些初级产品和原料，甚至于黄金都是以美元计价的。各国在计算国民生产总值、工农业总产值、进出口总额、外汇储备以及人均国民收入时，都折合美元来计算。不过这种情况也在改变，目前国际金融和其他一些主要世界组织在计算和比较各国经济指标时，已不再使用美元而改用特别提款权或欧洲货币单位。其次，从国际支付手段来说，美元仍是世界上最主要的支付货币。当时，在国际贸易结算中，世界进出口贸易大约 2/3 是用美元结算的。这种格局是在布雷顿森林体系时期形成的，而美元支付在长期使用中已形成了惯例，人们习惯并熟悉使用美元，使用美元的格局在短期内不容易改变。最后，从贮藏手段来说，美元仍是各国外汇储备中最主要的储备货币。虽说美元的储备地位在各方面正不断被削弱，美元在各国外汇储备中的比重在逐年下降，从 1973 年的 76.1% 下降到 1990 年的 56.4%，但美元在各国外汇储备中所占的比重仍是最大的，而且美元在西方各国银行存款和欧洲债券发行额中所占比重也远远超过其他国际货币。

2. 特别提款权和欧洲货币单位的储备作用不断加强

特别提款权是 IMF 创设的国际储备资产，它作为国际储备的功能目前还不健全，但是它的地位不容忽视。尽管特别提款权占世界各国国际储备总额的比重从 1972 年的 7.8% 降到 1991 年的 2.9%，但 IMF 的目标是不断鼓励和推动特别提款权更为普遍地使用，使之最终成为价值尺度、流通手段、支付手段与世界货币。特别提款权自 1970 年问世至今，一直是国际金融界讨论的焦点。

欧洲货币单位是原欧洲共同体国家创设的一种综合货币单位，它由 12 种货币组成，相对比较稳定，因此逐渐被一些国家的中央银行用作外汇储备。它在工业发达国家外汇储备中的比重目前约占 13%，在全部国家外汇储备中的比重与日元差不多。在欧洲货币市场上，欧洲货币单位债券、欧洲货币单位存款和贷款一直发展很快，显示出强大的国际储备潜力。

3. 黄金的国际储备地位继续下降

《牙买加协定》以及《国际货币基金组织协定第二次修正案》继续推进黄金非货币化的政策，从 1973 年美元脱离黄金以后，黄金非货币化过程逐渐在进行，然而这个过程是相当缓慢的。从事实上来说明，到目前为止黄金的货币功能也并没有完全消失，黄金还是最终的国际清偿手段与保值手段。目前，各国仍然非常重视对黄金储备的持有，国际货币基金组织仍持有黄金约 1.03 亿盎司。可见，黄金非货币化是一种趋势。

（二）汇率制度多样化

截至 2020 年 3 月 31 日，国际货币基金组织 181 个成员国实行了 9 种汇率安排。这 9 种汇率安排可以归纳为以下三大类：一是可调整的钉住汇率安排（66 种货币）；二是有限的浮动汇率安排（16 种货币）；三是更灵活的浮动汇率安排（99 种货币）。

（三）多种收支调节机制相互补充

在牙买加体系条件下，各国主要通过汇率机制、利率机制、国际金融市场，动用国际储备资产和国际金融机构的协调来调节国际收支的不平衡，国际收支调节机制向多样化的方向发展。

1. 汇率机制调节

这是牙买加体系下国际收支调节的主要方式。这一机制的运转情况是：当一国经常账户收支发生赤字时，该国货币的汇率便有贬值的趋势，这将有利于增加出口，减少进口，从而使贸易收支和经常账户收支得到改善；反之，当一国经常账户收支盈余时，该国货币汇率有升值的趋势，这会使该国进口增加，出口减少，国际收支恢复均衡。但实际上，汇率机制调节的作用没有预期的那么大，或多或少会受到其他条件的制约。

2. 利率机制调节

通过一国实际利率与其他国家实际利率的差异引导资金流入流出，从而调节国际收支。利用利率机制实际上就是通过国际收支资本账户的盈余和赤字，来平衡经常账户的赤字和盈余，或者说，是利用债务和投资来调节国际收支。

3. 国际金融市场的调节

这种调节主要是通过国际金融市场的媒介作用、国际商业银行的活动进行的。

4. 国际金融机构的协调

这种调节主要是通过 IMF 贷款、监督和指导的活动来调节的。

由于以上调节机制的作用都有局限性，最后还可以通过外汇储备的变动来进行调节，盈余国外汇储备增加，赤字国外汇储备减少。总的来说，牙买加体系是采取多种调节机制相互补充的办法来调节国际收支的。

三、对牙买加体系的评价

（一）牙买加体系的积极作用

自从 1976 年 7 月牙买加体系形成至今，目前仍然看不出这个体系将在近几年内发生重大变革的迹象，这说明牙买加体系运转正常。因此，在评价这一货币体系时，首先应该肯定它的积极作用。

第一，该体系基本上摆脱了布雷顿森林体系的一个弊端，那就是各国货币与美元挂钩，从而使附属国家与依附国家相互牵扯。而牙买加体系由于实现了国家储备多元化和浮动汇率制，即使发生美元贬值，也不一定会影响各国货币的稳定性。由于美元早已与黄金脱钩，即使发生美元贬值的预兆，各国也不可能用自己的美元储备向美国联邦储备银行挤兑黄金，所以，可以说牙买加体系在一定程度上解决了"特里芬难题"。这是因为该体系实现了国际储备货币多元化，美元已经不是唯一的国际储备货币和国际清算及支付手段，即使美元不向外流，也会有其他国际储备货币和国际清算及支付手段来弥补国际清偿力的不足；即使美国国际收支不断发生逆差以及各国的美元储备超过美国的黄金储备，各国也不可能用美元储备向美元挤兑黄金，从而加重美国的经济危机。

第二，这种比较灵活的混合汇率制，能够灵敏地反映不断变化的经济情况，有利于国际经济运转和世界经济的发展，具体表现在以下几个方面。其一，各个主要国家货币的汇率可以根据市场供求状况自发调整，可以灵活地反映不断变化的宏观经济状况，这使各国货币的币值得到了充分体现与保证，有利于国家贸易与金融及其他经济政策更具有独立性与有效性。其二，这种灵活的混合汇率体制可以使一国的宏观经济政策更具有独立性与有效性。当国际收支出现严重逆差时，不一定必须采取紧缩的宏观经济政策来维持本国货币的汇率的稳定。同时，一国的宏观经济政策在该汇率体制下往往易于取得较好的效果。其三，在以浮动汇率为主的混合汇率体制下，各国还可以减少为了维持汇率稳定所必须保留的应急性外汇储备，可以减少由于这部分资产脱离生产而造成的损失。

　　第三，该体系采取多种调节机制相互补充的办法来调节国际收支，因而在一定程度上缓和了布雷顿森林体系调节机制失灵的困难。牙买加体系的国际收支调节机制除了依靠经济组织和汇率变动外，还通过利率机制及国际金融市场的媒介作用，国际商业银行的活动，有关国家外汇储备的变动以及债权债务、投资等因素调节国际收支。多种调节机制结合起来相互补充，在一定程度上缓和了布雷顿森林体系调节机制失灵的困难，从而对世界经济的运转和发展起到一定的积极作用。

（二）牙买加体系的消极影响

　　虽说牙买加体系促进了世界经济的发展，但是主要特征为以美元为中心的多元化国际储备货币和浮动汇率制的牙买加体系的弊端，随着国际经济关系的发展变化，也日益暴露出来。

　　一是牙买加体系所呈现的国际储备货币多元化趋势日益加强，而多元化国际储备货币缺乏统一的、稳定的货币标准，这本身便是一种不稳定因素。多元化国际货币格局的错综复杂，往往造成外汇市场的动荡混乱，无论是对于国际贸易与信用的正常运行，还是对世界经济的健康发展，都会带来非常不利的影响。

　　二是在牙买加体系下，主要工业国家均采用浮动汇率制，汇率波动频繁而剧烈。这会产生以下弊端：① 汇率波动频繁猛烈，使进出口商很难核算成本与利润，难免蒙受外汇风险损失，因而往往影响贸易成交额和世界贸易的发展；② 汇率变动不定，在国际借贷关系上不是债权方蒙受损失，便是债务方负担加重，甚至引发债务危机，因而势必影响国际贸易与世界生产的发展；③ 牙买加体系以浮动汇率为主，汇率可以比较自由地下浮，因而较容易导致通货膨胀；④ 汇率频繁波动，助长了外汇投机活动，加剧了国际金融市场的动荡与混乱。

　　三是国际收支调节机制不健全。各种调节机制都有局限性，而 IMF 的贷款能力又有限，同时也无力指导与监督盈余与赤字国双方对称地调节国际收支，所以自 1973 年以来，国际收支失衡的局面一直没有得到改变，而且日趋严重，致使逆差国储备锐减，债台高筑，顺差国储备猛增，有的成为重要资本输出国，甚至于最大债权国。

　　近年来，由于牙买加体系的弊端明显暴露，给世界经济带来了不利的影响，IMF 历届年会及其他会议都曾讨论过国际货币制度改革问题。显然，进一步改革国际货币制度，建立合理而稳定的国际货币新秩序，已被提上议事日程。

第五节　国际货币制度的改革

　　现行的国际货币制度又称牙买加体系。与布雷顿森林体系相比，牙买加体系确认了浮动汇率制的合法性。各国可以自由选择浮动汇率制和固定汇率制。同时，美元和各国货币不再与黄金挂钩，各国开始实行法定货币制度。黄金在牙买加体系中结束了它的货币历史，同时也结束了美元霸权垄断的局面。可是，牙买加体系这一货币制度的稳定性水平较低。随着国际金融与贸易的发展，以及世界经济一体化趋势的不断加强，牙买加体系的改革势在必行。

一、国际货币制度改革的进展

布雷顿森林体系瓦解后，国际社会纷纷提出有关国际货币制度改革的方案和建议。这些方案和建议基本上都是围绕着《牙买加协定》中所涉及的关于国际汇率体系和国际储备体系而展开的。主要内容有：

（一）恢复金本位制

1981年，美国哥伦比亚大学教授罗伯特·蒙代尔（Robert Mundell）提出要在美国恢复黄金兑换的建议。之后，美国国会又陆续收到几份要求恢复金本位制或实行某种形式的金本位制的提案。1981年7月，时任美国总统里根下令组成黄金委员会，专门研究美国恢复金本位制的可能性。

赞成恢复金本位制的人认为，要根本克服通货膨胀的不稳定，唯一的办法就是恢复金本位制，只有恢复了纸币（美元）与黄金之间的兑换关系，才能使人们相信持有资产的购买力在将来是有保证的，从而达到增加储蓄和投资、促进经济增长、实现充分就业的目的，同时也能消除国际金融市场的动荡。

反对者认为，要确定一个准确的黄金价格极为困难。如果定得过高，黄金持有者会大量把它卖给政府，导致货币供应量猛增，必然造成通货膨胀。如果定得太低，人们就会向政府大量购买黄金，造成黄金储备猛减，乃至消耗殆尽。同时，黄金的生产状况也极不稳定，货币当局不可能把金价长期保持在一个价格上，如果随时调整，就将失去国际货币制度稳定的基础；如果生产满足不了需要，更会进一步加剧黄金的货币性供求矛盾。

（二）恢复美元本位制

基于美元仍是国际上最主要的储备货币、支付货币和计价货币，所以有人主张，为使汇率趋于稳定，拟恢复美元本位制。这一主张看起来似有道理，实则蕴含着一个根本性的矛盾：如果美元恢复为唯一的储备货币，又会陷入"特里芬难题"的困境。

（三）实行单一货币制

哈佛大学教授理查德·库珀于1984年提出，今后国际货币制度改革方向是逐步在世界范围内建立起统一的货币体系，实行统一的货币政策，并建立一个统一的货币发行银行。具体分两步走：第一步，先在主要工业国家实行汇率目标区；第二步，在2010

年前后实行由美、日、欧三方组成的单一货币制度；最后在此基础上实现世界各国在内的单一货币制度。他认为，不可能由任何一国的货币充当国际货币的中心货币，只能由特别提款权来担当，但要解决以下的关键问题：第一，必须成立一个超国家的世界性的中央银行，统一国际货币的发行，统一管理国际储备，而且能有效地直接干预和调节国际货币金融领域中各种不协调的政策和行为。第二，要改变特别提款权不合理的分配原则，分配应与资源转移相结合，根据经济发展的需要，充分考虑如何与发展中国家的发展及援助相结合，同时扩大使用范围。第三，对原有储备货币必须进行妥善处理。

（四）替代账户

1979 年，IMF 临时委员会在贝尔格莱德召开的年会上，提出了设立"替代账户"（Substitution Account）以吸收各国手中过度积累的美元资产，并使其转换为特别提款权存单，各国中央银行可将手中多余的美元投资于美国财政部发行的长期债券，所得的利息收入返还给替代账户的存款者。替代账户的作用是可以吸收过剩的美元储备供给，并且能借以提高特别提款权的国际储备货币地位。但实际上，替代账户的作用很小，没有产生预期的效果，结果自 1980 年 IMF 汉堡会议以来，替代账户的改革建议被无限期搁置起来。

（五）设立汇率目标区

1985 年，美国学者约翰·威廉姆森和伯格斯坦共同提出设立汇率目标区（Target Zone）的主张，要求各国实际汇率对基本均衡汇率的偏离幅度不超过 10%。这里的汇率目标区是指有关国家的货币当局选择一组可调整的基本参考汇率，制定出一个围绕其上下波动的幅度并加以维持。汇率目标区的种类主要可以分为"硬目标区"和"软目标区"。前者的汇率变动幅度小，不常修订，目标区的内容也对外公开，一般是通过货币政策将汇率维持在目标区。后者的汇率变动幅度较大，而且经常修订，目标区的内容不对外公开，不要求必须通过货币政策加以维持。汇率目标区与现行管理浮动汇率制的区别主要在于汇率目标区为一定时期内汇率波动幅度设立一个目标范围，并且根据汇率变动情况调整货币政策汇率波动超出目标区。汇率目标区与固定汇率制的区别在于实行汇率目标区的国家当局没有干预外汇市场的承诺，并且目标区本身可以随时根据经济形势变化的需要进行调整。汇率目标区能在一定程度促使汇率的稳定并有助于国际宏观经济政策的协调，但要确定预定的汇率目标存在许多技术性的难题，比如基期的选择、如何计算均衡汇率等。总体来说，虽然这个方案不能彻底解决汇率不稳定的问题，但如果主要西方国家能在此基础上协调宏观政策，那么，这个方案还是有助于促进汇率的稳定，并推动汇率制度改革的。

（六）创立国际商品储备货币

阿尔伯特·哈特和尼古拉斯·卡尔多提出了创立以商品为基础的国际储备货币，以便同时解决初级产品价格波动和国际储备制度的问题。其主要内容有：① 选择若干种在国际贸易中占重要地位，但又可储藏的、同质的初级产品，组成一个商品篮子；② 成立一个世界上公认的中央银行并发行一种国际货币单位，它根据一篮子商品确定其价值；③ 世界中央银行可直接或间接地根据事先确定的价格，卖出商品以收回国际货币单位或者卖出国际货币单位以换回商品。国际货币单位可以成为一种存款货币，只有世界中央银行成员国才能持有；现行特别提款权可纳入此体系，但是用商品而不是用货币来定值，黄金则可作为商品篮子中的一项。

这种改革方案在理论上讲得通，但很难付诸实施。实行以商品为基础的储备制度，必须储存大量的初级产品，为此要付出高昂的成本，由谁来分担的问题有待解决。而且，由商品储备货币来取代现在的储备货币不会是一个自然发展的过程，如果强制推行，有的国家不一定接受。另外，建立世界性的中央银行是发行商品储备货币的前提条件，显然这在目前看来无法实现。

（七）建立集中的国际信用储备制度

罗伯特·特里芬于 1982 年在《2000 年国际货币制度》一文中提出了这一设想。他认为，国际货币制度改革的根本出路在于建立起超国家的国际信用储备制度，并在此基础上创立国际储备货币。他主张，应将各国持有的国际储备以存款的形式交给 IMF，这种储备货币不应由黄金、其他贵金属和某个国家货币来充当，IMF 将成为各国中央银行的清算机构。如果 IMF 或其他类似的国际金融机制能将所有的国家都吸收成为成员国，那么，各国的政府活动就反映为 IMF 的不同成员国储备账户的增减。IMF 所持有的国际储备总量应由各国共同决定，并按国际贸易和生产、发展的需要加以调整。储备的创造可以通过对会员国的放松，介入各国金融市场购买金融资产，或定期分配新的特别提款权来实现，但不应受黄金生产或任何国家国际收支状况的制约。他指出，集中储备资产的过程将在 2000 年完成，储备中心建立后，就有可能创立国际中心货币，并使之在国际范围内流通。特里芬的这一设想反映了他对国际货币制度改革的一贯主张，即以一种由国际机构统一发行的储备资产取代黄金和现有的储备货币。特里芬又指出，应以特别提款权作为唯一的国际储备资产，来逐步取代黄金和其他储备货币。特里芬的主张要求各国中央银行服从于一个超国家的国际信用储备机构，这需要很密切的国际货币合作，目前看来还不现实，并且将来用统一的世界货币来取代其他货币后，也会遇到相当大的阻力，因为各储备货币发行国必须放弃使用本国印钞机的主权。

二、国际货币制度的缺陷

在国际货币体系步入了最新的牙买加体系时代以后，虽然弥补了先前货币体系中的一些不足之处，但是在浮动汇率制的国际市场上，资本流动却变得异常频繁并且数额巨大，并且伴随着国际主要货币间相对汇率的巨大波动，这使得国际货币体系渐渐形成了一种"中心"格局。这是由当前国际货币体系的缺陷决定的。

1. 美元独霸的货币体系

虽然牙买加体系结束了美元霸权的垄断地位，使当前国际储备货币呈现多元化格局，但这依然没有动摇美元在国际货币体系中的核心地位。从国际外汇储备构成来看，虽然 20 世纪 70 年代中期，美元在全球外汇储备中的比重有所下降，但在 1990 年以后，美元在国际外汇储备中的比重又逐渐恢复到了 2/3 左右。

在现行的国际货币体系下美国可以通过无节制地印钞进行对外支付，来满足国内消费，却无须承担任何对外的经济责任。这导致了境外美元资产与全球虚拟资本迅速膨胀，金融衍生品层出不穷，导致虚拟经济严重脱离实体经济，产生"倒金字塔"现象，从而造成了全球通货膨胀和流动性过剩的局面。

2. 以少数国家为中心的汇率制度

在现行的国际货币体系下，全球汇率制度呈现出明显的中心架构。在这种汇率制度下，少数发行国际通货的发达国家位于这一架构的中心，实行浮动汇率制度，其中美国处于绝对称霸的地位。而广大发展中国家则处于不利的地位，它们多采用固定汇率制度。在这些处于中心地位的发达国家凭借着先进技术和理念，利用发展中国家提供的原材料和廉价的劳动力，生产加工制成品向发展中国家销售牟利，向外部输出货币的同时，处于不利地位的发展中国家为了满足其支付和投资的需求，不断地增持处于中心地位的发达国家的货币和债券，同时向这些发达国家输出资源和提供市场。

3. 美国金融市场的风险传导

由于现今世界各国间的经济交流趋向于自由化和国际化，而美元又是最重要的国际资产，因此就进行全球性的金融投资来说，美国市场是投资的重要市场。而大部分欧洲国家在美国市场上的投资活动十分频繁，所以美国市场的问题很容易传递给欧洲国家的金融机构。另外，从 2007 年美国次贷危机中可以看出，大部分遭受重创的投资机构都有着一定的规模和相对较开放的投资业务。

三、国际货币制度改革的路径

1. 加强监管，增加自律性，建立储备货币间的汇率相对稳定机制

由于美国的霸权地位在很长的一段时间里无法改变，因此，建立一个完善的稳定的国际汇率机制成为一个更为重要，也是在短期内即可付诸行动并且得到满意结果的实践方案。

第一，美国等国际货币国家应实行自律的财政政策和货币政策。一方面尽量避免政策的大起大落；减少巨额的财政赤字，使经常项目逆差保持在适度的水平；降低储备货币供给的过度波动给汇率和世界经济带来的冲击。另一方面，在货币体系中加强制度安排，制约美元不负责的升值和贬值，加强对美元的监管。

第二，在 IMF 的监管下，美元、欧元、日元和英镑之间可以建立起一个汇率目标区，形成四个币种间的"汇率走廊"。用 IMF 制度的硬性约束来保证四者间汇率的相对稳定，只有保证处于中心区域的主要国际储备货币国的汇率稳定，才能保证广大发展中国家的利益，也才能进一步稳定国际金融秩序。

2. 建立多元化国际货币体系

（1）推进区域性货币建设

推进区域性货币，尤其是亚洲区域性货币的合作。在 1997 年亚洲金融危机爆发后，亚洲国家吸取了教训，认为应该积极推进和加强区域性的货币和金融合作，通过团结一致的努力和相互关照来建立一个区域性的货币合作机制，以及时在危机发生时避免危机国融资困难、友国救助不及时的状况再次发生。2008 年国际金融危机的爆发，更让亚洲国家感到了区域救助体系的建立刻不容缓。

（2）提高其他国际储备货币的地位

在产生世界货币还不太现实的情况下，提高其他国际储备货币的地位，是改变以往过度依赖美元作为国际交易货币的关键。国际原油、大宗商品的国际结算可以使用日元、欧元、英镑等多币种结算，减轻美元波动对原油、大宗商品期货市场的影响。

第六节　国际金融一体化

国际金融一体化是世界经济一体化发展的必然结果，是当前的热点问题。国际金融一体化加强了各国之间、各区域之间在金融领域的相互依存关系，促进了彼此之间的经贸交往。国际金融一体化是经济全球化的重要环节，其最新发展是金融区域化。欧洲金融一体化是金融区域化的成功范例。

一、国际金融一体化的影响

国际金融一体化是指各国或地区在金融业务、金融政策等方面互相依赖、互相影响，最终形成世界范围内的金融制度、机构及业务上的趋同的状况和过程。国际金融一体化已经成为世界经济发展不可扭转的趋势，主要体现在：各国金融制度与政策倾向一体化；全球金融市场一体化；金融机构与业务国际化；资本流动自由化、国际化。

国际金融一体化对促进世界政治经济的进一步发展产生了广泛而深远的影响：世界各国金融市场开放程度越来越高；金融信息更公开、准确；金融市场效率提高；资本流动速度大大加快；金融创新层出不穷；各国金融领域合作加强；各国金融政策倾向一体。世界金融一体化提高了资本的配置效率，在一定程度上促进了世界经济的发展。

但是，国际金融一体化的发展也给世界经济带来了很多负面影响：国际金融的不稳定性日渐突出，脆弱性增强，金融危机时有发生，无论发达国家还是发展中国家都承担着较大的风险。

（一）金融市场的开放增加了金融体系的不稳定性

国际金融一体化使各国银行与其海外分支机构之间的资金调拨打破了国界障碍，银行对国际金融市场依赖加深。随着金融市场的开放和"银行链"的加长，整个系统都潜伏着危机，国际金融一体化增加了金融体系的不稳定性。

（二）国际资金流动加大了金融市场的监管难度

金融市场的监管部门对于国际金融市场上的大批游资在各国金融市场间流入流出，引发大量的套汇、套利等投机活动的监管难度加大。国际金融一体化加剧了资金流动过程中给资金输入国带来的输入性通货膨胀，给该国的金融业造成了冲击。

（三）国际金融一体化对于各国经济动荡的放大作用

在国际金融一体化的趋势下很难保持本国独立的经济政策不受世界经济冲击。一国经济和金融形势的不稳定，通常会通过金融一体化下畅通的资金渠道向相关国家迅速传递，并在传递中放大效应。1997年泰国金融市场上泰铢的大幅度贬值，迅速波及印度尼西亚、韩国和新加坡，最终酿成了令人震惊的亚洲金融危机。国际金融一体化和国际金融市场内在的不稳定性是这场金融危机的主要原因。

二、金融区域化

金融区域化的产生背景是在世界范围内争夺资源与市场的战争中，经济实力中下等的国家处于劣势地位，这些国家逐渐认识到必须通过金融区域合作，以整体实力共同维护各国利益。另外，在亚洲金融危机中明显可以看出大量资金迅速跨国流动，风险投资基金和投资银行高杠杆运作给国际金融投机资本的炒作提供了机会。当发生金融危机时，任何一个中小国家的经济都很难承受这种冲击。因此，一些经济发展程度相近的国家为了本国的经济利益和政治地位共同开展了区域性的金融合作。

20世纪50年代至90年代国际上先后出现过100多个地区性的经济金融组织。区域性的经济金融合作，一方面满足了本地区经济发展的需要，降低了生产成本，促进了资源的最佳配置；另一方面增强了该地区的整体经济实力以及应对国际竞争的能力，同时也提高了该地区在国际社会中的政治地位和作用。

金融区域化从20世纪90年代以后迅速发展起来，目前世界上最著名且对世界经济、金融、贸易具有巨大影响的区域性经济金融合作组织主要是欧洲联盟、北美自由贸易区和亚太经济合作组织。

三、欧洲金融一体化

欧洲金融一体化是欧洲经济发展的客观趋势，对东亚、非洲等地的区域金融一体化起着示范和催化作用。

（一）欧洲经济与货币联盟的产生与发展

任何新事物的产生与发展都不是一帆风顺的，欧洲金融一体化的形成过程也充满了曲折与磨难。欧洲金融一体化的起源可以追溯到 20 世纪 50 年代。随着世界经济格局的重组，美国在世界经济中的霸主地位几乎不可动摇，西欧任何国家都无法与其单独抗衡。此时社会大环境也发生了巨大变化，科学技术迅猛发展，国际分工不断加深，国际贸易持续上升，资本、技术、劳动力广泛流动。这些变化都促使同一地区中两个或两个以上相邻国家实行经济联合，形成地区性的经济共同体。在此背景下，1957 年 3 月，法国、德国、意大利、荷兰、比利时和卢森堡六国在意大利首都罗马签订了《罗马条约》，决定成立欧洲经济共同体。欧洲经济共同体的成立加快了经济一体化的发展。20 世纪 60 年代末，欧共体建立了关税同盟，实现了共同农业政策，并着手解决劳动力与资本流动的自由化问题。为了巩固和推进经济一体化，1969 年 12 月，欧共体六国在海牙举行了首脑会议，决定建立欧洲经济与货币联盟。1970 年 10 月，欧共体负责此项工作的专门委员会向理事会提交了《关于在共同体内分阶段实现经济和货币联盟的报告》。该报告在进行了部分修改后，于 1971 年经欧共体部长会议讨论通过。1979 年，在法国总统德斯坦和德国总理施密特的共同努力下，欧洲货币体系正式成立。在之后的三十年间，欧盟的成员国不断扩大，越来越多的欧洲国家认识到也享受到了通过区域合作带来的好处。

（二）欧洲金融体系的主要内容

欧洲金融体系的主要内容包括欧洲货币单位、稳定汇率机制和欧洲货币合作基金。

1. 欧洲货币单位

欧洲货币单位埃居（European Currency Unit，ECU），是欧洲货币体系的核心，也是欧元的前身。欧洲货币单位是一篮子货币，各国货币在 ECU 中所占的权重按其在欧共体内部贸易及各国 GDP 中所占比重加权计算，每 5 年调整一次权数，但若其中任何一种货币比重的变化超过 25%，可随时对权数进行调整。各种货币在 ECU 中的比重确定之后，就可以计算一个 ECU 等于多少美元、日元等。

ECU 的发行有特定的程序。在欧洲货币体系成立之初，各成员国向欧洲货币合作基金（EMCF）提供国内 20% 的黄金储备和 20% 的美元及其他外汇储备，EMCF 以互换的形式向各成员国发行数量相当的 ECU。在创立之初，EMCF 共向各成员国提供了 230 亿 ECU。

2. 稳定汇率机制

稳定汇率机制是欧洲货币体系的核心组成部分，它由平价网体系与一篮子货币体系相结合，在该机制中，每一个成员国都确定本国货币同欧洲货币单位的可调整的固定比价，称为中心汇率，据此建立起每对成员国货币间的中心汇率。平价网体系是 EMCF 规定成员国之间汇率允许波动的范围，最大范围为中心汇率上下 2.25%，个别成员国因实力较弱，允许其货币汇率的波动幅度扩大到上下 6%。如果两国的货币汇率达到允许波动的上限或下限，货币当局必须在外汇市场上进行强制性干预，实现汇率机制的稳定。一篮子货币体系是 EMCF 对成员国货币和 ECU 的中心汇率制定一个最大偏离界限，它也是稳定汇率机制的重要组成部分。最大偏离界限等于成员国货币和 ECU 的中心汇率的上下 2.25%（1 ± 权数）。

欧洲货币体系的成员国对其货币的汇率具有双重干预义务，即本国货币对 ECU 中心汇率偏离达到最大偏离界限或本国货币对其他成员国货币的中心汇率偏离达到最大波动幅度时，应进行干预。当成员国的货币汇率偏离无法通过外汇市场干预和其他相关调节政策予以纠正时，允许放弃原中心汇率，建立新的中心汇率。

欧洲货币体系以两个中心汇率为核心，对内实行固定汇率制度，对外实行联合浮动的汇率制度，但由于各国经济发展不平衡，要维持中心汇率的稳定难度较大。

3. 欧洲货币合作基金

欧共体在 1973 年 4 月设立了欧洲货币合作基金。其作用一方面，加强干预外汇市场的能力，打击投机活动，稳定成员国货币之间的汇率和维持汇率联合浮动。另一方面，向成员国提供信贷，平衡国际收支。欧洲货币合作基金贷款方式有三种：① 不超过 45 天的短期贷款没有任何限制，还可享受 3% 的利息补贴，该贷款只向稳定汇率机制的参加国提供；② 9 个月以下的短期贷款用于帮助成员国克服短期国际收支失衡问题；③ 中期贷款的期限为 2～5 年，用于帮助成员国解决结构性国际收支问题。欧共体对每一个成员国的贷款都有一定的限额，对弱币国家的贷款严格控制在定额之内。

（三）欧元

1. 欧元的诞生与运作

早在 1971 年，欧共体就提出在共同体内部创立单一货币的计划，直到 1999 年 1 月 1 日欧元计划启动，历经 28 年。

1979 年 3 月，欧洲货币体系开始生效，正式实施欧洲货币计划，创立欧洲货币单位埃居，以及欧洲汇率机制和欧洲货币合作基金，但是各成员国仍保留了本国货币，而且没有从根本上解决欧洲货币汇率变动风险的问题。1985 年 6 月，欧共体决定成立经济与货币联盟委员会，1989 年 4 月，以雅克·德洛尔为首的委员会提出建立欧洲货币联盟的《德洛尔报告》，建立欧洲货币联盟、创建单一货币成为欧共体的主要目标。真正意义上的货币一体化从此开始。

《德洛尔报告》提出分三步实现货币联盟。1992 年 2 月，著名的《马斯特里赫特条约》(简称《马约》)在荷兰签订。该条约对《德洛尔报告》中关于建立欧洲经济与货币联盟的具体实施步骤进行了修改，制定了各成员国加入经济与货币联盟的标准，于1993年11月正式生效，同时欧洲联盟（简称欧盟）正式成立。《马约》是欧洲经济与货币联盟最基本的条约，有欧洲宪法和欧洲经济宪法之称。《马约》正式提出建立欧洲货币联盟和引入单一货币欧元的设想。《马约》的签订具有里程碑的意义，它为欧元的诞生确立了时间表，规定分三个阶段实施货币一体化计划。

第一阶段，从1990年7月1日至1993年。主要目标是：实现各成员国之间资本的自由流动，促进金融市场一体化；协调各成员国的经济政策，建立相应的监督机制；实现所有成员国加入欧洲货币体系的汇率机制，扩大欧洲货币单位的运用范围。

第二阶段，从1994年至1997年。主要目标是通过协调各成员国之间的经济与货币政策，建立独立的欧洲货币管理机构，为统一货币作技术和程序上的准备，缩小各国货币汇率的波动。

第三阶段，1997年至1999年1月1日，建立统一的欧洲货币和独立的欧洲中央银行；实行不可逆转固定汇率，引进单一货币。欧共体在实施货币一体化的计划中，于1994年1月在德国法兰克福成立了欧洲货币机构，它是欧洲中央银行的前身。欧洲中央银行于1998年6月成立。1995年5月，欧盟马德里首脑会议决定，将1999年1月1日定为欧元启动日。

《马约》规定，参加货币联盟的成员国必须达到下列标准：① 通货膨胀率不得超过通货膨胀水平最低的三个国家的简单平均数1.5个百分点；② 政府财政赤字不得超过国内生产总值的3%；③ 政府的债务累计额不得超过其国内生产总值的60%；④ 长期国债的收益率低于通货膨胀水平最低的三个国家平均数的2%；⑤ 货币汇率必须维持在欧洲货币体系规定的幅度内，至少有两年未发生过货币贬值；⑥ 成员国中央银行的法律法规必须同《马约》规定的欧洲中央银行的法律法规相兼容。

根据上述规定，在1998年5月欧盟首脑会议上，经欧盟委员会及欧洲货币机构评审，并经欧洲议会表决，德国、法国、意大利、荷兰、比利时、卢森堡、奥地利、爱尔兰、芬兰、西班牙和葡萄牙11个国家成为首批加入欧元区的成员国。英国、瑞典、丹麦因国内政治原因持观望态度，没有选择第一批加入，希腊则因未能按时达到标准被暂时排除在外。1999年1月1日，欧元作为法定货币，以1：1的比率取代埃居，到2002年1月1日，欧洲中央银行开始发行欧元的纸币和硬币，欧元与各成员国的货币磨合运行半年以后，到2002年7月1日，欧元成为欧盟发行的唯一法定货币，各成员国的货币退出历史舞台，由欧元完全取代。

在由欧盟11国组成的欧元区中，各国的中央银行不再拥有货币政策的决策权，欧洲中央银行担负起制定整个欧元区的货币政策的历史重任。根据《马约》的规定，欧洲中央银行体系由欧洲中央银行成员国中央银行构成，在这一体系中，欧洲中央银行是决策控制的主体，追求价格的稳定是体系的基本目标。欧元面临的最大问题是内部均衡与外部均衡如何协调。内部均衡是指如何均衡成员国之间的经济发展差异；外部均衡是指欧元对美元、日元比价的稳定性。欧洲中央银行能否协调内外均衡，发挥其应有职能，直接关系欧元在国际金融格局中的地位。

欧洲中央银行由行长理事会、执行理事会领导。执行理事会由欧洲中央银行行长和四个副行长组成，行长理事会是在执行理事会的基础上由欧元区成员国中央银行的行长组成。执行理事会是欧洲中央银行的执行机构，人选由银行界的杰出人才担任，任期 8 年，不得连任。

欧洲中央银行的结构与美国联邦储备委员会类似，但欧洲中央银行的权力分散，工作人员较少，各成员国的银行虽然交出了制定货币政策的权力，但成员国银行可通过各种形式施加影响。按照这种结构，欧洲中央银行行长的角色非常重要，要协调各成员国银行的行动，以一个统一的声音向外界发声。

欧元货币政策由行长理事会制定，由执行理事会执行。欧洲中央银行具有法人身份，主要任务是确定和实施欧共体的货币政策。《马约》将欧洲中央银行的主要职责规定为：制定和执行共同体的货币政策；进行外汇交易活动；持有和管理成员国的官方外汇储备；促进支付体系的顺利运行。

2. 欧元的影响

欧元的诞生意味着国际金融格局进入崭新的阶段，将对国际经济产生深远的影响。

欧元的启动，首先受影响的是美元。欧元区国家不再以美元作为主要的国际储备和国际结算手段，这就意味着许多国家可能会抛弃或减少美元而采用或适当增加欧元作为本国的储备货币，从而对美元的特权地位产生了一定的冲击。欧元的出现将使各国减少对美元的依赖性，美元作为国际贸易中介货币的作用也将减小。这无论是对促进国际汇率稳定、储备货币多元化，还是对促进世界经济增长都是有利的。

欧元的启动，消除了欧洲各国原有汇率的不确定性，降低了货币兑换成本，促进各国贸易发展，使欧元更好地服务于统一的大市场。欧元的实施使欧元区内物价更加透明，所有的商品都用欧元标价，因此价格低的商品更有竞争力，从而增强了各企业的独立意识和风险意识。

欧元的良好态势，印证了诺贝尔经济学奖获得者蒙代尔的"三大货币区"理论，即全球将出现欧元区、美元区和亚洲货币区的货币基本结构。

欧元的启动也有负面影响，最突出的问题就是各成员国的货币主权被剥夺，不能自主选择通货膨胀率、利率等。欧元在一定程度上削弱了各国国内财政政策力度，部分学者对未来欧元的稳定性也表示担忧，但无论如何，欧元的成功发行与流通已是一个不争的事实。

总而言之，欧元的启动将加速欧盟成为一个更加统一、团结和强大的整体，使欧盟在贸易、外交、政治上日益统一起来，加强欧洲地区在国际格局中举足轻重的地位。

（四）欧洲金融一体化的启示

欧洲金融一体化开创了世界金融新格局，通过以上对欧洲金融一体化形成发展的研究，也得到下面一些启示。

1. 区域金融一体化增强了区域内各国之间的经济合作，为各成员国带来最大化利益

欧元作为欧洲的统一货币，具有强大的政治和经济后盾以及生命力，消除了区域内汇率风险，促进了欧洲各国贸易。它对目前美元在国际货币体系中的霸主地位以及美国经济在世界经济格局中的超级地位形成严峻挑战。欧元启动后欧洲区域内掀起了各行各业的并购狂潮，推动了欧洲金融一体化的纵深发展，从而提高了欧洲国家的整体竞争实力。

2. 各成员国的经济发展状况、社会结构、人文素质都是区域金融一体化的前提

欧洲各国在政治体制、社会制度、经济发展、科学技术、文化教育以及民风民俗等方面都具有相同或相近的特点，这为建立欧洲货币同盟奠定了坚实的基础，为实现欧洲金融一体化铺平了道路。因此，区域金融一体化对于各成员国自身的国情有较高要求，必须相同或是相近。

3. 建设区域金融一体化道路的曲折性

区域金融一体化的发展充满了曲折性，共同联手建立货币一体化，要求各国必须放弃原有的本位货币，其难度可想而知。欧洲各国之间曾发生过多次长期的战争，如今要携手共进，这要求各成员国都要有包容的胸怀。在金融一体化的成员国中，要将经济连为一体，形成一个类似于国家的经济一体化组织，只有这样才能维持区域金融一体化。

国际金融
一体化的表现

欧洲金融一体化从最初的《罗马条约》到关税同盟、经济联盟和货币联盟，一路走来，虽然充满了艰辛，但却给所有的成员国带来了巨大的利益，促进了成员国经济的稳定和整个欧洲和平发展，同时也对世界其他区域的金融一体化起到了示范与催化作用。

本章小结

1. 国际货币制度是指各国政府为了适应国际贸易和国际支付的需要，对货币在国际范围内发挥世界货币职能所做的一系列安排，主要包括以下几方面内容：国际收支及其调节机制、汇率及汇率制度、国际货币或储备资金的确定、国际货币活动的协调与管理。

2. 金本位制（Golden Standard），是指一国的本位货币以一定量的黄金表示的货币制度，可分为金本位制、金块本位制和金汇兑本位制，且这三种类型就是金本位制的历史演变过程。

3. 布雷顿森林体系核心在于四个方面：以美元为中心的汇兑平价体系、美元充当国际货币、多渠道调节收支不平衡、由IMF全力维护布雷顿森林体系。它反映了各国对金融稳定的良好愿望，同时也不可避免地融进了美国谋求金融霸主的意图，从而使美国成了最大受益者。

4. 布雷顿森林体系崩溃以后，全球性国际收支失衡现象日益严重，各国都在探寻国际货币制度改革新方案，由此形成了牙买加体系。牙买加体系实际上是以美元为中心的多元化国际和浮动汇率的体系。在这个体系中，黄金的国际货币地位趋于消失，美元虽能在储备货币中居于首位，但美元的国际货币地位正在被削弱。

5. 国际金融一体化是世界经济一体化发展的必然结果，加强了各国与各地区之间在金融领域的相互依存关系，促进了彼此之间的经贸交往，但也给世界经济带来了很多负面影响：国际金融的不稳定性日渐突出，脆弱性增强，金融危机屡屡发生，无论发达国家还是发展中国家都承担着较大的风险。

关键词 国际货币制度　国际金本位制　布雷顿森林体系　牙买加体系　国际金融一体化　金融区域化　欧洲金融一体化

练习题

1. 历史上曾有过哪几种货币制度？每种制度各有哪些特点？
2. 在布雷顿森林体系的固定汇率制度下，如果一个国家的汇率被低估，此国中央银行会被迫采取哪种干预政策？这将会对其国家储备和货币供应产生什么影响？
3. 牙买加体系为何能维持到今天？它有何不合理性？应如何加以完善？
4. 欧洲金融一体化对世界经济的贡献如何？
5. 试述国际货币制度的主要内容。
6. 国际货币制度都有什么类型？
7. 试述国际金融一体化的影响。
8. 简述牙买加体系的主要内容。
9. 牙买加体系的特点是什么？
10. 布雷顿森林体系核心的制度内容是什么？
11. 简述布雷顿森林体系的作用。

第八章

国际信贷

国际信贷是指一国的银行、其他金融机构、政府、公司企业以及国际金融机构在国际金融市场上向另一国的银行、其他金融机构、政府、公司企业以及国际金融机构提供的贷款。它涉及一国或几个国家的政府、银行或国际金融机构向第三国政府、银行及其他自然人或法人提供的资金融通活动。本章的主要内容包括国际信贷的概念、类型和经济影响，国际贸易短期信贷的类型和特点，保付代理业务的概念、类型、程序和好处，政府与金融机构贷款、出口信贷的保险和担保、我国的出口信贷制度，以及项目融资的概念、参与人和类型。

第一节 国际信贷概述

一、国际信贷的概念

国际信贷又称国际借贷或国际贷款，是指一国的政府、银行以及其他金融机构、企业在国际金融市场上，向外国政府或金融机构借入货币资金的一种信用活动。

国际信贷是国际资本流动和转移的表现，是国际经济活动的一个重要方面。它包括国际短期信贷和国际中长期信贷。随着世界经济的发展和国际经济协作的日益加强，国际信贷也获得了长足的发展，国际信贷的种类层出不穷。20世纪70年代以后，国际金融市场又推出新的国际信贷方式——项目融资。国际信贷特别是政府和国际金融机构的贷款一般具有期限长（中期信贷1~5年；长期信贷10年左右，最长可达50年）、数额大、利率优惠等特点，但贷款条件也较为严格。通过国际信贷，一方面可以融通资金，另一方面可以避免或减少外汇风险。

二、国际信贷的类型

国际信贷种类较多，主要有以下分类方法：

按贷款的期限分类，可分为短期贷款（不超过 1 年）、中期贷款（1 年以上，一般 2 ~ 5 年）和长期贷款（5 年以上，10 年、20 年甚至更长）。其中世界银行贷款期限一般较长，最长可达 30 年。

按贷款使用的货币和优惠情况分类，可分为硬贷款和软贷款。硬贷款使用币值较坚挺的硬货币（一般为美元），利率也较高，国际复兴开发银行的贷款就是硬贷款。软贷款条件优惠，一般为无息或低息，而且还款方式灵活，国际开发协会的贷款属于软贷款。

按贷款的来源分类，可分为政府贷款、国际金融组织贷款、国际银行贷款以及私人银行贷款、联合（混合）贷款等。

三、国际信贷的成因及经济影响

（一）国际信贷的成因

在国际经济的发展过程中，一方面，发达国家出现了大量的过剩资本，当这些资本在本国找不到有利的投资环境时，就要突破国界，向资金短缺、生产要素组成费用少而市场又较为广阔的经济不发达国家或地区输出；另一方面，发展中国家为了加速本国经济发展，需要大量资本，在自己资金缺乏的情况下，需要引进外资，以弥补不足。

经济生活国际化的发展、第二次世界大战后经济一体化的兴起，使不同社会制度国家之间经济交往的障碍大大减少。世界经济市场出现了不同社会制度、不同发展阶段国家之间的商品交换、资金融通、科技交流和劳动力流动的崭新局面。国际经济发展的现实和前景，对国际信贷的发展产生了深远的推动作用。

（二）国际信贷的经济影响

1. 国际信贷的积极影响

（1）在国际信贷业务中，可以利用国际资本来源丰富和方便的特点，筹集资金来发展本国的经济。

（2）在国际信贷中，各国政府和国际金融组织的贷款，利率比较优惠，贷款期限也比较长，而且有一定的援助性质，这为一些发展中国家提供了有利的贷款条件。

（3）借款国可以通过国际银行、各国政府、国际金融机构或非金融机构等多种途径筹集巨额资金。

（4）借款国利用国际信贷引进先进技术和设备，提高本国产品的质量，加强出口商品的竞争力，进一步促进出口贸易的发展。

（5）发达国家利用向发展中国家借贷的机会，实现了商品和资本的输出，有助于解决了发展中国家国内的生产和就业等经济问题，而发达国家则通过信贷方式达到对其资金保值与增值的目的。

国际绿色信贷
准则

2. 国际信贷消极影响

因国际信贷要支付利息，所以会受到债权国财政政策和货币政策变化的制约以及国际金融市场动荡的影响；利率风险较大；贷款会加重借款国的财政负担。

第二节 国际贸易短期信贷

一、国际贸易短期信贷的概念、类型和特点

（一）国际贸易短期信贷的概念

国际贸易短期信贷是从事贸易的进出口商、进出口银行及相关贸易参与人之间所提供的期限在 1 年以内的各种贸易信贷。

进出口的贸易活动中，在商品的采购、仓储、出运的各个阶段，以及与此相关的制单、签订合同、申请开证、承兑、议付等环节，都可能发生资金的短缺，都需要以不同的方式得到融资的便利。这势必引起出口商与进口商之间以及进出口商与进出口商所在地银行之间的商业信用或银行信用关系，以加速商品的流通，促进贸易的完成。在这些贸易信贷过程中，为了满足进出口方购买商品或出口产品的某种资金的短期需要，就产生了短期贸易信贷。

（二）国际贸易短期信贷的类型

与进出口贸易资金融通有关的对外贸易信贷形式繁多，其适用范围较广，可以从不同的角度进行分类。

1. 根据提供信用对象的不同，国际贸易短期信贷可分为商业信用和银行信用

（1）商业信用是指出口商和进口商在商品形态上相互提供的信用，它反映了出口商与进口商之间因赊购、赊销商品而形成的债务关系。对出口商来说，提供商业信用的过程，同时也是其商品资本转化为货币资本的过程。商业信用主要通过票据实现。

（2）银行信用是在商业信用的基础上发展起来的。银行信用是由银行以货币形态提供给出口商或进口商的信用，它反映的是银行向出口商或进口商提供贷款所发生的债务关系。银行能把社会上暂时的游资集中起来，形成巨额的借贷资本，因此，银行信用的范围不像商业信用那样，要受出口商品的方向和数量的限制，它可以随意提供给任何一个出口商或进口商。

在各国的银行制度中，商业银行除经营与国内工商业有关的短期信用业务，并办理与国际结算有关的业务外，在很多国家的银行体系中，还常常设有专业的对外贸易银行，专门经营与对外贸易有关的信贷业务。

2. 根据接受对象的不同，国际贸易短期信贷又可分为对出口商的信贷与对进口商的信贷

对出口商的信贷主要包括进口商对出口商的预付款、经纪人对出口商的信贷和银行对出口商的信贷；对进口商的信贷主要有出口商对进口商提供的信贷、银行对进口商提供的信贷等。

（三）国际贸易短期信贷的特点

国际贸易短期信贷巧妙地实现了资本投资过程与贸易的结合。在贸易过程中，无论是出口商还是进口商，无论是经纪人还是贸易的直接参与者，在发生资金短缺时，都可向银行直接贷款或向银行进行各种商业票据的承兑贴现业务。从实物的横向流转上看，国际贸易短期信贷实现并帮助了商品（或劳务）在国与国之间更迅速地转移；从资金价值增值的纵向过程来看，它又具有资本投资的属性。国际贸易短期信贷有以下特点。

第一，信用关系是其根本特点。在商品采购、仓储、运输的各个阶段，无论是出口商还是进口商，如果遇到资金困难，都可以通过对方或银行提供的信用来解决。在商品的转手过程中，信用成为最关键的因素。

第二，投资交易量较小、周期较短。一般来说，与中长期信贷相比，国际贸易短期信贷的投资对象和领域是交易量较小、交易频繁的一般制成品、中间产品和原材料等，而不涉足大型成套设备的贸易。从投资周期上看，它一般只投资于资金交易量小同时周转期在 1 年以内的贸易活动。

第三，经营的业务方式十分复杂，涉及面广，兼顾出口和进口。

第四，国际贸易短期信贷的利率以市场利率为基础，并且经常调整。

第五，国际贸易短期信贷的风险性较小，若发生风险，国家一般不予特别担保，并且受市场调节的影响，国家政府的干预性较小。

二、国际贸易短期信贷中对出口商的信贷

（一）银行对出口商的信贷方式

1. 打包放款

打包放款是指在采用信用证结算方式的条件下，出口商品装运前，出口商作为信用证的受益人，在组织商品生产、加工、揽货和包装的过程中，以进口商开立的不可撤销信用证为抵押，由结算银行给予的资金支持。银行向出口商发放打包放款的依据是出口商收到的国外订货凭证。

2. 出口押汇

出口押汇是出口商在货物发运之后，将货运单据交给银行，并出具以全套单据作为抵押品的抵押书，银行审核单证相符之后进行议付，即对汇票或单据扣除押汇日至约计

收回款项之日期间的利息后付给对方，然后银行将单据寄交开证行索回货款以冲回原垫付资金。

3. 票据贴现

票据贴现是商业银行的一种特殊放款业务，是指出口商在票据到期前向银行融通资金，由银行买入未到期票据的行为。票据贴现是国际贸易中出口商融通资金的一种重要方式。

（二）进口商对出口商的信贷方式

1. 具有保证性质的预付款，即作为进口商执行合同的保证，通常称为定金

如果预付款的期限很短，占交易金额的比重不大，那么这种预付款就具有保证性质。出口商要求进口商支付定金，是担心在供货期内货价下跌，进口商会拒绝执行合同，是为了约束出口商。保证性质的预付款，其金额一般相当于货价可能的下跌幅度。

2. 具有信贷性质的预付款，即进口商向出口商提供的信贷

这种预付款的目的在于以最有利的条件收购其所需的产品，借以获得高额利润。

三、国际贸易短期信贷中对进口商的信贷

（一）银行对进口商提供的信贷方式

1. 承兑信用

出口商有时不完全相信进口商的支付能力。为了使汇票的付款有保证，出口商有时会提出汇票由银行承兑的条件。如果银行同意承兑汇票，则必须在汇票规定的期限内兑付汇票，进口商则应于付款日前将款项交付承兑银行，以便其兑付出口商开出的汇票。办理承兑的银行不一定是进口商本国的银行，也可以是第三国银行。

2. 放款

银行对进口商放款的方式有透支和商品抵押放款两种。透支是指进口商可以向银行签发超过其往来账户余额一定金额的支票。商品抵押放款是进口商银行应进口商要求开立以出口商为受益人的凭货物单据支付的信用证，出口商提交货运单据，成为开证银行代付货款的保证。

3. 进口押汇

进口押汇是指进口商向开证银行出具抵押申请书，开证银行在取得进口单据和货物绝对所有权的条件下，同意先替进口商向出口商垫付货款。与出口押汇一样，进口押汇也有信用证进口押汇和托收进口押汇之分。

（二）出口商对进口商提供的信贷方式

1. 开立账户信贷

开立账户信贷是指出口商和进口商在订立协议的基础上，出口商发货后，将进口商

应付的货款借记在进口商账户下，而进口商则将这笔货款贷记出口商账户，进口商在规定的期限内支付货款。

2. 票据信贷

进口商凭银行提交的单据承兑出口汇票，或者出口商将单据直接寄交进口商，进口商在一定期限内支付出口商的汇票。汇票期限的长短就是贷款期限的长短，它依据商品性质、买方资信以及汇票能否在银行贴现而定。

第三节　保付代理业务

保付代理业务最早起源于18世纪的英国，并在20世纪50年代的美国和西欧国家发展成型。近年来，保付代理业务在世界各国的国际贸易和国内贸易中都得到了广泛应用。与国外保付代理业务的迅速发展相比，中国的保付代理业务起步较晚，发展也十分缓慢。但是中国加入世界贸易组织后，保付代理业务呈现明显增长势头。

一、保付代理的概念

保付代理（Factoring）简称保理，应用于各个国家和地区间的保理则称为国际保理。《国际保理公约》对保理的定义是：保理是指卖方、供应商与保理商间存在的一种契约关系。根据该契约，卖方、供应商、出口商将其现在或将来的基于其与买方（债务人）订立的货物销售或服务合同所产生的应收账款转让给保理商，由保理商为其提供下列服务中的至少两项：贸易融资、销售分户账管理、应收账款的催收、信用风险控制与坏账担保。

（一）贸易融资

出口方在发货或提供技术服务后，将单据递交保理商，保理商立即以预付款形式向出口方提供不超过单据金额80%的无追索权融资，相应地按市场优惠利率加上适当的加息率（通常为2%）计算利息，基本上可以解决出口方因赊销而引起的资金占用问题。

（二）销售分户账管理

在卖方续做保理业务后，保理商会根据卖方的要求，定期或不定期向其提供关于应收账款的回收情况、逾期账款情况、信用额度变化情况、对账单等各种财务和统计报表，协助卖方进行销售管理。

（三）应收账款的催收

保理商一般有专业人员和专职律师进行账款追收。保理商会根据应收账款逾期的时间采取信函通知、打电话、上门催款直至采取法律手段等方式催收应收账款。

（四）信用风险控制与坏账担保

卖方与保理商签订保理协议后，保理商会为债务人核定一个信用额度，并在协议执行过程中，根据债务人资信情况的变化对信用额度进行调整。对于卖方在核准信用额度内的发货所产生的应收账款，保理商提供 100% 的坏账担保。也就是说，如果进口商拒付货款或不按期付款，保付代理组织不能向出口商行使追索权，只能自行承担全部风险。这是保理业务最主要的内容。

保理业务能够很好地解决赊销中出口商面临的资金占压和进口商信用风险的问题，因而在欧美、东南亚等地日渐流行，在世界各地发展迅速。

二、保理业务的类型

根据保理业务涉及保理的情况，保理业务通常可分为双保理模式和单保理模式，其中双保理模式是目前国际上最流行的形式，在欧洲和北美开展的保理业务中，大多数都采用这一形式，而单保理模式则更多地用于国内保理业务中。

（一）双保理模式

出口商所在地的保理组织与进口商所在地的保理组织有契约关系，它们分别对出口商的履约情况及进口商的资信情况进行了解，并加以保证，促进交易的完成与权利义务的兑现。

（二）单保理模式

单保理模式又分为直接进口保理和直接出口保理。前者是进口商所在地保理组织直接与出口商联系，并对其汇款，一般不通过出口商所在地的组织转送单据，美国这种情况较多；后者是出口商所在地的保理组织直接与进口商联系，并对其融资，一般不通过进口商所在地的保理组织转送单据。

三、保理业务的程序

出口商欲通过保理业务，将赊销后的应收款项售予保理组织，取得资金融资的便利，一般与保理组织签订保理协议，规定双方必须遵守的条款与应负的责任。协议有效期一般为 1 年，但近年来不再规定明确的有效期，保付代理组织与出口商每半年会谈一次，调整协议中一些过时的、不适宜的条款。对于国际保理业务，出口保理商与进口保理商之间签订国际保理协议，出口保理商与出口商之间签订国际保理协议。

签订协议后，保理业务一般通过下列三个流程进行，每一个流程又分为若干步骤。

（一）流程一：额度申请与核准

第一步，出口商寻找有合作前景的进口商。

第二步，出口商向出口方保理商提出叙做保理的需求，将进口商的名称及有关情况报告给本国保理组织，并要求为进口商核准信用额度。

第三步，出口方保理商将上述资料整理后，通知进口方的保理组织，并要求进口方保理商对进口商进行信用评估。

第四步，进口方的保理组织对进口商的资信进行调查，并将调查结果及可以向进口商提供赊销金额的具体建议通知出口方的保理组织。

第五步，如进口商资信可靠，向其提供赊销金额建议的数字也积极可信，出口方的保理组织就会将调查结果告知出口商，并对出口商与进口商的交易加以确认。

（二）流程二：出单与融资

第六步，如果进口商同意购买出口商的商品或服务，出口商根据进口保理商核准信用额度开始供货，并将附有转让条款的发票寄送进口商。

第七步，货物装运后，出口商把有关单据售予出口方的保理组织。

第八步，出口保理商通知进口保理商有关发票详情。

第九步，如出口商有融资需求，出口保理商付给出口商不超过发票金额 80% 的融资款。

（三）流程三：催收与结算

第十步，进口保理商于发票到期日前若干天开始向进口商催款。

第十一步，进口商于发票到期日向进口保理商付款。

第十二步，进口保理商将款项付给出口保理商。如果进口商在发票到期日 90 天后未付款，进口保理商做担保付款。

第十三步，出口保理商扣除融资本息（如有）及费用，将余额付给出口商。

四、保理业务对进口商、出口商和银行的好处

（一）对出口商的好处

1. 手续比较简便，操作简单

它既不像银行贷款那样需要复杂的审批手续、可行性评估等，也不像抵押贷款那样需要办理抵押品的移交和过户手续。

2. 有利于改善企业财务结构和财务指标

保理组织提供的是无追索权融资，出口方可以将这种预付款看作正常的销售收入，而不必像银行贷款或其他形式的融资那样记在资产负债表的负债栏内，所以不仅不会增加资产负债表中的负债，反而会增加资产负债表中资产，从而改善负债 / 资产

比率。

3. 增加营业额，扩大利润

对于新的或现有的客户提供更有竞争力的付款条件，以拓展海外市场，增加营业额。出口商将货物装运完毕后，可立即获得现金，满足营运需要，加速资本周转，促进利润增加。

4. 降低风险

只要出口商的商品品质和交货条件符合合同规定，在保理组织无追索权地购买其票据后，出口商就可以将信贷风险和汇价风险转嫁给保理组织，出口商可以得到100%的收汇保障。

5. 节约管理成本

资信调查、账务管理和账款追收都由保理组织负责，减轻了出口商的业务负担，从而节约管理成本。

（二）对进口商的好处

1. 进口手续简化

经常往来的进出口双方，可根据交易合同规定，定期发货寄单。通过保理业务，买方可迅速得到进口物资，按约定条件支付货款。这样，可大大节省开证、催证等的时间，简化进口手续。

2. 降低进口成本，扩大营业额

保理业务适用于以商业信用购买商品，进口商通过保理组织进行支付结算的情形。这样，进口商不需要向银行申请开立信用证，免去了交付押金，从而减少资金积压，降低了进口成本。同时，利用这种有利的付款条件，能以有限的资本购进更多货物，可以加快资金流动，扩大营业额。

3. 促进利润增加

因公司的信誉和良好的财务表现而获得卖方的信贷，无须抵押担保，省去了开立信用证和处理繁杂文件的费用，在批准信用额度后，购买手续简化，进货快捷。由于加快了资金和货物的流动，促进了利润的增加。

（三）对银行的好处

对商业银行而言，开办保理业务不仅丰富了业务品种，拓宽了市场范围，而且可

保理法律关系
的主要特点

以带来可观的利润。一般来说，作为出口保理商的银行，除了可以获得发票金额0.1%～0.4%的佣金外，还可以通过向出口商提供融资服务获得收益；进口保理商的银行，由于承担买方信用风险，因此佣金比例更高，一般为发票金额的0.4%～1%，并可以收取一定的银行费用和单据费用。

第四节　政府与金融机构贷款

一、政府贷款

政府贷款又称国家贷款、外国政府贷款或双边官方援助性贷款，是指一国政府利用财政资金向另一国政府提供的优惠性贷款。

政府贷款是具有双边经济援助性质的优惠性贷款。政府贷款的期限较长，属于中期、长期贷款，一般是 10 年、20 年或 30 年。政府贷款属于优惠性质的贷款，分为无息贷款和计息贷款两种。无息贷款即贷款免付利息，但要收取一定的手续费；计息贷款即贷款要支付利息，但其赠与成分应高于 25%。所谓"赠与成分"（Grant Element，GE），就是根据贷款的利率、偿还期限、宽限期和综合贴现率等数据，计算出衡量贷款优惠程度的综合性指标。政府贷款的赠与成分均超过 25%，因此都属于具有国际经济援助性质的优惠贷款。

（一）政府贷款的特点

第一，政府贷款是以政府的名义进行的双边政府间贷款，因此需要经过最高权力机关审核通过，完成应具备的法定批准程序。

第二，一般在两国政治、外交关系良好的情况下进行，是为一定的政治、外交关系服务的。

第三，属于中长期贷款，无息或者低息，是具有经济援助性质的贷款。

第四，一般要受贷款国的国民生产总值、财政收支与国际收支状况的制约，因此规模不会太大。

（二）政府贷款的影响因素

政府贷款既然是利用国家财政资金向外国政府提供的优惠贷款，必然受各种政治、经济因素的影响与制约。

1. 政局的稳定与外交关系的改善

提供贷款与借入贷款的国家政局基本上处于稳定或趋于稳定的状态，至少是提供贷款国政府相信借款国政府的政局稳定或趋于稳定，这是进行政府贷款的前提。而如果提供贷款国的政局不稳定或者处于政变动荡，则很难对外提供贷款。并且提供贷款与借入贷款的两国政府相互之间的外交关系与政治气氛是否良好，也是影响提供政府贷款的一个因素。

2. 提供贷款国政府的财政收支状况

国家财政收支良好时，该国政府所能提供的政府贷款可能多一些；而当该国财政状况恶化时，可能提供的贷款就会少一些。但是，实行赤字预算财政政策的国家，即使预算赤字很大，仍然对外提供一定的政府贷款。

3. 提供贷款国的国际收支状况

向外国提供优惠性的政府贷款，会影响其国际收支状况，表现为国际支付的增加；当借款国还款或支付利息时，则表现为国际收入的增加。因此，当一国国际收支状况良好，国际收支呈现顺差并拥有相当的外汇储备时，可能提供的贷款就会多一些；而当该国国际收支状况恶化，国际收支出现逆差，黄金或外汇储备流失时，可能提供的政府贷款就会减少。

（三）政府贷款的程序和条件

政府贷款是利用国家财政资金进行的借贷，一般由政府的财政部门或下设的专门机构办理。例如，美国国务院下设有"国际开发署"，日本政府经济企划厅下设有"海外经济协力基金"，科威特政府设有"阿拉伯经济和社会发展基金会"，这些都是办理政府间双边贷款事宜的专门机构。

1. 贷款程序

一般来说，贷款程序主要有三个步骤：

第一，申请贷款。借款国通过对所需贷款的建设项目进行可行性研究，编制可行性研究报告、建设项目实施计划书以及其他有关贷款申请文件，一般经本国驻贷款国的大使馆向贷款国政府转达贷款申请。

第二，审查与承诺。贷款国政府对申请贷款文件进行研究审查，在认为可行的情况下，结合本国情况，研究决定贷款的金额、利率使用条件和偿还期限等事宜，并将作出的决定由外交部门通知借款国，这一过程即承诺。

第三，协商与签字。两国政府就贷款条件和事项进行协商，达成协议后，签字并宣布生效。如一笔贷款包含几个建设项目，可在贷款总协议签订后逐项签订贷款协议，也可由总协议一次签订。如贷款必须分年度使用，可分年度再签订协议。所有贷款协议由专门机构执行。

2. 贷款期限

贷款期限均在贷款协议中予以规定，具体包括以下三部分：

（1）贷款的使用期，或称提取期限。一般规定 1~5 年。

（2）贷款的偿还期。一般规定从某年开始在 10 年、20 年或者 30 年内，每年一次或两次偿还贷款的本金和利息。

（3）贷款的宽限期。即贷款使用后的一段时间内只付息不还本的期限，一般规定 5 年、7 年或者 10 年。

3. 贷款的附加条件

政府贷款虽为优惠性质，但它毕竟要为贷款国的政治、外交与经济利益服务。政府贷款有时还会规定下面一些附加条件：

（1）借款国所得到的贷款限于购买贷款国的货物，从而带动贷款国产品出口，扩大其商品输出规模。

（2）限制借款国采用公开招标方式，或者只能从包括经济合作与发展组织成员国在内的以及发展援助委员会所规定的发展中国家和地区的"合格资源国"采购商品。

（3）使用政府贷款时，连带使用一定比例贷款国的出口信贷。这样既可带动贷款国民间金融资本的输出和商品输出，又可以获得使用出口信贷时进口国应付的 5%~15% 的现汇收入。

二、国际金融机构贷款

（一）IMF 贷款

IMF 所经营的主要业务是发放贷款，但它所发放的贷款不同于国际金融市场上的贷款，而是划分为若干类型，具有以下特点。

第一，贷款方式特别。以采用会员国的本货币"购买"外汇（即弥补国际收支差额所需外汇）的形式出现。会员国还款时，则以原来购入的外币购回本国货币。

第二，贷款对象仅限于会员国政府，对私人企业和组织概不贷款。IMF 只与会员国的财政部、中央银行或其他类似财政金融机构往来。

第三，贷款用途仅限于解决会员国国际收支不平衡的短期资金需要，用于贸易和非贸易经常项目支付。贷款期限一般为 3~5 年，利率较低。

第四，贷款额度受会员国缴纳的份额限制，与其缴纳份额大小成正比。

（二）世界银行贷款

1. 世界银行贷款政策

（1）世界银行贷款只贷放给会员国。世界银行只向会员国政府或由会员国政府、中央银行担保的机构提供贷款，但也曾向某些会员国管辖下的机构提供贷款。

（2）世界银行贷款一般与世界银行审定批准的特定项目相结合。该项贷款必须用于借款国的特定项目，而且经过银行审定，认为在经济上和技术上是可行的，并且是借款国政府最优先考虑的。只有在极为特殊的情况下，才发展非项目贷款。

（3）借款国确实不能以合理条件从其他来源得到贷款。

（4）贷款国只贷放给有偿还能力的会员国。世界银行是一个金融机构，它主要依靠在国际货币市场上借入资金向会员国提供贷款，必须确保其贷出的资金能如期回收，因此它只贷给有偿还能力的会员国。

（5）世界银行在决定承诺贷款前，一方面，要审查申请国的偿债能力，审查的范围包括申请国管理能力、宏观经济政策、部门经济政策、金融政策、财政状况、货币制度、预算制度、开支管理制度。另一方面，要了解该国技术水平、出口、国际收支、外债、创汇能力、对进口依赖程度、资源分配结构以及可能从其他来源取得外援等方面的情况。

2. 世界银行贷款特点

（1）世界银行贷款须与特定的工程项目相联系。这些工程项目须经世界银行精心挑选、详细核算、严密监督和系统分析。借款国必须向银行提供有关经济、财政以及贷款项目等方面情况的全部资料。世界银行提供项目建设费用的全部或部分外汇需要，但项目中的当地费用开支部分，世界银行只在特殊情况下才提供使用。

（2）世界银行贷款期限较长。世界银行贷款短则数年，最长可达 30 年，平均约为 17 年，宽限期为 4 年左右。期限较长，是因为按建设项目进度发放贷款。这是世界银行贷款受借款国欢迎的主要原因之一。

（3）世界银行贷款利率参照资本市场利率，但一般低于市场利率。

（4）手续严密。从提出项目到取得贷款，一般需要一年半到两年的时间。世界银行审定贷款的手续总体来说是科学严谨的。借款国取得贷款不仅可以得到利率较低的资金，而且可以学到较为先进的技术知识和管理经验，有利于提高贷款使用的经济效率和还款能力。

（5）世界银行贷款必须如期归还。世界银行的贷款一般不能拖欠或改变还款日期。

（三）国际开发协会贷款

国际开发协会是世界银行的一个附属机构，专门对较贫困的发展中国家发放条件较宽的长期贷款。

国际开发协会的任务，主要是向较贫困的发展中国家的公共工程和发展项目提供比世界银行贷款条件更优惠的长期贷款。国际开发协会的贷款部分称为软贷款，实际上只贷给会员国政府，不收利息，只收 0.75% 的手续费，对未使用部分的信贷收 0.5% 的承担费。信贷期限较长，最长可达 50 年，并有 10 年宽限期，第二个 10 年每年还本 1%，其余 30 年每年还本 3%。

因为国际开发协会集中援助贫困国家，其援助的项目的特点是：投资收益率高，同时又能提高生产率；应用的技术较简单，使低收入阶层也能掌握，并可减少项目建设费用；平均费用低，以便能够建设更多的项目；提供一系列的投入条件，如在农业项目中提供良种、化肥、信贷、技术援助等，最大限度地提高生产率和收入。

（四）国际金融公司贷款

世界银行的贷款以会员国政府为对象，而对私人企业贷款需由政府担保，因此在一定程度上限制了世界银行业务活动的开展。为了扩大对私人企业的国际贷款，根据美国国际开发署的建议，在世界银行下设立了国际金融公司。国际金融公司配合世界银行，资助会员国，特别是发展中国家私人企业，使其获得增长，以促进会员国的经济发展。国际金融公司对发展中国家私人企业的新建、改建、扩建等项目提供贷款（不需要政府担保），促进外国私人资本在发展中国家投资，促进发展中国家资本市场的发展。

国际金融公司的贷款对象主要是亚非拉发展中国家的制造业、加工业及开采业，例如建筑材料、纺织、造纸、肥料、机械、化工、采矿以及公用事业、旅游业等。另外，国际金融公司还贷款给当地的开发金融机构，通过联合投资活动，在组织工业发达国家的资本输出方面起着重要作用。

三、国际商业银行贷款

（一）国际商业银行信贷的含义

国际商业银行信贷是一国借款人在国际金融市场上向外国贷款银行借入货币资金。国际商业银行信贷包含三层含义。

1. 国际商业银行信贷是在国际金融市场上进行的

国际金融市场有传统的国际金融市场和新型的国际金融市场两种。新型的国际金融市场是指 20 世纪 50 年代末期在西欧各国形成的欧洲货币市场。目前欧洲货币市场已发展成为世界上规模最大的国际金融市场。

2. 国际商业银行信贷是在一国借款人与外国贷款银行之间进行的

银行信贷的当事人有债务人与债权人两方面。债务人是世界各国的借款人，包括银行、政府机构、公司企业、国际机构；债权人则是外国的大型商业银行。贷款银行可以是独家的，也可以是由多家银行组成的贷款银团。

3. 国际商业银行信贷是采取货币资本（借贷资本）形态的一种信贷关系

无论是最初的贷放或最终的收回，银行信贷均采取货币资本形式。截至 2022 年，世界上有 160 多种货币（纸币），但大约仅有 50 多种货币可自由兑换，大多数国家的货币不能自由兑换，因而不能充当国际信贷使用的货币。

（二）国际商业银行贷款的种类

国际商业银行贷款按贷款期限分为短期信贷、双边中期贷款、银团贷款三类。

1. 短期信贷

短期信贷是指 1 年期以下的贷款，短则 1 天、1 周、1 个月、3 个月，长则 6 个月、1 年。商业银行短期信贷是在银行间通过电话、电传成交，事后以书面形式确认，完全凭银行同业间的信用进行。

2. 双边中期贷款

双边中期贷款即一家银行对另一家银行提供的金额在 1 亿美元左右的贷款，贷款期限为 3~5 年。这种贷款双方要签订贷款协议。

3. 银团贷款（又称集团贷款、辛迪加贷款）

银团贷款即金额大（1 亿~5 亿美元及以上）、期限长（1 年期以上）的贷款。一般是由一家银行牵头，组成由几家或更多的银行参与的银团，共同提供款项。牵头银行为主要贷款银行，其他银行为参与银行。借款者只同牵头银行签订贷款协议。

（三）国际商业银行信贷的条件

1. 对贷款者的选择

在国际资金市场上筹措资金时，一般来讲，借款者要对贷款者做必要的调查研究工作，然后再决定是否进一步进行商谈。通常在国际资金市场上，借款者对贷款者选择的条件，首要看重的并不是借入货币的种类、利率水平的高低等问题，而是贷款者的信誉、贷款者所提供资金的来源和可靠程度。

2. 用于结算的货币

银行信贷所使用的货币是提供信贷的重要条件之一，一般可分为硬货币和软货币两大种类。硬货币是指币值比较稳定、汇率较坚挺的货币；软货币是指币值不稳定、汇率趋于下跌的货币。国际银行信贷中，在货币选择上借贷双方的利益是对立的。通常，作为借款人，选择软货币作为信贷货币较为有利，因为软货币的贬值会相对减轻债务负担；相反，作为贷款银行，选择硬货币有利，因为硬货币增值会带来额外收入。但是货币的选择不是由借款人或贷款银行单方面决定的，而是由借贷双方议定的。在国际金融市场上，软货币的信贷利率一般高于硬货币。因此，借款人在选择信贷币种时，不应只考虑各种货币的软硬情况，而应把汇率和利率结合起来考虑。

3. 贷款的利率

伦敦银行同业拆借利率是指在伦敦欧洲货币市场上，银行与银行之间 1 年期以下的短期资金借贷利率，银行的商业贷款都是以这个利率为计算基础的。在伦敦市场上常见的伦敦银行同业拆借利率报价有两个：一个是贷款利率，另一个是存款利率。这两者之差是贷款银行的营业收入。通常所说的伦敦银行同业拆借利率，一般是指贷款利率。通常，国际金融市场上银行间同业贷款，除按伦敦银行同业拆借利率支付利息外，如果贷款期限超过 1 年，则依期限的长短分别再加上一个附加利率，这个附加的利率称为加息率。

借款方在借款时，对伦敦银行同业拆借利率的确定方法主要有：由借贷双方按伦敦市场上某一主要银行的同业拆借利率报价，磋商确定；由贷款方银行确定；以贷款方银行的同业拆借利率报价同另一家不参与该项目贷款的银行的同业拆借利率报价的平均值计算；以指定的两家或三家不参与该项目贷款的银行同业拆借利率报价的平均值计算。

第五节　国际贸易中长期信贷——出口信贷

出口信贷是一种国际信贷方式。对外贸易短期信贷兼顾出口与进口需要，而出口信贷着重于促进本国商品的出口，增强本国商品的国际竞争力。目前，出口信贷已成为一种经常使用的信贷方式，在国际贸易发展中具有十分重要的作用。出口信贷的主要形式有卖方信贷、买方信贷、混合贷款和福费廷。

一、出口信贷概述

（一）出口信贷的概念与内涵

出口信贷是一种国际信贷方式，是发达国家及发展中国家为支持和扩大本国大型设备的出口，加强国际竞争能力，以对本国的出口给予利息补贴并提供信贷担保的方法，鼓励本国的银行对本国出口商或外国进口商（或其银行）提供利率较低的贷款，以解决本国出口商资金周转的困难，或满足国外进口商对本国出口商支付贷款需要的一种融资方式。

对外贸易短期信贷与中长期信贷同属对外贸易信贷。前一种融资方式兼顾出口与进口的需要，在利率与信贷条件方面与本国金融市场上类似的贷款方式相比，没有突出的区别，也不受某些国际协定的约束；后一种融资方式，则着重加强本国的出口，利率与信贷条件和本国金融市场上类似的贷款方式相比，有突出的区别，并在不同程度上受国际规定的约束。由于对外贸易中长期信贷追求的目的着重于扩大出口，所以国际上将对外贸易中长期信贷统称为出口信贷。

（二）对外贸易中长期信贷的特点

对外贸易短期信贷期限一般均在 1 年以内，只能满足商品周转较迅速、成交金额不大的资金需要。一些大型机械设备，周转期长、成交额大，进出口商需期限较长的信贷支持。因此很多发达国家或发展中国家为了促进出口，鼓励其商业银行和对外贸易银行向本国的出口商或国外的进口商发放期限在 1～5 年或 5 年以上的对外贸易中长期信贷，给予资金融通，以促进本国大型机械设备或成套项目的出口。与对外贸易短期信贷相比，中长期信贷不仅向进出口商融资，而且还是垄断资本争夺销售市场的武器。对外贸易中长期信贷这一性质在其具有的如下特点中得到充分反映。

1. 对外贸易中长期信贷的利率，一般低于相同条件资金贷放的市场利率，利差由国家补贴

大型机械设备制造业在西方国家的经济体系中占有重要地位，其产品价值高，交易金额大。在垄断资本已占领了国有销售市场的情况下，加强这些资本货物的出口，对西方国家的生产与就业影响甚大。为了提高本国机械设备的竞争能力，削弱竞争对手，主要发达国家及一些发展中国家的银行，竞相以低于市场的利率对外国进口商或本国出口商提供中长期贷款，提供信贷支持，以扩大该国资本货物的国外销路。银行提供低利率贷款与市场利率的差额由国家财政补贴。

2. 对外贸易中长期信贷的发放与信贷保险结合

由于对外贸易中长期信贷偿还期限长、金额大，发放贷款的银行存在较大的风险，为了减缓出口国家银行发放中长期信贷的后顾之忧，保证其贷款资金的安全，发达国家一般都设有国家信贷保险机构，对银行发放的中长期贷款给予保险或担保。如发生贷款不能收回的情况，信贷保险机构利用国家资金给予赔偿。发达国家提供的对外贸易中长期信贷一般都与国家的信贷担保相结合，从而提高本国出口商在国外市场的竞争能力，促进资本货物的出口。

3. 国家成立专门发放出口信贷的机构，制定政策，管理与分配国际信贷资金，特别是中长期信贷资金

发达国家提供的对外贸易中长期信贷，直接由商业银行发放，如因金额巨大、商业银行资金不足时，则由国家专设的出口信贷机构予以支持。如英国曾规定商业银行提供的出口信贷资金超过其存款的18%时，超过部分由英国的出口信贷担保局予以支持。美国发放对外贸易中长期信贷的习惯做法常由商业银行与进出口银行共同负担。有的国家对一定类型的对外贸易中长期贷款直接由出口信贷机构承担发放的责任。由国家专门设置的出口信贷机构，利用国家资金支持对外贸易中长期信贷，可弥补私人商业银行资金的不足，改善本国的出口信贷条件，加强本国出口商夺取国外销售市场的力量。这些出口信贷机构在经营出口信贷保险的同时，还根据国际商品市场与金融市场的变化，调整本国的出口信贷政策，以应对其他竞争对手的挑战。

从出口信贷的概念和对外贸易中长期贷款特点中可以看出，出口信贷不仅是信贷融资，而且还包括保险与担保两项业务内容。出口信贷保险不但为出口商提供了出口收汇安全的保障，而且为出口商从银行（或金融机构）取得贷款奠定了基础，而担保则以更直接有效的方式支持商业银行（或金融机构）向出口商或国外进口商提供贷款。由此可见，保险或担保是出口信贷的基础，融资是出口信贷的核心。

（三）出口信贷体系与模式

为达到出口信贷发放所追求的目标，促进出口信贷中保险、担保和融资业务的协调发展，发达国家与新兴市场国家和地区都建立了较严密的出口信贷体系，其构成与模式如下：

1. 出口信贷体系的构成

（1）政府

政府应根据国民经济发展情况、出口的需求以及宏观的"国家利益"，制定出口信贷政策，并承担出口信贷业务的最终风险和损失，以保证出口信贷政策的顺利实施。政府的这项职能通常是通过财政部门、预算和计划经济部门、外贸部门、外交部门、工商部门等多部门共同参与执行的。

（2）中央银行

中央银行并不直接向出口商提供融资，但它通过对商业银行的管理，可以影响其发放出口贷款的利率和期限，提高其参与出口信贷业务的积极性，使商业银行把提供出口融资作为其首要任务之一。中央银行还向商业银行提供再融资便利。这样，在中央银行的支持下，出口商就很容易从商业银行获得较低成本的出口融资了。

（3）出口信贷保险机构

出口信贷保险机构承保出口的商业信用风险和政治风险。它向出口商提供出口信用保险，还向为出口商融资的银行提供信贷偿还担保。它在中长期出口贸易和中长期出口信贷中的作用很显著，没有它的保单和保函，出口商很难向进口商提供信用，银行也很难向出口商提供出口信贷。可以说，出口信贷保险机构是出口信贷体系正常运转的一个支撑点。

（4）专门的出口信贷融资机构

一些国家专门成立了出口信贷融资部门，集中国家的出口信贷资金，向出口商提供中长期的出口信贷。这在商业银行体系尚不发达，而资本货物出口日益增长，因而迫切需要出口信贷支持的国家是很有必要的。当然，一些国家将出口信贷融资部门和保险部门合二为一，还有一些国家依靠发达的商业银行提供出口融资，因而没有设立这一部门。

（5）商业银行

各国的出口信贷体系都努力吸引商业银行的参与，以利用其雄厚的资金，广泛的国内外网络，形式多样的业务类型，灵敏的业务信息和高素质的专业人才，为扩大出口提供服务。商业银行应该遵循中央银行的指示，对出口商的需求给予积极的反应。

（6）外汇管理部门

从出口国国际收支的角度讲，出口商在获得出口信贷支持后，通过向进口商提供延期付款形式的商业信用，推迟了出口国收入外汇的时间。另外，在中长期资本货物出口中，出口商在制造期间往往需要从国外进口原料和零部件，这又牵扯到出口收汇前的外汇支出问题。为控制上述有关业务对出口外汇的不利影响，出口信贷体系需要外汇管理部门的参与和管理，以防止不合理的收汇延期和外汇支出，保证出口信贷能有效地促进外汇收入的增长。

2. 出口信贷体系的模式

世界各国的出口信贷体系，按办理出口信用保险和出口信贷融资机构的设置状况和差异，大致可以归入以下三种模式。

（1）集合模式

集合模式指出口信用保险和出口信贷融资两项业务集中于同一机构办理的体系模式。这种模式的出口信贷机构通常是组建成一个进出口银行，它同时也承保出口风险。这种模式一般效率比较高，因为政府拥有的进出口银行和政府的信用等级相同，可以从资本市场上筹集到成本最低的资金；而且借入资金时是根据其总体信贷业务的需要，而不是针对单个具体的出口交易，因而手续简便，具有规模经济效益。集合模式的进出口银行更有利于集中力量制定和执行出口信贷政策，统筹办理保险和融资业务。目前采用这一模式的国家有美国、加拿大和韩国等。

（2）单一模式

单一模式指出口信贷机构只办理出口信用保险和信贷担保，出口融资完全依靠商业银行提供的体系模式。这样的出口信贷机构通过承保信用风险，以便出口商获得出口融资，必要时还对融资利率给予补贴。在这样的体系中，资金是根据各不相同的每笔出口交易的特殊需要提供的；而且在提供资金的过程中，除出口信贷机构和出口商外，还需要有第三方——商业银行的参与；出口信贷机构对出口融资的支持也是间接的。因而出口信贷业务的执行过程较为复杂，贷款成本较高。但这种模式也有其优点。一方面，这种模式的体系只需规模较小的出口信贷机构和较少的资本金投入，就可带动很大数量出口信贷业务；另一方面，从国民账户角度讲，出口信贷业务只是出口信贷机构的或有负债。这种模式下，出口信贷机构以保险和担保为杠杆来撬动融资，因而政府的干预较少，适合于商业银行体系比较发达的国家和地区。目前英国和新加坡就采用这种模式。

（3）分列模式

分列模式指出口信用保险和出口信贷融资分别划归两个专门机构办理的体系模式。这种出口信贷体系的专业分工比较明确，有助于保险和融资两种业务工作效率的提高，也有助于以保险来支持融资业务的发展。这种模式更便于办理出口信贷融资的专门机构与商业银行之间安排融资措施，甚至联合组成银团，集中资金支持出口。由于其专业分工明确，政府在管理出口信贷业务，制定出口信贷政策时更有针对性。与上述两种模式比较，这种模式下机构设置相对重叠，政府投入较大，各部门之间的工作难以协调，为解决这一问题，采用这种模式的国家都以高层行政领导，主要是相关各部门的部长，组成协调委员会，制定出口信贷政策，解决出口信贷业务中出现的重大问题。目前采用这种模式的国家有日本、法国、德国、意大利和印度。

（四）出口信贷的作用

出口信贷对世界经济贸易的发展起到了一定的推动作用，具体体现在以下几个方面：

1. 出口信贷促进了资本货物的国际贸易的发展

出口信贷使得资本货物的制造商和出口商获得了出口收汇的安全保障，解决了资金周转的困难，从而鼓励和刺激了资本货物的生产和出口。通过向购买机器设备的进口商提供出口信贷，增加了进口商的购买能力，增加了进口国的有效需求，有效地保持了资本货物国际贸易的增长势头。

2. 出口信贷促进了项目的开发和建设

大型工程项目的开发周期长，耗费大，需要期限长、成本低的融资，出口信贷正符合这一要求。向工程设备的进口商和一些大型工程的承包商提供补贴性的出口信贷，就能使相当数量的投资项目开工运转，而这些项目如果按商业条件取得融资，则可能拖延工期或被迫下马。

3. 出口信贷促进了设备提供国的经济发展

出口信贷对扩大出口能起到积极作用，而增加出口可以增加国民生产总值，提高就业水平，改善国际收支状况等。例如，美国的出口信贷机构——美国进出口银行，创立于 1945 年，是一家依照第二次世界大战后的美国有关促进融资和出口法律而成立的独立运作的美国政府机构，其主要职责是通过提供一般商业渠道所不能获得的信贷支持促进美国商品及服务的出口，增加就业。美国进出口银行与商业银行之间是一种相互补充而非竞争的关系，提高了美国资本货物在国际市场上的竞争能力。发达国家政府从自身利益出发，往往热衷于提供出口信贷，在国内经济衰退、设备利用率下降、失业严重的情况下，更是如此。例如，在 20 世纪 70 年代，西方国家出现了经济滞胀的困难局面，迫切希望扩大出口来摆脱困境，于是这些国家以更加优惠的条件大规模提供出口信贷。

4. 出口信贷在一定程度上促进了发展中国家的经济发展

发展中国家需要引进技术设备以提高国内生产水平，而且发展中国家内往往有许多具备潜在开发价值的项目，但仅仅因为缺乏足够的资金来引进和开发，阻碍和延误了经济的发展。而出口信贷能弥补这方面的不足，从这方面讲，出口信贷对接收国的经济发展起了很大的推动作用。例如，亚洲几个新兴工业化国家和地区的崛起显然得益于出口信贷资金，它们的经济起飞后，也仿效发达国家建立起自己的出口信贷机构，成为出口信贷的提供者。

二、出口信用保险

（一）一般国家出口信用保险承保的风险

出口信用保险承保的最根本的风险是买方不付款。拒付的原因可以是商业性质的，也可以是政治性质的。商业性质的损失源于买方因破产、倒闭或财务状况恶化而无力向出口商付款；政治风险源于买方国家或其他相关国家发生战争、内乱或实行外汇管制致使买方无法向卖方付款。

下面以日本出口信用保险的承保范围为例，详细介绍商业信用风险和政治风险所包括的内容。

1. 承保的商业信用风险

（1）如果买方是公共部门，承保风险包括买方撤销合同，或以下列方式迫使卖方撤销合同：

① 买方坚持对合同条件进行卖方无法接受的修改。

② 买方迟付超过 1 年。

③ 买方对装船前应付款项迟付超过 1 年。

（2）如果买方是私营机构，承保风险包括买方破产、丧失清偿能力或财务状况恶化造成无力付款。

2. 承保的政治风险

（1）在履行合同期间买方国家实行外汇汇出限制。

（2）在履行合同期间买方国家对合同货物实行进口限制。

（3）买方国家发生战争、革命或内乱致使无法汇出可兑换货币。

（4）买方国家发生战争、革命或内乱因而停止进口。

（5）日本以外的事件致使货物运输受到阻碍。

（6）出口合同双方都无法控制的，在日本以外发生的任何事件所造成的损失。

（7）根据日本的外汇和外资管制法案对合同货物的出口进行限制。

出口商可以选择只投保商业信用风险和政治风险两者之一，也可两者兼保。在发生承保范围内的风险并造成损失时，出口信用保险机构按一定比例赔偿出口商的实际损失，通常是商业信用风险造成损失的 80%～90%，政治风险造成损失的 90%～95%，这表明出口信用保险被赋予的防范政治风险的职能更强。各国规定的损失赔付比例在数字上虽有差异但都要求保险的受益人（出口商或其银行）承担一定比例的损失，主要是让出口商更关注其出口交易的安全性，选择客户时更为谨慎。

出口信用保险不但赔偿装运后的损失，如果承保风险发生在装运前，也对出口商已经花费的成本和费用负责赔偿。

出口信用保险不仅使出口商获得了出口外汇保障，在帮助出口商从银行获得贷款方面也具有积极作用，因为保险单可以作为出口商获得资金的抵押保证。如果出口商办理了出口信用保险，银行就很愿意向他贷款，因为在买方不能付款的情况下，银行可以指望出口信用保险机构赔偿大部分损失。如果出口商所持保单还负责赔偿装运前的风险损失，银行也很愿意向其提供装运前融资。

（二）一般国家出口信用保险的险种

出口信用保险适用总括和个别两种形式的保单。在总括保单中，出口商对其所有出口交易，或符合某些规定的一部分出口交易，全部予以投保，根据一段时间内未清偿贷款的数量支付保险费，保险费率一般比较优惠。这种保单适合具有共同特性的大量的重复性交易。个别保单只承包单个的出口交易，在出口交易金额巨大，信用期限很长，交易条件比较特殊时比较适用。

1. 短期出口信用保险（Short-term Comprehensive Export Credit Insurance）

这类保险一般采用总括保单形式，适用于信用期在 6 个月以内的大量的连续性重复交易，主要是为从事经常性商品和劳务输出的出口商服务。它承保程序简单，保单有效期长，信用额度可以循环使用，有利于出口商以短期商业信用形式出卖商品，扩展销售市场。出口信用保险机构在办理此项保险时，都尽可能取得大量的良性业务，以分散风险，维持较低的保险费率，更好地起到推动出口的作用。

2. 中长期出口信用保险（Medium and Long-term Specific Transaction Export Credit Insurance）

此类保险为适应资本货物出口的需要，采用个别保单的形式，对信用期在 2 年以上的出口风险予以承包。保单有效期从装运时开始，也可从合同生效日开始，从而包括了装运前风险。

3. 劳务保险（Services Export Credit Insurance）

劳务保险承保的风险同样是商业信用风险和政治风险。对于经常性的劳务输出，可以使用总括保单。但对于非经常性劳务，例如只是一个与大建筑工程有关的工程咨询服务，则使用个别保单。目前迅速发展的大型机械设备、飞机、船舶和计算机的租赁业务的租金收入保险也属于劳务保险。

4. 海外工程承包保险（Overseas Project Contracting Insurance）

建筑工程合同是在业主和承包商之间订立的。承包商负责提供设备和原材料，以及履行技术服务责任，业主则要按工程进度付款。海外工程承包保险就是承保由于商业信用风险和政治风险造成的业主未向承包商付款的风险损失。

5. 海外投资保险（Foreign Investment Insurance）

此保险的有效期可长达 15 年，承保范围包括：① 没收或征用，承保投资对象国以直接或赎买等间接形式对投资予以没收或征用所造成的损失；② 战争，承保因战争、革命或暴动所造成的海外投资损失；③ 限制款项汇出，承保投资对象国法令禁止投资人将资本收益或贷款本息汇回国内的风险损失；④ 资本收益的商业性风险不在承保范围内。

6. 集团保险（Consortium Insurance）

此保险目的是支持本国出口商与其他出口商一起投标国际大工程项目，它承保国际大工程联合合同的某一成员（被保险人）因其他成员不能履行合同或破产而给被保险人造成的损失。此保险一般要求出口合同金额在一定数额以上，例如，英国要求在 2 000 万英镑以上。

7. 信贷保险（Export Finance Insurance）

信贷保险以银行为受益人，承保银行贴现出口票据后进口商不付款所造成的损失，损失金额确定为出口票据的票面金额减去票据到期后银行收到的金额、处理出口货物所得款项，以及银行向出口商追索到的款项。此保险是出口信用保险机构支持银行向出口商提供融资的有力工具。

8. 保证保险（Guarantee Insurance）

在一些贸易方式下出口商需要向进口商提供一些银行保函，例如，以投标保函保证中标后出口商将签订出口合同；以定金保函和进度付款保函保证如果不能完成出口合同，出口商将退还所收的定金和工程进度款项等。保证保险就是承保进口商不合理地要求执行这些银行保函给出口商造成的损失，其保险利益可以转让给第三方，主要是发放保函的银行。这种保险对于一些贸易方式，例如工程承包，十分重要。

9. 费用增加保险（Escalation Insurance）

法国在 1960 年率先开办此项业务，目的是帮助出口商固定出口成本，使得出口商在制订合同价格时免去大量的不可预知的通货膨胀因素的影响。承保条件十分严格，只承保成本中本国制造的部分，而且一些国家还不包括初级原料。对合同金额的起点要求也很高，当时在法国是 200 万法国法郎。制造期一般要求在 1 年以上，而且只对一定程度以上的费用增加提供补偿。在制造或施工完成之后，保险机构将仔细计算成本的上涨幅度，对超过预定指标的部分给予赔偿。

10. 汇率变动保险（Exchange Rate Fluctuation Insurance）

在出口商对外投标或履行合同时，如果合同的计价货币是外币，就会有汇率变动的风险。即使合同货币是本币，但如果履行合同时需要大量进口部件，仍会有汇率风险。此风险发生在签订合同到全部收回货款之间，也可能是在对外投标到合同生效之间。出口信用保险机构在承保此风险时，都规定信用期要在一定期限以上，比如德国是两年；汇率变动要在一定幅度以上，比如法国是 2.25% 以上；合同金额要在一定数额以上，比如英国是 500 万英镑以上。符合规定条件的汇率变动造成的损失由保险机构赔偿，但汇率向有利方向变动而产生的收益亦归保险机构享有。

（三）经济合作与发展组织（OECD）确定的出口信用保险的范围

为了协调各国的出口信贷政策，OECD 对官方支持的出口信用保险和出口信贷担保也作出了原则规定。出口信用保险与出口信贷担保的承保范围包括进口商 / 借款人的风险、主权信用风险（Sovereign Credit Risk）和国别信用风险（Country Credit Risk）。进口商 / 借款人风险也即上述商业风险。主权信用风险主要指政府，比如中央银行或财政部，履行对外还债的诚意和信誉。有的国家信誉较高，有的国家信誉较低。信誉较低的国家风险就大；反之，则相对较小。官方支持的保险业务承保这种风险。国别信用风险是对一国偿还外债的能力与信誉的一种评价。由于每个国家欠债还款的经历、金融状况和经济状况不同，反映其还债能力与信誉的级别就不同。OECD 将国别信用风险分为 7 级，其中，1 级风险最低，7 级风险最高，官方支持的出口信用保险机构承保此种风险。引起国别信用风险一般包括以下五个方面的内容：

第一，进口商 / 借款人 / 担保人的政府或负责偿还贷款的国家机构发布停止偿还贷款的命令。

第二，源于第三国的某些政治事件，或严重的经济困难，或采取立法行政方面的措施阻止或拖延有关信贷项下的资金划拨，从而延迟该国贷款的偿还或不能偿还。

第三，进口商或借款人的国家采取法律措施，宣布以当地货币偿还对外欠款，但是，由于汇率波动当地货币兑成贷款货币时，其还款的实际价值不抵借债资金划拨时的债务金额。

第四，第三国阻止该项贷款偿还的任何其他措施和决定。

第五，在有关国家之外，发生了不可抗力事件，从而影响该国对外债务的偿付，如战争、征用、革命、叛乱、内乱、龙卷风、洪水、地震、火山爆发、海啸和核事故等。

三、出口信贷担保

发达国家的出口信贷机构主要提供两类担保业务：融资担保和非融资担保。提供这两类业务的对象都是商业银行。融资担保用于支持银行向出口商提供贷款，非融资担保用于支持银行向出口商提供履行合同所必需的银行保函。

（一）融资担保（Financing Guarantees）

出口信贷机构支持银行提供出口融资有两种方式：一种是向出口商提供出口信用保险，由出口商将保单的利益转让给银行以获得融资；另一种是直接向为出口商发放出口贷款的银行提供融资担保，保证在出口贷款发生损失时予以赔偿。这种方式对银行来说比依靠保险单的利益更可靠，因为出口商转让的根据保单获得赔偿的权利不是无条件的。如果根据保单条款出口商可以获得赔偿，银行自然也可以得到赔偿。但如果由于作为被保险人的出口商违反了保险条款的规定，保险人拒赔，银行就不能得到补偿。而融资保函是无条件的，不管出口商是否有违约行为，银行都可以获得赔偿。出口信贷机构融资担保业务的主要类别有以下几方面：

1. 个别交易贷款担保（Specific Transaction Guarantee）

这种担保主要针对金额大、期限长的出口融资，例如，卖方信贷担保和买方信贷担保。在获得这样的担保后，商业银行就可以根据出口合同的具体条件安排信贷了。这种担保只对个别交易提供，不对出口商提供可循环使用的信贷额度，不具重复性。

2. 个别企业账户贷款担保（Individual Account Guarantee）

此担保负责赔偿商业银行在一定时期内（通常是 1 年以内）对某个出口商提供的所有出口贷款的任一风险损失。根据银行申请，出口信贷机构参照银行给予出口商的可循环使用的信贷限额，确定最高赔偿限额。银行要按月向出口信贷机构报告其向该出口商提供贷款的情况，以及出口商偿还贷款的情况，并按最高未清偿贷款总额和担保费率向出口信贷机构支付担保费。在发生出口商不按期归还贷款的情况后，银行将通知出口信贷机构，后者根据约定的比例赔偿银行的损失。

3. 银行总括出口贷款担保（Overall Guarantee）

这种担保承担商业银行在一定时期内（通常是 1 年以内）对所有出口商客户发放的全部出口贷款任一损失的赔偿责任。此担保给出口信贷机构带来了大量的业务，而且更重要的是，它分散了风险，因为商业银行对其信誉极佳的客户和信誉较差的客户的贷款都包括在担保范围内。基于这一点，出口信贷机构收取的担保费率更低，而负责赔偿的比例更高。

以上三种担保形式，对装运后贷款（Post-shipment Finance）的赔付比例要高于对装运前贷款（Pre-shipment Finance）的赔付比例，因为前者的风险更小。无论如何，出口信贷机构通常让商业银行自己承担一部分损失，以使商业银行对贷款的安全回收更重视，这样出口信贷机构就可以依靠商业的判断来经营担保业务，从而既节省了经营管理开支，又使得担保费率可以维持在较低水平上。

（二）非融资担保（Non-financing Guarantees）

1. 商业银行的非融资担保业务

除提供出口贷款外，商业银行还以投标保函、履约保函等保函形式为出口商提供非融资担保业务，以支持出口商的出口交易活动。尽管在发放这些保函时商业银行不必付出款项，但它们有一项或有负债，在保函被要求执行时银行就要付款，因为这些保函一般都是无条件保函。对出口商来说，银行的这些非融资担保业务和直接贷款同等重要，因为在某些情况下，如果没有这些担保，出口商就得在进口商指定的银行存一笔押金作为保证。所以对出口商来说，这些担保就相当于是资金。商业银行主要的非融资担保有以下几种形式。

（1）投标保函（Bid Bond）

招标已经成为一种广泛使用的国际贸易方式，大型机械设备的买卖和工程项目的承建一般都通过招标方式进行。投标保函也是公共部门采购商品或劳务时经常使用的保函，以作为投标者在中标后签订出口合同的保证。保函的有效期不长，一般只有几个月。在出口商中标但不能签订出口合同时，招标人就将要求执行投标保函，以赔偿其经济损失，这时银行就必须付款。

（2）履约保函（Performance Bond）

在出口商中标并签订贸易合同后，进口商即需要出口商提供银行出具的履约保函，以保证出口商按期交货或完工，货物符合合同品质，并且工程或设备运行正常。履约保函的金额通常是合同金额的10%，期限比较长，要包括交货或完工的期限，以及随后的质量保证期。如果进口商对出口商履行合同的情况不满意，认为不符合合同规定，他将要求执行履约保函。

（3）定金保函和进度付款保函（Down-payment Bond and Progress Payment Bond）

当出口商获得大型机械设备的出口订单后，他通常可获得合同金额15%~20%的定金，并且随着出口项目的进展，还会分期收到进度付款。但进口商会担心出口商收到款项后不履行合同。定金保函和进度付款保函的作用在于如果出口商不履行合同，银行将退还进口商对出口商已支付的定金等款项。保函金额为定金金额和进度付款金额，有效期到合同执行完毕。

（4）留置金保函（Retention Bond）

在出口商完成了交货或项目完工后，进口商在支付货款或工程款项时，通常要保留5%的合同金额作留置金，以作为货物或工程符合合同质量规定的抵押保证。这无疑将影响出口商的资金周转。留置金保函是代替留置金的保证措施，它要求进口商全部付清货款，而在货物或工程质量出现问题时，银行保证及时向进口商支付这笔留置金。保函期限依质量保证期而定。

（5）透支保函（Overdraft Guarantee）

当出口商在国外安装设备或承包工程项目时，往往需要从当地银行获得透支贷款作为运营资金，但问题是当地银行对该出口商一般不是很了解，如果出口商本国的银行能够为其出具一项保函，保证该出口商不履行还款义务时该银行将负责代为偿付，那么当地银行就愿意提供这种透支贷款，这种保函就是透支保函。

商业银行的非融资担保对海外工程承包项目尤为重要。工程承包合同的金额很大，但一般都不包含延期付款信用。标准模式是业主先付 20% 左右的定金，然后根据工程进度分期付款，最后保留合同价款的 5% 作留置金，一般在完工后保留 1 年左右。根据这种贸易方式，工程承包商一般被要求出具投标保函、履约保函、定金保函和进度付款保函、留置金保函等银行保函。工程承包商一般不需要银行贷款。因为定金和进度付款基本保证了其资金需要，他需要的就是一系列的银行保函。没有这些保函工程公司很难承包金额巨大的海外工程合同。因此发展中国家在鼓励本国公司承包海外建筑工程时，商业银行必须发展相应的非融资担保业务。

2. 出口信贷机构的非融资担保业务

商业银行提供了上述各种非融资担保后，如果出现了保函中规定的情况，银行就有责任付款。之后银行对出口商虽有追索权，但银行仍有风险，因为在这期间出口商有可能倒闭或丧失清偿能力。为防范此风险，商业银行往往要求出口商提供足够的保证，有时甚至要求出口商在该行存放相等于担保金额的押金，这无疑阻碍了出口商参加国际贸易。为了鼓励商业银行向出口商提供非融资担保，支持本国出口，出口信贷机构就对商业银行出具的投标保函、履约保函、透支保函等银行保函提供反担保（Counter Guarantees），保证在发生买方要求执行保函的情况时，向出具保函的银行赔偿其部分损失。这些反担保就是出口信贷机构的非融资担保业务。

出口信贷机构还提供一种非融资担保，即信用证保兑担保，其产生的背景是：出口商的银行有时被国外开证行要求保兑以出口商为受益人的信用证。经保兑后，出口商就获得了十足的收汇保证。但出口商的银行往往会认为开证行资信不够可靠，或进口国政治经济不稳定，而不愿加以保兑，拒绝保兑信用证很可能会使出口商丢掉出口贸易，为防止此类事件发生，出口信贷机构就向银行提供保兑担保，保证在银行对信用证予以保兑后，如果开证行倒闭，或进口国发生致使汇兑困难的事件，出口信贷机构向商业银行赔偿其部分损失。可见，保兑担保也是出口信贷机构支持本国出口的非融资担保之一。

（三）OECD 确定的出口信用保险与出口信贷担保的有关原则

在《官方支持出口信贷的安排》中，OECD 对出口信用保险与出口信贷担保作了下列原则性规定，要求会员国均应遵守，不得逾越。

1. 最低基准保费

最低基准保费（Minimum Premium Benchmarks）即存在投保主权信用风险、国别信用风险和进口商/借款人风险时，出口信用保险机构向投保人所收取的保费不应低于此基准保费，如高于此基准保费则视为违反规定。OECD 对最低基准保费所作的规定有：

第一，最低基准保费的收取要反映出投保险别的风险水平，保费收入要足以抵补保险机构的长期营业成本损失，各国收取的保费应当趋同。

第二，国别信用风险共分为 7 级风险类别，对每一级的风险各国均应制定相应的最低基准保费，各级别最低基准保费的划分应界限清楚，不相混淆。风险最高的第 7 级可在相对应的最低级基准保费之上加收适当的附加费。

第三，收取最低基准保费是指承保比例为 95% 的保险，该 95% 的承保比例可根据风险金额按比例调整。

第四，理赔期为 6 个月，6 个月赔偿等待期的利息在承保范围之内，投保人无须另交附加的保险费。

第五，直接贷款/融资的投保比例可为 100%。

第六，高收入的 OECD 成员国（按世界银行划分标准）或与其水平相当的国家，可高于最低基准保费收取。

第七，进口商、借款人风险的基准保费较高，国别信用风险最低基准保费为主权信用风险最低基准保费的 90%，即可在主权信用风险最低基准保费基础上酌情减 10%。

第八，最低基准保费以信贷本金金额的百分比表示。

2. 调整最低基准保费的相关条件

（1）由于保险机构均对出口商/金融机构提供不同类别的保险服务，具有加强其竞争力的效果；由于保险品种的类别和质量不同，其产生的竞争效果也不同。为了协调和中和这种不同的效果，保险机构一般可借助于三种通用的或比较标准的相关条件对最低基准保费加以调整：① 承保的百分比；② 赔偿的等待期，也即从进口商/借款人的付款到期日至保险人/担保人应负责偿付出口商/金融机构的日期；③ 承保赔偿等待期的利息无须额外缴费。

（2）相关条件的类别在调整最低基准保费中的运用。OECD 除规定比较标准的相关条件外，还规定了相关条件中标准产品与非标准产品的内涵和在调整最低基准保费中的运用原则，各国保险机构均应遵守：① 次标准产品，主要指不承保赔偿等待期利息的保险或承保赔偿等待期利息，但可适当加费的保险；② 标准产品，主要指直接贷款/融资或承担赔偿等待期利息而无须加费的保险；③ 超标准产品，主要指无条件的担保。

保险机构根据上述原则确定其最低基准保费，但是，如果承保的比例超出或不足 95% 的，应对最低基准保费加以调整，或者增加，或者减少。

3. 保费实施情况通报

OECD 为加强对保费的监督，规定会员国出口信贷保险机构必须按期通报该国保费及最低基准保费的实施情况。

四、出口信贷的主要融资形式

第二次世界大战前支持出口的信贷形式有四种：① 直接向进口商或进口商的政府部门发放贷款，指定贷款应购买发放贷款的国家或企业的商品；② 外贸银行或商业银行对出口商提供长期贷款，以支持出口商开拓与争夺销售市场；③ 在资本相对"过剩"的国家发行进口公司的股票和债券，或发行政府债券，以所得的资金办理进口；④ 商业银行或对外贸易银行对中长期票据进行贴现放款，定期（如半年）清偿一次。这些出口信贷形式在第二次世界大战后仍被沿袭采用。

但对银行来说，在进出口商间更普遍推行的出口信贷的融资形式则有：卖方信贷、买方信贷、福费廷（Forfeiting）、信用安排限额（Credit Line Agreement）、混合信贷、签订"存款协议"等。

（一）卖方信贷

在大型机械装备与成套设备贸易中，为便于出口商以延期付款方式出售设备，出口商所在地的银行对出口商提供的信贷就是卖方信贷。发放卖方贷款的程序与做法是：

第一，出口商（卖方）以延期付款或赊销方式向进口商（买方）出售大型机械装备或成套设备。在这种方式下，出口商与进口商签订合同后，进口商先支付 10%～15% 的定金，在分批交货验收和保证期满时，再分期付给 10%～15% 的货款，其余 70%～80% 的货款在全部交货后若干年内分期偿还（一般每半年还款一次），并付给延期付款期间的利息。

第二，出口商（卖方）向其所在地的银行借取贷款，签订贷款协议，以融通资金。

第三，进口商（买方）随同利息分期偿还出口商（卖方）货款后，根据贷款协议，出口商再用以偿还其从银行取得的贷款。

出口商向银行借取卖方信贷，除按出口信贷利率支付利息外，并须支付信贷保险费、承担费、管理费等。这些费用均附加于出口成套设备的货价之中，但每项费用的具体金额进口商不得而知。所以，延期付款的货价一般高于以现汇支付的货价，有时高出 3%～4%，甚至有的高出 8%～10%。

卖方信贷的程序如图 8-1 所示。

（二）买方信贷

在大型机械装备或成套设备贸易中，由出口商（卖方）所在地的银行贷款给外国进口商（买方）或进口商的银行，以给予融资便利，扩大本国设备的出口，这种贷款就称为买方信贷。

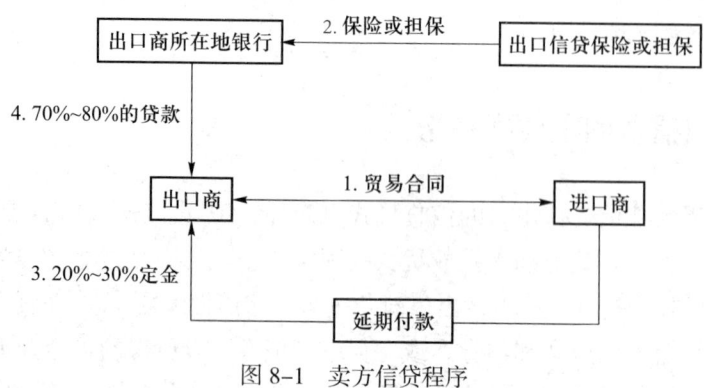

图 8-1 卖方信贷程序

卖方信贷是出口商所在地银行贷款给出口商（卖方）。而买方信贷则是由出口商所在地银行贷款给进口商（买方）或进口商（买方）的银行。无论贷给前者或贷给后者均属买方信贷。

1. 直接贷款给进口商（买方）

具体程序与做法如下：

（1）进口商（买方）与出口商（卖方）洽谈贸易，签订贸易合同后，进口商（买方）先交相当于货价 15% 的现汇定金。现汇定金在贸易合同生效日支付，也可在合同签订后的 60 日或 90 日支付。

（2）在贸易合同签订后至预付定金前，进口商（买方）再与出口商（卖方）所在地银行签订贷款协议。这个协议是以上述贸易合同作为基础的。如果进口商不购买出口国的设备，则进口商不能从出口商所在地银行取得此项贷款。

（3）进口商（买方）用其借得的款项，以现汇付款条件向出口商（卖方）支付贷款。进口商（买方）对出口商（卖方）所在地银行的欠款，按贷款协议的条件分期偿付。

2. 直接贷款给进口商（买方）银行

具体程序与做法如下：

（1）进口商（买方）与出口商（卖方）洽谈贸易，签订贸易合同，进口商（买方）先交 15% 的现汇定金。

（2）签订合同至预付定金前，进口商（买方）的银行与出口商（卖方）所在地的银行签订贷款协议。该协议虽以前述贸易合同为基础，但在法律上具有相对独立性。

（3）进口商（买方）银行以其借得的款项，转贷予进口商（买方），后者以现汇条件向出口商（卖方）支付货款。

（4）进口商（买方）银行根据贷款协议分期向出口商（卖方）所在地的银行偿还贷款。

（5）进口商（买方）与进口商（买方）银行间的债务按双方商定的办法在国内清偿结算。

上述两种形式的买方信贷协议中，均规定了进口商或进口商银行需要支付的信贷保险费、承担费、管理费等具体金额，这就比卖方信贷更有利于进口商了解真实货价，核算进口设备成本，但有时信贷保险费直接加入贸易合同的货价中。

买方信贷的程序如图 8-2 所示。

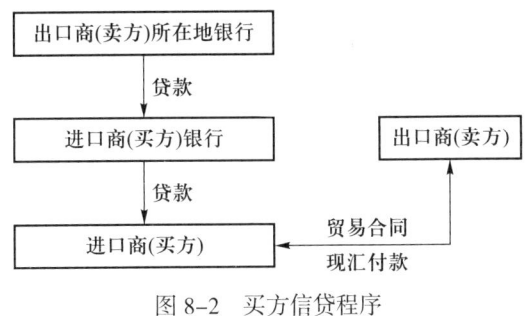

图 8-2　买方信贷程序

（三）福费廷

第二次世界大战后，在资本货物与设备的对外贸易中，进出口商除利用买方信贷与卖方信贷融通资金外，一种新的中长期的资金融通形式——福费廷从 1965 年开始在西欧国家推行。福费廷在西欧国家，特别是在德国和瑞士与发展中国家和原东欧国家间的设备贸易中比较普遍。

所谓福费廷（Forfeiting）就是在延期付款的大型设备贸易中，出口商把经进口商承兑的、期限在半年以上到五六年的远期汇票无追索权地售予出口商所在地的银行（或大金融公司），提前取得现款的一种资金融通形式，它是出口信贷的一种类型。

1. 福费廷业务的主要内容

（1）出口商与进口商在洽谈设备、资本货物等贸易时，如要使用福费廷，应事先和其所在地的银行或金融公司约定，以便做好各项信贷安排。

（2）出口商与进口商签订贸易合同，言明使用福费廷。出口商向进口商索取货款而签发的远期汇票，要取得进口商往来银行的担保，保证在进口商不能履行支付义务时，由其最后付款。进口商往来银行对远期汇票的担保形式有两种：① 在汇票票面上签章，保证到期付款（Guaranteed Due Payment）；② 出具保函（Guarantee Letter）保证对汇票付款。

（3）进口商延期支付设备贷款的偿付票据，可从下列两种形式中任选一种：由进口商向其签发远期汇票，经承兑后，退还出口商以便其贴现；由进口商开具本票（Promissory Notes）寄交出口商，以便其贴现。无论使用何种票据，均须取得进口商往来银行的担保。

主要环节如下：

首先，担保银行要经过出口商所在地银行的同意，如该银行认为担保行资信不高，进口商要另行更换担保行。担保行确定后，进出口商才签订贸易合同。

其次，出口商发运设备后，将全套货运单据通过银行的正常途径，寄送给进口商，以换取经进口商承兑的附有银行担保的承兑汇票（或本票）。单据的寄送办法按合同规定办理，可以凭信用证条款寄单，也可以跟单托收，但不论有证无证，一般以通过银行寄单为妥。

最后，出口商取得经进口商承兑的，并经有关银行担保的远期汇票（或本票）后，按照与买进这项票据的银行（大金融公司）的原约定，依照放弃追索权的原则，办理该项票据的贴现手续，取得现款。

2. 福费廷与一般贴现的区别

福费廷业务是出口商所在地银行买进远期票据、扣除利息、付出现款的一种业务。出口商借助这种业务，及时获得现金，加速资金周转，促进设备的出口。福费廷与贴现极其相似但又不相同，其主要的区别在于以下几点。

第一，一般票据贴现，如票据到期遭到拒付，银行对出票人能行使追索权，要求汇票的出票人付款。而办理福费廷业务所贴现的票据，不能对出票人行使追索权；出口商在贴现这项票据时是一种卖断，以后票据遭到拒付与出口商无关。出口商将票据拒付的风险，完全转嫁给贴现票据的银行。这是福费廷与一般贴现的最大差别。

第二，贴现的票据为一般国内贸易和国际贸易往来中的票据；而福费廷则多为与出口设备相联系的有关票据。福费廷可包括数张等值的汇票（或期票），每张票据间隔的时间一般为 6 个月。

第三，贴现的票据有的国家有时规定具备三个人的背书（Endorsement），但一般不需银行担保。而办理福费廷业务的票据，必须有一流银行的担保。

第四，办理贴现的手续比较简单，而办理福费廷业务则比较复杂。贴现的费用负担一般仅按当时市场利率收取贴现利息，而办理福费廷业务的费用负担则较高，除按市场利率收取利息外，一般还收取下列费用：① 管理费，一次性支付；② 承担费，从出口商银行确认接做福费廷业务之日起，到实际买进票据之日止，按一定费率和天数收取承担费；③ 罚款，如出口商未能履行或撤销贸易合同，以致福费廷业务未能实现，办理福费廷业务的银行要收取罚款。这些费用虽均由出口商支付，但最后还是转嫁给进口商，提高设备项目的货价。

3. 福费廷与保付代理业务的区别

福费廷与保付代理业务虽然都是由出口商向银行卖断汇票或期票，银行不能对出口商行使追索权。但是，两者之间是有区别的：

第一，保付代理业务一般多在中小企业之间进行，成交的多为一般进出口商品，交易金额不大，付款期限在 1 年以下；而福费廷业务，成交的商品为大型设备，交易金额大，付款期限长，并在较大的企业间进行。

第二，保付代理业务不须进口商所在地的银行对汇票的支付进行保证或开立保函；而福费廷业务则必须履行该项手续。

第三，保付代理业务，出口商不须事先与进口商协商；而福费廷业务则出进口双方必须事先协商，取得一致意见。

第四，保付代理业务的内容比较综合，常附有资信调查、会计处理、代制单据等服务内容，而福费廷业务的内容则比较单一突出。

4. 福费廷对出口商的作用

第一，福费廷业务，把出口商给予进口商的信贷交易，通过出口商的票据卖断，及时变为现金交易，获得现金，对出口商来说，这一点与买方信贷相似。此外，福费廷业务还能给出口商带来下列具体利益：① 信贷管理、票据托付的费用与风险均转嫁给银行；② 不受汇率变化与债务人情况变化的风险影响。

第二，在出口商的资产负债表中，可以减少国外的负债金额，提高企业的资信，有利于其有价证券的发行。

第三，能够立即获得现金，改善流动资金状况，有利于资金融通，促进出口的发展。

5. 福费廷对进口商的作用

对进口商来讲，利息与所有的费用负担均计算于货价之内，一般货价较高。但福费廷的手续却比较简便，不像利用买方信贷那样，进口商要多方联系，多方洽谈。从这一点来讲，与卖方信贷很相似。在福费廷方式下，进口商要寻找担保银行，对出口商开出的远期汇票进行担保。这时，进口商要向担保银行交付一定的保费或抵押品，其数额视进口商的资信状况而定。

（四）信用安排限额

在银行日益介入国际贸易业务，促进并组织进出口成交所起的作用日益明显的情况下，20 世纪 60 年代后期一种新型的出口信贷形式——信用安排限额开始在出口信贷业务中推行。信用安排限额的主要特点是出口商所在地的银行为了扩大本国一般消费品或基础工程的出口，给予进口商所在地的银行以中期融资的便利，并与进口商所在地银行配合，组织较小金额业务的成交。

信用安排限额有两种形式，一般用途信用限额和项目信用限额。

1. 一般用途信用限额

一般用途信用限额（General Purpose Line of Credits）有时也叫购物篮信用（Shopping Basket Credits）。在这种形式下出口商所在地银行向进口商所在地银行提供一定的贷款限额，以满足对方许多彼此无直接关系的进口商购买该出口国消费品的资金需要。这些消费品是由出口国众多彼此无直接关系的出口商提供的，出口国银行与进口国银行常常相互配合促成交易。在双方银行的总信贷限额下，双方银行采取中期贷款的方式，再逐个安排金额较小的信贷合同，给进口商以资金融通，向出口商支付，较小信贷合同的偿还年限为 2~5 年。

2. 项目信用限额

在项目信用限额（Project of Lines of Credit）下，出口国银行向进口国银行提供一定贷款限额，以满足进口国的厂商购买出口国的基础设备（Capital Goods）或基础工程建设（Programme of Capital Works）的资金需要。这些设备和工程往往由几个出口商共同负责，有时甚至没有一个总的承包商。项目信用限额与一般信用限额的条件与程序相似，借款主要用于购买工程设备。

（五）混合信贷

这种贷款方式是卖方信贷与买方信贷形式的新发展。如前所述，在卖方信贷形式下，根据国际惯例规定进口商要向出口商支付设备货价一定比例的现汇定金；在买方信贷形式下进口商要支付设备货价 15% 的现汇定金，其余 85% 的设备贷款由进口商从出口国银行取得的贷款进行支付，但贷款不得用于当地费用支出。特别是近几年来，OECD 共同议定的出口信贷利率不断提高，与国际金融市场利率形成倒挂局面，不利于某些发达国家设备的出口，一些发达国家为扩大本国设备的出口，加强本国设备出口的竞争能力，在出口国银行发放卖方信贷或买方信贷的同时，出口国政府还从预算中提出一笔资金，作为政府贷款或给予部分赠款，连同卖方信贷或买方信贷一并发放，以满足出口商（如为卖方信贷）或进口商（如为买方信贷）支付当地费用与设备价款的需要。根据 OECD 的规定，这部分政府贷款均含有 35% 以上的赠与成分，可以收取的利率比一般出口信贷利率更低，这就更有利于促进该国设备的出口，并可加强与借款国的经济技术与财政合作关系。政府贷款或赠款占整个贷款金额的比率视当时政治经济情况及出口商或进口商的资信状况而有所不同，一般占贷款金额的 30%~50%。这种为满足同一设备项目的融通资金需要，卖方信贷或买方信贷与政府贷款或赠款混合贷放的方式即为混合信贷。这一信贷形式近几年来发展较快。

西方国家提供混合信贷的形式多种多样，经常变化，大致有以下两种。

一是对一个项目的融资，同时提供一定比例的政府贷款（或赠款）和一定比例的买方信贷（或卖方信贷）。例如，20 世纪 80 年代意大利和法国提供的混合信贷中政府贷款占 52%，买方信贷占 48%；政府贷款（或赠款）和买方信贷分别签署贷款协议，两个协议各自规定其不同的利率、费率和贷款期限等融资条件。目前意大利对我国提供的混合信贷，政府贷款占 54%，出口信贷占 46%；法国对我国提供的混合信贷，政府贷款占 50%，出口信贷占 50%。

二是对一个项目的融资，将一定比例的政府贷款（或赠款）和一定比例的买方信贷（或卖方信贷）混合在一起，然后根据赠与成分的比例，计算出一个混合利率。这种形式的混合信贷只签一个协议，当然其利率、费率和贷款期限等融资条件也只有一种。目前英国对我国提供的混合信贷由 35% 的赠款与 65% 的出口信贷组成；瑞典对我国提供的混合信贷中，85% 为政府的无息贷款，另外 15% 作为定金由我国的项目单位自筹。

（六）签订"存款协议"

出口商所在地银行在进口商银行开立账户，在一定期限之内存放一定金额的存款，并在期满之前要保持约定的最低额度，以供进口商在出口国购买设备之用，这也是提供出口信贷的一种形式。

五、我国的出口信贷制度

目前，所有的发达国家和一些发展中国家均给予国外进出口商以优惠的出口信贷政策，出口信贷机构提供优惠利率，利差由国家财政补贴，并由政策性担保提供出口信贷担保。为了改善我国的出口商品结构，扩大机电仪器产品的出口，在国家有关政策的指导下，中国银行于1980年开办了出口卖方信贷业务，即对我国机电产品的出口单位发放政策性低息贷款。1983年曾试办过出口买方信贷，即对购买我国机电产品的国外进口商发放贷款。1994年我国成立了归口办理出口信贷业务的政策性银行——中国进出口银行。它除办理出口卖方信贷、出口买方信贷和出口福费廷业务外，还办理保险担保、我国政府对外优惠贷款、进口买方信贷、转贷外国政府贷款和项目评估审查业务等。中国进出口银行的建立与业务的开展，标志着我国初步形成了出口信贷制度。

中国进出口银行经营的出口卖方信贷、出口买方信贷和出口福费廷业务的主要内容分析介绍如下。

（一）出口卖方信贷

贷款对象：贷款对象指具有法人资格、经国家批准有权经营机电产品出口的进出口企业和生产企业。

贷款范围：凡出口成套设备、船舶及其他机电产品，合同金额在5万美元以上，并采用1年以上延期付款方式的资金需求，均可申请试用。

借款条件：① 借款企业经营管理正常，财务信用状况良好，有履行出口合同能力，有可靠的还款保证并在有关银行开立账户；② 出口产品一定属于机电产品或成套设备类型；③ 出口产品在中国制造部分符合我国出口原产地规则的有关规定；④ 进口商以现汇即期支付的比例，原则上船舶贸易合同不低于合同总价的2%，机电产品和成套设备贸易合同不低于合同总价的15%；⑤ 出口项目符合国家有关政策和企业法定经营范围，经有关部门审查批准，并持有已生效合同；⑥ 出口项目经营效果好，换汇成本合理，各项配套条件落实；⑦ 合同的商务条件在签约前征得中国进出口银行同意；⑧ 进口商资信可靠，并能提供中国进出口银行可接受的国外银行付款保证或其他付款保证。

贷款金额：最高不超过合同总价（或出口成本总值）减去定金。

贷款利率：根据中国人民银行有关规定，执行优惠利率。

申请贷款应提供的报表和资料：① 正式书面申请；② 填交有关表格和用款、还款计划；③ 借款单位近三年的资产负债表和损益表；④ 有关部门对出口项目的批准书；⑤ 出口项目可行性报告；⑥ 出口合同副本；⑦ 国内供货合同副本；⑧ 投保出口信用险的意向书或保单；⑨ 还款担保书或抵押协议。

中国进出口银行受理借款单位申请后，按银行规定贷款条件进行贷前调查和评审，经过银行的项目评审委员会审批同意后，银行与借款单位即签订书面贷款合同。

（二）出口买方信贷

1. 使用买方信贷的有关条款

贷款对象：中国进出口银行认可的国外进口商或进口商的银行。

贷款范围：贷款限于购买中国的成套设备、船舶或其他机电品。

贷款条件：① 设备贸易合同金额不低于 100 万美元；② 成套设备的中国制造部分不低于 70%，船舶不低于 50%，否则适当降低贷款的金额；③ 船舶合同进口商以现汇支付的比例不低于贸易合同总价的 20%，成套设备合同不低于 15%；④ 贸易合同必须符合双方政府有关政策规定，取得双方政府颁发的进口许可证及进口国外汇管理部门同意汇出本息及费用证明；⑤ 根据中国人民保险公司的规定，办理出口信用保险。

贷款金额：船舶项目不超过贸易合同总价的 80%，成套设备项目不超过 85%。

贷款期限：自贷款协议签订之日起至还清贷款本息之日止，一般不超过 10 年。

贷款利率：根据优惠原则，参照 OECD 出口信贷利率水平确定。

费用：除利息外，并收取管理费与承担费。

2. 申请使用出口买方信贷的步骤

申请出口买方信贷的一般步骤如下：

第一，出口单位与国外进口商洽谈设备贸易合同时，如欲使用中国进出口银行提供的买方信贷，则应先将贸易合同的主要内容提交中国进出口银行。

第二，中国进出口银行初审贸易合同合格后，出具发放买方信贷意向书，以便国内出口商与国外进口商进行贸易合同的具体谈判。

第三，拟使用买方信贷的进口商银行或国外进口商在进出口双方商谈贸易合同的同时向中国进出口银行提出使用买方信贷的申请，并提交下列有关资料：① 借款人的法定地址、名称；② 借款人近期的负债表、损益表等；③ 贷款的用途、还款计划等和中国进出口银行要求提供的其他文件。

第四，若中国进出口银行同意受理贷款申请，在准备同借款人签订贷款合同之前，我国的设备出口商应根据中国进出口银行的规定，办理以中国进出口银行为受益人的出口信用保险。

第五，出口的设备项目经中国进出口银行的项目评审委员会通过，才与借款人签署贷款合同。

（三）出口福费廷业务

福费廷业务的运作程序及一般贴现业务的区别已在前文详加论述，现将我国机械设备出口商通过中国进出口银行做福费廷业务的程序和步骤简要介绍如下：

第一，在机械设备贸易中，如欲采用福费廷形式，国内设备出口单位应事先同中国进出口银行取得联系，将交易的有关情况如进口商名称、进口商所属国别、合同金额、延付期限、开证行、承兑行或担保行、预计签订合同时间、预计交货时间等，书面提交给中国进出口银行。

第二，中国进出口银行在审查上述资料及情况后，如认为可行，则提交给设备出口商一个参考的折现率报价，以便出口商测算出口合同的设备报价。

第三，设备出口商向中国进口银行提交正式委托书。

第四，出售福费廷交易中进口商开出并加担保的本票（或出口单位开出，经进口商承兑并加担保的汇票）。

第五，中国进出口银行向设备出口商提交购买票据的正式报价。

第六，设备出口商同意中国进出口银行报价，应给予正式书面答复，并提交有关合同副本、信用证副本、提单副本以及汇票或本票。

第七，中国进出口银行将卖断票据款划拨给设备出口商账户。

（四）三种出口信贷形式的比较

出口卖方信贷、出口买方信贷和出口福费廷这三种都是促进我国机电仪器出口信贷方式，为了选择对我国设备出口单位最有利的方式，需要分析这三种信贷方式本身的特点和利弊。

1. 出口卖方信贷

（1）有利方面

出口卖方信贷的贷款条件与做法对出口单位的有利方面是：① 贷款利率固定，对出口商来讲无利率波动风险；② 贷款利率受有关部门补贴，低于市场利率；③ 由于出口单位与本国发放信贷银行办理手续，情况易于掌握，手续相对简便。

（2）不利方面

对出口单位的不利方面是：① 贷款条件比较严格；② 由于以延期付款方式出售设备，故存在汇率波动风险；③ 由于存在着较大金额的应收未收账款，恶化了资产负债表的状况，不利于出口单位的有价证券上市；④ 贸易合同的设备货价与筹资成本混在一起，不利于贸易合同的商务谈判。

2. 出口买方信贷

（1）有利方面

出口买方信贷对出口单位的有利方面是：① 设备贸易合同的付款条件为即期付款，有利于出口单位资产负债表状况的改善，有利于出口单位汇率波动风险的减缓；② 贷款合同与贸易合同分别签订，有利于出口单位核算设备货价成本，集中精力执行商务合同；③ 贷款利率分为模式利率与商业参考利率，出口单位结合实际情况，选择的余地较大，有利于降低借款成本。

（2）不利方面

对出口单位的不利方面是：① 发放贷款的起点较高（100 万美元），不利于工艺技术水平较低的中小设备项目的出口；② 出口单位要投保出口信用险，保险费费率根据进口商（或银行）所在国家不同，费率高低也不同，从而增加了出口单位的成本开支；③ 贷款手续烦琐，牵涉的当事人多，国际资金融通的法律问题也较复杂；④ 贸易合同能否顺利签订与执行对贷款合同的签订与执行的依赖程度较大。

3. 出口福费廷

（1）有利方面

出口福费廷的贷款条件对出口单位的有利方面是：① 票据及时卖断有利于出口单位免除信贷风险与外汇风险；② 有利于出口单位资产负债表状况的改善，以及有价证券上市；③ 融资银行买断票据的起点和出口单位出口的商品无严格明确的规定，使出口单位有较大的灵活性，有利于出口市场的开拓。

（2）不利方面

对出口单位的不利方面是：① 费用较高；② 交货时间与贸易合同签订时间相距较长，融资银行难以报出折现率，出口单位难以进行准确的对外报价；③ 融资银行一般不愿接受 5 年以上远期票据的买断。

目前，国家开发银行、中国银行等金融机构也都相继开展买方信贷业务，支持和扩大国内大型机械、成套设备、大型工程项目等出口。

第六节　国际信贷的其他形式——项目融资

20 世纪 70 年代以后，石油、天然气、交通运输、电力等大型国际工程项目日益增多。这些项目的开发，耗资巨大且开发周期长，项目投资者不可能完全依靠自有资金进行项目建设，传统的融资方式已经不能满足此类大型、巨型项目融资的要求。在这种情况下，一种新型的国际信贷方式——项目融资应运而生，并获得了很大发展。近年来，随着我国"走出去"业务的快速发展，海外投资逐年增加，对外投资的项目融资需求也日益增加。

一、项目融资的概念和特点

项目融资是指向某一特定的工程项目提供贷款，贷款人依赖该项目所产生的现金流量和收益作为偿还贷款的资金来源，并将该项目或经营该项目的经济单位的资产作为贷款的担保。由于项目的建造所需资金数额大、期限长、风险高，单独一家银行难以承担全部贷款，所以项目融资往往采用银团贷款方式。其特点如下：

第一，贷款人不是将主办单位的资产与信誉作为发放贷款的依据，而是将为营建某一工程而组成的承办单位的资产状况及该项目完工后的经济效益作为发放贷款的依据。传统的贷款方式是向主办单位发放贷款，项目贷款是向承办单位发放贷款。

第二，不是一两个单位对该项目融资进行担保，而是与工程项目有利害关系的更多单位对贷款可能发生的风险进行担保，以保证该工程按计划完工、营运，有足够的资金偿还贷款。

第三，工程所需资金来源多样化，除贷款取得建设资金外，还可以要求外国政府、国际组织给予援助，参与资金融通。

第四，项目融资是"无追索权或有限追索权"融资方式。贷款风险高，贷款利率偏高。

二、项目融资的参与人

项目融资涉及多方面的参与人，他们各自在项目贷款和项目建设中的职责与作用不同。

（一）主办单位

主办单位即项目的最终控制人，负有督导该项目计划落实的责任。贷款虽非根据主办单位的保证而发放的，但如发生意外的情况，导致项目所创造的收入不足以偿付债务，主办单位可以拿出差额资金，用以偿债。所以，贷款人发放贷款时，对主办单位的资信情况也十分关注。

（二）承办单位

承办单位有独资的，也有与外商合资的，是专门为工程项目筹措资金并经营该工程设立的独立组织。承办单位直接参与项目投资和项目管理，并承担项目债务责任和项目风险。承办单位的组织形式可以分为契约式合营、股权式合资和承包三种，需要根据项目的具体情况选择合适的承办单位组织形式。

（三）外国合伙人

外国合伙人是由承办单位选择的。一项巨大的工程项目是否有资力雄厚、信用卓著、经营能力强的外国合伙人参与是贷款人提供贷款的重要考虑因素。另外，外国合伙人有可能另行对该项目提供贷款，也可协助该工程项目从国外市场融通资金，并且可以利用外国合伙人入股的产权基金。

（四）项目贷款人

商业银行、非银行金融机构和一些国家政府的出口信贷机构以及国际金融组织，都可以是项目贷款人。贷款规模和项目风险是决定参与银团的银行数目的重要因素。一般贷款金额越高，就需要越多的银行组成银团以分担风险。

（五）设备供应商

运输机械设备、电力、原材料等供应商的资信与经营作风是贷款人考虑是否发放贷款的因素之一，因此，项目设备的供应商在保证项目按时竣工中起着重要作用，争取以延期付款方式向供应商支付货款，是承办单位获得信贷资金的一条渠道。

（六）担保方

除了项目投资者通常要为项目公司借入的项目贷款提供一定的担保以外，贷款人为了进一步降低风险，有时还会要求东道国中央银行、外国的大银行或大公司向其提供保证，特别是完工保证和偿债保证。

（七）项目设施使用方或项目产品购买方

项目设施使用方或者项目产品购买方通过与项目公司签订项目设施的长期使用协议或者项目产品的长期购买合同，为项目贷款提供重要的信用支付。

（八）项目建设的工程承包方

承包公司是工程技术成败的关键因素，其信誉在很大程度上可以直接影响贷款人对项目建设风险的判断。因此它们的技术水平和声誉是能否取得贷款的因素之一。

（九）外国政府官方保险机构

银行等信贷机构向工程项目提供贷款，常常以能否取得外国政府官方保险机构的信贷保险为先决条件，这些机构也是项目贷款的主要参与人。

（十）托管人

在国际大型工程项目的资金筹措中，往往有托管人介入。他们的主要职责是直接保管从工程产品购买人处所收取的款项，用以偿还对贷款人的欠款。托管人保证在贷款债务清偿前，承办单位不得提取或动用这笔款项。

（十一）中介机构

由于项目融资负债规模巨大，涉及不同国家的当事人，因此项目投资者或者贷款人往往需要聘请具有专门技能和经验的专业人士与中介机构来完成组织安排的工作。这些中介机构有项目融资顾问、法律顾问、税务顾问等，他们在项目融资活动中发挥着非常重要的作用，在某种程度上甚至可以说是决定项目融资成败的关键。

（十二）政府机构

政府机构在项目融资中也起到很重要的作用。例如，为项目开发提供土地或者经营特许权，为项目提供条件优惠的出口信贷或贷款担保、投资保险，甚至为项目批准特殊的外汇政策或税务政策等，这些对于成功完成项目融资十分重要。

三、项目融资的类型

项目融资主要有无追索权和有限追索权两种类型。其中有限追索权的项目融资是目前国际上普遍采用的一种项目贷款方式。

（一）无追索权项目融资

无追索权项目融资对贷款人来说风险很高，一般很少采用。它是指贷款机构对项目的主办单位没有任何追索权，只能依靠项目所产生的收益作为还本付息的来源，并可在该项目的资产上设立担保权益，此外，项目主办单位不再提供任何信用担保。如果该项目中途停建或经营失败，其资产或收益不足以清偿全部贷款，贷款人也无权向主办单位追偿。

（二）有限追索权项目融资

通常意义的项目融资，均指这种有限追索权项目融资。在有限追索权项目融资中，贷款人除依赖项目收益作为偿债来源，并可在项目单位的资产上设定担保物权外，还要求与项目完工有利害关系的第三方当事人提供各种担保。第三方当事人包括设备供应商、项目产品的买主或设施的用户、承包商等。当项目不能完工或经营失败，项目本身资产或收益不足以清偿债务时，贷款机构有权向上述各担保人追索。但各担保人对项目债务所负的责任，仅以各自所提供人的担保金额或按有关协议所承担的义务为限。

四、项目融资的担保

由于项目融资中，贷款金额大、时间长、风险高，贷款人普遍要求承诺和担保，以防范风险。从借款国的政府看，为了本国经济的发展，理所应当作出一些承诺和担保。尤其是在政治上、政策上和自有资金的投入上都要持务实的态度，以降低项目风险，增强外国银行和外商的投资信心。项目融资的担保分为直接担保、间接担保、有限担保、抵押担保和默示担保。

（一）直接担保

直接担保是指担保人为项目单位即借款人按期还本付息而向贷款人提供的直接保证。具体形式有以下三种：

一是责任担保，多数是由主办单位提供的。一旦借款人违约，则担保人承担连带责任。

二是银行和其他金融机构的担保。担保人的主要义务是"如借款人未按期还本付息，则由担保人承担支付义务"。担保书中其他内容大都是保护贷款人利益的保护性条款。

三是购买协议。主办单位与贷款人之间的协议。协议一般约定："如项目不能按期完工，从而影响项目贷款的偿还，则由主办单位买下所有贷款款项。"

（二）间接担保

间接担保是指担保人为项目单位即借款人按期还本付息而向贷款人提供的间接保证，

间接保证的主要形式有四种：① 货物是否收取均需付款合同；② 设施（或劳务）是否使用均需付款合同；③ 取得货物付款合同；④ 按固定价格与数量供应原材料合同。

（三）有限担保

在项目融资的担保中一般采用有限担保形式。有限担保是指担保人为项目单位在时间上、金额上，或同时在时间上和金额上提供的有限保证。在时间上的有限担保是担保人把担保限定在一个特定时间内。如限定近期完工担保，完工后担保解除。为满足贷款人的要求，项目单位常把完工担保条件纳入承包商的承建合同中。

（四）抵押担保

抵押担保是指项目单位将设于借款国的项目设施及其他财产抵押给贷款人，以此作为担保。在实际项目融资中，贷款人还要求项目单位向其转让项目合同项下的权利和权益，如货物是否收取均须付款合同项下收益、保险赔偿金的收益和承建合同项下的索赔收益等，以免与项目有关的收益为他人所得，从而为贷款人收回本息提供一定的保证。

《资本项目外汇业务指引（2024年版）》实施——促进跨境投融资活动便利化

（五）默示担保

默示担保在我国称为见证书。它是指由当地政府或项目主办单位根据贷款人或项目单位的要求而签发的一种表示对项目支持的信函。默示担保是道义上的承诺，无法律约束。但是默示担保的信函由项目所在地政府发出，这种信函虽无法律约束力，但有道义责任，国际银团认为当地政府既然认可批准该项目，就可避免日后当地政府放弃该项目的情况发生。

本章小结

1. 国际信贷又称国际借贷或国际贷款，是指一国的政府、银行以及其他金融机构和企业在国际金融市场上，向外国政府或金融机构借入货币资金的一种信用活动。

2. 国际信贷的类型按贷款的期限分类，可分为短期贷款（不超过 1 年）、中期贷款（1 年以上，一般 2~5 年）和长期贷款（5 年以上，10 年、20 年甚至更长）；按贷款使用的货币和优惠情况分类，可分为硬贷款和软贷款；按贷款的来源分类，可分为政府贷款、国际金融组织贷款、国际银行贷款以及私人银行贷款、联合（混合）贷款等。

3. 国际贸易短期信贷是从事贸易的进出口商、进出口银行及相关贸易参与人之间所提供的期限在 1 年以内的各种贸易信贷。其特点是：以信用关系为基础、投资交易量较小、周期较短、经济业务方式复杂、利率经常调整、风险性较小。

4. 保付代理简称保理，应用于各国间的保理则称为国际保理。《国际保理公约》对保理的定义是：保理是指卖方、供应商与保理商间存在的一种契约关系。根据该契约，卖方、供应商、出口商将其现在或将来的基于其与买方（债务人）订立的货物销售或服务合同所产生的应收账款转让给保理商，由保理商为其至少提供下列服务中的两项：贸易融资、销售分户账管理、应收账款的催收、信用风险控制与坏账担保。

5. 政府贷款又称国家贷款、外国政府贷款或双边官方援助性贷款，是指一国政府利用财政资金向另一国政府提供的优惠性贷款。

6. 出口信贷是一种国际信贷方式，是发达国家及发展中国家为支持和扩大本国大型设备的出口，加强国际竞争能力，以对本国的出口给予利息补贴并提供信贷担保的方法，鼓励本国的银行对本国出口商或外国进口商（或其银行）提供利率较低的贷款，以解决本国出口商资金周转的困难，或满足国外进口商对本国出口商支付贷款需要的一种融资方式。

7. 出口信贷的融资形式则有：卖方信贷、买方信贷、福费廷、信用安排限额、混合信贷、签订"存款协议"等。

8. 项目融资是指向某一特定的工程项目提供贷款，贷款人依赖该项目所产生的现金流量和收益作为偿还贷款的资金来源，并将该项目或经营该项目的经济单位的资产作为贷款的担保。项目融资主要有无追索权和有限追索权两种类型。其中有限追索权的项目融资是目前国际上普遍采用的一种项目贷款方式。项目融资的担保方式有：直接担保、间接担保、有限担保、抵押担保、默示担保。

关键词　　国际信贷　国家贸易短期信贷　打包放款　出口押汇　票据贴现　承兑信用　放款　进口押汇　开立账户信贷　票据信贷　保付代理　贸易融资　双保理模式　单保理模式　政府贷款　国际商业银行贷款　出口信贷　出口信用保险　融资担保　非融资担保　最低基准保费　项目融资　无追索权项目融资　有限追索权项目融资　直接担保　间接担保　有限担保　抵押担保　默示担保

练习题　　1. 简述国际信贷的概念和成因。
2. 简述 OECD 确定的出口信贷保险与担保的主要原则。

3. 简述买方信贷与卖方信贷、出口信贷与银团贷款的共同点与不同点。

4. 在出口信贷各种形式中，进口商使用哪种形式成本最低，为什么？

5. 如何用好买方信贷？

6. 简述我国的出口信贷体系。

7. 简述一般国家出口信用保险的险种。

8. 简述发达国家出口信贷机构提供的两类担保业务及特点。

9. 简述出口信贷的主要融资形式。

10. 简述项目融资的含义和特点。

11. 简述项目融资的参与主体。

12. 简述项目融资担保的方式。

第九章

外债管理

外债管理是国家制定利用外资的中、长期和年度计划，对外借债和发行债券实行统筹安排、集中管理的制度。中国管理外债的机关是国家外汇管理局。本章的主要内容包括外债含义的界定和外债的种类，外债的经济收益与成本、外债偿还能力，国际债务危机的特点、成因和应对措施，外债的规模、结构、投向和风险管理，以及中国的外债管理。

第一节 外债概述

一、外债含义的界定

债务是资金短缺者（即债务人）从资金盈余者（即债权人）借入资金，到约定期限归还本金并支付利息的一种信用活动。但外债至今还没有一个统一的定义。不同国家、不同机构在讨论外债问题或进行外债统计时，往往使用不同的概念。例如，有的把外债视为一个国家所有的对外负债；有的则把外债看作是一个国家的对外净债务；还有的认为外债是以外币计值的境外债务等。

根据国际货币基金（IMF）和世界银行的定义，外债是指在任何特定时间内，一国居民对非居民承担的具有契约性偿还责任的债务，包括本金的偿还和利息的支付。外债包括：① 国际金融组织贷款；② 外国政府贷款；③ 外国银行和金融机构贷款；④ 买方信贷；⑤ 外国企业贷款；⑥ 发行外币债券；⑦ 国际金融租赁；⑧ 延期付款；⑨ 补偿贸易中直接以现汇偿还的债务；⑩ 其他形式的对外债务。1996 年 IMF 制定了关于各国经济金融统计数据公布的国际标准，即 IMF 的数据公布特殊标准（Special Data Dissemination Standard，SDDS）。根据我国国家外汇管理局的定义，外债是指在中国境内的机关、团体、企业、事业单位、金融机构或其他机构对中国境外的国际金融组织、外国政府、金融机构、企业或其他机构用外国货币承担的具有契约性偿还义务的债务。

这两个定义的外债统计口径有所不同。IMF 的外债指非居民举借的所有债务，可以用本币表示，也可以用外币表示。我国的外债指本国居民举借的以外币表示的债务，以本币表示的债务不计入外债。随着人民币国际化的不断推进，以本币计值的外债逐年增加，为适应经济全球化和人民币国际化不断加深的趋势，提高数据质量、弥补数据缺口、增强数据可比性和提高数据透明度，加快与国际接轨，2015 年 7 月，中国人民银行、国家外汇管理局对外宣布，外债统计口径使用 SDDS 替代原来的数据公布通用系统（GDDS）。

二、外债的种类

对外债进行正确的分类，对于了解和掌握不同类型债务的特点、筹资渠道和方法，以及加强外债的科学管理都有十分重要的意义。

按照不同的标准，可以对外债进行不同的划分。

第一，按债务期限划分，可分为短期债务和中长期债务。短期债务和中长期债务以 1 年为界限。

第二，按债务形式划分，可分为国际商业贷款、外币债券、国际金融租赁、贸易融资、政府和国际金融组织贷款、对外私人借款。

第三，按债务人及其使用情况划分，可分为政府机构借款、金融机构借款、企业单位借款、其他机构借款。

第四，按债权人及其来源划分，可分为国际金融组织贷款，外国政府贷款，外国银行和金融机构贷款，外国企业、个人贷款。

第五，按优惠情况划分，可分为硬贷款、软贷款。

第六，按贷款利率划分，可分为无息贷款、低息贷款、市场利率贷款。

我国在对外债进行管理的实际操作中，一般是将上述多种多样的外债归结为以下五种。

1. 国际金融组织贷款

国际金融组织贷款就是由国际金融组织机构向借款人（一般为成员国）提供的贷款。这种贷款的资金来源主要是成员国缴纳的份额和以金融机构名义的借款。贷款对象是符合规定要求的成员国，大多是发展中国家。国际金融组织贷款的条件比较优惠，以中长期贷款为主，期限较长，平均利率较低，是发展中国家的主要筹资渠道之一。

就我国而言，关系较为密切的国际金融组织贷款主要有 IMF 贷款，世界银行集团成员的国际复兴开发银行、国际开发协会、国际金融公司贷款，亚洲开发银行贷款和国际农业开发基金贷款。

2. 外国政府贷款

外国政府贷款是指一国（债权国）政府利用本国资金向另一国（债务国）政府提供

的优惠贷款。债务国一般是第三世界经济比较落后或资金短缺的国家。债权国一般是西方发达国家或石油输出国组织成员国。

外国政府贷款是具有双边经济援助性质的优惠贷款。按照国际惯例，优惠性贷款一定要含有 25% 以上的赠与成分。所谓赠与成分就是根据贷款的利率、偿还期限、宽限期和综合贴现率等数据，计算出衡量贷款优惠程度的综合性指标。

外国政府贷款一般具有金额大、利率低、期限长、附加费用较少、附加条件较多等特点。其主要形式是混合贷款，即外国政府提供的优惠贷款和出口信贷结合使用。

3. 国际商业贷款

国际商业贷款是借款人为了满足某一建设项目和其他用途资金的需要，在国际金融市场上向外国金融机构、企业或商人筹借的贷款。这种贷款的借款手续简便，在资金使用上限制条件较少，但借款成本较高，风险比国际金融组织贷款和外国政府贷款要大。借款人资信的好坏是决定国际商业贷款筹资成本的关键。

国际商业贷款种类很多，就广义来说，主要有以下四种类型。

（1）短期融资

短期融资，即借款期限在 1 年以内（包括 1 年）的短期贷款，其利率随行就市。例如，欧洲货币短期贷款按伦敦银行同业拆借利率（London InterBank Offered Rate，LIBOR）计息。短期贷款主要凭信用，借款人无须交纳抵押品，借贷双方一般也不用签订贷款协议，在提供贷款时并不限定期限用途。

（2）普通中长期贷款

普通中长期贷款，即借款人为了进行生产建设项目投资在国际金融市场上筹借的 1 年期以上的贷款。它与短期融资的不同之处在于期限长、金额大，风险也随之增大，因而借贷双方要签订贷款协议，一般还要由借款人所属国家的政府等提供担保。如果一笔中长期贷款的金额不是很大，期限又不十分长，则可由一家银行独家承贷；如果一笔贷款金额大、期限长，则可由不同国家的多家银行组成银团共同提供贷款。这样做，既可以扩大资金供应，又可以分散风险。

欧洲中长期贷款的利率是以伦敦银行同业拆借利率为基础，加上一个加息率；另外，在银团贷款条件下，还要收取各种费用。中长期贷款用途一般在贷款合同中约定。

（3）买方信贷

买方信贷，即出口方银行直接向进口商或进口方银行提供信贷，买卖双方以即期现汇成交，签订贸易协议后，买方向卖方先付 15%~20% 的订金，其余的 80%~85% 由卖方银行以贷款的方式贷给进口商或进口方银行，买方用这笔贷款按现汇付款条件支付给卖方，而后买方按贷款协议规定分期向卖方银行偿还贷款本息。与买方信贷相对应的还有卖方信贷，即延期付款方式，是出口方银行向出口商提供的信贷。出口商为了推销其产品将产品赊销给外国买主。

（4）循环贷款

循环贷款（Revolving Credit），也称备用贷款，即借款人根据贷款协议在贷款有效期限内可以随时提取金额不超过规定的最高额限的贷款。这种贷款的特点是借款人在期限内可以"循环"用款。循环贷款的成本较高，除支付利息外，借款人还要支付贷款人准备资金随时提取的费用。

20世纪80年代以来，我国除了利用国外官方优惠贷款和国际金融组织贷款外，利用国际商业贷款的总额也在逐年增加，主要用于期限短、见效快的出口创汇项目。但由于这种贷款期限短，汇率风险较大，使用时应慎重，必须控制商业贷款在外债总额中的比例。

4. 对外发行债券

对外发行债券是一国政府、金融机构、企业等在国际债券市场上所发行的债券。发行对象主要是境外的投资者，可以是银行、企业，也可以是个人，发行面很广。由于债券具有流动性、安全性和收益性以及集资额大等特点，目前，对外发行债券已成为我国在国际金融市场上筹措资金的一种重要形式。

对外发行的债券，利率一般为固定利率，也可采用浮动利率，利率水平与中长期贷款差不多，一般低于国内债券的利率，官方发行的债券利率又低于公司企业发行债券的利率。发行者除按利率计支利息给投资者外，还需支付其他费用。但发行债券的总成本，一般比银行借款低。

5. 国际金融租赁

国际金融租赁又称融资性租赁（Financial Leases），它是商业信贷和银行信贷同时进行的一种新的筹资方式。承租人（租赁公司）向国外出租人（租赁公司或企业）租用机器设备，以支付租金形式偿还使用费，到期退还机器设备或买下设备残值。租赁业务比较灵活，金额可大可小，租赁期限可长可短，租金偿还可一次性清偿或分期偿还。

如何使用外债

第二节　外债的经济分析

一、外债的经济收益与成本

1. 外债的经济收益

世界各国资源分布和生产技术发展不平衡，彼此之间进行资金、物资、技术的交流和利用，特别是经济发展比较落后的国家对经济发达国家的资金、物资和技术的利用，是促进本国经济和社会发展的普遍现象和必然趋势。借入外债是利用外国资金的重要形式，是进行物资和技术交流的基础。

对于一个真正谋求经济发展的国家来说，借入外债最终是要实现以自身能力积累为基础的持续增长，摆脱对外债的依赖。从理论上讲，依靠外资促进国民经济增长要经历三个阶段：第一阶段，为实现一定目标的国民经济增长所需投资额大于国内储蓄，需要外国资本流入以弥补国内储蓄缺口；第二阶段，随着经济发展，国内储蓄开始增加，基本满足投资和还付本息的需要，此时的外资流入量应该逐步减少，国民经济增加对外债的依赖性下降；第三阶段，国民经济持续增长以后，国内储蓄逐步达到能充分满足投资和还付本息的水平，因而无须再大量借入外债，资本流入和流出达到基本平衡，或实现资本净流出。

第二次世界大战后，许多国家利用外资发展本国经济，借入外债逐步成为国际资本流动的主要形式，对世界各国经济发展起到了推动作用。具体而言，借入外债的经济效益表现在以下几个方面。

第一，投资。借入外债可以弥补国内建设资金不足，增加投资能力。几乎所有的分析家都认为借入外债的作用是扩大投资，因为它可以补充国内资金的不足，有助于提高资本形成比率，从而带来更高的投资率和收入增长率，但有一个必要前提是：所借外债都有效地用于投资项目。

第二，技术和设备。借入外债后，债务国可以根据本国的生产需要和消化能力引进国外的先进技术和设备，经过不断地吸收，提高本国的生产技术水平和社会劳动生产率，生产出能够满足国内需要的产品。

第三，就业。通过借入外债增加国内的生产投入，开辟新行业，建立新企业，吸收大批的待业人员，并对这些人员进行培训，这不但提高了本国的就业率，而且提高了本国劳动力的素质。

第四，贸易。借入外债不仅促进了本国生产结构的变化，而且有利于出口商品结构的变化。实践证明，利用国外资金引进国内紧缺物资和关键设备，可以加强某一生产领域或行业的建设，调整不合理的生产结构，扩大出口创汇的生产能力，提高其在国际市场上的竞争地位，改变长期依赖进口的状况，促进国际经济发展。

第五，银行或金融机构。借入外债可以改善一个国家作为潜在金融市场的形象，在债务国保持良好信誉的情况下，外国银行在债务国设立分行、代表机构等的机会将增多，这会给债务国带来许多好处：① 增加外国银行对债务国的了解，从而改善借贷信誉标准；② 帮助开发本地银行没有利用的国际资本市场；③ 有助于吸收跨国公司的直接投资；④ 支持当地金融机构和金融市场的开发。

所以，通过借入外债能够加强债务国和债权国在金融领域的合作，增强债务国经营和管理国际资本的能力，最终有利于促进国际经济贸易合作的开展。

2. 借入外债的成本

如前所述，借入外债可以给债务国的经济带来许多收益，但同时也将使债务国付出以下成本。

第一，债务偿还。债务偿还也称分期还本付息，为了还本付息，债务国就要放弃一定数量用于消费和投资的购买力。债务国用来偿还债务的资金可通过扩大出口、减少进口或继续借外债来获得。国际商业贷款或按市场条件的外国政府贷款，其利率较高，故成本高昂。另外，对债务国来说，可能在一段时间有许多贷款到期，即形成所谓的偿债高峰期，这很容易使债务国出现清偿困难或清偿危机——不能履行偿还债务的义务。而不按期还债会损害债务国的信誉，还会削弱债权国的信心，从而使债务国很难再借到外国贷款，甚至还有被国际金融和商业中心拒之门外的危险。

第二，附带条件的外债。附带条件的外债主要是指附加其他条件的政府或国际金融组织的贷款，这些贷款的附加条件可以视为还本付息之外的附加条件。例如，债务国在得到一笔政府贷款后，要用其中一部分购买债权国的物品，而这些物品不一定是债务国所急需进口的。又如，一些债权国或国际金融组织机构在提供贷款时，还以债务国实行经济政策"改革"为条件，干预债务国的经济活动。

第三，外资供应的不确定性。国际经济和金融形势的动荡会影响债务国的资本流入，而影响国际经济和金融形势的因素又是非常多的。债权国在出现衰退、通货膨胀和预算赤字严重的情况下，势必会减少对债务国的政府贷款。如果债权国经济不景气，出现衰退，或国际贸易出现萎缩状况，银行也可能削减甚至停止对债务国提供的贷款。外资供应的这些不确定性往往是造成债务国清偿困难的重要原因。

第四，对外债的依赖性。如果外债使用不当，不能创汇，或不能带来足以还本付息的外汇，债务国就不得不继续举新债来还旧债，结果是债务国对外债产生依赖性，且依赖性有可能加重。对外债的依赖性越大，债务国对国际金融市场和国际经济环境变化冲击的抵抗力就越弱。

外债给债务国带来的收益和它们付出的代价，对于不同的国家、不同的时期和不同的经济环境来说，是不一样的。究竟是利大还是弊大，在很大程度上取决于债务国经济发展政策及使用和管理外债的政策。好的经济政策和较完善的外债使用管理政策，可使发展中国家在债务问题上趋利避害。

二、外债与国际收支平衡

外债是国际债权债务的表现形式之一，必须在一定时期内清算，即债权国收入货币，了结其对外债权；债务国支付货币，清偿其对外债务。由此涉及国际货币收支问题，这是国际收支的一个重要内容。

借入外债是一国对外经济活动的一个主要组成部分，对一国的国际收支状况有重要影响，特别是从发展的角度来看，它影响着一国国际收支发展的前景和趋势。反过来说，国际收支状况也在很大程度上影响着债务活动的周期，表现在可以用贸易顺差来偿还外债的本息。

世界银行把债务周期划分为五个阶段：第一阶段是不成熟的债务人，这个阶段的特点是贸易逆差，利息支付净流出，净资本流入，债务上升；第二阶段是成熟的债务人，这个阶段的特点是贸易逆差下降，债务按递减速度上升；第三阶段是向债权人转化，其特点是债务减少，贸易顺差上升，利息支付的净流出减少，净资本流出，净外债下降；第四阶段是不成熟的债权人，其特点是贸易顺差下降，再转为贸易逆差，利息支付的净流出转为流入，资本流出速度下降，外国资产的净积累；第五阶段是成熟的债权人，其特点是贸易逆差，利息支付净流入，净资本流量减少，国外资产的头寸缓慢增长或稳定不变。

第二次世界大战以后，发展中国家也将国际收支平衡作为一项重要的经济目标来实现。但是，由于大多数发展中国家处于债务周期的第一阶段"不成熟的债务人"，依靠经常项目调整国际收支困难较大，必须借助资本项目顺差来弥补经常项目逆差，以求国际收支总体平衡，而借入外债是利用外资的主要形式之一。特别是在经济发展初期，发展中国家需要大量资金进口国外的先进技术和设备，容易造成一定量的贸易逆差；由借入外债满足必要的进口需要，促进本国经济发展，逐步将贸易逆差转变为顺差，增强还本付息能力，进入第二阶段"成熟的债务人"。

所以，从国际收支平衡对债务周期影响的角度来看，借入外债对于把保持国际收支平衡作为经济政策目标的债务国来说，有助于这一目标的实现。如果债务国外债管理的政策妥当，也将促使其债务周期发生转变。

三、外债偿还能力

借入外债必须保证偿还能力。如果没有偿还能力，一方面会影响债务国的信誉，造成今后借入外债困难；另一方面会造成债务危机。

衡量外债偿还能力的标准有两个方面：一是生产能力；二是资源转换能力。所谓生产能力标准，是指拿出一部分国民收入偿还外债本息后不影响国民经济正常发展；所谓资源转换能力标准，是指用于偿还外债的那部分国民收入能否转换为外汇。

国际上通常采用下列指标来衡量一国的外债偿还能力。

第一，负债率。负债率是指一定时期一国的外债余额占该国当期的国民生产总值的比率，该比率以不大于 20% 为界限。用公式表示，即负债率 = 外债余额/国民生产总值 ≤ 20%。

第二，外债饱和后，外债余额增长速度 ≤ 国民生产总值增长速度。

第三，债务率。债务率是指一定时期一国的外债余额占该国当期外汇总收入的比率，该比率以不大于 1 为界限。用公式表示，即债务率 = 外债余额 / 年外汇总收入 ≤ 1。

第四，外债余额增长速度 ≤ 外汇收入增长速度。

第五，偿债率。偿债率是指一国还债额（年偿还外债本息额）占当年该国外汇总收入的比率，该比率以不超过 20% 为界限。用公式表示，即偿债率 = 年偿还外债本息 / 年外汇总收入 ≤ 20%。

第六，当外债饱和后，年偿还外债本息增长速度 ≤ 年外汇收入增长速度。

上述第一项指标是静态考察生产对外债的承受能力；第二项指标是动态考察生产对外债的承受能力；第三项和第五项指标是静态考察资源转换能力对外债的承受能力，即外债余额和还本付息额与外汇收入的关系；第四项和第六项指标是动态考察外汇收入增长速度所能允许的外债及还本付息的增长速度。六项指标中，第五项指标偿债率是用来衡量外债偿还能力的一个最主要的指标，也是用来显示未来债务偿还是否会出现问题的一个"晴雨表"。其余的指标则是辅助或补充性的指标。通常认为，偿债率控制在 20%

以下为宜，若超过 20%，则说明债务偿还会出现问题。

利用上述指标特别是偿债率来衡量一国的外债偿还能力有重要的参考作用，但它们不是决定性的或唯一性的指标，因为它们本身存在一些局限性。

第一，上述指标数显示的是过去的情况，并不包括未来形势的发展。出口商品产销的变化、出口市场的兴衰、商品价格的升降等因素，都直接影响未来出口收益的增减。而这些因素的变化在相当程度上是不受本国主观努力所左右的。对未来形势发展缺乏预见性是这些指标先天所缺乏的。

第二，以出口收入为基础的偿债率只显示了国际收支一个方面，并没有考虑国家进口商品和劳务的因素，也没有包含国际储蓄状况，而这些都是影响一国国际支付能力的重要因素。如果一国的偿债率超过 20%，但外汇储备充足，人均国民收入水平较高，之后经济发展速度快，外债偿还也不会出现问题。

国家外汇管理局公布 2023 年末中国全口径外债数据

第三，能够持续地、有保证地借入外债，也是外债偿还不出问题的原因之一。

因此，将一国外债偿还能力仅限于以外汇收入来衡量显然是有局限性的。

由于外债问题牵涉面广，可变因素很多，对一国的外债水平或外债的偿还能力，不可能用一个比率或一组比率来概括，需要从更多方面、不同的角度去估量。

第三节　国际债务危机

一、国际债务危机简介

（一）国际债务危机的内涵

所谓国际债务危机是指债权国（贷款国家）与债务国（借款国家）的债权债务关系中，债务国因经济困难或其他因素的影响不能按期如数偿还债务本息，致使债权国和债务国之间的债权债务关系不能如期了结，并影响债权国和债务国各自正常的经济活动及世界经济的正常发展的情况。

（二）国际债务危机的典型案例

20 世纪 60 年代，由于国际经济旧秩序的影响和国内经济发展战略失误，致使部分发展中国家外债负担沉重。20 世纪 80 年代初，美国、联邦德国、日本等发达国家实行高利率政策，发展中国家利息负担大大加重。1982 年 8 月，墨西哥宣布无力偿还到期债务，引发战后最严重的国际债务危机。1983 年，巴西、阿根廷等 42 个债务国陆续宣布无力偿还到期债务，危机空前恶化。债权、债务双方虽经多次谈判，作出重新安排部分债款的偿还期，但并没有使情况得到缓解。2020 年突发疫情，经济运行轨迹被打乱，黎巴嫩、阿根廷、厄瓜多尔等多个新兴市场国家一度发生主权债务违约事件。在全球协力合作下，通过史无前例的宽松政策，终将经济拉回正轨。为此付出的代价是，各国债台高筑，全球债务总额也创下有史以来最高。国际金融研究协会（IIF）2021 年 9 月 15 日报告显示，2021 年第二季度全球债务总额达到 296 万亿美元的纪录高位，逼近 300 万亿美元大关。

纵观历史长河，几次典型的国际债务危机具体如下所示。

1. 俄罗斯债务违约

1998 年 8 月俄罗斯宣布暂停向外国债权人支付还款，构成技术性违约，据美国消费者新闻与商业频道测算，违约规模高达 730 亿美元。苏联解体后俄罗斯进行的市场改革导致恶性通货膨胀和经济崩溃，政府短期债务飙升，1998 年初，俄罗斯的外债已经达到 1 820 亿美元，占 GDP 的 40%，并且 1997 年亚洲金融危机以及国际原油和有色金属的需求降低，这两大外因严重地打击了身为资源输出国的俄罗斯外汇储备，直接引发债务违约。根据莫斯科银行联盟的计算，1998 年 8 月危机给俄罗斯经济造成的损失达到了 960 亿美元，俄罗斯的 GDP 从 1997 年的 404.9 万亿美元下降到 1999 年的 195.9 万亿美元，下降幅度超过一半。

2. 希腊债务危机

2009 年 12 月，希腊政府公布了 2009 年政府财政赤字和公共债务占 GDP 比例预计将分别达到 12.7% 和 113%，远超欧盟规定上限，其财政状况显著恶化，全球三大信用评级机构相继调低希腊主权信用评级，希腊债务危机正式拉开序幕。希腊债务危机引爆了欧洲债务危机，欧洲多国的主权信用评级遭到下调。2012 年 5 月希腊甚至出现银行挤兑潮。为解决希腊债务危机，两轮救助计划共耗费 2 400 亿欧元。希腊债务危机历时较长，2015 年 6 月，希腊未能偿还 IMF 一笔 15 亿欧元的贷款，成为自津巴布韦 2001 年违约以来该机构首个违约的成员国，也是首个对 IMF 拖欠款项的发达经济体。

3. 迪拜债务危机

2009 年 11 月 26 日，迪拜政府宣布将重组其最大的企业实体迪拜世界（Dubai World），将把迪拜世界的债务偿还暂停 6 个月，据当时《纽约时报》测算，迪拜世界的债务高达 590 亿美元，占迪拜债务的 74%。迪拜世界是迪拜公国政府控股的旗舰公司，负责在全球进行投资。迪拜政府通过在全球债券市场大举借债，筹措投资资金，实施大型地产、基建开发项目，这些投资项目难以在短期实现盈利，最终让迪拜一步步走上债务危机道路。此次事件影响较大，与全球资本参与程度较深以及事件突发有关，引发全球股市震动。

4. 阿根廷债务危机

2001 年 11 月，南美洲国家阿根廷宣布无力偿还外债，违约债务高达 950 亿美元。阿根廷经济由此陷入大萧条以来的最深度衰退，货币大幅贬值，通货膨胀迅速上扬，大批企业倒闭，失业率大增。阿根廷可以说是世界上主权违约次数最多的国家之一。

2020 年新冠疫情的冲击使阿根廷经济恶化，再加上其本身恶性通货膨胀问题还没解决，遂无力偿还 5 亿美元的债务利息，这是阿根廷自 1816 年独立以来主权债务第九次违约。

二、国际债务危机的特点

（一）债务规模巨大

1973 年以来，发展中国家外债发展之迅速，外债规模之巨大，令人触目惊心。据 IMF 的统计，1973—1982 年，非产油发展中国家的债务总额从 1 031 亿美元增加到 8 420 亿美元；负债率从 115.4% 增加到了 120%，偿债率从 15.9% 增加到 19%。巨大的外债规模成为 1982 年爆发的债务危机的主要特点。随着外债总额的不断增长，还本付息额也不断提高，1973—1983 年，还本付息额已从 179 亿美元增加到 932 亿美元。1973—1982 年，支付利息额占出口收入的比重（偿债率）也从 15.9% 提高到 23.9%，即出口收入的近 1/4 要用于外债的还本付息。对于国债规模的衡量标准一般有四个：① 债务收入占 GDP 的比率；② 外债余额占 GDP 的比率；③ 债务付息支出占国家财政支出的比率；④ 年度发债额占年度储蓄存款余额的比率。

（二）卷入危机国家之多、涉及面之广历史罕见

近年来，随着发展中国家外债的积累、国际债务危机的形成和发展，债务重新安排频繁出现，所涉及的国家日益增加。根据 IMF 提供的资料，1956—1974 年，第三世界仅发生过 30 次重新安排债务的谈判，即平均每年 1.7 次，仅涉及 11 个国家。在 1975—1980 年，重新安排债务的谈判为 16 次，平均每年不到 3 次，涉及 9 个国家。然而，到了 1981—1982 年，这类谈判猛增到 27 次，卷入的国家达 16 个。重新安排债务的谈判到了 1983 年猛增至 30 次以上，涉及 29 个国家。在这 29 个国家中，有 16 个国家于 1980—1982 年至少已重新安排一次。频繁与大规模的债务重新安排已成为国际债务危机的一个重要特点。

（三）国际收支状况恶化，国家外汇储备剧减

20 世纪 80 年代初，发展中国家出口量急剧减少，年平均增长率从 1967—1976 年的 6% 降到 1980 年的 2.6%。出口量的剧减导致国际收支状况的恶化。发展中国家的国际收支经常项目从 1980 年的顺差 226 亿美元转变为 1981 年的逆差 563 亿美元和 1982 年的逆差 996 亿美元。为了弥补巨额国际收支逆差和偿付到期债务本息，发展中国家不得不动用大量外汇储备。1981—1982 年，25 个主要债务国使用了 300 亿美元，其中许多债务国的外汇储备减少到低于其相当于两个月的进口额这一国际公认的最低标准。

（四）债务的地区和国家高度集中

从地区分布来看，发展中国家的债务大部分集中在拉丁美洲地区和非洲。以 1982 年为例，拉丁美洲国家的外债总额达 3 313 亿美元，约占发展中国家债务总额的 39%；非洲外债总额为 1 226 亿美元，约占发展中国家外债总额的 15%。

从国家来看，在 100 多个发展中国家和地区中，主要债务国有 25 个国家和地区，其债务总额在 1983 年达 6 000 多亿美元，约占发展中国家外债总额的 80%，其中，重债国的外债额占发展中国家外债总额的 1/2 以上，两个最大的重债国（巴西和墨西哥）的债务几乎占发展中国家外债总额的 1/4。从经济发展水平来看，大部分债务集中在中等收入国家。低收入国家（人均收入在 350 美元以下）1983 年的外债总额为 880 亿美元，只占发展中国家外债总额的 1% 左右。

这种情况出现的原因在于那些重债国和一些主要债务国在 20 世纪六七十年代都是经济发展速度较高的国家，所以，到了 80 年代成了中等收入国家。它们之所以发展迅速，大量引进外资是一个重要因素。而那些低收入国家的发展速度缓慢，只能取得发达国家、世界银行和国际开发协会的援助或低息贷款，但数量不大，何况它们也不愿按高利率向商业银行贷款，所以它们的外债并不多。

（五）债务结构对债务人不利

据 1983 年和 1984 年 IMF《世界经济展望》的统计，长期贷款是主要的，占 80% 以上，这容易出现偿债高峰，其中，国际商业性贷款又是主要的。在 25 个主要债务国中，长期商业性贷款占 70% 以上。随着债务问题日趋严重，债务的期限不断缩短，这主要是因为西方商业银行为了减少贷款风险。从贷款结构来看，商业性贷款迅速增长。政府贷款与商业性贷款的比例，从 1975 年的 1∶1.16 变为 1982 年的 1∶1.53，政府贷款增加了 94%，而商业性贷款增加了 227%。其原因是：发达国家的经济低速增长，使它们大多数不履行联合国规定的对第三世界国家的经济援助占发达国家 GNP 0.7% 的指标。1985 年，美国只完成了 0.24%，日本也只完成了 0.35%。IMF 的贷款条件比较严苛，发展中国家所需的经济发展和偿付外债的资金，仍然只能大部分求贷于国际金融市场。对债务国来说，其不利的债务结构若要改善，困难颇多。

三、国际债务危机的成因

IMF 在 1984 年的《世界经济展望》中指出，1982 年发展中国家的对外支付危机主要是由三个原因造成的：① 20 世纪 70 年代初以来借款规模越来越大，累积的数量很大，债务结构也发生了变化；② 债务国不适当的国内政策，借入资金的生产率低，出口产品的竞争力差；③ 遇到了不正常的外部条件，即严重的经济危机和高利率等。

具体分析如下。

（一）外债的规模越来越大，结构发生变化

关于发展中国家外债的规模和结构的变化，前面已有分析，这里对导致这些变化的原因做进一步的分析。

20 世纪 70 年代发展中国家的债务规模越来越大，可以从国际资金供求两方面的情况来说明。20 世纪 70 年代，国际资金供应量大而且利息率很低。1975 年石油大涨价，使一些石油出口国的外汇资金增加，其中有一部分流入国际市场，构成了投资和贷款资金的来源。发达国家采取较宽松的货币政策，资金的供应比较充足，利息率也较低。但西方各国通货膨胀率比较高，所以名义利率虽然有所提高，但实际利率却很低，有时甚至是负数。1977—1979 年美元汇率又不断下跌。这些都对借债国很有利。发展中国家为了发展国内经济，需要大量利用外资。利用外资有两种主要的方式，即让外国资本到国内直接投资和借外债。在 20 世纪 70 年代，借外债比较有利。它们除了利用发达国家和国际金融组织的援助和无息贷款以外，在国际资本市场上借入资金是比较有利的。有些国家也不愿跨国公司到本土进行直接投资，以免受外国的控制；跨国公司到这些国家投资也有种种顾虑。所以，这些国家就利用外债来进行国内建设。同时，由于石油大涨价，非石油出口国进口石油的费用不断增加，1970 年每桶石油的价格为 2 美元，而到 1980 年最高曾达到 41 美元。

外债结构发生变化也是有原因的。西方发达国家和国际金融机构对发展中国家的援助和低息贷款是有限的，并且相对减少，远不能满足发展中国家的资金需要，所以发展中国家只得在国际金融市场上大量借款。向国际金融市场借款有一部分也是短期债务。由于 20 世纪 70 年代国际金融市场上短期资金很多，实际利息率又低，比如，1974—1978 年欧洲货币市场上的短期实际利息率平均不到 0.5%。所以非石油出口国向国外商业银行大量借债来弥补对外收支逆差，所借外债中短期外债比重增加，且主要是商业银行的贷款。

非石油出口国在 20 世纪 70 年代末 80 年代初出现的债务结构上的变化，意味着对国际金融市场的依赖加强了。短期债务的比重增加容易产生到期不能偿还的周期性危机。长期债务中金融机构贷款的比重增加，容易受市场利息率变动的影响。20 世纪 80 年代市场利息率上升，使这些国家的债务负担大大加重，不易偿还。由于债务规模越来越大，增强了对国际金融市场的依赖，所以非石油出口国 1973 年的还本付息额为 179 亿美元，而到 1982 年增加至 1 071 亿美元。这样大的数额在 1982 年那样的国际环境中使非石油出口国的还债能力受到很大限制，于是爆发了债务危机。

（二）债务国不适当的发展战略

第二次世界大战后，许多发展中国家在政治上获得独立，迫切要求迅速发展民族经济。其中有一些国家利用外资发展经济，取得了很好的效果。为了发展国内经济，需要大量进口设备、原材料和燃料，而出口的增长又很有限，所以需要借入外债来弥补超过

出口能力的缺口。但利用外债来发展国内经济是有条件的，必须在借、用、还三个方面做统筹安排。有些发展中国家就在外债的借和用方面存在严重问题。

1973年石油大涨价以后，许多非石油出口国的国际收支严重恶化。这些国家本应适当降低国内经济发展速度，减少进口，以便改善对外收支的状况，但他们却继续采取调整增长的战略，不断地增加进口，对日益扩大的国际收支逆差用借入外债的方式来弥补。同时，有些借债较多的国家，由于没有很好地使用借入资金，经济效益差，不能扩大出口，无法偿还越来越多的债务本息。这也是发生债务危机的重要原因之一。

（三）国际经济环境的影响

20世纪80年代初，国际经济环境发生了一些变化，对债务国产生了不利的影响，削弱了它们的外债清偿能力，加重了它们的债务负担，使其还本付息发生困难，引发了债务危机。

第一，从1980年起，西方国家先后爆发了第二次世界大战后最严重的经济衰退。发达国家实际国民生产总值的增长率和世界贸易增长率都下降了，1982年还出现了负增长。它们对发展中国家出口的需求大大减少，使得债务国的出口收入大幅下降并且贸易条件恶化，导致这些国家的经常项目逆差急剧增加，对外债的还本付息能力大大降低。

第二，20世纪80年代初，美国里根政府采取紧缩性的货币政策，市场利息率大大提高。其他发达国家为了制止资金流出，也不得不提高利率。7个主要西方国家短期资金的平均名义利率由1979年的9.2%上升到1982年的12.9%，长期资金的平均名义利率由1979年的9.3%上升到1982年的12.4%。发达国家特别是美国利息率的提高对债务国十分不利，因为许多国家的大部分外债是美国的浮动利率贷款，而美国的利率又高于其他发达国家。据IMF计算，国际金融市场上利息率每提高1个百分点，非石油出口国大约要多付40亿美元的利息。巴西和墨西哥就得各多付7.5亿美元的利息。

由于利息率的提高，1979—1982年非石油出口国多付的利息就达到150亿～200亿美元。1979年以来，许多债务国借的新债仅仅是用于支付利息。1982年非石油出口国借新债732亿美元，而这一年的利息支付额就达630亿美元。此外，由于国际金融市场利息率的提高，许多债务国的资金外流。据国际清算银行计算，仅拉丁美洲国家1979—1983年外流资金就达到500亿美元。而2011—2019年，撒哈拉以南非洲国家公共债务占GDP比重平均上升27个百分点。连年出现基本财政赤字是这些国家公共债务上升的最主要因素。2011—2019年，撒哈拉以南非洲国家公共债务占GDP比重的增长中由基本财政赤字导致的比例为18%，但南亚只略高于5%。并且这些国家也没有选择成本较低的借款途径——比如从提供优惠利率的多边贷款机构那里举债。

由此可见，20世纪80年代初的国际环境对债务国极为不利。严重的世界性经济危机使它们出口困难，出口收入减少，而国际金融市场利息率的提高又加重了它们的债务负担。这些因素对触发 1982—1983 年的国际债务危机起到了重要作用。

四、解决国际债务危机问题的方案和措施

以墨西哥为导火线的波及全球的债务危机，是 20 世纪 70 年代发展中国家大量举债的必然结果。债务危机爆发以后，债务国政府、商业银行和国际金融机构采取了一系列措施，收到了缓解危机的效果。但是，债务国的偿债问题要受世界经济情况变化的影响。虽然债务国采取了较严厉的调节措施，世界贸易和经济也恢复了增长，但债务国的外债和偿债率并没有降低多少，所以危机只能说是有所缓解。基于此，债务国、国际金融界人士，甚至债权国官方和学术界人士都认为，必须设法采取一些根本的解决办法或方案，否则难以保证债务危机不再发生。对此，各国实施了如下方案和措施。

（一）债权国政府解决国际债务危机问题的方案

自 1985 年以来，为了减少债务国偿还债务的负担，一些西方发达国家政府当局陆续公布了各种减债方案。

1. 贝克计划

贝克计划是美国前财长贝克于 1985 年 10 月在韩国举行的 IMF 和国际银行的联合年会上正式提出的一个方案。其主要内容是：由债务国实行以经济增长为导向的调整计划；鼓励私人债权机构的贷款；增加国际金融机构的贷款；继续在资金援助、政策咨询、监督、催化私人债权者的融资各方面，加强国际货币基金组织和世界银行的协作，发挥关键性作用；对 15 个重债国，在 1986—1988 年期间，由大商业银行提供 2 亿美元的贷款，由官方机构提供 90 亿美元的贷款。由此可见，贝克计划有三个重要特点：① 强调债务国发展经济，提高经济增长率；② 强调债权国、债务国、大商业银行和国际金融机构的通力协作；③ 规定一个固定的贷款数额。该方案发表后曾获得国际金融机构和一些大商业银行的支持，但在具体实施时存在很多问题，如债务国实行的经济调整计划并非都能实现经济增长的目标，多方面的协作也并非十分顺利；在外债规模巨大的情况下，贝克提出的贷款金额只是杯水车薪，贝克计划最终落空。

2. 密特朗方案

这是 1988 年 6 月时任法国总统密特朗在多伦多举行的七国首脑会议上和同年 9 月在联合国大会上提出的一个方案。他呼吁债权国大量放宽最贫穷国家的偿债条件。他主张对中等收入的债务国分配一笔专门的特别提款权，以资助建立一笔担保基金，由 IMF 管理，保证对转换成债券的商业贷款支付利息。这笔基金提供的担保会促进减债计划的谈判，并可大大降低债务国支付的费用。

3. 日本大藏省方案

这是 1988 年日本大藏省提出的一个方案。该方案主张允许债权银行把债务国所欠

债务的一部分转换成有担保的债券，债务国再向 IMF 存入相当于担保的一笔存款。债务的余额可以重新安排，包括长达 5 年的宽限期，在此期间，利息支付可以降低、中止甚至免除。在此情况下，双边和多边机构增加对债务国的贷款。

4. 布雷迪方案

这是美国前财长布雷迪于 1989 年 3 月在华盛顿举行的国际经济研讨会上提出的一个减债方案。他主张采取加强债务战略的步骤，并对积极改革经济和实现持久增长的债务国提供资助。该方案有以下几个特点。

第一，该方案是贝克计划的延伸和发展，把债务政策的重点从贝克计划的"增加新债"转移至"宽减原有债务和偿债开支"，而且承认债务问题是偿付能力危机而非资金周转失灵的危机，债务国在预见的未来已无力如期全数偿还债务，必须采取非常措施加以解决。布雷迪认为，要使债务国提高信用并可重返市场筹资，则需采取宽减债务的办法，主要原则包括以下几点：① 凡坚持进行经济改革的债务国可以受惠；② 债权人减免债务完全自愿，不强迫减免；③ 按个案处理；④ 债务国在减少旧债的同时，仍需注入新的资金，促进经济的发展。

第二，国际金融机构在宽减债务过程中处于中心地位，提供这方面的融资。

第三，同意增加 IMF 的份额。加强资金实力，在宽减债务过程中发挥更大的作用。

5. 西班牙的稳定计划

西班牙的稳定计划是在 2008 年国际金融危机期间制订的，旨在应对经济衰退、降低赤字和债务，并促进经济复苏。该计划主要包括以下措施。

第一，削减公共支出。西班牙政府实行了紧缩政策，削减了政府的公共支出。这些支出包括政府部门、教育、医疗、交通和公共服务等方面的开支。

第二，改革退休金体系。西班牙政府改革了退休金体系，包括提高退休年龄、减少退休金待遇等措施，以减轻政府的退休金开支。

第三，提高税收。西班牙政府采取了多种措施来提高税收，包括增加增值税、所得税、公司税等税收项目，以增加财政收入。

第四，推动经济结构调整。西班牙政府推动了一系列经济结构调整，包括改革劳动力市场、推动国企私有化、提高研发和创新等，以促进经济增长和提高生产力。

总体来说，西班牙的稳定计划主要是通过削减支出、提高税收和推动经济结构调整等措施来降低赤字和债务，并为经济复苏创造条件。虽然这些措施在短期内可能会带来一些负面影响，但它们也为西班牙经济的长期可持续发展奠定了基础。

（二）通过债务的重新安排，解决国际债务危机问题

1. 回购债务（Debt Buyback）

回购债务是允许一些国家按一定折扣以现金购回其债务。在直接同债务国进行谈判时，回购活动一般需要债权银行免去贷款的某些条款，或重新安排债务协议。债务国可以利用官方或私人的捐赠或借入的外汇回购其债务。

2. 债务转换（Debt Swaps）

（1）债务 – 股权转换（Debt for Equity Swaps）

债务 – 股权转换是指投资商购入债权银行对发展中国家的债权，将债权通过债务国的中央银行调换成当地货币进行投资。这种转换的前提是债权银行同意将自己的账面债权以债券形式折价出售。

上述转换对债权人、债务人和投资商都有好处：① 原债权人能以低于账面的价格卖出到期未能实现的债权，收回大部分本金；② 投资者以低于账面额的价格买入债权，又以账面价格调换成当地货币进行投资；③ 债务国能够将外币债务以本币购回，减少了外债、促进了投资。

但这种情况也存在一定的障碍，最大的问题是受债务国外资政策的影响，认为这种转换会导致外国资本参与国内企业。为了保护本国经济，许多发展中国家限制外资的投入。

另外，一些债务国在投资后一段时间内不能回收投资，利润汇出境外受到限制，加上流入的外币债权调换成当地货币，会使货币供应量增加，导致通货膨胀。

（2）债务 – 出口转换（Debt for Export Swaps）

债务 – 出口转换是指某进口商在流通市场上按一定折扣购买它要进口国家的银行贷款债务，而将这笔债务按接近面值的价值付给债务国的中央银行，并利用当地货币收入支付给出口商。

（3）债务 – 自然环境转换（Debt for Nature Swaps）

债务 – 自然环境转换是指自然环境组织之间，包括政府机构和一些发展中国家之间进行债务的重新安排。这种转换，是按折扣在流通市场上来购买前银行的债务，或直接捐赠给债务国政府，用以交换关于自然环境问题的政策承诺（如保护热带雨林），或用以作为保护自然资源环境之用。

3. 债务交换（Debt Exchanges）

采取这种方式重新安排债务，涉及以现存债务工具交换以本币或外币计算的新债务工具。新旧债权的条件完全不同。例如，新债权的面值可比旧债权的面值打一个折扣；或者是面值不变，但新债权规定的利率比旧债权的低。1987 年年底，墨西哥在美国政府和摩根银行的协助下制订了一项交换计划，具体办法是：墨西哥政府以 20 亿美元的现金向美国财政部购买 100 亿美元利息为零、期限 20 年的国库券，并将其存入纽约联邦储蓄银行，作为墨西哥发行 100 亿美元新债券的担保；债权银行再按 50% 的折扣，将墨西哥的 200 亿美元旧债务转换成新债券。这样，使墨西哥以较少的现金换回了较大的债务，从而缓解了债务负担。

4. 重新选币定值（Currency Redenomination）

这是指允许银行选择利用其本币或欧洲货币单位对现存贷款重新定值。对以非美元为基础的银行来说，这种办法可以减少筹资风险和汇率变动给银行债权带来的影响，银行可选用某种货币重新定值，这种转变的期限可长达 4 年。在用本币以外的其他货币定值的现存贷款中有 50%～100% 可以重新定值。有些银行认为，重新选币定值可以促使其参与融资活动，但对债务国来说，是否能获得好处很难预测。

5. 转贷和再贷款（Refinancing & Relending）

前者是指贷款人和原借款人同意，将新货币贷款的收入转贷给新的债务人，它将替代原借款人负责偿还贷款。后者是指由原借款人将现存债务偿还给贷款人，贷款人将其贷款收入再贷给该债务国的其他借款人。这种方式可以使债权人维持同发展中国家客户的业务联系，支持客户的出口贸易活动并且可在某一国家内不同的借款人之间分散信贷风险。

6. 贷款转换和出售（Loan Swaps & Sales）

这种方式是指债权银行在某国出售或转换贷款债权，取消其债权，而将债权集中在前景有利的国家。这种方式是否可以普遍采用，取决于贷款转换和出售的折扣率，它会影响银行现存资产的价值。折扣率为 10%～90%，各国情况不同，视债务国的信誉等因素而定。

五、国际债务危机的启示

发展中国家在经济发展过程中不宜采取扩张性的经济政策，一些发展中国家长期推行赤字财政政策和通货膨胀的货币政策，刺激经济需求，虽然在短期内出现了较高的经济增长，但由于生产力并没有真正发展，国内需求与供给矛盾扩大，只得借入外债，从而背上了沉重的债务负担。

首先，借债国要根据本国的外债承受能力，适当控制外债规模，保持外债的合理增长。充分重视国际公认的衡量一个国家外债承受能力的指标，要保持偿债率在 25% 以下，外债率在 100% 以下，特别要控制偿债率和外债率不能同时突破危险警戒线。

其次，提高外债的使用效益，增强产品出口创汇能力。特别是发展中国家本币大都不能自由兑换，偿还外债要依靠出口外汇，因此，提高外债的使用效益是外债能按期如数偿还的基础。一些发生外债危机的国家正是由于外债投向管理不善，项目选择不好，生产的产品不能出口创汇，以致不能按时偿还到期的外债，最终导致债务危机。

最后，债务国要不断加强和完善外债管理。债务管理不完善，统计监测制度不健全，特别是当今国际金融市场变幻莫测，新的金融工具不断涌现，很容易使债务国遭受损失。

另外，一些国家只管理公共部门外债，对私人企业借外债则自由放纵，或是只对中长期债务进行管理，而对短期外债不加控制。这些都是外债管理中存在的漏洞，必须引起各债务国的警觉和重视。否则，任何一点疏忽或管理上的失误都会造成外债借、用、收、还的脱节。导致局部或整体问题的出现，影响本国经济发展。

第四节 外债管理的主要内容

外债管理主要包括借入外债和使用外债两个方面。这两个方面管理好了，就能保证外债到期的偿还。对于"借"，关键是将规模控制在本国经济承受能力范围之内，保持外债结构的合理；对于"用"，关键是保证借入外债投向的合理和避免外债在使用过程中的风险。因此，外债管理的内容可具体为规模、结构、投向和风险管理四个方面。

一、外债规模管理

外债规模管理是确定一国的中长期和年度合理负债水平。负债过多会超过本国的承受能力和消化吸收能力，造成不必要的风险和浪费；而借款过少又难以满足国内建设的资金需求，造成国民经济发展的迟滞。因此，确定适度的外债规模是发展中国家有效管理外债的关键，也是难点之一。

一般而言，外债规模主要受三个因素影响：① 经济建设对外债的需求量；② 国际市场的可供量；③ 本国对外债的承受能力。外债的承受能力是决定外债规模最重要的因素。借款不仅要看需要，更要看能力。因此，加强外债规模的控制，必须通过科学的定性、定量分析，寻找最佳规模的数量界限。

从理论上讲，国内储蓄和投资的差额决定利用外资的规模，其中扣除可利用的直接投资外，就是需要借用的外债规模。至于国际资本市场的可供量，则处于不断的变动之中。

二、外债结构管理

外债结构管理是在确定的总规模范围内，通过对国际资本市场的预测、分析，结合国内建设对基金需求的特点，对构成总量的各个债务要素，即利率、期限、币种和融资方式等进行最优组合，以降低成本，减少风险，保证偿债能力，使外债发挥最大效益，具体包括以下内容。

1. 融资结构管理

国际融资有多种形式，包括官方和国际金融机构的贷款、出口信贷、商业信贷、国际租赁、补偿贸易、发行债券等。各种形式具有以下不同的优势和特点。

（1）官方和国际金融机构的贷款

这种贷款带有援助性质，具有期限长、利率低等特点，适用于国民经济结构调整和基础产业的发展。

（2）出口信贷

出口信贷由于直接与设备引进相互融资，因而受到政府的补贴和担保，具有成本低、风险小的特点，适用于成套设备的引进。

（3）商业信贷

具有使用方便、偿还灵活等特点，适用于出口创汇项目。

（4）国际租赁

国际租赁特别是杠杆租赁，可以享受税收优惠，进而降低成本，适用于大型运输工具的租用和不可购买但可租用的设备引进。

（5）补偿贸易

既可以吸收资金，又可以带动出口，因此适用于中小型技术改造项目。

（6）发行债券

发行债券具有筹集金额大、成本低等特点，适用于大型项目。

发展中国家在借外债时，应尽可能地吸收官方和国际金融机构的优惠贷款，并根据引进设备和技术的特点采用不同的融资方式，以降低成本、增加收益。

2. 期限结构管理

期限结构是指1年期以上的中长期外债和1年以内（含1年）的短期外债的分布状况。对外债期限结构的管理，首先，要实现外债年限的合理分布，按照国际惯例，将短期外债占外债总额的比例控制在25%以下；其次，要避免借入大量年限相同的外债，防止还债时间过于集中；最后，要避免短期外债的增长超过中长期外债的增长，防止债务短期化。

3. 利率结构管理

国际资本市场上存在着固定利率和浮动利率，浮动利率随市场资金的供求而变动。由于政府对本国资本流动的干预，又有优惠利率和非优惠利率之分，因而对外债的利率结构进行管理，包括以下两个方面。

第一，中长期债务尽可能使用固定利率，以防止国际资本市场变化对一国整体债务成本的影响，同时避免单一利率，以享受利率正常变动的好处。在利率水平看跌时期，选择固定利率，可降低成本。在一般情况下，还以选择固定利率为宜，以便于成本核算和还债安排，以及减少风险。

第二，在不受政治使用限制的条件下，尽可能地争取政府贷款或国际金融机构贷款，以享受优惠利率；同时降低非优惠利率及国际商业性贷款的比例。在对外债的利率结构进行管理时，可采用国际金融市场上的掉期和期权等金融工具，以便于管理工作的进行。

4. 币种结构管理

对外债的币种结构进行管理，源于对汇率风险的认识。当今世界，任何一种货币都无法长期保持坚挺的地位，在借用外债的整个过程——借、用、收、还四个环节中，只要发生货币兑换，就存在汇率风险。因此，对外债币种进行管理：一是从国家整体债务上讲，外债币种要与出口收汇、外汇储备相一致，避免偿债过程中的汇率风险；二是软、硬货币的搭配，防止外债使用过程中的汇率风险；三是在一个具体项目上，要使借、用、收、还这四个环节币种相一致，避免汇率风险，保证按时偿还。

5. 市场与国别结构管理

对借外债的市场与国别结构进行管理，主要在于多元化。不同市场有不同的资金来源和筹资工具，不同国家对资本流动的管理和法律不尽一致，因此要使外债来源稳定，需广泛涉足各个市场和国家。

合理的市场结构是根据各资本市场的管理、市场容量和金融工具的特点，结合国内资金的需求，选择不同的市场，并且避免同一时间集中进入同一市场。借入外债合理的国别结构，是指根据引进设备的特点和债权国的资金提供形式，确定利用不同国家贷款。避免集中于一个或几个国家，从而免受政治波动的影响，使外债来源稳定，满足国内建设对外债的需求。

三、外债投向管理

外债的投向决定了外债的回收和偿还，关系能否支持国民经济长期、稳定、协调发展，因此，外债的投向要与国民经济发展战略和产业政策相一致。按照这一要求，对外债的投向管理主要包括以下内容。

第一，政府贷款和国际金融组织的贷款主要投向国家重点项目和基础产业以及优化国民经济结构的行业，如能源、交通、电子、通信等。

第二，商业贷款主要投向创汇能力强、回收期短的项目，以增强出口创汇能力，增加偿还能力。

第三，短期借款只能用于流动资金和临时周转，不能用于长期投资，防止债务短期化。

第四，根据不同行业和不同地区情况确定不同的外债投入，使国民经济均衡发展。

第五，创汇项目、非创汇项目和社会效益项目要保持适度比例和梯形格局，使国民经济既有发展后劲，又能保证对外债偿付的来源。

四、外债风险管理

在外债的管理和经营过程中，债务偿还受很多因素变动的影响。国内政策的调整、国际经济形势的变化，可以在不同程度上延缓项目效益的发挥，使回收期延长，增大偿还的风险。所以，风险管理在于增强应变能力，适应国际金融贸易的变化和国民经济政策与结构的调整。具体来讲，外债风险管理包括以下内容。

第一，非创汇项目年还本付息额≤年外汇调剂供应量，这主要是保证有本币效益的项目，通过外汇调剂市场换取外汇，偿付外债。

第二，社会效益项目年还本付息额≤年外汇储备增加额，这主要是保证国民经济基础产业的发展，并按时还债。

第三，在外债中长期指标分配上，要有一定的机动指标不用于项目投资，而只用于债务结构的调整。随着债务积累增大，机动比例应保持在 10% 左右，以防止整体债务风险。

第四，建立偿债风险基金。在每年出口收入中提取适当的比例，这个比例是根据每年逾期本息占应还本息的比例，以保证呆账部分和偿付困难部分的还本付息。

国家外汇管理局完善银行卡境外交易外汇管理

第五，采用掉期、期权、远期和即期外汇买卖等金融工具，做好利率、汇率的风险调整，使债务合理化。

第五节　中国的外债管理

一、中国外债管理概述

我国国家发展改革委、财政部和国家外汇管理局等机构在国务院的统一领导下对外债管理分工负责，相互协作。其中，我国国家发展改革委会同有关部门根据国民经济、社会发展需要、国际收支状况和外债承受能力，制订国家借用外债计划，合理确定全口径外债的总量和结构调整目标，同时，还对国有商业银行和境内中资企业等机构举借中长期国际商业贷款以及境内机构在境外发行中长期债券进行审核；财政部主要负责我国主权外债的对外签约和对国内债务人直接或通过有关金融机构转贷，以及代表国家在境外发债；国家外汇管理局具体负责短期国际商业贷款余额指标的核定和外商投资企业筹借外债的核准，以及外债登记、开户、外债资金结汇和还本付息核准、外债统计监测等。

二、外债管理框架

我国的外债管理机制采用的是归口管理、总量控制和外债登记的管理体制。

（一）归口管理

我国根据政府机构的职能分工以及历史沿革，按业务相近原则，对外债的某些过程实行归口管理。

中国人民银行负责建立和健全全国统一的国外贷款信贷、结算制度，加强国外贷款的信贷和结算监督。

财政部负责建立和健全全国统一的国外贷款借、用、还的财务、会计核算制度，加强外债的财务管理、会计核算和财政监督。

商务部负责对外经济合作工作，拟定并执行对外经济合作政策，依法管理和监督对外承包工程、对外劳务合作等，制定中国公民出境就业管理政策，负责牵头外派劳务和境外就业人员的权益保护工作，拟定境外投资的管理办法和具体政策，依法核准境内企业对外投资开办企业（金融企业除外）。

审计署负责建立和健全全国统一的国外贷款借、用、还的审计制度，加强外债的审计监督。

国家税务总局负责建立和健全全国统一的国外贷款借、用、还的税收政策和制度，加强外债的税收管理和监督。这种分工合作管理方式，使我国的外债管理日趋完善。

（二）总量控制

国家发展改革委会同外汇管理局等根据国民经济和社会发展需要、国际收支状况和外债承受能力，以及境内外资银行的资产负债状况和运营资金需求等，合理确定境内外资银行外债总量以及中长期和短期外债结构调控目标。

（三）外债登记

1. 外债登记管理范围

一是直接外债登记管理，其范围是境内机构对境外机构（包括对境内外资、合资银行）的外汇负债；二是外汇（转）贷款登记管理，其范围是境内机构对境内机构的外汇负债，包括境内金融机构发放的外汇贷款和境内机构将直接外债在国内再转贷给国内企业。

2. 外债登记管理的职能部门

国家外汇管理局为外债登记管理部门。在京的中央部委及其所属企业、国家开发银行、中国银行等各金融机构等在国家外汇管理局办理外债登记；各地政府、金融机构、非金融机构及中央驻地方单位，在所在地外汇管理分局办理外债登记。

3. 外债登记管理制度

（1）直接外债登记

直接外债登记管理形式可分为定期登记和逐笔登记。对于定期登记，其对象包括借用国际金融组织贷款、外国政府贷款的借款单位以及借用外债的金融机构。定期登记采用一次性登记方法，即定期登记对象应在第一笔外债签约后的 15 日内，到所在地外汇管理局办理外债登记手续，领取定期登记的"外债登记证"。领证后，按月将当月新发生的外债签约、提款、偿还情况填入"外债签约情况表"和"外债变动反馈表"报送原登记部门。

对于逐笔登记，其对象为除定期登记对象以外的非金融机构外债借款单位。逐笔登记对象应在每笔借款合同签订后的 15 日内，到所在地外汇管理局办理外债登记手续，领取逐笔登记的"外债登记证"。办理登记手续须持对外借款有关批件（外商投资企业不需批件）及外债借款合同。

当借款需调入境内时，借款单位应持外债登记证到指定开户银行办理开立"外债专用账户"手续。调入借款使用时凭外债登记证提款。提款后，凭开户银行收付凭证填写外债变动反馈表，并将其影印件及时报送原登记部门。而像国际租赁、需现汇偿还的补偿贸易以及吸收境外非居民存款等非调入形式的外债，应在债务发生变动、起算利息或租金时，填写外债变动反馈表，并将其影印件及时报送原登记部门。

债务到期偿付本息时，借款部门应凭外债登记证和付款通知单到原登记部门进行核准、领取核准件。凭核准件和外债登记证到开户银行办理本息汇出手续。非调入形式的债务汇出本息时，须凭登记部门的核准件和外债登记证到指定开户银行办理开立"外债还本付息专用现汇账户"手续后才能汇出本息。

对在甲地借款、在乙地偿还的债务，借款部门应在甲地办理外债登记手续；偿还时需持甲地登记部门的核准件及登记证到乙地外汇管理局加盖印章后，在乙地开户行开立账户，偿还本息。

借款单位办理完本息汇出手续后，凭开户银行收付凭证填写外债变动反馈表报送原登记部门。当一笔借款清偿后，借款单位应及时向原登记部门注销外债登记证并取消账户。

（2）外汇（转）贷款登记

外汇（转）贷款的登记。其登记对象是使用国内金融机构外汇贷款或外汇转贷款，需承担外汇偿还义务的贷款单位或主管部门。其登记方法采用逐笔登记方法，即在外汇贷款合同或转贷协议签订后1日内，借款单位应持借款合同或转贷协议到所在地外汇管理局办理外汇（转）贷款登记手续，领取"外汇（转）贷款登记证"。

外汇（转）贷款调整时，如已有外汇账户，不必另设"外债专用账户"，可用原有外汇账户调拨款。但债务发生变动时，应及时填写外汇（转）贷款变动反馈表报送原登记部门。

外汇（转）贷款债务需偿付本息时，借款单位应凭外汇（转）贷款登记证和付款通知单到原登记部门核准，再凭核准件和外汇（转）贷款登记证到银行办理本息偿付手续，并凭银行收付凭证填写外汇（转）贷款登记证按月报送其债务项下提款、使用、回收情况。一笔外汇（转）贷款债务清偿后，借款单位应及时向原登记部门撤销登记证。

（3）开户银行

经国家外汇管理局批准允许经营外汇业务银行和非银行金融机构均可成为开户银行。非银行金融机构办理开户业务须经所在地外汇管理分局批准。开户银行履行外债登记的管理和监督职责。

三、我国外债偿还管理制度

（一）三种偿债方式的划分

为了减轻中央的负担，增强地方和部门使用国外贷款的责任感，提高使用单位的负债经营意识，国家从财政角度确立了"谁借款、谁偿还"的总原则。具体划分为统借统还、统借自还、自借自还三种方式。

1. 统借统还

统借统还是指对外由国家统一借入，统一偿还。该项目的资金需经国家发展改革委和财政部审查确认，报国务院批准。外汇列入国家外汇收支计划，人民币列入中央财政收支预算，统一安排。

2. 统借自还

统借自还是指对外由国家统一借入，对内由用款单位负责偿还贷款本息。外汇和人民币分别列入部门或地方外汇收支计划和财政收支预算。

3. 自借自还

自借自还是指借、用、还均由借款单位或其主管部门负责，分别列入同级外汇或财务收支计划。偿还责任在批复的项目建议书中就已明确，借款单位要承担相应的法律和经济责任，确保按时还本付息。

（二）对外债偿付要领取"外债业务核准件"

我国借款单位对外还本付息，要事先到外汇管理部门开具外债业务核准件，到开户行通过外债专用现汇账户和外债还本付息专用现汇账户对外支付。

（三）偿债监督

到期债务如不履行偿还责任，有关部门可经国家外汇管理局批复后，通知银行从偿还单位或其主管部门，或担保单位的外汇和人民币账户中直接扣付，以确保对外信誉。

（四）建立偿债基金

为应对国际资本市场的变化，使我国外债偿还有备无患，解决一些偿债单位的具体困难，国家和地方宜建立偿债基金，以增加投资者的信心，保证资金的不断流入。

本章小结 | 1. 外债是指在任何特定时间内，一国居民对非居民承担的具有契约性偿还责任的债务，包括本金的偿还和利息的支付。

2. 外债按债务期限、债务形式、债务人及其使用情况、债权人及其来源、优惠情况、贷款利率可以划分为不同种类。

3. 所谓国际债务危机是指债权国（贷款国家）与债务国（借款国家）的债权债务关系中，债务国因经济困难或其他因素的影响不能按期如数偿还债务本息，致使债权国和债务国之间的债权债务关系不能如期了结，并影响债权国和债务国各自正常的经济活动及世界经济的正常发展。

4. 国际债务危机的特点：债务规模巨大；卷入危机国家之多、涉及面之广历史罕见；国际收支状况恶化，国家外汇储备剧减；债务的地区和国家高度集中；债务结构对债务人不利。

5. 国际债务危机的成因主要是 20 世纪 70 年代初以来借款规模越来越大，累积的数量很大，债务结构也发生了变化；债务国不适当的国内政策，借入资金的生产率低，出口产品的竞争力差；遇到了不正常的外部条件，即严重的经济危机和高利率等。

6. 国际债务危机的启示：一是借债国要根据本国的外债承受能力，适当控制外债规模，保持外债的合理增长；二是提高外债的使用效益，增强产品出口创汇能力；三是债务国要不断加强和完善外债管理。

7. 外债管理主要包括借入外债和使用外债两个方面。这两个方面管理好了，就能保证外债到期的偿还。对于"借"，关键是将规模控制在本国经济承受能力范围之内，保持外债结构的合理；对于"用"，关键是保证借入外债投向的合理和避免外债在使用过程中的风险。因此，外债管理的内容可具体为规模、结构、投向和风险管理四个方面。

关键词　　　外债　国际商业贷款　短期融资　普通中长期贷款　买方信贷　循环信贷　对外发行债券　国际金融租赁　国际收支平衡　国际债务危机　回购债务　债务转换　债务交易　外债管理　外债规模管理　外债结构管理　外债投向管理　外债风险管理

练习题　　　1. 外债的成本有哪些？借外债有什么好处？

2. 有哪些指标可以用来衡量一个国家的偿债能力？

3. 外债的风险主要表现在哪几个方面？

4. 在缓解或解决债务危机方面，除了已有的各种方案之外，还有哪三项因素至关重要？

5. 简述国际债务危机的特点。

6. 简述国际债务的成因以及解决办法。

7. 简述国际债务危机带来的启示。

8. 简述外债管理的主要内容。

9. 简述我国外债管理框架。

10. 简述我国外债偿还管理制度。

第十章

国际金融机构

国际金融机构是多国共同建立的金融机构的总称，分为地区性和全球性国际金融机构。国际金融机构旨在帮助会员国平衡国际收支、稳定汇率，促进国际贸易的发展。本章的主要内容包括国际货币基金组织的结构、会员国的份额和业务活动，世界银行集团，区域性国际金融机构，亚洲基础设施投资银行的建立背景、主要作用和其面临的挑战和困难，金砖国家新开发银行的建立背景、资金来源和主要业务。

第一节　国际货币基金组织

一、国际货币基金组织成立的宗旨

《国际货币基金组织协定》规定，其组织成立的宗旨主要有如下几方面：

第一，建立一个永久性的国际货币机构，促进国际货币合作。

第二，促进国际贸易的扩大和平衡发展，借以维持和提高各会员国的就业与实际收入的水平，并开发各会员国的生产资源。

第三，促进外汇汇率稳定。适当安排会员国之间的外汇交易，避免货币贬值竞争。

第四，建立多边支付制度，废除外汇管制。

第五，贷款给会员国用以调节它们的国际收支的不平衡。

第六，缩短会员国国际收支不平衡的时间，并减轻其国际收支不平衡程度。

从上述六条宗旨中可以看出，国际货币基金组织（IMF）的基本目标就是当会员国发生暂时性的国际收支不平衡时，IMF 可提供短期贷款，帮助它们解决不平衡问题，从而维持外汇汇率的稳定。

1947 年，IMF 和世界银行与联合国正式签订了建立相互关系的协定，从此，IMF 和世界银行成为联合国 11 个专门机构中独立经营国际金融业务的机构。目前这两个全球性的国际金融机构在所有国际金融组织中规模最大、成员最多、影响最广泛，它们对加强国际经济和货币合作，稳定国际金融秩序，发挥着极为重要的作用。

二、国际货币基金组织的结构

IMF 的会员国分两种，凡是参加 1944 年布雷顿森林会议，于 1945 年 12 月 31 日前在《国际货币基金组织协定》上签字参加的国家，称为创始国会员。在此之后参加的国家，称为其他会员。会员每年都有所增加，截至 2024 年年底，IMF 共有 190 个成员国。

IMF 由理事会、执行董事会、总裁和众多业务机构组成。理事会可建立临时委员会，各常设委员会向理事会提供建议，但不行使权力，也不直接贯彻执行理事会的决议。理事会和执行董事会决议的通过和执行，原则上是以各国在 IMF 的投票作为依据。

IMF 的最高决策机构是理事会，由各会员国选派一名理事和一名副理事组成，任期 5 年，其任免由会员国本国决定。理事通常是由各国财政部部长或中央银行行长担任，副理事只是在理事缺席时才有投票权。理事会的主要职权是批准接纳新会员国、修订国际货币基金组织条款与份额、决定会员国退出 IMF，以及讨论决定有关国际货币制度等重大问题。理事会每年召开一次大会，必要时可召开特别会议。由于理事会过于庞大，无法根据国际金融形势的发展随时讨论一些重大而且具体的问题，IMF 在 1974 年设立了临时委员会，由 22 个部长级成员组成，一年举行 3～4 次会议。在大多数情况下，临时委员会的决议就等于理事会的决定。

理事会下设执行董事会，是 IMF 总部的常设机构。除接纳新会员国、调整基金份额和修订协定条款等重大事项以外，一般行政和政策事务，均由执行董事会行使权力。执行董事会向理事会提出年度报告，与会员国进行讨论，并随时对会员国重大经济问题，以及国际金融方面的重大问题进行研究。

IMF 除理事会、执行董事会、临时委员会和发展委员会外，其内部还有两大利益集团——"十国集团"（代表发达国家利益）和"二十四国集团"（代表发展中国家利益），以及常设职能部门。

三、国际货币基金组织会员国的份额

会员国要向 IMF 认缴一定的份额，各会员国在 IMF 的份额，决定其在 IMF 的投票权、借款的数额，以及分配特别提款权（SDR）的份额。各会员国的份额大小，由理事会决定，要考虑到会员国的国民收入、黄金与外汇储备、平均进出口额和变化率，以及出口外汇额占 GDP 的比例等多方面的因素。对各会员国应缴的份额，每隔 5 年重新审定一次，并对个别国家的份额进行调整。份额单位原为美元，后改为 SDR。IMF 最初创立时，各会员国认缴的份额总值 76 亿美元。此后随着新会员国的不断增加以及份额的不断调整，份额总数不断增加。2023 年 12 月，IMF 理事会完成了第十六次份额总检查，批准将 IMF 成员国的份额增加 50%（即 2 386 亿 SDR，或 3 200 亿美元）。此举将使 IMF 的总份额达到 7 157 亿 SDR（9 600 亿美元）。

（一）份额的决定

IMF 成员国的份额，是根据一套比较复杂的办法计算出来的。IMF 成立之初时，份额的计算公式为：

$$份额 =（0.02Y+0.05R+0.10M+0.10V）（1+X/Y）$$

在上式中，Y 为 1940 年的国民收入，R 为 1943 年时的黄金和美元储备，M 为 1934—1938 年的年平均进口额，V 为同时期中出口最大变化额，X 为同时期中的年平均出口额。这个公式反映了一国的份额是由该国的经济规模、出口规模以及国际收支状况所决定的。按照这一公式计算所得的数字还要乘以 90%，才得出一国确切的份额。余下的 10%，作为 IMF 的机动份额，用于追加小国的份额或向某些国家提供特别追加份额。对于 IMF 使用的上述份额确定方法，发展中国家和部分发达国家一直持有异议，其关键在于该公式偏重经济规模在份额确定中的作用，而轻视了国际收支波动的作用。IMF 的主要职能之一是用份额向国际收支发生困难的国家提供资金融通，因此，份额的确定应与各国的国际收支状况更紧密地联系在一起。IMF 为此做了部分妥协，于 20 世纪六七十年代分别对上述公式作了某些修正。主要的修正之处在于：

第一，把进出口额改为经常项目的支出和收入。

第二，扩大了经常项目收支波动的作用，缩小了国民收入和国际储备的作用。在 1975 年以前会员国份额的 25% 以黄金缴纳，其余部分以本国货币缴纳，存放于本国中央银行，但 IMF 需要时可以随时动用。1976 年牙买加会议后 IMF 废除了黄金条款，份额的 25% 改以 SDR 或自由兑换货币缴纳。会员国在 IMF 的投票权按照缴纳份额的大小来确定，根据平等原则，每个会员国有 250 票基本投票权，此外再根据各国所缴纳的份额，每 10SDR 增加一票，两者相加，就是该会员国的投票总数。因此，会员国的份额越大，投票表决权也越大，可以借用的贷款数额也越大。所以美国在 IMF 的活动，始终起着决定性的作用，因为它拥有 20% 左右的投票权，而最小的会员国只拥有不到千分之一的投票权。

会员国缴纳的份额，是 IMF 的主要资金来源，此外，IMF 还可以通过借款来组织资金来源。借款是在 IMF 与会员国协议下向会员国借入。1962 年 10 月 24 日生效的"十国集团"的"借款总安排"，是第一次借款资金安排，目的是稳定美元汇率。1974—1976 年，为了解决非产石油国家的石油进口和国际收支困难，IMF 设立了"石油贷款"，其资金来源也是通过借款等筹得。1977 年 4 月，IMF 成立了"补充贷款"的资金来源，也是采取由部分会员国提供资金的办法，另外，IMF 于 1976 年设立的"信托基金"贷款，是 IMF 出售黄金所得的利润。

（二）份额的作用

一国在参加 IMF 时，必须按份额向 IMF 缴纳入伙资金，这构成了 IMF 的最主要的资金来源。IMF 向成员国提供各种类型的贷款，其资金来源可分为自有资金和借入资金。自有资金包括成员国按份额缴纳的款项、捐赠、利息和盈利收入。对于一个成员国来讲，份额不仅决定了它加入 IMF 时应认缴的款项数额，还决定了它在 IMF 的投票权、借款权和 SDR 的分配权。

IMF 的投票权是这样确定的：每个成员国都有 250 票基本投票权，另外，每缴纳10 万美元增加一票投票权。如果一国的份额是 1 亿美元，那么，它的总投票权就有1 250（250+1 000）票。按《国际货币基金组织协定》规定，重大问题须经全体成员国总投票权的 85% 通过才能生效。在 IMF 成立之初，美国拥有的投票权约达 23%，目前仍达 18%，因此，任何重大问题不经美国的同意都无法予以实施。针对美国的这种否定权，西欧工业国家曾以建立"十国集团"予以抗衡，而发展中国家则以建立"二十四国集团"相抗衡。目前，"十国集团"（除美国之外）和"二十四国集团"的投票权均已超过 15%，故他们的集体行动也构成对重大提案的否决权。

成员国在 IMF 的借款限额是与其份额密切相联系的。份额越高，可借用的款项就越多。从 1992 年 11 月 30 日起，一成员国在一般情况下的借款限额为每年不超过其份额的 110%，3 年累计不超过其份额的 330%，总累计净额不超过其份额的 440%（不包括临时贷款和缓冲库存贷款项目下的借款）。此外，份额也决定了 SDR 的分配权。份额越多，所分得的 SDR 也越多。由此可见，份额是十分重要的，它决定了 IMF 的融资能力，决定了各成员国在 IMF 的义务、权利和地位。这也是为什么发展中国家在国际货币改革过程中一再要求 IMF 改变份额的确定办法，增加发展中国家的份额比例，扩大基金的总份额的原因。

四、国际货币基金组织的业务活动

最初创建 IMF 的目的是以 IMF 作为一个核心机构来维持布雷顿森林体系的运行，其业务活动主要是汇率监督与政策协调，储备资产的创造与管理以及对国际收支赤字国提供资金贷款业务。目前 IMF 的业务活动，仍然是围绕这三个方面展开。

（一）汇率监督与政策协调

为了使国际货币制度能够顺利进行，保证金融秩序的稳定和世界经济的增长，IMF要检查各会员国以保证它们与 IMF 和其他会员国进行合作，从而维持有秩序的汇率安排和建立稳定的汇率制度。具体来说，IMF 要求各会员做到：① 努力以自己的金融和政策来达到促进有秩序的经济增长这个目标，既有价格稳定，又适当照顾自身的情况；② 努力通过创造有秩序的基本的经济和金融条件以及不会产生反常混乱的货币制度去促进稳定；③ 避免操纵汇率或国际货币制度来妨碍国际收支的有效调整或取得对其他会员国不公平的竞争优势；④ 奉行同 IMF 所规定的宗旨不相矛盾的外汇政策。

除了对汇率政策的监督以外，IMF 在原则上还应每年与各会员国进行一次磋商，以便对会员国经济和金融形势及经济政策作出评价。这种磋商的目的是使 IMF 能够履行监督会员国汇率政策的责任，并且有助于 IMF 了解会员国申请贷款的要求。20 世纪 70 年代，世界经济长期处于滞胀的局面，石油危机的爆发使许多会员国国际收支失衡，从而形成严重的国际收支调整问题。进入 80 年代以后，又产生了发展中国家的债务危机。这些全球性的问题更需要会员国，特别是工业化国家从国际的角度来协调国内经济政策，因此 IMF 的监督和协调作用就显得尤为重要，为此 IMF 每年派出经济学家组成专家小组到会员国收集统计资料，听取政府对经济形势的估计，并同一些重要的国家进行特别磋商。事实证明，IMF 在协调政策、稳定国际金融形势，特别是在缓解国际债务危机方面所起的作用是不容忽视的。在今后的国际货币关系中，IMF 还将发挥积极的作用。

（二）储备资产的创造与管理

IMF 在其 1969 年的年会上正式通过了"十国集团"提出的 SDR 方案，决定创设 SDR 以补充国际储备的不足。SDR 于 1970 年 1 月开始正式发行。会员国可以自愿参加 SDR 的分配，目前除了个别国家之外，大多数会员国都是 SDR 账户的参加国。

SDR 由 IMF 按会员国缴纳的份额分配给各参加国，分配后即成为会员国的储备资产，当会员国发生国际收支赤字时，可以动用 SDR，将其划给另一个会员国，偿付收支逆差，或将其用于偿还 IMF 的贷款。

（三）国际货币基金组织的贷款业务

根据 IMF 协定，当会员国发生国际收支暂时性不平衡时，IMF 向会员提供短期信贷。IMF 的贷款提供给会员国的财政部、中央银行、外汇平准基金等政府机构，贷款限于贸易和非贸易的经常性支付，贷款额度与会员国的份额成正比。贷款的提供方式采取由会员国本国向 IMF 申请换购外汇的方法，一般称为购买或提款，即会员国按缴纳的份额提用一定的资金。会员国还款的方式是以外汇或 SDR 购用本国货币，贷款无论以什么货币提供，都以 SDR 计值，利息也用 SDR 缴付。

IMF 主要设有以下几种贷款：

1. 普通贷款

普通贷款是指 IMF 的基本贷款，也称为基本信用设施。这是利用各会员国认缴的份额形成的基金，对会员国提供的短期信贷，期限不超过 5 年，利率随期限递增。会员国借入普通贷款的累积数不得超过其份额的 125%，IMF 对普通贷款采取分档政策，即将会员国的提款权划分为储备部分贷款和信用部分贷款，后者又分为四个不同的档次，并且对每种档次规定宽严不同的贷款条件。

（1）储备部分贷款

按照 IMF 协定最初的条款，会员国份额的 25% 需要以黄金缴付，会员国申请这部分贷款，实际上是提用原来认缴的黄金部分，所以这部分贷款也称为黄金档贷款。《国际货币基金组织协定第二次修正案》于 1978 年 4 月生效以后，会员国份额的 25% 以 SDR 和指定的外汇缴纳，这部分贷款的提取是无条件的，无须批准，也不付利息。

会员国没有使用的黄金档和超黄金档贷款的 SDR 就是它在 IMF 普通账户中的储备头寸。IMF 持有的某国货币占其份额的 75% 是债权国与债务国的分界。超过 75%，即是债务国，需要履行回购义务，即用 SDR 或指定的外汇购回提取贷款时使用的本国货币额。

（2）信用部分贷款

普通贷款的最高限额为会员国份额的 125%，其中 25% 为储备部分贷款，其余 100% 则是信用部分贷款，分为四个档次，每个档次占会员国份额的 25%。会员国使用完黄金档贷款后，可以依次用第 1 档、第 2 档、第 3 档和第 4 档信用部分贷款。信用部分贷款的借入是有条件的，而且借入档次越高，附加的条件也越苛刻。第 1 档，即超过储备部分贷款又在份额 50% 以内的贷款，条件相对还比较宽松，会员国只要提交计划并表明克服困难改善国际收支状况即可获得批准。其余 3 个档次，称为高档信用部分，这部分贷款条件比较严格，贷款期限为 3 ~ 5 年，利率为 6.25%。使用高档信用贷款的国家除提供令 IMF 满意的国际收支改善方案以外，还必须制订全面的财政稳定计划和采取适当的国内经济政策，如财政、货币、汇率和贸易政策等。并且在贷款的使用过程中，IMF 要进行一定的监督，如果借款国未能履行计划，IMF 还要采取进一步的措施，以保证实现目标。

2. 补偿与应急贷款

补偿与应急贷款前身是出口波动补偿贷款，设立于 1963 年。当一国出口收入下降或谷物进口支出增大而发生临时性国际收支困难时，可向 IMF 申请普通贷款以外的这项贷款。这项贷款，用于出口收入减少或谷物进口支出增加的贷款额各为份额的 83%，两者同时借入则不可超过份额的 105%。1989 年 1 月，IMF 以"补偿与应急贷款"取代"出口波动补偿贷款"，贷款最高额度为份额的 122%。其中应急贷款和补偿贷款各 40%，谷物进口成本补偿贷款为 17%，其余 25% 由会员国任意选择，用作以上两者的补充。贷款条件为出口收入下降或谷物进口支出增加应是暂时性的，而且是会员国本身无法控制的原因造成的，同时借款国必须同意与基金组织合作执行国际收支的调整计划。

3. 缓冲库存贷款

缓冲库存贷款业务设立于 1969 年 9 月，目的是帮助初级产品出口国建立缓冲库存以便稳定价格。IMF 认定的运用缓冲库存贷款的初级产品有锡、可可、糖、橡胶等。会员国可以使用的这项贷款的额度为其份额的 45%，贷款期限 3 ~ 5 年。

4. 中期贷款

中期贷款业务又称扩展贷款业务设立于 1974 年 9 月，专门用于解决会员国长期的结构性国际收支赤字，而且会员国资金需要量比普通贷款所能借入的贷款额度要大。贷款条件是: ① IMF 确认申请贷款的会员国的国际收支困难且确定需要比普通贷款期限更长的贷款才能解决; ② 申请国必须提供整个贷款期中有关货币和财政等经济政策的目标, 以及在 12 个月内准备实施的有关政策措施的详细说明, 并且在以后 12 个月内都要向 IMF 提出有关工作进展的详细说明, 以及今后为实现计划目标将采取的措施; ③ 贷款根据会员国为实现计划目标执行有关政策的实际情况分期发放。如果借款国不能达到 IMF 的要求, 贷款可能停止发放。此项贷款的最高借款额可达借款国份额的 140%, 期限 4~10 年, 备用安排期限 3 年。此项贷款与普通贷款两项总额不得超过借款国份额的 165%。

5. 信托基金

信托基金设立于 1976 年, IMF 废除黄金条款以后, 在 1976 年 6 月至 1980 年 5 月将持有黄金的 1/6 以市价卖出后, 用所获利润 (市价超过 35 美元官价的部分) 建立一笔信托基金, 按优惠条件向低收入的发展中国家提供贷款。取得信托基金贷款的条件有两个。第一, 1973 年人均国民收入低于 300 美元的国家, 共有 61 个国家具备条件, 它们借用自 1976 年 7 月 1 日起两年期的第一期贷款; 1975 年人均收入低于 520 美元的国家, IMF 确认了 59 个, 可享用自 1978 年 7 月 1 日起两年期的第二期贷款。第二, 贷款国的国际收支、货币储备以及其他发展情况需经 IMF 审核, 证实其确有资金需要, 并有调整国际收支的适当计划。

6. 补充贷款

补充贷款业务设立于 1977 年 8 月, 总计 100 亿美元, 其中石油输出国提供 48 亿美元, 有盈余的 7 个工业国家提供 52 亿美元。IMF 与这些国家签订了借款协议, 以借款资金配合 IMF 原有的融资计划, 加强对国际收支严重赤字的国家提供贷款。当会员国遇到严重的国际收支不平衡, 借款额已达到 IMF 普通贷款的高档信用部分, 而且仍需要大数额和更长期的资金时, 可以申请补充贷款。贷款期限 3~7 年, 每年偿还一次, 利率前 3 年相当于 IMF 付给资金提供国的利率加 0.2%, 以后则加 0.325%。贷款的备用安排期限为 1~3 年, 最高借款额可达会员国份额的 140%。补充贷款提供完毕以后, 1981 年 5 月 IMF 又实行了扩大贷款政策 (Enlarged Access Policy), 其目的和内容与补充贷款一样, 1985 年该政策规定 1 年的贷款额度为份额的 95%~115%, 3 年累积的限额为份额的 280%~345%, 累计最高限额为 408%~450%。此后贷款限额又进一步降到 1 年为 90%~110%, 3 年累计为 270%~330%, 累计最高限额为 400%~440%。

7. 临时性信用贷款

IMF 除设立固定的贷款项目外, 还可以根据需要设置特别临时性的贷款项目, 其资金由 IMF 临时借入。例如, 1974—1976 年设置的石油贷款 (Oil Facility), 用于解决石油价格上涨引起的国际收支失衡。石油贷款的资金由 IMF 向盈余国家 (主要是石油输出国) 借入, 再转贷给赤字国家。贷款的最高限额, 1974 年规定为份额的 75%, 1975 年提高到 125%。贷款期限规定为 3~7 年, 申请石油贷款也须提出中期的国际收支调整计划。石油贷款于 1976 年届满, 共有 55 个会员国利用这一项目获得了 66 亿 SDR 的贷款资金。

8. 结构调整贷款

结构性贷款业务设立于 1983 年 3 月，资金来自信托基金贷款偿还的本息，贷款利率为 1.5%，期限为 5～10 年。1987 年底又设立了"扩大结构调整贷款"，贷款最高限额为份额的 250%。

以上是 IMF 提供的主要贷款，会员国能够从 IMF 获得的贷款，统称为提款权或普通提款权，以别于 IMF 在 1969 年设立的特别提款权。

五、我国与国际货币基金组织的关系

1980 年 4 月，我国恢复了在 IMF 的合法席位。在 IMF 创立时我国的份额为 5.5 亿美元，1980 年增加到 12 亿 SDR。1983 年 4 月再次增加到 18 亿 SDR。到 1996 年 7 月底，中国在 IMF 的份额为 33.85 亿 SDR，占份额总数的 2.33%，投票权占总投票权的 2.60%，投票权比例和份额比例均排名第 10 位。截至 2010 年 10 月，我国在 IMF 的份额提高到 80.48 亿 SDR，份额比例增加到 4.03%，在 IMF 的发言权和投票权位列第六。根据 IMF 官方网站公布的 2022 年年度数据报告可知，2022 年中国正式成为 IMF 第三大股东，份额占比从 4.03% 升至 6.39%。我国在 IMF 是单独选派执行董事，并且是 IMF 临时委员会的成员。

在技术援助方面，我国不断从 IMF 方面获得有关金融规划、货币和财政政策、银行统计和经营管理等方面的知识和经验。这对改善我国的宏观政策调控机制，增强宏观政策制定的科学性和实施的有效性均起到了积极的作用。此外，IMF 每年 10 月均派代表团到我国商谈经济问题，有时代表团还要进行实地考察。这种磋商活动不仅是 IMF 全面了解中国经济及其政策的机会，而且对我国的经济工作以及经济政策的正确制定也有促进作用。

非盟受邀成为二十国集团正式成员

总体来说，我国从 IMF 吸收的技术援助以及 IMF 举办的各类活动中获得的效益远远超过从资金方面获得的好处，并且随着我国经济的发展，我国与 IMF 的关系也会越来越密切。

第二节　世界银行集团

世界银行即国际复兴开发银行也是布雷顿森林协议的产物，它与国际货币基金组织是紧密联系、互相配合的国际金融机构。世界银行有两个附属机构，即国际开发协会（International Development Association，IDA）和国际金融公司（International Finance Corporation，IFC），统称世界银行集团。

一、国际复兴开发银行

国际复兴开发银行，简称世界银行，是 1944 年布雷顿森林会议后，与基金组织同时产生的国际金融机构，属于联合国的专门机构。世界银行于 1945 年 12 月宣告成立，并于 1946 年 6 月开始营业活动。作为一个全球性的金融机构，世界银行的宗旨是：① 对用于生产目的的投资提供便利，以协助会员国的复兴与开发，并鼓励不发达国家生产与资源的开发；② 通过保证或参加私人贷款投资的方式，促进私人对外投资；③ 用鼓励国际投资以开发会员国生产资源的方法，促进国际贸易的长期平衡发展，维护国际收支平衡；④ 在提供贷款保证时，应同其他方面的国际贷款配合。

实际上，成立世界银行最初的目的是资助会员国（主要是西欧各国），使其被战争破坏的经济得到复兴和发展。目前世界银行的主要目的是向发展中国家提供开发性贷款，资助其兴办特定的长期建设项目，从而促进其经济增长与资源开发。

（一）世界银行的组织结构

世界银行的组织结构与基金组织相似，也有理事会和执行董事会，行址设在美国首都华盛顿。世界银行的最高权力机构是理事会。理事会由各会员国选派一名理事和一名副理事组成，任期 5 年，可以连选连任。副理事只有在理事缺席时，才有投票权。各会员国一般都要派其财政部部长、中央银行行长或其他地位相当的高级官员担任世界银行理事、副理事。理事会的主要职权是：批准接纳新会员国，决定普遍地增加或调整会员国应缴股本；决定银行净收入的分配以及其他重大问题。理事会通常在每年 9 月与 IMF 一起举行一次年会，必要时可召开特别会议，平时，理事会授权执行董事会代行各项职权。

执行董事会是负责办理日常事务的机构，世界银行现有执行董事 21 人，任期两年，其中 5 人常任执行董事，由持有股份最多的美、英、德、日、法 5 国指派。我国恢复合法席位后，单独选派 1 名，其余 15 人则由其余会员国按地区分级联合推选。执行董事会选举 1 人为行长和执行董事会主席，主持日常工作，但无投票权，只有在执行董事会表决中双方票数相当时，才可以投决定性的一票。行长任期 5 年，并可以连任。

各会员国的投票权是根据其持有的股份决定的。每个会员国都享有基本投票权 250 票。此外，每认缴股金 10 万美元增加一票，除另有规定外，一般事务部都可由简单多数表决通过。2010 年 4 月 25 日，世界银行发展委员会春季会议通过了发达国家向发展中国家转移投票权的改革方案。这次改革使中国在世界银行的投票权从 2.77% 提高到 4.42%，成为世界银行第三大股东国，仅次于美国和日本。

（二）世界银行的资金来源

世界银行的资金主要来自三个方面：会员国缴纳的股金、在国际金融市场发行的债券、债权转让净收益。

各会员国向世界银行缴纳的股金，都以它们在国际货币基金组织中分摊到的份额为准。世界银行成立之初，核定股金总额为 100 亿美元，转化为 10 万股，每股 10 万美元，随着会员国的不断增加，之后又多次增资，到 1994 年 6 月底，理事会决议规定的法定认缴股金为 1 700 亿美元。但是会员国并非按认缴资本缴付股金，根据国际复兴开发银行协定原来的规定（1965 年修订），会员国参加时先缴付股金的 20%，其中 2% 以黄金或美元缴纳，18% 以本国货币支付，其余 80% 则等待必要时缴纳。1995 年 9 月，世界银行决定增加一倍股金，但实缴资金并未增加，会员国实际缴付的只是认缴额的 10%，其中只有 1% 需要以黄金或美元缴纳，9% 以本国货币缴纳，其余 90% 等待必要时缴付。

世界银行资金的另一主要来源是在国际金融市场上发行中长期债券。在 20 世纪 60 年代以前，世界银行的债券主要在美国的资本市场上发行，之后随着西欧和日本的经济实力的增强，逐渐推广到前联邦德国、瑞士、日本和沙特阿拉伯等国家。债券的偿还期限从 2 至 25 年不等，利率依国际金融市场行情而定，但由于世界银行信誉较高，所以利率要低于普通公司债券和某些国家的政府债券。自 20 世纪 80 年代中期以来，世界银行每年在国际金融市场的债券总额都接近或超过 100 亿美元。实际上，目前世界银行是世界各主要资本市场上最大的非居民借款人。除了在国际资本市场上发行债券以外，世界银行也直接向会员国的政府、中央银行等机构发行中、短期债券筹集资金。

世界银行的主要资金来源还有将贷出款项的债权转售私人投资者，主要是国际商业银行等金融机构，这样可以收回一部分资金，以扩大世界银行贷款资金的周转能力。这种资金来源，在 20 世纪 80 年代世界银行的业务中很普遍。此外世界银行的利润收入也是资金来源之一，1989 年底其净收益为 11 亿美元。

（三）世界银行的业务活动

世界银行在成立初期，贷款集中于西欧国家，总额约 5 亿美元，以帮助其在第二次世界大战后复兴经济。1948 年以后，西欧在第二次世界大战后的复兴主要依赖于美国"马歇尔计划"提供的援助，于是世界银行的贷款重点逐渐转向亚洲、非洲和拉丁美洲发展中国家，向其提供长期开发资金。世界银行的贷款总额逐年增加，截至 2014 年年底，世界银行已经在 173 个国家开展 12 215 个项目；其中在中国开展 384 个项目，累计提供贷款 551.2 亿美元。2020 年，私人参与基础设施投资项目（简称 PPI 项目）共 252 个，总投资为 457 亿美元，比 2019 年全年减少 52%。2022 上半年，PPI 投资项目共 120 个，总投资为 423 亿美元，投资总额几乎是 2020 上半年的两倍（221 亿美元），比 2021 上半年增加 24%，比前五年（2017—2021 年）上半年平均值增加 1%。PPI 项目数量没有增加。中国是世界银行贷款最大的受益国。截至 2021 年年底，中国在世界银行贷款项目数量已超过 4 200 个，占到世界银行全球贷款总额的 7.5%。同时，中国在世界银行贷款的总投资额也达到了 414.5 亿美元，占到世界银行全球贷款总投资额的 3.4%。

世界银行贷款改造的重点是各种基础设施，如公路、铁路、港口、管道、电信和动力设备等，近年来又逐渐增加了能源开发、农业、公用事业和文教卫生等福利事业的项目贷款。另外，自 20 世纪 80 年代以来，世界银行也设立了结构调整贷款，协助发展中国家解决因国际收支失衡而引起的经济调整问题。这种贷款是与政策相联系的，贷款的目的是促进宏观或部门经济政策的调整和机构的改革，这对满足发展中国家因实施重大经济结构调整而形成的资金需求有很大帮助。世界银行对发展中国家贷款的条件：借款人可以是会员国政府、国有企业或私营企业。若借款人不是政府，贷款必须由政府担保；申请贷款要有工程项目计划，发放的贷款必须用于重点的生产项目。对非项目贷款，一般用于帮助会员国在遭受自然灾害时继续维持其经济发展的需要。贷款的项目，须经世界银行调查，并经会员国研究商定。当项目确属经济上应最优先考虑，并且确实没有其他合理的资金来源时，银行才能给予贷款。贷款期限一般为 5 年以上，最长可达 30 年。贷款有还款宽期限，在宽期限内只付息不还本。世界银行早期提供的贷款都是固定利率的，但自 20 世纪 80 年代以来，浮动利率贷款最为普遍，利率随金融市场行情变化每季度调整一次，基本上是按世界银行在国际资本市场筹借贷款资本的成本再加 0.5% 计算。此外，对已订立借款契约而尚未支用部分，则按年征收 0.75% 的手续费和承诺费。

世界银行规定贷款必须专款专用，并受世界银行的监督。会员国向世界银行借款时，需通过一系列的程序：确定贷款项目及项目审查，签订贷款协议、担保协议等法律文件，贷款后的监督检查，贷款偿还等。

世界银行除贷款业务外，还有其他业务活动，如技术援助、担任国际联合贷款团的组织工作以及协调与其他国际机构的关系等。

（四）中国与世界银行的关系

1980 年世界银行恢复了我国在该集团中的合法席位，并对中国经济发展和改革开放等事业给予了积极的支持。截至 2011 年年底，世界银行对华承诺贷款累计约达 392 亿美元，主要用于基础设施建设，以及农业、工业和文教卫生事业等项目，取得了较好的收益。中国和世界银行双方对多年来的合作均表示满意，并且今后这种合作关系还会进一步发展。2019 年 12 月 5 日，世界银行执董会审议通过了 2020—2025 财年对华国别伙伴框架这一指导未来世界银行对华合作的战略性文件。未来，世界银行集团国际复兴开发银行对华贷款规模将保持在每年 10 亿～15 亿美元，国际金融公司对华业务规模将保持在每年 8 亿～12 亿美元。

二、国际开发协会

国际开发协会是世界银行的一个附属机构，是专门向低收入发展中国家发放优惠长期贷款的国际金融组织。国际开发协会的产生是由于亚、非、拉发展中国家外债多，每年还本付息成了沉重负担，而且 IMF 和世界银行的贷款条件比较严格，规模有限，不足以帮助这些国家摆脱困境。在这种条件下，世界银行专家于 1957 年提出成立国际开发协会的建议，1959 年经世界银行通过。国际开发协会于 1960 年 9 月 24 日正式成立，同年 11 月开始营业，会址设在美国华盛顿。

（一）国际开发协会的组织结构

国际开发协会的组织结构与世界银行相同，最高权力机构是理事会。下设执行董事会，负责组织领导日常业务活动。IDA 的正副理事、正副执行董事，由世界银行的正副理事和正副执行董事分别担任。经理、副经理也由世界银行行长、副行长兼任，办事机构的各部门负责人也都是由世界银行相应部门的负责人兼任。但 IDA 的会计账户独立，名义上是独立的机构。

只有世界银行的会员国，才能成为 IDA 的会员国。截至 1999 年年底，IDA 共有 160 个成员。IDA 的会员分为两组：第一组是高收入的工业化发达国家和地区；第二组为亚、非、拉发展中国家和地区。会员国在理事会的投票权大小与其认缴的股金成正比。IDA 成立初始规定，每个会员国拥有基本投票权 500 票，另外每认缴股金 5 000 美元增加一票。之后在 IDA 第四次补充资金时规定，每个会员有 3 850 票，另外每认缴 250 美元再增加一票。和其他国际金融机构一样，美国认缴的股本最大，投票权最多，目前占总投票权的 14.96%。

（二）国际开发协会的资金来源

IDA 的资金来源主要有以下四个方面。

（1）会员国认缴的股金

IDA 原定的法定资本为 10 亿美元，其中第一组国家为 7.6 亿美元，第二组国家为 2.4 亿美元。第一组国家的资本额需以黄金或可自由兑换的外汇上缴；第二组国家的资本额中 10% 以黄金或可自由兑换的外汇上缴，其余 90% 可以本国货币上缴。之后，随着会员国的增加，IDA 的总资本进行了多次增资。

（2）第一组会员国提供的补充资金

会员国缴纳的资本不能满足会员国的信贷需要，同时 IDA 又规定不得依靠在国际金融市场发行债券来筹集资金，所以 IDA 需要会员国政府不断提供补充资金，其中绝大部分是第一组会员国捐助的。此外瑞士和阿拉伯联合酋长国也提供过补充资金。自 IDA 成立以来共进行过九次补充资金，总额超过 657 亿美元。当前，低收入国家正面临气候变化、新冠疫情、冲突战乱、通货膨胀、债务上升和粮食不安全等多重危机，最贫困人口受到的打击尤为沉重。2022 年，日本政府和世界银行共同主办了国际开发协会第 20 轮增资期（IDA20）的启动仪式，总额 930 亿美元的 IDA20 一揽子方案将帮助低收入国家克服危机，重建经济。IDA20 周期为 2022 年 7 月 1 日至 2025 年 6 月 30

日，核心主题是"危机后重建得更好：迈向绿色、韧性和包容性的未来"。IDA20总额930亿美元的一揽子方案包括来自52个高收入和中等收入捐助国的捐款共235亿美元，另外还包括通过资本市场筹集的资金、借款人还款以及世界银行自己提供的资金。

（3）世界银行从营业收入中拨给IDA的资金

（4）IDA本身的营业收入

由于IDA的信贷十分优惠，所以净收益为数甚微。

（三）国际开发协会的贷款

国际开发协会的贷款只是提供给低收入国家。低收入的标准是不断变化的，最初定为人均GDP在250美元以下，目前按世界银行1999年新标准的规定，以1997年的美元价格计算，人均GNP在925美元以下的会员国都有资格获得国际开发协会的贷款。IDA的贷款原则和程序与世界银行基本相同，原则上只对借款国具有优先发展意义的项目或发展计划提供贷款。贷款一般用于电力、交通、港口、水利、运输等公共工程部门，以及农业、文教等事业，贷款要与具体项目相联系。但是在某些情况下，IDA也提供非项目贷款或规划贷款，条件是借款国要制定具体的发展规划，实行必要的经济政策加以支持，并为接受外部资金援助创造条件。

国际开发协会的贷款称为信贷（Credit），以有别于世界银行的贷款（Loan）。两者的区别在于IDA提供的是最优惠贷款，也称为软贷款；而世界银行提供的是普通条件的贷款，一般称为硬贷款。软贷款的优惠条件体现在长期和无息两个方面。贷款期限平均为38.3年，最长可达50年，宽限期10年不用还本，第二个10年每年还本1%，其余各年每年还本3%。还款时可以全部或一部分使用本国货币。软贷款不收利息，只收取0.75%的手续费，对已生效未支用的部分收取0.5%的承诺费。目前IDA只向会员国政府提供贷款，并且是向低收入国家提供优惠贷款最多的多边国际金融机构，约占各类机构提供的优惠贷款总额的50%。

（四）我国与国际开发协会的关系

1980年，中国在恢复世界银行集团的合法席位的同时成为IDA的成员国。截至1999年7月，IDA共向中国提供了约102亿美元的软贷款。从1999年7月起，IDA停止对中国提供贷款。2007年12月，我国向IDA捐款3 000万美元。2010年12月，我国承诺向IDA第16次增资捐款5 000万美元和按照世界银行法律条款双倍加速偿还IDA借款，并在此基础之上自愿额外一次性提前偿还10亿美元借款。对于我国自愿额外一次性提前偿还的10亿美元，世界银行折合成约1.1亿美元计入我国向IDA的直接捐款。

三、国际金融公司

由于世界银行的贷款是以会员国政府为对象，如向企业等机构进行贷款，必须有政府的担保，这在一定程度上限制了世界银行业务的发展。为了促进对私人企业的国际贷款，世界银行在美国国际开发咨询局的建议下，同各会员国政府协商并于1954年决定建立国际金融公司（International Finance Corporation，IFC），1956年7月IFC正式宣布成立。其宗旨是对发展中国家会员国私人企业的新建、改建和扩建提供贷款资金，促进发展中国家私营经济的增长和国内资本市场的发展。

从法律地位和财务制度上，国际金融公司被视为独立的经营实体，但实际上它只是世界银行的附属机构。公司的组织结构与世界银行一样，最高决策机构是理事会，并设有管理日常业务的执行董事会。

公司正副理事、正副执行董事都由世界银行的正副理事和正副执行董事兼任。公司的经理则由世界银行行长兼任，其余内部机构、人员也多数由世界银行的相应机构及人员兼营和兼任。根据《国际金融公司协定》规定，只有世界银行的会员才能成为国际金融公司的会员，截至2023年，国际金融公司的成员国已达189个。我国于1980年5月恢复了在国际金融公司的合法席位。

国际金融公司的资金来源主要是会员国认缴的股本，最初的法定资本额为1亿美元，分为10万股，每股1 000美元。认缴股份应以黄金或可兑换外汇缴付。每一会员国有基本票数250票，此外，每增加1股，增加1票。国际金融公司成立以后，也进行了多次增资活动，目前资本达20亿美元左右。其中美国认缴的股金最多，在30%以上。国际金融公司的资金来源除了会员国缴付的股本以外，还有来自世界银行以及某些国家政府的贷款。

国际金融公司提供的贷款与世界银行和国际开发协会相比，具有以下特点：

第一，国际金融公司主要是对会员国的生产性私营企业进行贷款，并且不要求会员国政府为贷款的偿还提供担保。

第二，国际金融公司一般只对中小型私营企业提供贷款。贷款额一般在200万～400万美元，最高也不会超过3 000万美元。而世界银行提供的一般都是大型项目贷款。

第三，国际金融公司在提供资金时，往往采取贷款与资本投资（即购买借款方的公司股票）结合的方式，但是国际金融公司并不参与其投资企业的经营管理活动。

第四，国际金融公司通常与私人投资者共同对会员国的私营生产性企业进行联合投资，从而起到促进私人资本在国际范围流动的作用。国际金融公司吸收私人资本参加投资的方式可以是在开始就与私人投资者进行联合贷款和投资，或者是在国际金融公司投资后，将其债权或所购股票转售给私人投资者。

国际金融公司的贷款期限一般为7～15年，还款时须用原借入的货币，贷款的利率不统一，视投资对象的风险和预期收益而定，一般要高于世界银行贷款。对于未提取的贷款资金，国际金融公司每年收取 1% 的承诺费。贷款的方向主要是亚、非、拉发展中国家。贷款的部门主要是制造业、加工业和采掘业，也有旅游和金融服务行业。

国际金融公司在进行投资以前，对投资项目的可行性研究也十分严格，要派出专家小组对项目进行全面的考察评估，要求项目有合理的盈利水平，并且对东道国的经济发展有贡献。公司与私人资本对发展中国家的联合投资对促进国际资本流动起到了重要作用。另外，国际金融公司在进行投资的同时，还向项目的主办企业提供必要的技术援助，并且还向会员国政府提供政策咨询服务，以协助其创造良好的投资环境，从而达到促进私人投资的目的。

此外，为了完善世界银行的功能，世界银行还成立了"解决投资争端国际中心"与"多边投资担保机构"。根据《华盛顿公约》，1965 年成立的"解决投资争端国际中心"，隶属于世界银行。其目的是解决外国企业与投资国之间的争端。其加入的条件有：① 必须是国际复兴开发银行的成员国；② 放弃国家豁免权；③ 必须入股。"多边投资担保机构"根据《汉城公约》于 1988 年 4 月成立。其目的是为投资企业提供各种担保，主要是补充担保。可在任意条件下提供担保，且没有额度限制。其加入条件是：必须入股，且必须是国际复兴开发银行的成员国。我国于 1988 年加入该机构。

国际金融公司
在中国

第三节　区域性国际金融机构

国际清算银行是最早出现的国际金融机构，它是欧洲主要西方国家以及美国和日本在 20 世纪 30 年代建立的。20 世纪 60 年代以来，亚洲、非洲、美洲和欧洲的一些国家，通过互相合作的方式，建立了本地区的多边性金融机构，如亚洲开发银行、非洲开发银行等以适应本地区经济发展和国际投资及技术援助的需要。这些区域性的国际金融机构发展都很迅速，它们与联合国及其所属的 IMF 和世界银行相互配合，对促进本地区的国际贸易与投资，以及成员国经济的发展，起着极为重要的作用。

一、国际清算银行

国际清算银行（Bank for International Settlement，BIS）是根据 1930 年 1 月 20 日签订的《海牙协定》，于同年 5 月由英国、法国、意大利、德国、比利时、日本 6 国的中央银行，以及代表美国银行界利益的三家大商业银行（摩根银行、纽约花旗银行和芝加哥花旗银行）组成的银行集团联合组成，行址设在瑞士的巴塞尔。后来欧洲各国以及澳大利亚、加拿大和南非的中央银行也相继加入。目前参加国际清算银行的有 30 个国家的中央银行，美国仍由银行集团参加。

国际清算银行的宗旨是促进各国中央银行的合作，为国际金融活动提供便利，在国际金融清算中充当受托人或代理人。在某种意义上，它履行着"中央银行的银行"职能。然而最初创立这家以欧洲国家为主的国际金融机构的目的是办理第一次世界大战后德国赔款的支付及第一次世界大战所造成的国际债务的支付和转移等。随着债务问题的解决，国际清算银行的职能才逐渐转变。1944 年的布雷顿森林会议曾通过决议，准备撤销国际清算银行，但是这一决议并未被执行。

（一）国际清算银行的组织结构

国际清算银行的最高权力机构是股东大会，股东大会每年举行一次，由认购该行股票的各国中央银行派代表参加。股东大会审查通过年度决算、资产负债表、损益计算表和红利分配办法。股东大会的投票权数根据认股数按比例分配。董事会是国际清算银行的实际领导机构。根据该行的章程，董事会由以下人员构成：① 英国、法国、德国、意大利、比利时、日本、美国、瑞士等国的中央银行现任行长是董事会的固定成员；② 由上述董事会成员各选择一位本国工商金融界著名人士出任另一董事；③ 由董事会现有成员以 2/3 多数在认股的其他中央银行行长中选举其余成员。董事会总数不得超过 21 人。董事会成员选举董事会主席，并任命国际清算银行总裁。第二次世界大战后，这两个职位一直由一人兼任。董事会下设经理部、货币经济部、秘书处和法律处。

（二）国际清算银行的职能与业务

国际清算银行的职能是办理多种国际清算业务，因此它主要是和各国中央银行（包括成员国和非成员国）往来。此外，也和一些国家的商业银行有往来关系。目前全世界有 80 多家中央银行在国际清算银行保有存款账户，各国约 10% 的外汇储备和 3 000 多吨黄金存于该行，作为提供贷款的资金保障之一。该行还办理各国政府国库券和其他债券的贴现和买卖业务，买卖黄金、外汇，或代理各国中央银行买卖。国际清算银行资金力量雄厚，积极参与国际金融市场活动，尤其是国际黄金市场和欧洲货币市场。

国际清算银行是各国中央银行开展合作的理想场所。很多国家的中央银行行长每年定期在国际清算银行年会上会面，讨论世界经济与金融形势，探讨如何协调宏观政策和维持国际金融市场的稳定。尤其是该行的董事会每月在巴塞尔举行，并与主要发达国家的中央银行频繁接触，对协调它们之间的货币政策起到了很重要的作用。另外，国际清算银行还尽力使其全部金融活动与国际货币基金组织的活动协调一致，并与其联手解决国际金融领域的一些棘手问题。例如，在缓和 20 世纪 80 年代初发展中国家国际债务危机的过程中，国际清算银行也提供了大量的贷款，发挥了很大的作用。

（三）中国人民银行与国际清算银行的关系

1983 年年底，中国人民银行正式行使中央银行职能后不久，便积极探讨和组织与国际清算银行建立业务联系的途径和具体方法。中国人民银行先后派出有关人员与国际清算银行的高层人士进行商谈。1984年12月11日，在该行董事会例会上，时任总裁施莱明格先生提出与中国人民银行建立业务联系的建议得到通过，中国人民银行与国际清算银行开始建立正式的业务往来关系。近年来，中国人民银行与国际清算银行的关系又有了新的发展，实际业务往来和人员交往逐步增多。同时，中国人民银行曾多次得到国际清算银行的技术援助，并增加了同其他国家中央银行进行交流的机会。

二、亚洲开发银行

亚洲开发银行（Asian Development Bank，ADB）是面向亚洲和太平洋地区的政府间多边开发银行机构。它根据联合国亚洲及太平洋经社委员会的决议，于1966年11月成立，同年12月开始营业，总部设在菲律宾首都马尼拉。

亚洲开发银行的宗旨是，通过向会员国发放贷款、进行投资和技术援助，并同联合国及其专门机构进行合作，以协调会员国在经济、贸易和发展方面的政策，进而促进亚太地区的经济繁荣。

亚洲开发银行规定，凡属于联合国亚太经社委员会的会员国或准会员国，以及参加联合国或联合国的专门机构的非本地区经济发达国家，均可加入亚洲开发银行。所以亚洲开发银行的会员国除亚太国家和地区外，还有英国、德国、意大利、荷兰等十几个欧洲发达国家。

（一）亚洲开发银行的组织机构

理事会是亚洲开发银行的最高决策机构，由亚洲开发银行每个会员指派理事和副理事各一名组成，理事大多由会员的财政部部长或中央银行行长担任。理事会每年举行一次年会，即"亚洲开发银行理事会年会"。理事会对重要事项以投票表决方式作出决定，并须有2/3以上的多数票才能通过。亚洲开发银行的每个会员均有778票基本投票权，另外每增加认股1万美元增加2票。理事会下设董事会负责亚洲开发银行的日常经营活动。董事会由理事选举产生，任期两年，由12名董事构成，其中本地区会员选举8名，非本地区会员选举4名。亚洲开发银行会员共分成12个选区，其中日本、美国、中国、印度单独构成选区，各选举1名董事。其余8个选区由会员自愿结合而成。

亚洲开发银行的行长由理事会选举产生，并担任董事会主席。行长必须是本地区会员的公民，自亚洲开发银行成立以来一直由日本人担任。行长是亚洲开发银行的最高行政负责人，负责亚洲开发银行的日常业务和其他行政官员及工作人员的聘任与辞退。

（二）亚洲开发银行的资金来源

1. 普通资金

普通资金是亚洲开发银行贷款业务活动最主要的资金来源，主要由会员认缴的股金和来自国际金融市场及国家政府的借款组成。亚洲开发银行成立时法定股本为 10 亿美元，分为 10 万股，每股 1 万美元。本地区会员的应缴股本按照其人口、国民生产总值和进口额确定。非本地区会员的股本根据其对外援助政策和政府多边开发银行机构的预算拨款，经过协商谈判来确定。股本分为实缴股本和待缴股本，两者各占一半，实缴股本分 5 次缴付，每次上缴 20%，每次缴纳的金额的一半以黄金或可自由兑换外汇来支付，其余以本币来支付。股本的待缴部分，必要时亚洲开发银行予以催缴，催缴的股本以黄金、自由外汇或亚洲开发银行指定的货币缴付。经理事会决议，亚洲开发银行的股本可以增加。借款也是亚洲开发银行的重要资金来源，亚洲开发银行在主要国际资本市场发行长期债券筹集资金，也向会员国／地区政府、中央银行以及其他国际金融机构借入款项，有时还向国际商业银行直接借款。此外，亚洲开发银行的营运收益，也构成了普通资金来源。

2. 特别基金

亚洲开发基金设立于 1974 年 6 月，用于对亚太地区的贫困会员发放优惠贷款。资金主要由发达国家捐赠，提供资金最多的是日本、美国、德国、英国等。到目前为止，该基金补充了三次。除各国捐赠的款项以外，亚洲开发银行理事会还从各成员实缴股本中拨出 10% 作为特别基金的一部分。

为了提高亚洲开发银行发展中会员的人力资源素质和亚洲开发银行贷款的使用效率，1967 年亚洲开发银行建立了技术援助特别基金，为低收入的会员提供长期低息贷款。该基金也是由各会员的自愿捐赠和从股本中的拨款组成。

（三）亚洲开发银行的贷款

亚洲开发银行的贷款也有软贷款和硬贷款之分。软贷款即优惠贷款，仅提供给人均 GDP 按 1983 年美元计算低于 670 美元的贫困会员，贷款期限 40 年，不收利息，仅收取 1% 的手续费。硬贷款的利率是浮动的，按国际金融市场状况每半年调整一次，期限一般为 10～30 年，含 2～7 年的宽限期。硬贷款的资金主要是来自国际资本市场的借款。

亚洲开发银行的贷款方式与世界银行相似，主要有项目贷款和规划性贷款。项目贷款是为会员的具体建设项目提供的贷款，是亚洲开发银行的主要贷款方式。贷款程序也要经过项目确定、可行性研究、实地考察评估、签署借贷协议、贷款生效、项目的执行与监督、项目完成后听取评价等一系列环节。规划性贷款是对会员某个需要优先发展的部门提供的贷款，目的是促进会员产业结构的调整和扩大再生能力。亚洲开发银行对规划性贷款的执行进程也要实行监督，会员事先必须制定详细可行的部门发展规划，贷款的每部分提取都要与发展规划的进程联系在一起。另外，亚洲开发银行的贷款有些是通过会员的金融机构承办，由这些金融机构进行转贷。比如我国在 1987 年 11 月 9 日接受的亚洲开发银行的第一笔贷款，就是由中国投资银行签约承办，用于中小企业的技术改造。

亚洲开发银行自 1966 年成立以来已累计提供贷款 400 亿美元以上，资助 1 000 多个项目。亚洲开发银行资助项目的资本形成总额接近 1 000 亿美元。亚洲开发银行除贷款外，还提供技术援助，包括咨询服务、派遣长期或短期专家顾问团、与各会员或国际组织进行合作、协助拟订和执行开发计划等。此外，亚洲开发银行对涉及区域性发展的重大问题，还提供资金举行人员培训班和区域经济发展规划研讨会等。亚洲开发银行对亚洲经济的繁荣与发展起到了一定的积极作用。

（四）我国同亚洲开发银行的关系

我国于 1983 年 2 月正式申请加入亚洲开发银行。3 月 10 日，亚洲开发银行正式宣布中华人民共和国为亚洲开发银行成员。按各国认股份额，中国居第三位（6.44%），日本和美国并列第一（15.60%）。按各国投票权，中国也是第三位（5.45%），日本和美国并列第一（12.78%）。日本和美国在这个组织中都是第一大出资国，拥有一票否决权。在亚洲开发银行 1987 年年会上，中国当选为亚洲开发银行的董事国，并于同年 7 月 1 日起正式在亚洲开发银行设立执行董事办公室，为沟通中国有关方面与亚洲开发银行的关系起到了很好的作用。

三、非洲开发银行

成立非洲开发银行（African Development Bank，ADB）的建议，最初是在 1960 年第一届非洲人民代表大会上提出的。联合国非洲经济委员会在 1961 年 3 月亚的斯亚贝巴会议上讨论了这个问题，并指派了一个 9 国（利比亚、尼日利亚、马里、几内亚、喀麦隆、突尼斯、坦桑尼亚、苏丹和埃塞俄比亚）委员会，负责安排筹建。1963 年 8 月在苏丹喀土穆举行的非洲国家财政部部长会议上签署了成立非洲开发银行的协定。1964 年 9 月，该行正式宣告成立，行址设在科特迪瓦首都阿比让。1966 年 7 月，非洲开发银行正式开业。该行创建时只有 23 个成员国，截至 2023 年，非洲开发银行已有 81 个成员国，其中 54 个在非洲（区域成员国），除南非外，非洲国家全部参加了。

非洲开发银行（简称非行）的宗旨是向非洲会员国贷款和投资，以及技术援助，充分利用非洲大陆的人力和自然资源，促进各国经济的协调发展和社会进步，从而尽快改变非洲大陆贫穷落后的面貌。

非行的最高权力机构为理事会，由各成员国指派一名理事组成，理事一般由各国财政部部长或中央银行行长担任。理事会每年召开一次会议，每个理事的投票表决权根据会员国缴付股本的多少来计算。理事会选出 18 名成员组成董事会，其中非洲国家董事12 名，任期 3 年。董事会选举非行的行长，即董事会主席，任期 5 年，在董事会指导下安排非行的日常业务工作。

非行成立最初不接纳非洲以外的成员。但为了广泛吸收资金和扩大非行的贷款能力，非行理事会在 1980 年 5 月的第 15 届年会上通过决议欢迎非洲以外的国家入股。

1985 年 5 月，我国正式加入非行。到 1989 年底，非行的股本总额为 220 亿美元。非行规定各会员认缴资本的 50% 为实缴资本，分 6 次缴付，另外 50% 为待缴资本，必要时由非行催缴。会员国首次缴纳股金需以黄金和自由兑换外汇来支付，其余各次缴付方式由非行理事会决定。会员国缴付待缴资本可用黄金、自由外汇或非行履行债务所需的其他货币。入股后会员国在理事会的基本票为 625 票，另外每出资 1 股（每股 2 万记账单位，每一记账单位价值为 0.888 671 克纯金）增加 1 票。

非行经营的业务分为普通贷款业务和特别贷款业务，普通贷款业务是该行用普通股本资金提供的贷款和担保偿还的贷款，特别贷款业务是用非行规定专门用途的特别基金开展的优惠贷款业务。

为了解决贷款资金的来源，非行先后设立了以下四个机构：

（一）非洲开发基金

非洲开发基金

该基金设立于 1972 年 7 月，由非行和非行以外的 22 个发达国家出资，1973 年 8 月开始业务活动，主要向非洲最贫困的会员国的发展项目提供长达 50 年的无息贷款，其中包括 10 年的宽限期，每年只付 0.15% 的手续费。

（二）非洲投资开发国际金融公司

1970 年 11 月成立，总公司设在瑞士的日内瓦。目的是动员国际私人资本建设和发展非洲的生产性企业。它的股东包括国际金融公司，以及美国、欧洲、亚洲和非洲的 100 余家金融和工商企业，最初的法定资本为 5 000 万美元，认缴资本为 1 250 万美元。

（三）尼日利亚信托基金

1976 年 2 月由非行和尼日利亚政府共同建立，同年 4 月开始业务活动，由尼日利亚政府出资，非行负责经营管理。该基金与其他基金合作，向会员国提供项目低息贷款，贷款期限 25 年，宽限期 5 年，主要用于会员国公用事业和交通运输部门的建设。

（四）非洲保险公司

由非行投资建立，1978 年 1 月开始营业。公司的宗旨是加速发展非洲的保险业，通过投资和提供保险等技术援助，促进非洲国家的经济自立和加强区域性合作。公司总部设在尼日利亚首都拉各斯，公司的最高权力机构是由各会员国代表组成的代表大会。

非行自成立以来，特别是 20 世纪 80 年代以后，业务发展非常迅速。截至 1989 年年底，总共向非洲国家提供了 1 100 笔贷款，总计约 127 亿美元。非行的贷款主要用于农业、交通运输、公用事业、工业和金融部门，对非洲经济的发展作出了一定的贡献。

我国政府于 1984 年 1 月正式提出加入非行的申请，1985 年 2 月，根据非行章程，作为非本地区国家，先向非洲开发基金捐献了资金，然后按我国承诺向非行认缴股本，并办理有关入行的法律手续。1985 年 5 月 10 日，非行年会期间，我国被正式接纳为非洲开发基金和非行的成员。我国加入非行不仅在政治上产生了很好的影响，也为我国同非洲国家经济技术合作开辟了一条新渠道。根据初步统计，自加入非行以来，我国的一些国际建设工程公司积极参加非行贷款的建设项目投资，中标合同金额达 1 亿美元，极大地推动了我国与非洲国家经济技术合作的发展。

第四节　亚洲基础设施投资银行

一、亚洲基础设施投资银行概述

亚洲基础设施投资银行（Asian Infrastructure Investment Bank，AIIB，简称亚投行）是政府间性质的亚洲区域多边开发机构，也是全球首个由中国倡议设立的多边金融机构，重点支持基础设施建设，成立宗旨是促进亚洲区域的建设互联互通和经济一体化的进程，并且加强中国及其他亚洲国家和地区的合作。

亚投行于 2015 年 12 月 25 日正式成立，总部设在北京，法定股本 1 000 亿美元，中国是第一大股东，股份占比 30.79%，投票权占比 26.53%。时任中国财政部部长楼继伟被选举为亚投行首届理事会主席，金立群当选亚投行首任行长。

2023 年 4 月，亚投行在阿联酋首都阿布扎比开设首个海外办事处，时任行长兼董事会主席金立群和阿联酋工业与先进技术部部长兼亚投行理事苏尔坦·艾哈迈德·贾比尔共同出席签字仪式。

（一）亚洲基础设施投资银行建立的背景

1. 在全球层面上，亚投行建立的主要背景是新兴大国的异军突起

21 世纪以来，全球经济发展严重失衡，新兴经济体成为国际资本的净流出国，美国则变成全球最大的资本净流入国。发展中国家普遍实现了较快增长，新兴国家日益成为经济新秀，而发达国家的发展速度相对缓慢。在国际金融危机的打击下，发达国家的经济长期陷入低迷，以新兴大国为代表的发展中国家则率先摆脱危机影响，不仅成为全球经济的新引擎，而且成为全球治理的重要主体。为了更好地发挥新兴国家在世界经济和全球金融治理中的作用，改革原有的国际金融制度顺理成章地提上日程。虽然世界银行与 IMF 通过了相应的股权比重和投票权比重改革决定，但因美国国会反对而受阻，不合理的国际金融机制并未改观。

2. 在区域层面上，亚投行建立的主要背景是亚洲基础设施落后

亚洲拥有全球六成人口，亚洲经济占全球经济总量的 1/3，是当今世界最具经济活力和增长潜力的地区。但因亚洲经济建设资金有限，一些国家铁路、公路、桥梁、港口、机场和通信等基础建设严重不足，在一定程度上限制了该区域的经济发展。亚洲国家要想维持现有经济增长水平，内部基础设施投资至少需要 8 万亿美元，平均每年需投资 0.8 万亿美元，其中 68% 用于新增基础设施的投资，32% 是维护或维修现有基础设施所需资金。现有的多边机构无法提供如此巨额的资金，亚洲开发银行和世界银行每年能提供给亚洲国家的资金大概只有 200 亿美元。由于基础设施投资的资金需求量大、实施周期很长、收入流不确定等因素，私人部门大量投资于基础设施的项目是有难度的。

3. 在国家层面上，亚投行建立的主要背景是中国经济进入"新常态"

中国已成为世界第三大对外投资国，中国的对外投资在 2012 年同比增长 17.6%，创下了 878 亿美元的新高。而且，经过三十多年的发展和积累，中国在基础设施装备制造方面已经形成完整的产业链，同时在公路、桥梁、隧道、铁路等方面的工程建造能力在世界上也已经是首屈一指。中国基础设施建设的相关产业期望更快地走向国际。但亚洲经济体之间难以利用各自所具备的高额资本存量优势，缺乏有效的多边合作机制，缺乏把资本转化为基础设施建设的投资。

基于上述背景，2013 年 10 月，习近平主席代表中国提议筹建亚洲基础设施投资银行，将同域外现有多边开发银行合作，相互补充，共同促进亚洲经济持续稳定发展。同月，时任国务院总理李克强出访东南亚时，紧接着再提出筹建亚投行的倡议，促进本地区互联互通建设和经济一体化进程，向包括东盟国家在内的本地区发展中国家基础设施建设提供资金支持。

（二）亚洲基础设施投资银行的成员国

截至 2023 年 9 月，亚投行成员数量从 57 个创始成员增至 109 个，覆盖世界人口的 81% 和全球国内生产总值的 65%，成员概况：

联合国安理会五大常任理事国已占 4 席：中国、英国、法国、俄罗斯。

二十国集团国家中已占 16 席：中国、印度、印度尼西亚、沙特阿拉伯、法国、德国、意大利、英国、澳大利亚、土耳其、韩国、巴西、俄罗斯、南非、加拿大、阿根廷。

西方"七国集团"已占 5 席：英国、法国、德国、意大利、加拿大。

"金砖国家"全部加入亚投行：中国、俄罗斯、印度、巴西、南非。

（三）亚洲基础设施投资银行的宗旨

亚投行的宗旨是支持基础设施建设，满足发展中国家更多基础设施建设项目融资需求。通过亚洲基础设施建设这一平台引导国际金融体制改革的正确方向，促进国内国际金融体制改革与经济增长方式转变。建立新机构，制定新规则，引导新潮流，示范引导形成直接投融资为主导的世界金融新格局，在帮助重建世界金融新体制、使全球经济进入新常态的过程中为人类文明作出自己的贡献，在此基础上树立我国的大国风范，确立我国负责任的大国地位是我国创立亚投行的真正出发点。

（四）亚洲基础设施投资银行的组织机构

设立理事会、董事会、高管层三层管理架构，设有亚洲基础设施投资银行天津办公室及阿联酋海外办事处。

理事会为银行的最高权力机构，并可根据亚投行章程授予董事会和管理层一定的权力。每个成员在理事会中有自己的代表，并任命一名理事和一名副理事，每次年会上会选举一名理事担任主席，任期至下届主席选举为止。

董事会负责指导银行的总体业务，行使理事会授予的一切权力。由 12 名成员组成，其中 9 名由代表域内成员的理事选出、3 名由代表域外成员的理事选出。每名董事应任命一名副董事，董事会成员不得兼任理事会成员，董事任期两年，可连选连任。

理事会投票通过选举行长，行长应是域内成员国的国民，任期五年，可连任一次，任职期间不得兼任理事、董事或副理事、副董事。行长推荐任命一名或多名副行长。

二、亚洲基础设施投资银行的主要作用

截至 2023 年 9 月，亚投行运行 8 周年，共批准 233 个项目涉 450 亿美元，撬动总投资 1 500 亿美元，惠及 35 个域内外成员，为推动全球共同发展和可持续发展作出了重要贡献。

（一）主要投资领域

作为由中国提出创建的区域性金融机构，亚投行主要业务是援助亚太地区国家的基础设施建设，运用一系列支持方式为亚洲各国的基础设施项目提供融资支持，包括贷款、股权投资以及提供担保等，以振兴包括交通、能源、城市发展、水资源等领域基础设施建设，也涉及公共卫生与教育领域的社会基础设施发展。努力帮助发展中成员特别是低收入国家应对危机挑战是亚投行义不容辞的责任。

尤其是在绿色基础设施发展方面，亚投行在《中期发展战略（2021—2030）》中确立了到 2025 年实现气候融资占比 50% 的目标。截至 2022 年年底，在气候变化领域的投资规模超过 110 亿美元，占亚投行当年总投资额的 56%，提前三年实现中期发展战略确定的目标。2023 年 7 月实现了所有融资项目与《巴黎协定》相关目标完全保持一致。

2020 年新冠疫情爆发，亚投行迅速设立"新冠疫情危机恢复基金"，以支持发展中国家抗击疫情和恢复经济，截至 2023 年 9 月，已向 26 个发展中成员提供了近 147 亿美元的快速资金支持，中国北京、重庆、武汉都受益于亚投行的抗疫资金支持。与此同

时，对于受到内外冲击的斯里兰卡和遭受罕见洪灾的巴基斯坦，亚投行分别向其提供了1 亿美元和 15 亿美元的纾困支持。

（二）主要作用

亚投行在推动亚洲基础设施的投资、推动亚洲的经济增长的作用，不仅仅体现在 "修桥" 和 "造路"，更能在投融资体制改革方面发挥巨大作用。帮助亚洲和全球经济持续增长，增强全球经济的稳定性，有利于亚洲地区的基础设施建设和助力经济发展，体现了一种大局思维，让新兴市场国家不再受制，也把中国在世界经济舞台的地位再次拉升了一个档次，带动中国产业升级，推动中国金融服务业的改革发展和国际化接轨。

一是亚投行可发挥促进亚洲各国加深合作的建设性作用，有利于加强亚洲国家之间的利益纽带，缓解当前亚洲地区，特别是东亚地缘政治紧张的压力。对于中国而言，这有利于落实我国 "与邻为善、以邻为伴" 的周边外交方针，促进东海、南海资源共同开发。

二是亚投行可发挥经济金融领域的桥梁纽带作用，有利于加强投融资提供国与投资目的国的政治与经贸联系。中国可与志同道合的国家共同合作，通过财政出资，在亚投行内设立亚洲基础设施互联互通援助基金、中国基础设施技术投资援助基金和中国特别基金等规模、用途不同的各类基金，以便为亚洲基础设施建设的投资主体和项目开发提供融资支持。

三是亚投行可发挥多边区域性金融机构的投融资作用，有利于加强亚洲各国基础设施之间的互联互通。亚投行能够破解基础设施建设融资难的问题，为各国企业和相关机构开展基础设施建设提供优惠贷款，降低运营成本，推动亚洲基础设施的互联互通。

四是亚投行可发挥促进各国企业对外投资的带动作用，有利于提高各国企业在全球范围内合理高效配置资源的能力。亚投行能够起到四两拨千斤的带动作用，有效促进我国企业开展国际化经营，有助于实现资本输出带动商品和劳务输出，拓展我国企业的海外市场。以亚投行作为纽带，能够将我国援外资金、各类基金、商业银行和企业连接成一个整体，形成 "走出去" 联盟。

五是亚投行可发挥促进产业转移和升级的连接作用，有助于实现地区内经济发展的平衡性与可持续性。目前，我国正处于产业结构调整优化的关键时期，部分行业产能严重过剩。亚投行的设立可帮助我国企业 "走出去"，缓解我国相关产业和企业的产能过剩压力，并借此在全球范围内配置各类资源并实现产业结构优化。同时，借助基础设施建设合作，可积极拓展我国在能源、矿产甚至制造业等方面的国际合作领域，促进产业升级。

六是亚投行可发挥助推一国货币国际化的作用，特别是有助于扩大人民币跨境结算和货币互换的规模，帮助人民币最终实现国际化。在亚投行的资本构成中，人民币应是重要组成部分，这就便于使用人民币对亚洲基础设施互联互通建设进行贷款和投资，将增大人民币跨境存款的规模，增加离岸人民币的供应，加快培育离岸人民币市场的发展，形成一个以实体经济为后盾支持人民币"走出去"，又以人民币"走出去"为杠杆拉动需求的良性循环。

七是亚投行可发挥智力密集的优势和巨大的聚集辐射作用，有助于培养国际高级金融人才，并形成高端和有国际影响力的研究咨询平台。亚投行的运行和发展需要大量的高级金融人才，同时其良好的发展前景会吸引国际高级金融人才加入，也会聚集一大批我国国内优秀的金融人才。

三、亚洲基础设施投资银行面临的挑战和困难

作为中国主导发起的亚洲区域多边开发机构，亚投行重点支持亚太地区发展中国家的基础设施建设，因此被广泛看作中国利益拓展、重塑现有国际政治经济秩序的重要举措。但亚投行依然面临着不少困难和挑战。

（一）来自国际层面的挑战

亚投行作为由中国倡导成立的区域多边开发机构，旨在推动区域互联互通，促进区域经济发展。但随着国际金融形势的愈发复杂，仍面临巨大挑战。

一方面，由于亚投行和亚洲开发银行的投资区域基本重叠，投资方向部分重叠（亚洲开发银行除投资基础设施外，还有扶贫、教育和环保方向的投资和赠款），这会引起主导亚洲开发银行的美国和日本的顾虑。虽然美、日声称其主要顾虑是由中国主导的亚投行是否能够规范、透明地运行，能否充分考虑被投资国家（地区）的当地社会和环境影响等，并以此为理由劝阻其他国家不要加入亚投行，这种理由显然很不合理。这种行为反映出美、日对其区域影响力可能会受到冲击的恐惧。

另一方面，亚投行是一个国际金融机构，而不是中国的一家银行。亚投行必须兼顾各成员国的利益而不仅仅是中国的利益。不论是事关战略的决策还是具体的投资决策，决定成败的不是投票权而是格局、眼光、知识和经验。

第二次世界大战后世界金融机构积累了许多经验教训，亚投行可以站在前人的肩膀上。国际金融机构的成员都是各成员国的政府部门，本来各国对于一个可能牵涉到多个政府部门的问题进行决策的过程就很复杂，几十个国家在一起互相协调，沟通成本就更高。在过去60年中，世界金融机构的每一个失败的实践都可能增加否定性的规范，这使得本来就具有复杂的多边治理结构的组织运行流程更加繁复。这就是许多国际金融机构都被批评为低效和官僚的主要原因。作为一个新的国际金融机构，亚投行应该在这方面有所改进。

（二）来自操作层面的挑战

一方面，亚投行尚未形成固定的融资模式。中国可以动用外汇储备或发行特别

国债为亚投行项目融资，但亚投行的其他成员国却很难有这样的财政灵活度。尽管同业拆借、政府和社会资本合作模式（PPP）等都有可能成为亚投行的融资模式，但由于缺少有力的信用评级和贷款担保制度，亚投行未来的融资可能会遇到一定阻碍。今天中国的企业已经开始全面进入全球化的时代，民间有大量的海外投资需求。亚投行如果能够和民间的资金嫁接、合作，将会撬动比股本金大得多的资源。民间的企业和资金缺少对目标国家和地区的了解和投资经验，亚投行每进入一个国家和地区，都可以分享经验教训，亚投行在每一个国家成功的投资都能鼓励民间投资的进入。

亚洲基础设施投资银行成功发行15亿元可持续发展熊猫债

另一方面，中国在提出创建亚投行之初就强调，亚投行是多边商业银行，而非发展援助机构，这就意味着亚投行要追求一定的投资回报。但一般而言，基础设施建设周期长，融资额度大，盈利困难。特别是在当前亚太地区地缘政治经济风险突出的情况下，相关国家基础设施投资建设项目面临越来越多的困难，甚至存在"血本无归"的可能。如果只将收益回报作为主要考虑因素，亚投行开展投资会更为谨慎。这也会导致一些不发达国家更难获得投资，与中国发起亚投行的初衷相悖。

第五节　金砖国家新开发银行

一、金砖国家新开发银行概述

（一）金砖国家新开发银行建立的背景

金砖国家新开发银行（简称金砖银行）及应急储备库的成立有着深刻的经济金融背景。

首先，现行国际货币体系极度扭曲，亟须建立一个公平有序的全新国际经济金融秩序。第二次世界大战后建立起来的布雷顿森林体系虽然因 20 世纪 70 年代美元危机的爆发而宣告瓦解，但随之建立的以美元为中心的多元化国际储备的浮动汇率体系——牙买加体系仍然不能摆脱美元独大的国际货币地位，而且脱离"双挂钩"约束的美元发行更加肆无忌惮。多年来，美国凭借其独有的国际货币发行权，同时借助强大的军事威慑力，置美元"国际货币"的责任于不顾，将"美国利益"放在至高无上的位置。因此，国际社会对国际货币体系进行改革甚至重组的呼声一直没有停止过。广大发展中国家，特别是俄罗斯、巴西、南非、中国等新兴经济体，甚至德国、法国等欧洲发达国家也都致力于探索构建一个多元化国际货币体系。

其次，世界金融资源被少数发达国家垄断，支撑发展中国家经济发展的金融资源非常有限。从世界范围看，发达经济体掌握着全球经济金融资源的主动权。众所周知，世界银行和 IMF 是战后形成的国际货币金融体系的两大基石，但这两个机构长期由发达经济体主导，其决策和运作更多的是反映发达国家利益，发展中国家的合理诉求往往难以得到满足。近年来，发展中国家经济虽然整体保持较快增长，但因基础设施落后、结构性问题日益突出，资金需求缺口庞大，可持续增长的融资支持后劲不足。据有关测算，未来10年仅金砖国家的基础设施建设所需资金就超过5万亿美元，考虑到其他发展中国家，所需资金将超过10万亿美元。但是，由于世界银行等多边开发性金融机构大多由发达经济体主导，发展中国家的基础设施建设融资需求难以得到有效满足。满足包括金砖国家在内的发展中国家基础设施建设的融资缺口，为其持续发展创新融资渠道，提供持续稳定的融资来源，已成为发展中国家普遍而迫切的现实诉求。

最后，世界经济发展格局发生深刻变化，新兴经济体保护合法权益的诉求日益强烈。2008年国际金融危机过后，广大发展中国家纷纷采取针对措施致力于经济复苏，其经济增速远远快于西方发达国家，对世界经济整体复苏和国际经济金融发展的贡献大大增加，世界经济格局呈现"南升北降"趋势。特别是金砖国家的发展更是有目共睹。从数据来看，金砖五国人口众多，总人口达到世界人口的42.6%，经济总量达到全球的21.1%，对世界经济的贡献率也超过50%，已经成为全球经济发展的重要引擎。但是，发展中国家的权益与其所做出的贡献严重不对等，在全球性事务中的发言权非常微弱，甚至往往被发达经济体拒之门外。以金砖国家为例，目前金砖五国在世界银行的总投票权只有13%，低于美国的15%；在国际货币基金组织（IMF）中的总投票权不超过11%，低于美国的16.8%。在发达经济体的阻挠下，新兴经济体在世界银行、IMF和亚洲开发银行等国际金融组织中的话语权并未能得到相应的提升。因此，提高包括金砖国家在内的广大发展中国家的话语权，既是广大发展中国家的迫切要求，也是国际社会人心所向，建立更加公平合理的全球治理体系和国际货币金融体系已是大势所趋。

同时，2008年国际金融危机以来，美国金融政策变动导致国际金融市场资金的波动，对新兴市场国家的币值稳定造成很大影响。中国货币波动较小，但是印度、俄罗斯、巴西等国都经历了货币巨幅贬值，从而导致通货膨胀。而靠IMF救助存在不及时和力度不够的问题，金砖国家为避免在下一轮金融危机中受到货币不稳定的影响，计划构筑一个共同的金融安全网。一旦出现货币不稳定，可以借助这个资金池兑换一部分外汇来应急。

因此，2013年3月，第五次金砖国家领导人峰会上决定建立金砖国家新开发银行，成立金砖银行将简化金砖国家间的相互结算与贷款业务，从而减少对美元和欧元的依赖。

（二）金砖国家新开发银行的成员国

中国、巴西、俄罗斯、印度和南非于2014年7月15日在巴西福塔莱萨签署协议，决定成立金砖国家新开发银行，建立金砖国家应急储备安排体系。

（三）金砖国家新开发银行的宗旨

金砖银行的宗旨是针对包括金砖五国在内的广大发展中国家，通过制度性安排，帮助金砖国家以及更广泛意义上的发展中国家，充分调动可用资金，实现储蓄向实体投资转化，从而增进资源的有效配置。基于开发银行的职能特点，金砖银行将以基础设施建设等项目投资为重点，为五国乃至更多的新兴市场国家提供融资便利，从中长期看，将促进这些国家的经济发展，最终实现共同繁荣。

（四）成立金砖国家工商理事会

成立金砖国家工商理事会旨在加强金砖五国在开发技能、银行、绿色经济、制造业和工业化等领域的合作，促进商业、技术转让和私人领域投资，培育金砖国家内部合作能力，金砖国家工商理事会将成为加强和促进金砖国家内部经济、商贸、投资的一个重要平台。新兴经济体首度采取明确行动重塑由西方主导的国际金融体系。

（五）金砖国家新开发银行的组织机构

金砖银行组织机构包括理事会、董事会和行长会议。首任理事会主席由俄罗斯提名，首任董事会主席由巴西提名，首任行长由印度提名。理事会层级最高，由各国财长出任理事会成员，每个月开一次会。该银行的董事会代表将由五个国家派出财政部部长或者央行行长担任。董事会和行长会都常驻上海总部，行长会负责日常事务管理，由下属各部门最终具体执行。行长在金砖国家中轮流产生，各成员国财政部部长将负责制订该银行的具体操作规程。行长会议由 1 名行长和 4 名副行长组成，任期 5 年，中国、巴西、俄罗斯、南非将分别派驻自己的副行长。2015 年 5 月 12 日，正式提名印度籍卡马特为金砖国家新开发银行候任行长。中国籍祝宪为副行长。各国派人轮流担任该银行总裁，首任总裁来自印度。

二、金砖国家新开发银行的资金来源和主要业务

（一）金砖国家新开发银行的资金来源

金砖国家新开发银行的初始资本为 1 000 亿美元左右，启动资金为 500 亿美元，由金砖国家共同承担。另外，金砖国家还一同设立一个应急储备基金，规模为 1 000 亿美元。中国将在其中提供 410 亿美元资金，俄罗斯、巴西以及印度分别出资 180 亿美元，作为金砖国家集团最新成员的南非，出资 50 亿美元。这样的资金安排将帮助各国防止短期流动性压力，进一步促进金砖国家之间的合作，强化全球金融安全网。

（二）金砖国家新开发银行的主要业务活动

金砖国家试图利用新的机制来替代现有的两大国际金融机构的功能。金砖国家新开发银行将主要用于向金砖国家的基础设施建设项目放贷，也包括为金砖以外的国家项目

提供贷款，给这些新兴市场国家发展提供有力支撑。巴西、南非、俄罗斯、印度的基础设施缺口很大，在国家财力投入不足时，需要共同的资金合作。不过，金砖国家新开发银行不只面向五个金砖国家，而是面向全部发展中国家，作为金砖成员国，可能会获得优先贷款权。随着金砖银行建立，金砖国家间的经济金融合作将更加密切。

三、我国与金砖国家新开发银行的关系

首先，在基础设施建设方面，中国积累了大量经验和优势。设立金砖国家新开发银行，可推动其他国家的基础设施建设，也是分享中国经验的好机会，与中国"走出去"战略相符合。中国输出的既是经验和技术，也是一种标准。在这个过程中，接受扶持的一方会充分受益，缓解资金瓶颈，带动就业等。对中国而言，往往成为项目承包商，也会从中得到资本输出和商品输出的机会。

其次，金砖国家新开发银行的成立，将给中国外汇储备的风险分散提供一个重要渠道，帮助中国走出美元陷阱，同时也可以为加快人民币国际化提供机会。人民币作为基础设施建设项目的融资货币大有所为，这是因为作为制造大国，中国已可以生产新兴市场基建需要的各种设备和基础产品，这些都可以从中国进口，而在此过程中，很自然地可以使用人民币进行结算。因此，以扶持发展中经济体基础设施建设为任务之一的金砖银行，很可能将是一个有力推动人民币在国际上使用的机会。可以尝试用人民币与金砖国家货币直接交易，同时，在金砖银行运营中，中国可以用人民币向其他金砖国家或新兴市场经济体进行贷款。

最后，金砖国家新开发银行不仅为中国带来经济利益，同时也带来一种长远的战略利益。中国已成为世界第二大经济体，到底如何在国际舞台上展现一个新兴大国的形象，关系中国自身发展，也关系国际社会共同的利益。中国推动设立金砖国家新开发银行，作出实实在在的贡献，是彰显中国大国责任的好机会。

对中国而言，成为这一全新的金砖国家新开发银行的所在地，也是一个全新的开始。在世界金融版图上，一股不同于布雷顿森林体系的新兴金融力量在这里集结。而对于正在建设国际金融中心的上海来说，金砖国家新开发银行的落地，更是为这座城市金融地标的确立增加了一个大大的砝码。

金砖国家新开发银行

本章小结

1. 货币基金组织（IMF）的基本目标就是当会员国发生暂时性的国际收支不平衡时，IMF 可提供短期贷款，帮助它们解决国际不平衡问题，从而维持外汇汇率的稳定。

2. 最初创建 IMF 的目的是以 IMF 作为一个核心机构来维持布雷顿森林体系的运行，其业务活动主要是汇率监督与政策协调，储备资产的创造与管理以及对国际收支赤字国提供资金贷

款业务。

3. 国际开发协会是世界银行的一个附属机构，是专门向低收入发展中国家发放优惠长期贷款的国际金融组织。国际开发协会的产生是由于亚、非、拉发展中国家外债多，每年还本付息成了沉重负担，而且 IMF 和世界银行的贷款，条件比较严格，规模有限，不足以帮助这些国家摆脱困境。

4. 国际清算银行的宗旨是促进各国中央银行的合作，为国际金融活动提供便利，在国际金融清算中充当受托人或代理人。在某种意义上，它履行着"中央银行的银行"职能。

5. 非洲开发银行的宗旨是向非洲会员国贷款和投资，以及技术援助，充分利用本大陆的人力和自然资源，促进各国经济的协调发展和社会进步，从而尽快改变本大陆贫穷落后的面貌。

6. 亚洲基础设施投资银行的宗旨是支持基础设施建设，满足发展中国家更多基础设施建设项目融资需求。其主要作用表现在以下几个方面：一是亚投行可促进亚洲各国加深合作，缓解地缘政治紧张的压力；二是亚投行可以架起经济金融领域的桥梁，加强投融资提供国与投资目的国的政治与经贸联系；三是亚投行可发挥多边区域性金融机构的投融资作用，促进亚洲各国基础设施之间的互联互通；四是亚投行可带动各国企业对外投资，提高资源配置的能力；五是亚投行可促进产业转移和升级，实现地区内经济发展的平衡性与可持续性；六是亚投行可推动一国货币国际化，特别是扩大人民币跨境结算和货币互换规模，助力人民币国际化进程；七是亚投行可形成智力密集、聚集辐射的研究咨询平台，培养国际高级金融人才。

7. 亚洲基础设施投资银行面临的挑战和困难：在国际层面上表现为其他国家的顾虑和担心、协调各成员国的利益和意见、规范透明的要求以及民众认知的误解等。亚投行需要克服这些挑战，确保正常运行并为成员国带来实际利益。在操作层面表现为寻找可持续融资模式和应对基础设施投资的盈利困难。亚投行需要寻求多样化的融资方式，并在投资决策中平衡回报和可持续发展的因素。

8. 金砖国家新开发银行的建立背景包括对当前国际经济体系的不满、发展中国家基础设施融资的需求和对发展中国家权益的追求。金砖国家希望通过建立该银行来推动国际经济金融秩序的改革和重塑，并为广大发展中国家提供可持续稳定的融资支持。

关键词 　国际金融机构　国际货币基金组织　特别提款权　世界银行　国际清算银行　亚洲开发银行　非洲开发银行　亚洲基础设施　投资银行　金砖国家新开发银行

练习题
1. 货币基金组织发放哪些贷款？有什么不同？
2. 各种国际金融组织有哪些共同特征？
3. 国际开发协会的资金来源是什么？
4. 简述区域性金融结构对国际金融体系的影响。
5. 试分析中国人民银行与国际清算银行的关系。
6. 亚洲开发银行的宗旨是什么？
7. 试述亚洲基础设施投资银行建立的背景与发展历程。
8. 试述亚洲基础设施投资银行与现有多边开发银行的关系。
9. 请简要论述亚洲基础设施投资银行面临的挑战和困难。
10. 请简要概括金砖国家新开发银行建立的背景和形成过程。
11. 请简要论述我国与金砖国家新开发银行的关系。

第十一章

国际金融安全

国际金融安全指国际货币资金融通的安全和整个国际金融体系的稳定。在经济全球化加速发展的今天，国际金融安全的地位和作用日益加强。本章的主要内容包括国际金融安全的内涵和重要意义，国际金融风险及治理，国际金融监管的原则、类型、模式、机构、必要性和发展趋势。

第一节　国际金融安全概述

一、国际金融安全的内涵和分类

金融安全，是指在经济体系中，保障金融机构、金融市场、金融产品和金融交易的正常运转不受侵害的一种状态，是国家安全的重要组成部分，是经济安全和社会稳定的基础。国际金融安全，是指金融业包括金融机构、金融市场以及外汇市场在其发展过程中对来自国内外不利因素的干扰和冲击具有足够的抵御和抗衡能力，能够成功化解各种金融风险，并保持正常运行和发展的一种状态。

二、国际金融危机与国际金融安全的关系

金融危机与金融安全二者具有关联性，但并不意味着金融安全受到影响就一定会导致金融危机。金融危机的发生会导致一国股市低迷、资本市场资金匮乏、失业率上升，整个金融体系将受到严重破坏，金融秩序混乱不堪，这无疑是对金融安全的威胁，如果不采取及时有效的控制措施，必将导致经济危机发生，但是，如果处理得当，金融危机得到良好的解决，金融制度会在一定程度上得到慢慢恢复和发展。金融安全与金融不安全对应，从金融风险与金融安全的关系可以看出，金融风险的存在会使金融市场存在安全隐患，如果风险程度不断加深，同时没有得到合理控制，金融不安全的状况会日益严重，风险积累到一定程度，一旦爆发，就不仅仅是金融不安全，而是发生金融危机。

三、国际金融安全的重要意义

国际金融交易涉及货币主导权、金融市场支配权和金融机构控制权的博弈与争夺。一旦"资金国门"失守,跨境资金流动的风险极容易跨系统传染和蔓延,引发系统性金融风险。从国家层面来讲,构建国际金融安全体系,既是维护国家金融安全新的实践要求,也是推进国家金融治理体系和治理能力现代化水平的历史使命和责任。

第二节 国际金融风险及治理

一、国际金融风险的概念

国际金融风险(International Financial Risk)是指在国际贸易和国际投融资过程中,由于各种事先无法预料的不确定因素带来的影响,使参与主体的实际收益与预期收益发生一定的偏差,从而有蒙受损失和获得额外收益的机会或可能性。针对这一概念,具体分析如下。

第一,国际金融风险主要指在国际贸易和国际投融资过程中存在或发生的风险,并分析此类风险对贸易行为、投资行为和资金运用的影响。因此,国际金融风险的承担者主要是从事国际贸易、跨国资金筹集和经营活动的经济实体,包括居民个人、企业、银行和非银行金融机构甚至政府等。

第二,国际金融风险是作为在开放经济条件下,社会经济运行的一种宏观经济机制来看待。也就是说,国际金融风险由开放经济过程中的许多复杂因素交互作用而产生。

第三,国际金融风险对资金筹集者和资金经营者的影响具有两面性,既有蒙受经济损失的可能,又有获得超额利润的可能。当然,对金融风险的研究,在指出其积极因素的同时,更要注意采取相应措施,防范其消极影响的破坏作用。

国际金融风险仅限于存在和发生于国际贸易和资金的跨国借贷与经营过程中的风险。因此,只要一进入这些领域,风险就随之形成并有可能成为实际的风险。一旦成为现实,其损失和恶劣影响就难以弥补和克服。对金融业来说,它会使涉及的金融机构的资本金被侵蚀、发生亏损、金融资产难以收回、金融秩序出现混乱等,进而引起一国乃至某一地区或整个世界政治、经济的动荡。因此,需要对国际金融风险进行有效防范。

二、国际金融风险的特征

国际金融风险与一般意义上的金融风险有所不同。从内涵上看,国际金融风险的内容要比一般金融风险的内容丰富得多。从外延上看,国际金融风险要比一般金融风险的范围小，前者仅限于发生或存在于国际资金借贷和经营过程中的风险，而后者则包括发生与存在的金融领域的一切风险。因此，国际金融风险呈现出以下几方面特征。

（一）影响范围广、破坏性强

国际金融风险一旦发生，其波及范围就会覆盖一国甚至多国社会生产和再生产的所有环节，从而影响整个地区抑或全球社会生产和再生产的顺利进行和经济的持续增长，造成局部的或全局性的剧烈震荡和破坏，且这种破坏的穿透力是难以估量的，与之相关的任何领域，无论是经济的、政治的还是社会的，都不可能幸免于难，其带来的损失金额往往很大。

（二）扩张性强

国际金融风险在时间和空间上具有强大的扩张性。从时间上看，国际金融风险一旦出现，短则可以持续数个月，长则数年才能平复。从区域上看，经济一体化和金融全球化的发展，使得世界各国金融机构紧密相连，互为依存，一国金融机构发生问题，小则会使该国所在地区金融体系运行不畅乃至诱发信用危机，形成连续震荡；大则可能导致国与国之间、洲与洲之间甚至全球范围的持续动荡。1997 年 7 月爆发的东南亚危机就是如此，首先在泰国爆发，随后迅速蔓延到整个东南亚地区，最终在 1999 年结束，对全球经济产生了深远的影响。

（三）不规则性明显

金融运营主体在金融运营中的心理和行为具有极大的异变性，彼此间难以协调，易导致极度的差异和难以遏制的混乱，使得国际金融风险从孕育到爆发、从波动到延展、从规模到后果，常常表现得极为突然和意外，具有明显的不规则性，在时间、区域以及结果上都无法准确预计。

（四）可控性强

只要有跨国金融业务活动的存在，就有国际金融风险存在。但是，国际金融风险也是可控的，市场各参与主体可依一定方法、制度对风险实施事前预测、识别，事中防范和事后化解。金融机构可以采取增加资本金调整风险性资产来增强抵御风险的能力，并及时以转移补偿等方式将风险控制在一定的范围和区间内。此外，各国有关监管机构可加强监管协调、合作，减少风险损失。

三、国际金融风险的分类

按照不同的划分标准，国际金融风险大致可以分为以下几类：

按照金融风险的对象划分，可分为外汇风险、国际融资利率风险、国际投融资中的国家风险和政治风险以及国际金融衍生产品风险等。

按照风险涉及的范围划分，可分为微观国际金融风险与宏观国际金融风险。前者指一国某一经济实体在其跨国资金筹措和资金经营过程中，存在与发生的风险；后者指国与国之间的所有微观金融风险的总和。

按照风险的承担者划分，可分为国家金融风险和经济实体国际金融风险两种。前者指政府以国家代表的身份从事国际金融业务承担的金融风险；后者则指居民个人、企业、金融机构等经济实体从事国际金融业务时所承担的金融风险。

按照金融风险产生的根源划分，可以分为客观国际金融风险与主观国际金融风险两种。前者指由自然灾害、经济政策、政治因素、技术的变革等一系列客观因素所带来的国际金融风险；后者则指跨国资金借贷与经营者因其自身经营管理不善、受投机因素的干扰，或因其自身心理预期的失误等因素所引致的金融风险。

四、国际金融风险管理的意义

国际金融风险管理是指根据国际金融市场的特点和金融环境的变化，预测和识别风险，采取相应措施，以降低风险对金融市场和金融机构的影响。在全球化和信息化背景下，国际金融风险管理具有重要意义。

（一）对实体经济发展的意义

第一，国际金融风险管理能为各经济主体提供一个安全稳定的资金筹集与资金经营的环境，减少或消除各跨国经济实体的紧张不安和恐惧心理，提高其工作效率和经营效益。

第二，国际金融风险管理能保障经济实体经营目标的顺利实现。实施金融风险管理则能把经济实体面临的国际金融风险降到最低限度，并能在金融风险损失发生后及时提供预先准备的补偿基金，从而直接或间接地降低费用开支。

第三，国际金融风险管理能促进经济实体实行跨国资金筹集和资金经营决策的合理化和科学化，减少决策的风险性。通过实施国际金融风险管理，有关经济主体必然要着眼于提高资金使用效益，促使资金筹集和经营的合理化和科学化，使资金运营进入良性循环，减少决策风险。

（二）对社会发展的意义

第一，国际金融风险管理有利于世界各国资源的优化配置。作为价值直接表现形式的货币资金的跨国流动，必然引起其他资源相应的跨国流动。而实施金融风险管理则能减少资金跨国流动时的金融风险损失，并促使货币资金向所需国家和地区流动，从而引起其他社会资源合理地流向该国家和地区，最终避免或减少社会资源的浪费，提高其利用率。

第二，国际金融风险管理有助于经济的稳定发展。国际金融风险一旦发生，它带来的损失金额往往比一般金融风险造成的损失大几倍甚至十几倍。所以，国际金融风险的存在与发生，无疑是对地区乃至全球经济稳定发展的威胁。而国际金融风险管理的实施，不但能在一定程度上减少国际金融风险发生的可能性，而且能在金融风险发生后减少其带来的经济损失，从而减少金融风险损失带来的不良影响，最终促进经济的稳定发展和经济效益的提高。

五、国际金融风险的防范策略

（一）增强金融体系韧性

从金融体系改革方面来看，各国之间应继续深化开放政策，把握开放的节奏，稳步提高开放质量。同时加强国内监管部门间的协作，推行实施更具有操作性的政策措施，形成更加利于金融经营的氛围。支持金融信息服务机构的发展，提高市场化程度，加强法制监管和自律管理机制，增强金融体系韧性及金融竞争力。

（二）深化金融体制改革

完善宏观审慎管理框架，加强对金融机构的监管，健全金融安全网，增强金融体系抵御外部冲击的能力。同时构建有弹性的汇率制度，向市场提供正确的信号，保持宏观经济和金融稳定。完善跨境资本流动宏观审慎管理，提高对跨境资本流动的逆周期调控能力。

（三）转变经济增长方式

一是推进企业、金融、外贸、社会保障等领域改革，扩大国内需求，增强经济增长内生动力，为应对危机奠定基础。二是坚持转变经济增长方式，持续推动经济高质量发展，增强自主创新能力，提高全要素生产率，更有效地抵御国际金融风险的外部冲击。

（四）紧密区域合作

为防范化解全球金融风险，在增强本国危机应对能力的同时，也要扩大开放合作，强化区域协作。一是坚持市场驱动和企业自主选择，加强各国间经贸合作，深入推进国际货币多元化。二是建设现代金融，增强防范和化解全球金融危机的能力，逐步建立和完善现代中央银行制度、现代融资制度、现代金融监管制度。三是深化区域合作，提高区域间各国应对全球金融危机的区域性协防能力。

六、国际金融风险对我国金融安全的影响

近年来，国际金融市场的秩序并不稳定，金融风险的等级也不断提升。一旦发生

比较大的国际金融风险，势必会对我国金融安全产生直接的影响，主要体现在以下各方面。

（一）导致我国金融安全的可控性不断减弱

金融全球化发展大大加快了国际金融风险的传播速度，任何一个国家或者地区出现金融动荡势必会对全世界的金融局势产生影响，从而给别国金融安全造成巨大的冲击。我国自加入世界贸易组织以来，放宽了对资本的转移限制，而这无疑增加了对金融账户的管理难度。一旦有大量资本长期流入，迅速增长的资源不能得到有效配置与利用，势必会刺激金融资产价格的过度上涨，进而促使经济泡沫化，导致整个金融体系的脆弱化，甚至发生危机。

（二）金融衍生工具的发展给我国金融安全带来不安定因素

虽然金融衍生工具的快速发展早已给全球的经济发展带来了巨大的经济利益，但同时也给各国的金融体系带来了巨大的不稳定性。近年来发生的不少国际金融风波都与金融衍生工具投机失败有着密切的联系。

（三）国际游资一定程度上会扰乱我国金融正常的发展秩序

国际游资是指没有固定投资领域，只为追逐高额短期利润，而游走于各个市场的短期资本。一旦流入资本市场，势必会对我国正常的、有序的金融秩序造成不利影响，产生金融泡沫，进一步加剧金融风险。与此同时，在金融危机的传播过程中信心危机往往起着推波助澜的重要作用，一旦消费者出现信心缺失，金融资产势必会在一片抛售声中被迫迅速贬值，扰乱我国金融正常的发展秩序。

七、中国安全治理方案

我国的国家金融安全与国际金融体系的变革息息相关。构建人类命运共同体的中国方案坚持多边主义和共商共建共享原则，超越了金融垄断资本主义狭隘的利益观，使中国方案成为建立新型国际关系的重要途径。中国的金融安全治理方案体现出了中国智慧的现实性、针对性和操作性。

现实性体现在面对国际金融行业复杂的现实条件下，以国际合作推动全球金融安全治理的创新。在中国的领导下，非中心国家加强彼此的合作，共同改革既有的不平等制度框架、创建新的国际金融机制。

针对性体现在不同的领域和层次中改革或建立新的不同国际金融治理机制。新兴经济体建立新的国际机制具体需要：① 增加新兴经济体和发展中国家在国际金融机构中的人事任命权与投票份额，增强非中心国家的金融机构话语权；② 加强南南合作，发展中国家之间、新兴经济体之间、非中心国家之间的合作，强化二十国集团、金砖国家合作机制，加大对金砖国家新开发银行、亚洲基础设施投资银行、丝路基金等新兴国际金融机构的建设；③ 摆脱对美元的依赖，推动人民币国际化、区域货币和数字货币的国际地位提升以结束美元霸权。

可操作性体现在符合中国的实际国情，主要表现为加强党对金融工作的领导，坚持社会主义经济制度，在总体国家安全观的指导下加强金融安全治理。

八、我国"一带一路"国际金融新治理体系

中国构建的更加公平、开放、透明的"一带一路"国际金融新治理体系，增强新兴经济体金融在国际金融体系治理中的话语权、影响力，推进金融科技、绿色金融等金融新产品的规则制定，以此加强金融体系的国际协作、加强全球金融安全网，满足新时代的全球金融发展和全球金融治理的新要求，通过推动各国际金融组织同心协力、加强合作推动国际经济、金融治理体系的改革，共同减少国际经济、金融危机爆发的频率，从而进一步完善全球金融治理体系，以此为全球的经济发展、崛起提供重要支撑。

在货币合作方面，中国在跨境贸易和投资中使用人民币的规模和范围逐步扩大，本币结算、货币互换合作稳步推进，人民币跨境支付系统（CIPS）的建设和完善大大提高了人民币跨境清算效率，为"一带一路"相关贸易和投融资使用人民币结算提供了便利。

在投融资方面，中国在共建"一带一路"中推进以重大项目为驱动力的投融资合作新机制，形成了以开发性金融为主要形态的投融资合作新模式。中国对共建"一带一路"国家跨境直接投资国别覆盖广，行业多元，其中政策性银行和商业银行的引领作用明显，国有企业参与力度不断提高。亚投行、丝路基金、中哈产能合作基金等新设立的金融机构以及上海合作组织银联体、中国 – 东盟银联体、中国 – 中东欧银联体等合作机制发挥了重要的支撑作用。

在金融服务合作方面，主要包括金融机构互设，与非洲开发银行、欧洲复兴开发银行、美洲开发银行等多边开发金融机构合作，提供贷款、设立融资基金等。随着金融市场开放步伐不断加大，中国逐步放宽银行、保险、证券等市场准入条件，支持境外金融机构在华设立子公司和分支机构，中国的金融机构也加强了"走出去"的力度，不断在海外设立分支机构，为共建"一带一路"国家的基础设施建设以及开展经贸合作提供了便利。

在金融监管方面，共建"一带一路"国家金融监管合作和交流持续推进，原中国银保监会（2023 年更名为国家金融监督管理总局）、中国证监会与境外多个国家的监管机构签署监管合作谅解备忘录，加强信息互换，确保资金在共建"一带一路"国家间高效配置，强化风险管控，为中资金融机构在共建"一带一路"国家布局创造了良好条件。

此外，中国的信用评级机构积极开展共建"一带一路"国家信用评级研究，开始打破垄断，进入国际市场；跨境征信合作也在积极展开，对于增进共建国家和企业

互信、扩大经贸合作、防范投融资风险具有重要作用。例如，"信用上合"平台的建立就为中国与上合组织国家跨境征信服务提供了便利；中国的保险业积极开展跨境保险产品与创新服务的相关风险支持。例如，中国"一带一路"再保险共同体的保险业务平台的建设，加快了海外服务网络建设，减轻企业参与"一带一路"建设的后顾之忧。

中国作为"一带一路"倡议的提出者及相关金融合作的推动者，肩负着"一带一路"区域以及跨国金融合作规则提供者和规则体系重要建构者的责任。包容性与创新性成为共建"一带一路"国家间金融合作规则供给与规则体系构建所追求的目标。可以预见，今后的国际货币体系将向多元竞争的方向发展。中国秉持"共商共建共享"的全球治理观，一方面要继续深化与其他国家的货币合作，扩大人民币在国际货币体系的影响；另一方面，在适应和融入国际金融合作已经确立的全球性的规则基础上，开展规则体系的创新，加强国际金融机构的改革，为发展中国家争取更多的话语权，通过互利共赢的金融合作建立起更加公平合理的国际经济金融秩序。共建"一带一路"国家开展国际金融合作，目的在于稳定各国之间的货币金融关系，促进资源在各国间的优化配置，控制金融风险并推动经济一体化。但由于金融发展水平差异较大、跨境资本流动受限、融资方式单一、国别风险凸显、规则差异产生的摩擦及标准不一致带来的互联互通受阻等问题，"一带一路"金融合作也面临着不少的挑战。

《2021 年中国国际收支报告》显示——跨境资本流动保持平稳有序

第三节　国际金融监管

一、国际金融监管的概念

国际金融监管（International Financial Regulation）是指国家的金融监管机构或国际金融组织对金融机构及其活动进行规范和约束的行为的总称。金融监管作为依法对金融市场开展的监督、管理行为，对维护金融体系安全有序运行具有十分重要的意义。

国际金融监管的主体包括一国金融监管机构，比如一国的中央银行、证券监管机构等；区域性监管组织，如欧共体银行咨询集团、阿拉伯银行监管委员会、中西亚银行监管委员会等；国际金融组织，如巴塞尔委员会、国际证监会组织、IMF 等。

国际金融监管的客体包括跨国金融机构及其分支机构和设在东道国的外资金融机构以及它们的金融业务活动。金融机构可分为银行和非银行金融机构（包括证券公司、财务公司、保险公司、金融租赁公司、信托投资公司等）两大类。

国际金融监管的法律渊源有相关国内法律、法规、国际条约和国际惯例。

国际金融监管的目的主要包括：一是确保金融机构的安全与健全，维持整个金融体系的稳定；二是保护投资者和存款人的利益；三是促进金融机构平稳、效率、安全功能的发挥以及市场竞争机制的良好运作。

二、国际金融监管的原则

国际金融监管的原则是指能够全面、充分地反映国际金融监管关系的客观要求，并对这种关系的各个方面和全过程具有普遍意义的基本准则和指导思想。国际金融监管应遵循以下几项原则。

（一）依法监管原则

依法监管原则是指金融监管机构应依照法定职权和程序实施监管，这样才能保证监管的权威性、有效性，防止监管权力的滥用。具体表现为以下几点。一是金融监管机构的监管权力来源于法律。通过法律的形式，赋予并保障金融监管的权威地位。二是金融监管机构必须在法定授权的范围内行使权力，既要符合金融实体法的规定，又要符合金融程序法的规定。为防止金融监管机构滥用职权或越权行使职权，通过法律对其监管权进行制约和监管。对滥用职权者进行法律制裁，对合法权益受到侵害的金融机构给予请求司法或行政救济的权利。

（二）适度监管原则

金融监管，并非要否认和干预金融机构的经营自主权，而是在保证金融市场调节的基本自然状态的前提下，通过创设某种适度的竞争环境，防止出现过度竞争、破坏性竞争，避免金融机构的高度垄断。金融监管者的监管是有局限的，其对于某些市场缺陷确实能够弥补，但是对有些市场缺陷却未必比市场解决得好。监管者不能企图对金融机构的具体事务进行细微管理，应该保证金融机构的经营自主权，使其充满经营活力；也不要企图消灭所有的金融风险，即使个别金融机构因经营不善而被市场竞争所淘汰，只要不触发系统性的金融风险，金融业的整体是稳健、有序的，监管机构就应当尊重市场规律。

（三）高效监管原则

金融监管是有成本的，金融监管者实施金融监管时，必须进行成本与效益分析，降低监管成本，减少社会支出，促进金融体系在稳定、安全、有序的基础上高效发展，实现金融监管的经济效益与社会效益的统一。如果监管成本超过从安全保障体系中所获取的收益，那么监管行为就会成为行业竞争的阻碍，使银行业趋于萎缩。

（四）合作监管原则

金融业的国际监管合作的努力可以追溯到第二次世界大战后。为恢复世界经济，同盟国于 1944 年召开的国际金融会议确立了以美元汇兑本位币为中心内容的布雷顿森林体系，并成立了国际货币基金组织和世界银行。20 世纪 70 年代以来，为遏制国际银行业的危机，以巴塞尔银行监管委员会及其所拟定的《巴塞尔协议》为标志，金融监管的国际合作体系宣告正式建立。另外，经济合作与发展组织、七国集团和欧共体等区域性组织也在各自的范围内协调合作成员国间的金融事务，为国际金融监管合作作出了贡献。进入 20 世纪 80 年代以来，经济全球化带来了金融全球化。金融业发生了巨大的变化，金融创新不断加快，金融产品和金融机构数量不断增加，业务日益多元化、国际化，金融业竞争加剧的同时，也使得它们面临更多、更大、更复杂的风险，金融危机频繁发生，如墨西哥金融危机和亚洲金融危机。这些情况和问题，既需要各国审慎对待，又需要加强国际合作。各国在关注国际银行业监管合作的同时，在国际证券业监管和国际保险业监管方面也进行了合作，相继于 1984 年和 1992 年成立了国际证券委员会和国际保险监督官协会。但这些国际合作组织是在发达国家的倡导下成立的，凭借其实力一定程度上操纵着这些组织的运行，影响了发展中国家和地区的利益和正当要求，也影响了国际金融组织的权威性、公正性，很容易导致其金融体系和金融机构出现各种危机，进而波及全球金融体系，造成全球金融市场的剧烈动荡。所以，发展中国家和地区更应积极参与国际金融监管合作，国际金融机构也应充分反映发展中国家和地区的利益，这样才能促进国际金融业的共同发展。

三、国际金融监管的类型

（一）系统性监管

关注整个金融系统的健康，保证个别金融机构的风险不至于冲击整个经济体系的安全。这类监管是中央银行或银行监管部门的主要任务，因为中央银行在稳定宏观经济、维护金融市场和减少系统性风险等方面有较强的能力。

（二）审慎性监管

关注个别金融机构的健康程度，强调分析和监控金融机构资产负债表、资本充足率、信贷风险、市场风险、利率风险、汇率风险、营运风险和其他的审慎性指标。监督管理者应该履行其职责，建立有效管理各种风险的体系，促进信息披露，并且要求金融机构接受外部机构（如会计师事务所）的监督，并在公司治理结构和风险管理体系方面定期接受监管机构的监督检查。其目标是保护消费者利益，防止因为个别金融机构的倒闭而冲击整个经济体系的平稳运行。

（三）业务发展方式监管

关注金融机构如何与其顾客开展业务，注意保护消费者利益，如信息披露、诚实、统一和公正、公平等。在与顾客打交道时，它强调制定正确的行为规则和行动指南，注重规范业务实践。

四、国际金融监管的模式

国际上现行的金融监管模式主要有四种。一是混业经营分业监管的美国模式，由美联储作为伞形监管者，负责监管混业经营的金融控股公司，银行、证券、保险分别由其他监管部门监管。二是混业经营混业监管的英国模式，就是将银行、证券、保险的监管统一于非中央银行的单一的金融监管机构，日本也是采用这种模式。三是分业经营混业监管的韩国模式，就是由中央银行同时负责货币政策和银行、证券、保险的监管，目前许多发展中国家仍采取此种监管模式。四是分业经营分业监管的法国模式，也就是说将银行、证券、保险的监管从中央银行中分离出来，欧洲中央银行成立后，法国等多数欧元区国家都采取了此种监管模式。

五、国际金融监管的机构

国际金融监管机构主要有以下几个：

国际货币基金组织（IMF）：国际货币基金组织是一个全球性组织，致力于促进国际货币合作、维护金融稳定和促进经济增长，主要负责提供政策建议和技术援助，监督成员国的汇率政策，并协调全球外汇市场。

国际清算银行（BIS）：国际清算银行是中央银行的银行，提供金融服务给中央银行和国际金融机构，主要职责是促进全球金融稳定，包括监管和监督外汇市场。

金融稳定理事会（FSB）：金融稳定理事会是一个国际性协调机构，旨在促进全球金融体系的稳定，它的成员包括20多个国家的中央银行、金融监管机构和国际组织，负责监督和监管金融市场，包括外汇市场。

全球外汇市场委员会（GFXC）：全球外汇市场委员会是一个由中央银行和外汇市场参与者组成的论坛，旨在促进外汇市场的透明度、诚信和有效性。它制定和推动外汇市场的最佳实践，并监督市场参与者的行为。

欧洲中央银行（ECB）：作为欧元区的货币发行和货币政策机构，欧洲中央银行负责监管欧元区的外汇市场和银行体系。它在维持欧元稳定和推动欧元区金融一体化方面发挥重要作用。

巴塞尔银行监管委员会：亦称"巴塞尔委员会"。致力于改善对国际银行监管技巧的效能；提出任何影响从事国际银行业务的问题。为了改善全世界银行监管的工作，与世界各监管机构交换信息和意见。委员会并没有担负一个正式的跨国性的监管责任，从而它做出的决议没有法律效力，但由于委员会代表世界强大的经济集团，其影响力的存在是不容忽视的。

欧洲证券和市场管理局（ESMA）：欧洲证券和市场管理局是欧洲联合监管机构，负责监管欧洲的证券和金融市场。它在外汇市场监管方面扮演着重要角色，确保市场的稳定和保护投资者。

国际衍生品协会（ISDA）：国际衍生品协会是一个全球性的金融行业协会，其会员包括大型金融机构和交易商。其制定并推广衍生品合同和协议，提供市场标准和最佳实践，以促进外汇市场的透明度和合规性。

此外，各国的国内金融监管机构也在各自的管辖范围内对外汇市场进行监管。例如，美国金融行业监管局（FINRA）、英国金融市场行为监管局（FCA）和日本金融厅（FSA）等机构负责监督各自国家的外汇市场活动。这些机构和协会在全球范围内发挥着不同的角色，以确保国际金融市场的稳定、透明和合规性，并保护投资者的利益。它们通过监督市场参与者的行为、制定规则和准则，以及提供政策建议和技术援助来实现这些目标。

六、国际金融监管的必要性

（一）跨国银行的扩张和海外资产的急剧膨胀，增加了国际金融体系的风险性，使加强金融监管的国际合作成为必要

在金融自由化的影响下，许多国家曾经一度放松了对金融业的管制，如降低金融机构在国际活动范围上的壁垒，放宽或解除外汇管制，资金较自由地流入流出；放宽对各类金融机构经营范围的限制，允许业务适当交叉；允许新金融市场的设立等。这些措施使金融业的结构发生了深刻变化，海外业务和海外资产不断增加。与此同时，电子金融机构的发展也使监管当局很难判断其业务是完成于国内还是完成于国外，离岸金融业务的拓展更使得部分金融机构远离了监管当局的视野。在这种情况下，对金融风险的有效防范仅仅在一国之内是远远不够的，也是根本无法完成的。为了有效监管金融机构的境外业务和离岸业务，有效防范金融风险，必须加强国际金融的监管，加强国际合作。

（二）金融创新的不断发展也要求加强金融监管的国际合作

20世纪80年代后，国际金融市场上创新不断，表现最为突出的就是金融衍生品交易的迅速发展。尽管金融创新包括金融衍生工具的创新的一个重要动机是转移和分散风险，但从全球或全国的角度来看，创新是无法从根本上消除风险的，相反，在利益的驱动下，金融机构还可能在更广阔的范围内和更大的数量上承担风险，而一旦潜在的风险变为现实，其破坏性也大大超出传统意义上的金融风险。从理论上讲，金融衍生产品并不会增加市场风险，若能恰当地运用，比如利用它的套期保值功能，可以为投资者提供一个有效的降低风险的对冲方法。但在其具有积极作用的同时，也有其致命的危险，即在特定的交易过程中，投资者如果纯粹以买卖营利为目的，它可以通过垫付少量的保证金炒买炒卖大额合约来获得丰厚的利润，在这个过程中，投资者往往忽视潜在的交易风险，如果控制不当，那么这种投机行为就会招致不可估量的损失。

（三）国际金融机构的全球合作使国际金融监管成为必须

随着各国金融市场的开放，各国金融机构之间也建立了日益广泛和深入的业务合作关系，包括资金融通、应收应付的代理等，当国际金融市场出现大幅震动、金融危机爆发时，金融危机不仅会通过这些分支机构进行传播，还会通过金融机构的往来关系进行传播，显然，要确保金融监管的效力，防范金融风险，提高各国金融与经济安全，也必须在全球范围内加强国际金融监管的合作。

（四）国际资本的快速流动和现代金融犯罪的升级及世界范围内发生的逃避管制使得国际金融市场起伏不定，客观要求加强金融监管的国际合作

20世纪90年代的墨西哥和亚洲金融危机都深刻地表明，短期国际资本流动可能对一国或多国金融带来极大冲击，甚至可能给世界金融带来严重影响。在非制度的国际货币体系下，汇率的相对稳定只能依赖各国货币政策的通力合作，通过双边或多边谈判及政策的协调予以解决。

（五）在金融全球一体化的背景下，各国金融发展水平和金融制度上的差异要求加强金融监管的国际合作

由于历史和现实等多方面的原因，各国的金融制度安排存在着较大的差异，如分业经营和混业经营的区别，分业监管和混业监管的区别，侧重法规性监管和侧重自律性监管的不同等。在金融机构跨国经营成为大势所趋的情况下，如果没有有效的金融监管的国际合作，是无法保证金融监管目的实现。正是在经济和金融全球化及一体化的背景下，各国开始重视金融监管机构的国际合作，制定了一系列国际金融监管的原则，提高了国际金融监管的规范化，降低了国际金融服务业中的不平等竞争程度，增强了国际金融体系的安全性，在这个过程中，巴塞尔银行监管委员会（简称巴塞尔委员会）发挥了极其重要的作用：1988年发布了《巴塞尔协议》，2004年发布了《巴塞尔协议Ⅱ》，2010年发布了《巴塞尔协议Ⅲ》，等等，这些协议显示了巴塞尔委员会对银行监管持之以恒的关注和重视。尽管这些协议不具有法律强制性，但由于其适应了国际银行监管的需要，得到了国际银行业和各国监管当局的普遍重视。一些国际性的组织，如国际清算银行、国际货币基金组织等，也都在通过合作以加强国际金融监管的合作。国际金融监管正受到越来越多的国家重视。

七、国际金融监管的发展趋势

（一）监管目标由单一性向着安全和高效的方向转变

传统的国际金融监管主要在于维持金融监管体系的正常运行和安全性，在此监管的保护下，各国纷纷建立自己的金融安全网。这种举措对国际金融市场准入、利率标准、业务范围等都进行了一定的约束。针对以上不足，各国开始进行金融改革，以此保证

金融体系的安全、高效，保证金融市场的活力，以此来实现自身金融企业运营的公平公正，且在美国也出台了多种金融市场监管法，旨在提高金融市场经济效益，坚持监管成本效益双向的原则对金融行业加强监管。

（二）监管方式由传统性向着合理和风险并重的方向转变

传统的金融机构主要是通过行政职能对各种不合理的金融交易行为进行处理，但是这种方式会增加与金融监管者之间的矛盾。随着金融业务进一步拓展，金融监管渐渐力不从心，开始创新监管方式。例如，巴塞尔委员会出台的《巴塞尔协议》就是针对银行监管部门进行的一次改革，促使银行监管模式由传统的常规性监管向着合理和风险并重的方向转变，通过提高资本充足和其他资产负债率来降低银行的各种市场风险、信贷风险、投资融资风险等，最终实现风险监督。这种新型的监管方式侧重于对各种风险进行预估，从而通过评估金融机构目前的经营状态来实现风险监管，但是这种风险监管难以对金融机构的潜在动态性风险进行监管，因此也难以满足银行自身的监管需求。新监管方式的转变可以对金融机构的各种风险类型、规模、数据信息等都进行准确的把握，从而通过风险系统评估体系，降低总风险。例如，发达国家的"事先预估"就是一种新型的金融监管方法，该方法是通过银行和监管部门的合作，对银行未来的资本损失额先进行计算，从而明确银行资本承担水平，当银行资本损失额超出预估额时，监管部门进行惩罚。如果银行对资本损失额超出预估额这种可能性可以提前预知时，它可以通过调整内部运营模式，降低监管成本，减少惩罚。事先预估方法最终提高监管模式的灵活度。

（三）监管内容侧重于市场的制约作用

目前，市场机制体系中的激励机制可以对银行进行一定的约束，控制市场中容易渗漏的信息，国际监管局和国家当地的监管机构从而针对市场信息渗漏完善了多种信息监管措施，促使金融机构可以对市场金融信息进行全面的了解，便于金融机构管理者加强管理。例如，巴塞尔委员会，就下发了多种银行市场信息指导性文件，对于银行的财务信息、业绩、风险管理方法、会计政策、企业经营机构等信息都在市场上进行了披露，实现了金融市场信息的公开、透明，发达国家的这种做法对发展中国家的相似问题的解决提供了参考。对于部分发展中国家而言，普遍存在监管过于宽松的问题，因此，也需要积极利用市场机制加强监管力度。

八、发达国家的国际金融监管经验

（一）美国金融监管实践

美国的"双重多头"分业监管模式在高度关联的混业金融体系中一直无法有效实施，2008 年国际金融危机后，美国于 2010 年通过了《多德－弗兰克华尔街改革与消费者保护法案》，对金融监管体系进行改革。一是确立了美联储在金融领域"全面监管人"的地位，除银行业金融机构外，强化了对对冲基金等基金公司、证券市场、保险公司和金融控股公司的监管职权。二是赋予政府系统性风险管理职权，规避系统性金融风险。一方面，增设系统性金融风险监管机构，即金融服务监管委员会，主要负责收集各类监管信息，识别并监控系统性金融风险，协调各监管机构关系；另一方面，赋予政府必要的政策工具来应对金融危机，使陷入危机的金融机构能够得到及时高效的救助。三是调整金融监管机构权限，减少重复监管。对部门金融监管权限进行了合并，打通了同类金融业务监管政策屏障，有效防止了监管套利。四是扩大国际监管合作，防范金融风险"跨境传递"。美国通过与世界银行、IMF、国际清算银行（BIS）等的合作，逐步完善《巴塞尔协议Ⅲ》确定的国际金融监管实施规则，推动国际银行业资本监管和监管标准一体化，并加强对跨国金融机构监管。

（二）英国金融监管实践

2008 年国际金融危机前，英国实施财政部（负责确立监管框架）、金融服务管理局（统一实施对金融体系的全面监管）和英格兰银行（负责货币政策）的"三方监管体系"，但在这次危机中明显应对不足。此后，英国开始以维护金融稳定为目标推进金融监管改革。一是《2012 年金融服务法》确立了英格兰银行在维护金融稳定方面的核心地位。英国央行下设金融政策委员会和审慎监管局，分别负责宏观调控和微观审慎性监管。英国成立了独立的监管机构——金融市场行为监管局，负责对金融机构行为的监管，形成了"双峰"监管模式。二是创新推出多种金融监管工具。英格兰银行从宏观审慎角度出发，创新推出了多种金融监管工具，如逆周期资本缓冲工具、系统性风险缓冲、杠杆率要求等，以遏制家庭债务水平，提高金融稳定性。三是建立了金融申诉专员制度。英国将金融消费权益保护工作作为金融监管的一个重要组成部分，建立了独立的金融申诉专员制度，在金融机构和金融消费者之间调解纠纷和对纠纷作出裁定方面始终保持中立地位，并在程序设计方面体现对消费者的倾斜性保护，能有效化解金融矛盾纠纷。

（三）日本的金融监管实践

2008 年国际金融危机前，日本已经开始加强金融监管体制建设，金融监管职能也逐渐从大藏省剥离到金融厅，最终确立了金融厅全面负责，中央银行和存款保险机构共同参与，地方财务局受托监管地方金融机构的统一监管体制框架。此次危机未给日本经济带来巨大冲击，但也带来了监管体系上的微调。一是更加注重宏观审慎监管。日本央行和财务省通过构建事后金融安全网，实施以"强化市场"和"提高金融监管的质量"为目标的中长期监管政策，有效防范系统性风险。同时，监管机构持续加强信息披露力度，提高监管透明度，强化市场风险监测，防范金融市场重大风险隐患。二是通过立法规范金融机构经营行为。2013 年修改的《金融商品交易法》，在经营者信息获取、披露和适当销售义务等方面作出严格规定，通过构建公平的金融产品买卖体系，将新型金融衍生商品纳入监管范围。三是完善金融监管制度。日本金融厅自国际金融危机起便开始实施"改善金融监管制度行动"，力求通过改善金融监管制度的质量，营造更具竞争力的监管环境，其主要内容包括：实现规则式监管和原则性监管的融合、关注未来风险防范、鼓励金融机构自愿行动、持续改善监管活动的透明度和可预见性等。

九、我国金融监管实践

（一）我国金融监管体制的演进

1. 统一监管阶段（1984—1991 年）

1984 年，中国人民银行成为专职的中央银行。1986 年 1 月 7 日，国务院发布《中华人民共和国银行管理暂行条例》，指出中国人民银行依法对金融机构进行登记、核发经营金融业务许可证和办理年检。这是我国第一部有关金融监管的行政法规。这一阶段，中国人民银行作为全能的金融监管机构，对金融业采取统一监管的模式。

2. "一行两会"阶段（1992—2002 年）

1992 年 10 月，国务院决定将证券监管职能从中国人民银行分离出来，成立中国证券监督管理委员会（以下简称中国证监会），依法对全国证券市场进行统一监管。这是我国分业监管的起点。1998 年 11 月 18 日，成立中国保险监督管理委员会（以下简称中国保监会），原由中国人民银行行使的保险监管权交由该会行使，我国分业金融监管体制进一步完善。"一行两会"体制下，中国人民银行负责对全国的商业银行、信用社信托公司、财务公司等实施监管。1998 年，我国还对中国人民银行实施了取消省分行、设立大区分行的机构改革。

3. "一行三会"阶段（2003—2017 年）

2003 年 3 月，十届全国人大一次会议审议批准了国务院机构改革方案，授权成立中国银行业监督管理委员会（以下简称中国银监会）。至此，由中国人民银行、中国银监会、中国证监会、中国保监会组成的"一行三会"分业监管格局正式形成。

4. "一委一行两会"阶段（2018—2023 年）

2017 年第五次全国金融工作会议决定设立国务院金融稳定发展委员会，作为国务院统筹协调金融稳定和改革发展重大问题的议事协调机构。2018 年 3 月，中共中央印发了《深化党和国家机构改革方案》，将中国银监会和中国保监会的职责整合，组建中国银行保险监督委员会。

5. "一行一局一会"阶段（2023 年至今）

2023 年 3 月 10 日，第十四届全国人民代表大会第一次会议审议了国务院机构改革方案，在中国银行保险监督管理委员会的基础上组建国家金融监督管理总局。

（二）我国金融监管体制的组成

我国金融监管体制的制度与体系主要包括了两大部分。第一，根据相关的金融监管法律以及相关金融行业法律一起构建了适用于我国金融监管的法律制订，进而为职能监管的顺利开展以及行业的顺利运营提供了保障；第二，金融行业机构在内部建立了约束性的相关"自律性规范"，从而得以规范金融组织及个人做法。我国部分地方政府金融监管机构中，由于其所在地区的金融产业发展能力各有不同，所以监管机构所设定的原则考量也不尽相同，在监管机构中的内部职能中存在一定的差异，但总归来说，其职能范畴主要为，制订与开展金融机构发展整体的规划实施、指导金融机构完成改革、预防地方性金融机构行业的风险、统筹地方小型金融机构的市场推进与监管等。另外，相对而言，依然有部分行政单位也在行使金融监管的权利。例如，中央所管辖的金融企业资产依赖财务往来的监管工作由财政部管理、我国金融机构的审计评估工作由国家审计署管理、国有资产金融企业由国有资产监督管理委员会管理等。

国家金融监督
管理总局

本章小结

1. 从国家层面来讲，构建国际金融安全体系，既是维护国家金融安全新的实践要求，也是推进国家金融治理体系和治理能力现代化水平的历史使命和责任。

2. 国际金融风险是指在国际贸易和国际投融资过程中，由于各种事先无法预料的不确定因素带来的影响，使参与主体的实际收益与预期收益发生一定的偏差，从而有蒙受损失和获得额外收益的机会或可能性。面对国际金融风险，应采取相应策略来应对。

3. 国际金融监管是指国家的金融监管机构或国际金融组织对金融机构及其活动进行规范和约束的行为的总称。金融监管作为依法对金融市场开展的监督、管理行为，对维护金融体系安全有序运行具有十分重要的意义。因此，各国都在积极制定相应的金融监管政策。

关键词 ｜ 国际金融安全　国际金融风险及治理　国际金融监管

练习题 ｜
1. 国际金融风险的概念及特征是什么？
2. 当代金融国际化的特点及其影响是什么？
3. 我国在国际金融安全方面面临着怎样的问题？
4. 我国国际金融的治理措施有哪些？
5. "一带一路"国际金融新治理体系取得成就及面临的风险

是怎样的?

    6. 国际金融监管的概念及特征是什么?

    7. 主要的国际金融监管机构有哪些?

    8. 发达国家国际金融安全监管经验有哪些?

    9. 我国金融监管现状是怎样的?

第十二章

国际金融规则

国际金融规则是理念和政策实施之间的桥梁，是国际金融体系的重要组成部分。当前，国际金融规则需要适应全球经济格局的变化，尤其是要适应新兴技术领域的发展。技术进步和经济变化，如绿色发展和人工智能的应用，催生了新的领域，亟须新的规则。本章的主要内容包括国际金融规则的定义和类别、秩序演变和规则实施，以及国际金融监管规划。

第一节 国际金融规则的定义和主要类别

一、国际金融规则的定义

国际金融规则是国际金融活动参与方普遍遵循的一种行为准则，体现了国际金融的普遍需求，也体现了规则制定主体和参与主体的利益需求。国际金融规则通常包括概念、法律、法规、条约、协定惯例以及与之相关的思考方法。这可以是成文的条例，也可以是"非正式的、不成文的默契和协作"，可以是国际组织或大国磋商产生的，也可以是秘密的领导者的行为，甚至是"隐性规则"（例如"美元的优势地位"）。在具体分类上，目前的国际金融规则有五大类：多边官方规则、半官方规则、非官方规则、双边协议规则和单边规则。

二、国际金融规则的主要类别

（一）多边官方规则

多边官方规则主要是指政府间的多边协议和由政府间协议所设立的国际组织所制定的规则，如 IMF 的《国际货币基金组织协定》和 1976 年的《牙买加协定》。

多边官方规则的制定与实施，其目标是维持现行的国际货币制度。1944 年布雷顿森林体系的建立奠定了美元在国际上的主导地位，而 1976 年《牙买加协定》则使它成为一种更稳固的储备货币。

（二）半官方规则

巴塞尔银行监管委员会（BCBS）、国际证监会组织（IOSCO）、国际保险监督官协会（IAIS）、反洗钱金融行动特别工作组（FATF）等非法定权限的国际组织制定的一系列法规（见表 12-1），尽管没有法律约束力，但因其权威性和前瞻性而被行业普遍认可，成为各国（地区）普遍采纳的标准。一些国家根据上述机构颁布的法规指导建立了自己的规范，有些则是通过本国的立法直接对其进行了法律上的规定。

表 12-1　国际上主要的半官方金融规则

组织机构	出台的主要规则
巴塞尔银行监管委员会	1983 年 5 月修订《对银行国外机构的监管原则》 1988 年 7 月《统一资本计量和资本标准的国际协议》（《巴塞尔协议Ⅰ》） 2004 年 6 月《统一资本计量和资本标准的国际协议：修订框架》（《巴塞尔协议Ⅱ》） 2017 年 12 月《巴塞尔Ⅲ：后危机改革的最终方案》
国际证监会组织	1998 年《证券监管目标和原则》 2002 年《关于咨询、合作与信息交换的多边备忘录》 2003 年《关于执行 IOSCO〈证券监管目标和原则〉的评估方法》
国际保险监督官协会	2002 年 10 月《保险监管核心原则》 2010 年 6 月《国际保险集团监管共同框架》
反洗钱金融行动特别工作组	1990 年 2 月《40 条建议》 2001 年《40+8 条建议》 2004 年《40+9 条建议》

资料来源：上海发展研究基金会。

在半官方规则中，BCBS 制定的主要规则影响最大。它对资本充足率这一重要指标进行了优化，确立了银行监管的三大支柱，并确立了全球银行业的最低资本要求，从而有效地解决了本国和东道国之间的协调问题。《证券监管目标和原则》是我国证券监督管理委员会颁布国内规则的一项重要参考依据。与此同时，《关于咨询、合作与信息交换的多边备忘录》为跨国证券监管和信息交换提供了动力。IAIS 制定了旨在统一全球保险法规的《保险监管核心原则》，而《国际保险集团监管共同框架》旨在为国家主管部门制定保险集团结构，为业务开展、内部交易、整体风险和整体活动提供一个综合框架。随着反洗钱金融行动特别工作组（FATF）的不断努力，有关反洗钱的国际法规也逐渐形成，为反洗钱工作的有效开展提供了理论上的指导。

（三）非官方规则

非官方规则通常是由国际行业协会制定，多数是国际金融机构普遍遵循的商业标准。如 1973 年由国际掉期与衍生工具协会（ISDA）制定的与衍生品相关的主要协议。根据实际需求，ISDA 对该协议进行修订，如 1987 年提出《ISDA 利率和货币兑换协议》；1992 年提出《ISDA 主要协议》（包括《ISDA 多货币跨境主协议》和《ISDA 当地货币单一管辖主协议》）；1992—2007 年 ISDA 对上述协议共进行了 7 次修改。再如国际会计准则理事会（IASB）制定的国际财务报告准则（IFRS）是一项被广泛认可的国际会计准则，相关国家通常采用国内法律实施，但美国实行的是美国通用会计标准。

（四）双边协议规则

在国际金融中处于支配地位的国家（区域）与其他国家（区域）签署的双边协定，对签署国（区域）具有法律约束力，主要是各国和区域间就市场准入和持续的管制合作达成的协定和备忘录。

（五）单边规则

单边规则如美国的证券法、美国的会计标准、美国的外国银行的规则等。美国颁布的《2002 年公众公司会计改革和投资者保护法案》（简称《萨班斯 - 奥克斯利法案》），对在美国上市公司的会计工作提出了很高的要求，特别是要求公司的主管人员必须对财务报告的真实性负责，这一规定不仅适用于在美国上市的国内企业，也适用于在美国上市的外资企业。

第二节　国际金融秩序的演变和规则实施

国际金融秩序在历史与法律上都有其特殊性。所谓历史，就是全球金融管理的历史背景，它是指"冷战"后一个真正的国际制度建立的过程，其伴随着全球化的加剧、各国之间的联系与依赖加深，以及全球性问题的出现。法律是指调整国际金融关系的法律规范的总称。这两种属性一般会同时出现，并且互相影响。

一、第二次世界大战后现代国际金融规则渐次生成

从国际金融学的视角来看，二战后的全球金融秩序至少经历了以下四个阶段。

（一）建立布雷顿森林体系：重新构建国际货币系统（20 世纪 40 年代中期）

1944 年，在《国际货币基金组织协定》《国际复兴开发银行协定》（以下简称《协定》）的基础上建立了一个以美元为核心的国际金融系统（布雷顿森林体系）。

首先，布雷顿森林体系建立了双挂钩的国际货币体系。这样的体制设计，消除了以往国家"以邻为壑"的货币竞争策略，避免了汇率剧烈波动所带来的全球性金融风险，

并有效地解决了黄金生产的限制所引发的货币供应短缺问题。其次，IMF 等长期性国际金融机构的成立，对落实《协定》的原则以及各国政府的财政政策进行了监测和协调。二战结束后，多数成员国出现了不同程度的资金短缺，IMF 根据《协定》向各成员国发放短期贷款，以解决其国际收支失衡问题，并且向各成员国发放中期和长期贷款，以便恢复其经济发展。最后，美国拥有 IMF 的一票否决权。因此，美国有权阻止任何一个不符合有关规则的国家得到它所需的贷款。

但在 1950 年之后，美国陷入了贸易和金融双重逆差，黄金储备不断流向美国之外，特别是欧洲；再加上美国在越南战争中大量使用美元，引起了国际上对美元的信任危机。在 1971 年，第七次美元危机之后，由于无法应付大规模的美元兑换，美国宣布不再按照规定的汇率来交换美元。在当年 12 月，美国联邦储备委员会拒绝把黄金卖给外国政府和央行，引起了美元与黄金脱钩的连锁反应。西欧各国在 1973 年采用了本币兑美元的浮动汇率，布雷顿森林体系的双挂钩制度彻底瓦解。

（二）牙买加体系：无中心阶段（20 世纪 80 年代早期）

1976 年 1 月国际货币基金组织临时委员会在牙买加金斯顿举行了一次会议，就国际货币体制改革问题达成了一个新的协定，这在历史上被称为《牙买加协定》。这项协定从 1978 年 4 月 1 开始正式实施。

《牙买加协定》的主要内容有三个：第一，废除各国之间的货币平价和以美元为核心的汇率，承认浮动汇率的合法性，并让各成员国自由选择汇率体系；第二，将黄金非货币化，废除黄金的官方价格；第三，提高特别提款权（SDR）的国际储备地位，各成员国之间可以自由进行 SDR 交易，而不必征得 IMF 的同意。牙买加体系制定的汇率等规则至今仍在使用。

牙买加体系相对于以前的国际货币系统来说，通常被视为"无中心"，并且比布雷顿森林体系更具包容性。一是牙买加体系内的国际货币缺乏法律上的价值基准。IMF 成员国的央行能够根据市场价格自由买卖黄金，消除了成员国和 IMF 之间用黄金来清偿债务的要求。二是没有法律上的唯一规定。在拥有一定力量的情况下，国家可以是规则的需要方，也可以是规则的提供者。牙买加体系没有任何法定货币中心，但是却有一个现实的货币中心（美国）和周边国家。三是外汇储备在总量增长的同时，也越来越多样化。四是调整国际收支不平衡的机制，包括汇率调整、财政政策、货币政策、直接管制、外汇储备使用、国际经济与金融合作等。

（三）"新国际金融体系"（20 世纪 90 年代后期）

"新国际金融体系"具有直接和间接的含义。它的直接含义是由政府间协议和国际金融监督体系构成的网络；间接的含义是新自由主义的意识形态和政策逻辑。其目标是，在保持金融自由与活力的前提下，加强国际金融规范。

美国和七国集团（G7）通过机构和联系的方式将此传达给世界。系统性通道是指在

20 世纪 90 年代出现一系列地区和国家层面的金融危机时制定国际议程的重要体制机制途径，特别是 1995—1999 年的 G7 首脑会议。关系式通道就是美国和 G7 成员国之间的正式联系，比如美国和英国联合提出的"巴塞尔协议 + 金融自由化思想"。在此基础上，"新国际金融体系"得以建立，并在全球范围内建立起一个完整的金融管理网络。这一点体现在：金融自由化的理念一直持续到 2008 年金融危机的爆发；二十国集团部长级会议和金融稳定论坛（FSF）的建立，以及主要的新兴经济体加入了全球金融管理系统；银行、证券、保险、会计等国际金融法规的制定和修改。

（四）2008 年之后的宏观审慎监管

在 2008 年世界金融危机之后，以 G20 为首的世界各国都在大力倡导宏观审慎的金融监管。世界各国纷纷呼吁对全球金融管理体制进行改革，而如何强化国际金融管制，从而防止发生此类金融危机，已成为国际社会高度关切的议题。

"宏观审慎"这一概念在 2009 年的匹兹堡 G20 会议中得到了官方的认可，并通过各种交流途径，被纳入了国际议事日程，并且将之制度化。2010 年，G20 首尔首脑会议对金融稳定委员会（FSB）发出呼吁；IMF 和 BIS 也在行动。自此之后，世界各大金融管理机构都在积极地研究制定一系列宏观审慎的政策框架。比如，FSB、IMF 和 BIS 共同发表了《宏观审慎政策工具和框架》，而 IMF 也几乎在同一时间发表了《宏观审慎性政策——一个组织框架》。目前，宏观审慎的概念已经被世界各国普遍认可，并在政策框架内引入了宏观审慎的工具。

在这个时期，我国在国际议程的国际化、制度化方面也是非常活跃的，甚至在某些方面还发挥了引领作用。从宏观上看，主动引导是我国从"韬光养晦"走向改变的过程。在政策规划方面，"十二五""十三五"五年规划均提出了建立逆周期金融监管体系。在标准制定和执行方面，《巴塞尔协议》的中国版、中国的风险导向偿付能力制度、《证券公司风险控制指标管理办法》等，都把宏观审慎理念引入了银行、保险、证券等行业。中国人民银行率先建立了"宏观审慎评价制度"。相比以往，我国在国际金融治理中的参与度更高，态度也更积极。

二、以硬法与软法区分国际金融规则的可执行性

从法理角度看，目前的全球金融管理制度，包括两大法系：一是国际金融硬法，二是国际金融软法。因其内容、功能、法源、表现形式等各有不同，因此，在执行全球金融协理规定时，其动机与机制也各有不同。而且，金融规则执行的价值也会随着执行主体和执行环境的改变而改变。

（一）国际金融硬法的执行机制

国际金融硬法是一种具有普遍国际法特征的法律，它的执行动机源于各国的自愿

性和国际法的强制性。通常是由国际法主体之间的协议来实现，这一制度可以包含执行的程序问题、执行的特定权利义务、协议机关的监督责任、违反义务的补救办法和在纠正失败的情况下解决纠纷的办法。国际金融硬法的执行方式与一般国际法执行方式一样，其执行方式主要是"纳入""转化"。当然，国际法也可以"借用本国法庭"来实现。但是，由于其具体的法律渊源和内容，各国的金融法律在具体的执行机制上也有一些差别。

1.《国际货币基金组织协定》

《国际货币基金组织协定》（以下简称《基金协定》）是世界上为数不多的几项国际金融硬法，也是世界上最大的多边贸易公约，它在国际货币与金融方面具有重要的地位。

《基金协定》对成员国履行义务做出了规定。履行义务有两个方面：一是各成员国承担与IMF的合作责任；二是各成员国承担起相互协作的责任。这两个责任既要赋予IMF一定的监管权力，又要各成员国在制定本国财政政策时共同协作，防止以不当的方式获得竞争优势。

IMF有监督各成员国货币政策的权力，一旦发现有与《基金协定》规定的义务相违背的情况，IMF可以请求磋商。磋商通常分为定期磋商、不定期磋商和特别磋商，其中包括提前商定磋商和加快磋商机制，主要是通过交流信息和实地考察来分析有关成员国的经济状况，以确定其履行《基金协定》的义务。

如果经研究，IMF执行委员会发现各成员国所实施的财政政策与其应尽的《基金协定》义务不符，IMF将会介入成员国。干涉的方式有两种：一是对成员国的财政政策提出意见或建议；二是如果成员国的财政政策要求IMF批准，比如它是《基金协定》第8条规定的义务国家，国际货币基金组织可以拒绝。如果国际货币基金组织通过了一个具有法律约束力的反对决议，那么该决议将会对成员国产生消极的影响。

2. 世界贸易组织的自由贸易协定

世界贸易组织的重点是贸易方面的问题，但同时也涉及金融方面的问题，如WTO《服务贸易总协定》、金融服务附录等。在执行这些规则时，除遵守协商和监督程序外，还必须在介入过程中应用争端解决程序。WTO金融服务贸易制度是将国际贸易法律基本原理与国际金融法律特别原则相结合的制度，因此，如果成员之间发生了金融服务贸易纠纷，应当采用WTO的仲裁机制。如成员国未能遵守仲裁机构的决定，则双方有权采取法律手段进行维权。

3. 习惯国际法和一般国际法原则

在适用习惯国际法和一般国际法原则时，通常是在特定情况下进行的，它的执行主要体现在以下两方面：一方面，是作为争端国家所引用的支持或反对有关要求的证据；另一方面，如果法庭承认并根据这些原则做出裁决，则具有国际法上的强制性效力，缔约国必须予以执行。

（二）国际金融软法的执行机制

与国际金融硬法相比，国际金融软法通常被视为没有强制执行能力，也就是说，它的执行，很大程度上取决于各国和行动者的自愿，和国际社会、媒体舆论或业界的评估，若不执行国际金融软法，就有可能被国际社会、媒体舆论或产业评估所否定。消极评价可能对国家和行动者造成某种市场或道德上的压力，并促使他们对不履行的行为进行矫正。国际金融软法的具体执行方式有三种：一是直接执行；二是将国际金融软法的主要精神引入、借鉴或吸收，进而间接执行；三是将国际金融软法转换成具有法律约束力的国际条约或国际习惯，进而转化为国际金融硬法。

对国际金融软法执行的理解并不一致，通常将执行没有强制约束力但能够调整国际金融关系准则的行为纳入国际金融法律的执行范围。从形式上讲，国际金融软法的实施遵循了国际法实施的基本特征，即直接实施、纳入和转化，但是仔细观察现行的国际金融软法的实施方式和实施效果存在着明显的差别。

在实际操作中，国际金融软法的执行大致分为四个层面，各个层面既相互独立，又可能相互重叠。

1. 第一层：执行 G20 有关决策

G20 是当前世界金融治理的核心机制，是对 G7 传统治理机制的不足进行反思的结果。G20 首脑会议的决议体现了世界上最强大的 20 个经济体的共同意愿，因此，G20 的职能定位与"立法"相似。G20 峰会决议的执行是全球金融软法实施的中心和驱动力量，其实施效果是第一级。从国际上看，G20 会议决议的执行有三条途径。

一是 G20 成员的自动实施。由于各国领导人在本国政坛有着举足轻重的影响，G20 成员将尽力在本国实现其共识。

二是专门的机构进行具体的转换。在这些机构中，FSB 是一个非常关键的机构，它负责监督 G20 峰会决策的制定和执行。在会议决议和 FSB 的协助下，各级专门组织制定了具体的执行细则和计划，以便为国际社会提供借鉴和应用。

三是其他国家和国际机构的跟进。尽管一些国家和国际机构没有参加 G20，但是由于其在国际上的影响力，以及其代表着世界金融市场和金融管理的发展方向和发展趋势，因此，没有参加会议的各国和国际组织也有可能在本国或有关方面做出相应的调整。

2. 第二层：执行 FSB 有关规定

金融稳定理事会（FSB）的前身为金融稳定论坛（FSF），它继承了 FSF 的主要功能，包括对影响国际金融系统的脆弱因素进行评估，识别并监督采取行动，并加强管制部门之间的合作和信息交换。在实施国际金融软法时，FSB 具有"上下转承"的执行协调与监督作用，是执行的二级层面。FSB 的执行包括以下四个部分。

一是制定国际金融准则。FSB 负责按照首脑会议的举措或愿景，编制一个比较统一的全球金融监管标准手册，以处理混乱、复杂和难以执行的问题。它制定了许多具体的执行准则和主要的执行准则，为专业机构制定具体的规范提供了指导。

二是专业的报道。FSB 发表了《当前和近期有关稳健金融体系的工作报告》和《解决金融系统顺周期性报告》等专业报告，以解决影响国际金融体系脆弱性的各种风险因素。

三是对国家执行的监管。FSB 颁布了《加强遵守国际准则框架》《促进全球遵守国际合作和信息交换标准》，其监督和执行措施主要有：各成员国必须致力于执行国际金融标准；接受 IMF 或世界银行的金融部门评估规划（FSAP）；举办主题评价和国家评价；区别、识别和鼓励合作区域。

四是区域协作。按照《金融稳定理事会宪章》，FSB 设立了美洲组、亚洲组、独联体组、欧洲组、中东和北非组以及撒哈拉以南的非洲组。FSB 将成员国和非成员国之间的地区协调组连接在一起，事实上，FSB 的规则扩展到了非成员国地区。各地区协调组通常一年进行两次会晤，就金融系统的脆弱程度和加强金融稳定的措施进行磋商。在执行方面，6 个磋商小组将成员国与超过 70 个其他区域连接在一起，这对全球金融管制政策的执行起到了促进作用。

3. 第三层：执行专门机构或组织的规定

专门从事金融监管和金融合作的机构或组织，例如 BCBS、IOSCO、IAIS 等是国际金融软法的重要缔造者，是 G20 会议决议和 FSB 规则的主要执行者。在全球范围内，专业机构的实施将直接影响到全球金融治理的成效。BCBS、IOSCO、IAIS 等国际组织制定了一系列的国际金融准则和国际法律法规，设立了专门的研究组和委员会，通过集体讨论和会议协商的方式，鼓励、协调和监督国家的具体执行。虽然 BCBS、IOSCO、IAIS 等组织和机构在执行和执行的内容上存在差异，但这些都是国际金融管理的客观特征。

4. 第四层：执行国家法律

各国对国际金融软法的实施在国际法意义上是最后一级实施，涉及特定的金融事务中的权利和义务。从商业交易规则的确定性角度看，上述三个层面的执行均属于间接执行，只有在国内法中才能直接执行，即上述三个层面的执行最终都将转变为国家规制，从而对个人形成法律约束。在我国法律中，国际金融软法的实施主要是通过直接适用、纳入和转化来实现，各国的实施方式也不尽相同。从法律性质上讲，我国的法律执行是以国内法为主，在某些方面还带有一些涉外成分，在国际上存在一些影响。

（三）国际金融规则在法律层面的实践

1. 现行的国际金融规则在法律上的缺陷

虽然当前已有了一个基本的国际金融规则体系，但无论是硬法的规定如条约、习惯法或普通法原则，或是宣言、监管标准等软法准则，都在不断地扩展，从而导致了国际金融规则体系的规模不断扩大。然而，治理规则的数量和影响范围的扩大，并不能表明现行国际金融规则具有更高的效率和公平性；或者说，它已形成了一个自动封闭的运行机制。与此形成鲜明对比的是，在国际金融实务中，规则制定主体混乱，规则间缺少内在的联系与协调，条块性不强，表现出"碎片化"的趋势，使得其在执行过程中产生了价值变化和更多的执法冲突。

从宏观角度来看，现行的国际金融规则体系存在着诸多问题：一是国际金融规则的制定不够客观，程序不民主、不透明，不能真实地反映当前的国际形势和国际金融治理的规律；二是其自身存在不足，如内容不科学、规则过于原则化、条文欠缺操作性等；三是制定主体缺乏沟通与协调，规则相互重叠或冲突，立、改、废工作滞后，导致实施成本过高，影响实施的积极性。其中，在规则"碎片化"的大趋势下，执法冲突尤其多，如法规冲突、司法管辖冲突、监管冲突、效果冲突、目标冲突、方法冲突等。因此，在今后的全球金融规则制定、执行和实施的各个环节，需要进行相应的改革，特别是需要确立其法律效力等级体系。

2. 必须确立国际金融规则清晰的法律位阶

法律位阶是国内法中的概念，它反映了同一司法领域中不同的法律来源之间的层级关系。在国内法中，法律位阶的设定主要是为了解决法律效果的矛盾。国际法理论之所以很少重视国际法的位阶，是因为国际社会属于平等权利社会，不能对国际法律的效力层次进行划分。但是，国际强制法、国际金融硬法等新的国际法准则的出现，在客观上造成了国际法位阶的划分。1969 年《维也纳条约法公约》第 53 条指出，国际法中的其他准则通常不会与国际强制法发生冲突，而且国际法的效力比普通条约义务要高。

国际强制法的有效性比国际金融硬法更具优势。国际金融硬法是一种普遍的国际法理论，它包括多边条约、双边条约、习惯国际法以及国际法的一般原理。因此，《维也纳条约法公约》第 53 条、第 64 条规定际强制法的效力不能"损抑"。在国际金融硬法和国际强制法发生冲突的时候，国际金融硬法就会失效。

国际金融硬法的有效性高于国际金融软法。虽然关于"软法"和"硬法"存在区别和争议，但是，就其法律意义上的强制力而言，硬法是一种有效的强制手段，而国际金融软法却缺少"共同意志"。在理论上，当国际金融硬法和国际金融软法发生冲突时，前者有效性要比后者更高。但是在国际上，按照弗朗西斯·施耐德（Francis Snyder）的说法"硬法和软法之间的区别并非总是有效的""具体的规则会随着责任、明确性、授权性三个维度而改变"，因此，就其社会效应来看，国际金融硬法与国际金融软法之间的效力级别并不明确。当然，在法律实施的明确、强制的基础上，当硬法与软法发生矛盾时，应当尊重硬法的共同意志。

鉴于现行的金融法律体系以国际金融软法为主体，对其进行有效位阶划分是十分必要的。总体上，全球的多边金融软法执行效力要好于区域性的，区域性的金融软法执行效力要好于双边的，双边的金融软法执行效力要好于国内的，因为"软法的角色依赖于政治和法制"。根据国际软法的形成，越来越多的国家被强制实施，它的合法性就会被证明是合理的，而在一定程度上，它的法律价值也就会被充分地反映出来。总之，国际金融软法的执行，反映了参与国的默认同意，受到许多国家的"软实力"的影响，因此，接受的国家越多，越能证明其合法性。

总体上看，国际金融软法优于国内金融法。国际金融法律与国内金融法律之间的关系是一个复杂的问题。一方面，从一般国际法的角度，它既是国际法和国家法的关系，也是国际软法是否为"法"的问题。另一方面，国内法可以划分为国内硬法与国内软法，由此产生了国际软法与国内硬法、国际软法与国内软法的位阶关系等问题。把国际软法视为"法"，并能强制实施，就可以按照"一元论"或者"二元论"来解释国际法和国内法的关系。因此，国际软法和国内硬法、国内软法之间存在着一定的法律位阶关系。但不论采用何种方式，国际软法有效性都要比国内的法律更具优势。

第三节　现行国际金融监管规则

随着金融业的全球化，国际金融市场不稳定性增大，金融风险在不同国家之间相互转移、扩散的趋势持续加大，单靠一个国家或一家金融机构控制金融风险已经力有未逮。除此之外，因为各国监管政策与监管力度不一，客观上为跨国金融机构利用遍布全球的分支机构逃避各国监管，从事高风险乃至非法业务提供了可乘之机。而且跨国金融机构因为在其他国家进行这种经营活动使得本国监管鞭长莫及，监管有效性减弱。在统一监管过程中，巴塞尔委员会发挥了非常重要的作用。该委员会颁布的各种监管原则成为银行业国际监管的重要标准。即使这些标准并不能成为硬性约束，但由于其适合国际银行业现实需求，已经逐渐演变为国际银行业监管的重要标准之一。

一、银行业监管基本准则

20世纪70年代，国际金融市场的一系列动荡事件，如布雷顿森林体系的瓦解、石油危机、黄金价格暴涨以及层出不穷的银行倒闭事件等，使各国政府开始认真考虑制定一套统一的资本监管标准来有效监管金融机构，以应对金融危机。在此背景下，G10中央银行和监管当局通过总部在巴塞尔的国际清算银行，制定了《巴塞尔协议I》，用以规定金融机构资本金的计算规则。当时的资本计算规则仅仅包含了信用风险，其基本思想是将银行的风险资产根据不同的性质和风险特征分为若干类别，并赋予每一类不同的风险权重，计算出总风险加权资产，最低资本为风险加权资产的8%。这一规定非常粗糙，完全没有考虑每一种资产类别内部的风险差别以及风险分散所带来的风险降低。

1996年《巴塞尔协议I》修订版加入了交易账户市场风险资本加权风险资产的计算规则，将市场风险分解成普通风险和特殊风险。特殊风险存在于权益类产品和信用类产品中，这些存在仅仅依赖于特定企业或者公司风险金融机构可以选择使用标准法或者内部模型法来计算市场风险资本，后者通常根据历史模拟或蒙特卡洛计算出某一置信度下的在险价值（VaR），以此作为风险资本的量化依据。

《巴塞尔协议 I》的主要问题包括缺乏足够的风险辨析度和敏感度，以及缺乏对风险分散和对冲的足够考虑。于是，2004 年《巴塞尔协议 II》出台。这一协议对风险权重的规定更加细化，对每一类资产根据不同的评级赋予不同的权重。对于信用风险，允许符合条件的银行采用内部评级法（IRB），分别允许银行采用自身违约率（PD）或给定违约损失率（LGD），还第一次引入风险管理第三支柱的理念。同时，加入了对操作风险资本计算的规定。

2008 年国际金融危机让监管机构和金融机构重新审视监管资本的审慎性要求。首先是对于市场风险，监管当局意识到流动性对于金融机构的重要性。因此对 VaR 的计算方法进行了修订，在此次修订中格外强调流动性期限的重要性，将流动性期限规定为 3 个月到 1 年，并相应要求金融机构在原来 1 天的 VaR 之外，将另外两个重要风险量——新增风险资本（IRC）和信用风险缓释工具（CRM）加入风险资本。与此同时，鉴于对手交易风险在危机中的突出显现，监管强化了信用资本调整（CVA）的量化要求。针对风险加权的顺周期性，提出逆周期资本缓冲，除了资本充足率之外，另设杠杆率要求，要求杠杆率不小于 3%，通过正反两个方向控制顺周期效应。针对银行资本划分，取消三级资本，将一级资本细分为核心一级资本和其他一级资本，并将二级资本重新定义为破产清算时吸收损失的资本。针对监管框架将宏观审慎监管框架纳入监管体系。提出留存资本缓冲的新要求，以及系统重要性银行额外提取 1%~2.5% 的新要求。

当前，巴塞尔银行监管会员会正在致力于《巴塞尔协议 II》框架全面准确地实施。2020 年 11 月，巴塞尔商业银行监管委给 G20 峰会领导人的致函对《巴塞尔协议 II》实施情况做了报告。该报告指出："《巴塞尔协议 II》资本和流动性标准在成员国法域内立法中的实施总体上是及时的。尽管成员法域继续努力实施《巴塞尔协议 II》标准，但一些规则在一些法域尚未生效，远远滞后于实施的最后期限。值得注意的是，净稳定融资比率（NSFR）、大额风险敞口框架（LEX 框架）和修订后的第三支柱披露要求就是这种情况，只有 12 个成员国的法域有生效的最终规则。"同时，鉴于实施的效率，报告指出将标准实施期限推迟一年，至 2023 年 1 月 1 日。

二、证券业监管基本准则

国际证券业监管原则以国际证监会组织发布的《证券监管目标和原则》（以下称《证券原则》）为主，该原则文件共包含十大类共 38 条证券监管原则，内容翔实，基本涵盖了证券监管的各个方面。《证券原则》致力于实现三方面目标：保护投资者；确保市场公平、有效和透明；减少系统性风险。截至 2022 年，上述原则已经成为国际通行原则，并被广泛吸纳到各经济体内部的证券监管法律法规或政策文件中。

在《证券原则》的基础上，2013 年 7 月，国际证监会组织（IOSCO）发布了《金融市场基准原则》（Principles for Financial Benchmarks，PFB），为金融市场中使用的基准原则提供一个总体框架。PFB 共包括四个部分共 19 条细则。第一部分为治理，包括监管者的全部责任、对第三方的监督、监管者的利益冲突、监管者控制框架、内部监督五方面的细则。第二部分为基准的质量，包括基准设计、数据有效性、数据输入层级、基准决定的透明度、定期检查五方面细则。第三部分为方法的质量，包括方法设计的内容、方法变化、转变、提交人行为准则、数据收集的内部控制五方面细则。第四部分为管理问责，包括投诉程序、审计、审计跟踪、监管当局之间的合作四方面细则。PFB 的问世，推动全球金融市场基准利率迈向新一轮改革周期。目前，全球范围内在 PFB 框架的基础上，正在推动银行间市场报价利率（Interbank Offered Rates，IBORs）向无风险利率（Risk-Free Rates，RFRs）转变。

IOSCO 下设八个政策和标准制定委员会，负责证券业不同领域规则的制定、执行和监督。此外，自 2005 年以来，IOSCO 要求其管辖范围内的证券监管负有主要责任的监管机构签署多边谅解备忘录（MMoU）。通过促进信息共享和合作，MMoU 支持成员发现和起诉欺诈及其他非法行为，阻止不法行为和防止监管套利。为应对金融市场变化的需要，2017 年，IOSCO 制定增强的多边谅解备忘录（EMMoU），新的备忘录提供了额外的执法权力，为持续实现证券监管目标提供了新的工具。截至 2020 年年底，在 IOSCO 的 153 个合格成员（129 个普通成员和 24 个准成员）中，有 124 个签署了 MMoU（120 个普通成员和 4 个准成员），17 个司法管辖区签署了 EMMoU。

在广泛吸纳 IOSCO 监管原则的基础上，各经济体结合自身国情，也形成了对证券业监管的不同模式。例如，美国的集中型监管模式、英国的自律型监管模式、德国的混合型监管模式等。美国的集中型监管模式的典型特征为美国《证券交易法》赋予证券交易委员会统一管理全国证券市场的权利，具有一定的立法及司法权，并在此基础上形成了分业经营制度、禁止证券欺诈、采取发行注册制并加强中介机构责任等监管原则。英国的自律型监管模式，除了必要的国家立法外，对证券市场的管理主要由证券交易所及证券商协会等组织自我管理，其中非政府、非自律的证券与投资局是英国政府和自律组织之间沟通、连接的桥梁。德国的混合型监管模式则具有明显的立法统一和监管自律的双重特点。我国证券市场发展起步相对较晚，目前监管模式采取的是混合型监管模式，并在借鉴 IOSCO 监管原则的基础上，形成一系列符合我国国情的监管原则，如依法监管原则、保护投资者利益原则、"三公"原则等。

三、保险业监管基本准则

国际保险监督官协会（IAIS）成立于 1994 年，现有成员包括 180 个国家和地区的保险监管组织，是保险领域最具影响力的国际性组织。IAIS 制定的保险监管规则已经成为国际监管标准，各成员在制定内部保险监管标准时都吸纳了 IAIS 的核心内容。截至 2021 年，IAIS 已经形成了一套完整的保险监管体系，按照不同监管对象可以分为两个层级的监管。

第一层级是适用于所有保险机构的"保险核心原则"（Insurance Core Principles，ICPs）。

ICPs 已经成为各个国家及地区的监管机构公认的一套国际标准，具体分为原则、标准和指引三个层级。原则为最高层级，其列出管辖区内不可或缺的基本要素，以保护保单持有人，促进和维护公平、安全和稳定的保险市场，并促进金融稳定。最新版的 ICPs 共包括监管机构的目标、权力与职责、资本充足、偿付能力监管、集团监管、监管合作与协调等 25 条原则。标准为中间层级，提出遵守原则的要求，每一条原则往往对应多条标准。指引位于最低层级，详细阐述原则和标准的含义，并举例说明如何达到标准的要求。自 1997 年第一版 ICPs 发布以来，在 2003 年、2011 年、2019 年分别对其进行了全面修订。其中，2011 年的修订尤其重要。该版本总结了 2008 年全球金融危机的经验教训，制定了独立的"宏观审慎监测与保险监管"核心原则，提出了全集团监管的概念，对全资产负债表的偿付能力评估方法进行了调整和优化，并加大了金融危机条件下对消费者的保护力度。

第二层级是针对国际保险活跃集团（Internationally Active Insurance Groups，IAIGs）的监管共同框架。

IAIGs 具有规模性和国际活跃性的双重特征。2008 年国际金融危机之后，更加重视对 IAIGs 的监管，在 ICPs 的基础上形成了针对 IAIGs 的监管共同框架（2019 年 11 月正式发布）。共同框架不仅对监管机构提出了原则性要求，同时从定性和定量的双重角度对保险机构提出了细化要求。

从定性角度看，共同框架由三大模块、十一个监管要素组成。其中，模块一规定了共同框架的使用范围，具体包括 IAIGs 的认定标准、认定过程、共同框架监管范围三个要素；模块二是针对 IAIGs 的监管要素，即法律和管理结构、公司治理、企业风险管理、企业风险管理政策、保险资本标准（ICS）五个要素；模块三具体规定了针对监管机构的规则，即全集团监管流程、监管联席会议与监管合作与协调、危机管理和处置措施三方面要素。

共同框架的定量规则主要是围绕模块二中的保险资本标准展开的，致力为 IAIGs 提供一套全球可比较的、以风险为基础的衡量标准。保险资本标准与其他保险核心原则的最大不同是其执行效力，ICPs 将作为未来国际活跃保险集团资本监管的通行标准。2019 年 11 月，IAIS 发布了 ICPs 2.0 版本，并将未来的 5 年作为观测期。在观测期内，IAIS 不会要求将 ICPs 2.0 作为国际活跃保险集团的法定监管资本，而只是作为监管部门与 IAIS 之间或监管者之间的共享信息，不做公开披露，即 ICPs 资本充分的结果不会触发任何监督行动。监测期结束后，保险资本标准将作为国际活跃保险集团的监管资本要求。

第三层级是针对全球系统重要性保险机构（Global Systemically Important Insurers，G-SIIs）的。G-SIIs 是 FSB 综合 IAIS 和各监管当局的意见发布的。然而，2017 年 11 月，FSB 宣布暂停 G-SIIs 名单的更新。这主要源于保险监管思路的转变，基于 G-SIIs 和非

G-SIIs 对保险风险进行简单的"两分法"监管,难以适应保险业和保险人的动态变化,而应基于行业中的各类实践活动高标准执行 ICPs 和共同框架,提升全球保险市场稳定性。因此,在 IAIS 2019 年版的规则中,未再针对 G-SIIs 出具规则,而是主要将其纳入 IAIGs 监管框架内。

综上所述,IAIS 的全球保险监管规则已经成为全球保险市场的主导规则,各经济体根据其框架逐渐形成或调整自身监管框架,以实现和国际标准对标。需要指出的是,新兴市场和发展中经济体约占 IAIS 成员总数的 2/3,但是规则制定权主要掌握在发达经济体成员手中,制定的具体规则也不可避免地体现发达经济体市场的特点,例如在共同框架定性要求方面,风险管理要求更全面细致,特别是集团角度的监管,更切合发达经济体保险机构的实际。我国的平安保险、中国人寿等保险机构在 ICPs 的规则制定和测试工作中已有所参与,未来需要进一步将发展中经济体保险机构的实际情况反映到 IAIS 相关规则的制定中,以提高规则的兼容性和公平性。

四、国际反洗钱相关规则

国际反洗钱监管体系主要由艾格蒙联盟(The Egmont Group Financial Intelligence Units,FIUs)和反洗钱金融行动特别工作组(FATF)两个组织主导,世界各签约国家在这两个组织提出的原则下共同行动执行,共同打击洗钱、恐怖融资、国际偷逃税等非法行为。其中 FIUs 的主要目的在于提供渠道,让各国监管机构加强对所属国家反洗钱活动工作的支援,主要任务之一是把交换资金转移情报的工作扩展使其系统化。而 FATF 是 1989 年由西方七国首脑会议发起成立的一个政府间的国际组织,共有 30 多个成员和 20 多个观察员。我国于 2007 年 6 月 28 日正式加入这一组织。FATF 是全球反洗钱、反恐怖融资和防扩散融资国际标准的制定者。1990 年,FATF 首次颁布反洗钱国际标准,将毒品洗钱确定为犯罪,后历经三次重大修订,将洗钱罪上游犯罪逐步扩展到所有严重犯罪,将打击恐怖融资、扩散融资纳入反洗钱范畴。

目前,各国开展反洗钱工作依据的主要国际标准是 2012 年 2 月 FATF 发布的第四版《打击洗钱、恐怖融资与扩散融资的国际标准:FATF 建议》。该标准共有 40 项建议,涵盖七部分内容。一是反洗钱与反恐怖融资政策与协调。FATF 要求各国使用风险为本的评估方法,并在国家层面开展合作与协调。二是洗钱与没收。各国应将洗钱行为规定为犯罪,适用于所有的严重罪行,并采取没收及临时措施。三是恐怖融资与扩散融资。各国应将恐怖融资规定为洗钱的上游犯罪,执行恐怖融资和扩散融资的定向金融制裁,防止非营利性组织被恐怖融资滥用。四是预防措施。金融机构和特定非金融行业应开展相关预防措施,主要包括客户尽职调查、记录保存、上报可疑交易报告等。五是法人和法律安排的透明度和受益所有权。要求各国采取措施防止法人和法律安排被洗钱和恐怖融资活动滥用。六是主管部门的权力。明确监管、执法、调查部门的反洗钱职权,要求建立金融情报中心。七是国际合作。各国应开展双边司法协助、冻结、没收、引渡、金融情报等形式的国际合作。与 2004 年第三版 "40+9" 条建议相比，2012 年的新标准在结构和内容上都发生了很大变化，重点针对威胁国际金融体系完整性的违法犯罪活动新动向，以及各国在执行 "40+9" 条建议中存在的问题进行了修订。主要修改内容有：反洗钱方法从规则为本转向风险为本，开展国内政治公众人物尽职调查，提高法人和信托的透明度并增加受益所有权要求，加强交叉性金融业务和金融集团监管，开展与犯罪侦查平行的金融调查，增加执行与大规模杀伤性武器扩散融资有关的定向金融制裁要求等。之后，FATF 根据形势变化，在 2012 版建议的基础上，陆续对部分标准进行了更新，但无重大版本修订。主要更新内容有：明确恐怖融资犯罪和实施有关扩散融资的定向金融制裁措施以确保与联合国安理会有关最新决议保持一致、将虚拟资产服务提供商纳入反洗钱义务机构范畴、强化受益所有权的标准、修订非营利组织标准等。为督促各国执行 FATF 建议，FATF 定期对各国反洗钱和反恐怖融资体系进行评估。

2022 年 3 月，FATF 发布新版《FATF 建议：反洗钱、反恐怖融资和防扩散融资技术合规性及有效性评估方法》以及相应的评估程序文件，目前上述文件尚未生效，预计于 2024 年启动第五轮评估时正式实施。相较于第四轮评估方法和程序，第五轮将有以下主要变化：有效性为评估重点且有效性评估标准调整较大、增加对防扩散融资风险评估和控制措施的评估标准、区分了金融行业和特定非金融行业的有效性评估标准、提高对受益所有人信息的评估要求、评估周期由 10 年压缩至 6 年、提高了避免进入 "强化整改" 和 "灰名单" 程序的达标数量、加大对不达标成员的惩罚措施等。

就具体的规则而言，国际反洗钱、反恐怖融资、防扩散融资、反偷逃税等相关规则具有如下主要特征。

（一）将预防与遏制恐怖主义融资纳入反洗钱立法目的

近年来，恐怖主义已成为影响世界和平与发展的重要因素。打击恐怖主义融资与反洗钱存在概念上的差别：洗钱是先有犯罪活动，后将犯罪所得资金进行洗白；恐怖主义融资是先有资金（合法或非法）流动，后将资金用于实施恐怖袭击。洗钱的基本目标是隐藏犯罪的资金来源，而遏制恐怖主义融资的目的在很大程度上（但不完全是）关注资金的去向。恐怖组织的资金不必然来源于犯罪资金，他们多使用非营利机构、慈善组织、宗教组织文化组织作为资金通道的掩饰，且可疑资金通常数额相对较小，极难被察觉。因此，恐怖主义融资的监测和发现难度更大，但破坏力极强，严重影响了国际和金融秩序的稳定。自 1990 年 FATF 首次发布反洗钱 40 条建议并于 2004 年公布了 9 条《关于恐怖融资的特别建议》以来，基于 "40+9" 的反洗钱框架已经得到联合国、国际货币基金组织、世界银行等国际组织和 180 多个国家和地区的承认，成为指导全球反洗钱和反恐融资工作的基本准则。

（二）拓宽洗钱罪上游犯罪的范围

随着洗钱罪上游犯罪的急剧扩张，金融机构需要监测的洗钱交易的范围也被延展，这无疑给金融机构的反洗钱监测能力提出了更高的要求，需要更多的合规资源才能予以支撑。以我国为例，2006 年我国制定颁布的《中华人民共和国反洗钱法》（以下简称《反洗钱法》）所界定的洗钱罪上游犯罪类型较为狭窄，仅将掩饰、隐瞒七类犯罪（毒品犯罪、黑社会性质的组织犯罪、恐怖活动犯罪、走私犯罪、贪污贿赂犯罪、破坏金融管理秩序犯罪、金融诈骗犯罪）所得及其收益的来源和性质的行为作为洗钱犯罪予以打击。这种立法模式无法将许多产生巨额非法所得的严重罪行，如诈骗罪、逃税罪、逃汇罪、非法经营罪、内幕交易罪等纳入，不利于打击新形势下的经济犯罪。反洗钱、反恐融资制度是金融机构及特定非金融机构合规体系必不可少的组成部分，其首要目标是保护机构不受洗钱、恐怖融资及其他违法犯罪活动的滥用，确保机构完全符合相关法律法规的要求。设计、构建、完善并有效实施反洗钱合规制度已经成为所有金融机构的当务之急。FATF 发布的 2012 年版的 40 项建议的第三项"洗钱犯罪化"中，对洗钱罪上游犯罪之立法态度予以调整，要求"各国应当将洗钱罪适用于所有的严重罪行，以涵盖最广泛的上游犯罪"。上游犯罪范围的拓展，对相关犯罪活动起到了积极的威慑作用。

（三）明确界定特定非金融机构的范围

历史上，各国主要以金融机构为反洗钱被监管对象，反洗钱监管体系也主要面向金融机构。针对特定非金融机构的监管，缺少明确的范围定义以及成体系的制度规范，存在监管漏洞和监管盲区。

针对上述问题，FATF 的评估报告建议各国健全特定非金融机构反洗钱和反恐怖融资法律制度，加强对金融机构和特定非金融机构风险评估，加大监管力度，提高金融机构和特定非金融机构合规和风险管理水平。FATF 对特定非金融机构的范围进行了界定，即一是提供房屋销售、经纪服务的房地产开发企业或者房地产中介机构；二是接受委托为客户代管资产或者账户、为企业筹措资金以及代理买卖经营性实体业务的会计师事务所；三是从事贵金属现货交易的贵金属交易场所、贵金属交易商；四是其他由反洗钱行政主管部门会同有关部门依据洗钱风险状况确定的需要履行反洗钱义务的机构。

当然，对于上述特定非金融机构，仅在其从事法律明确规定的特定业务时应当参照金融机构相关规定履行反洗钱义务，且根据具体风险状况采取相应的反洗钱措施。

（四）在法律层面确立客户尽职调查制度

客户尽职调查作为金融机构反洗钱和反恐怖融资工作的基础，需要基于"风险为本"的理念开展，而现行的"客户身份识别"概念并未体现"客户尽职调查"的真实含义，缺少对事前、事中、事后全流程以及持续性的风险识别监管，也未提出基于风险的客户尽职调查措施。

认知是整个反洗钱合规工作的基础，健全的客户尽职调查程序是防范洗钱及其他金融犯罪活动的最佳手段之一。机构对客户了解越深，成功防范洗钱活动的概率就越大。

FATF 将客户身份识别制度修改为客户尽职调查制度，要求在原本识别客户身份的基础上，持续关注并审查客户状况及交易目的、资金的来源和用途等情况，了解客户的洗钱风险，并根据风险状况及时采取相适应的尽职调查和风险管理措施，形成"识别客户身份—划分客户风险等级—持续进行客户风险管控"这一完善流程。

（五）增加受益所有人概念

在 FATF 40 条建议中，明确指出受益所有人（Beneficial Owner）只能为自然人，并且受益所有人必须为最终控制人或所有者。受益所有人指最终拥有或控制所发生交易实际利益的自然人，以及对法人或法律安排具有实际控制力的人员。2022 年 3 月，为打击空壳公司对有组织犯罪、腐败和逃避制裁所得的清洗，FATF 进一步收紧了受益所有人规则，修订了建议第 24 条（"法人的透明度和受益所有权"），进一步强化了法人受益所有权的国际标准，强烈推荐各国建立受益所有权信息集中登记系统，要求政府主管部门能够充分、准确和及时获取受益所有权信息，考虑帮助金融机构和特定非金融机构及时获取基础信息和受益所有人信息，禁止无记名投票，公开名义股东和董事信息，并在国际合作中提供查询。

（六）确立反洗钱法的域外管辖

随着国际金融体系的发展，以及跨境支付方式和技术的不断创新，洗钱犯罪早已不再局限于某一国或某一地区，而是能够轻易扩散到全球的各个角落。电子化交易模式的便捷性使跨境洗钱更易于得逞，洗钱犯罪的国际化趋势越发凸显。

FATF 虽然规定了域外反洗钱的处理规则，但反洗钱法主要涉及所在国的司法管辖。这就使得在跨境洗钱案件中，一国反洗钱法与反洗钱刑事法律难以与另一个国家有效衔接，预防性的监管及处罚措施与惩罚性的刑罚措施之间缺乏贯通性，不利于新形势下严密反洗钱法网以打击具有跨国属性的洗钱行为，对于侵害一国金融管理秩序乃至国家安全的洗钱行为难以形成有效监管与约束。

自 2012 年 FATF 在《打击洗钱、恐怖融资与扩散融资的国际标准：FATA 建议》中力推"风险为本"的监管理念以来，沃尔夫斯堡集团、埃格蒙特集团、国际货币基金组织等国际金融监管组织积极响应。其他欧洲国家亦吸收美国、英国等国家的经验，在反洗钱监管方面逐渐由传统的"规则为本"向"风险为本"转变，并新增或修订各国反洗钱法以适应国际反洗钱的新趋势。

五、国际金融市场透明度监管规则

前文的内容主要就国际金融监管的各个领域展开，2008 年国际金融危机爆发以后，针对金融全行业的监管规则也取得了积极的进展，尤其是针对透明度的监管规则。雷曼兄弟作为金融危机爆发的导火索，其崩溃倒闭之所以引发美国乃至全球金融系统的崩溃，根本原因在于美国金融市场特别是场外衍生金融市场的极度不透明。危机之后，美国开始加强金融市场透明度的监管改革，于 2012 年提出了一项金融监管改革方案，即构建全球金融市场"法人识别码"（Legal Entity Identifier，LEI），该提议对所有参与金融交易的法人实体分配一个独一无二的身份识别码（20 个字符的全球标准代码），并制定一套标准化的数据报送准则。LEI 系统具有全球化、一体化和公开化等显著特征，其中全球化致力于对参与全球金融交易的法人机构实现全覆盖，从而实现真正一体化；打破了银行、证券、基金发挥身份识别和检测系统性风险的作用，以及保险等各个金融部门之间的界限，使跨部门的风险管理在技术上变得可行；公开化使任何获得 LEI 编码的法人机构都可以通过该系统获取交易对手的相关信息。截至目前，欧盟、美国、新加坡、印度等地区和国家以及 FSB 巴塞尔银行监管委员会等国际组织也要求在衍生品交易、证券交易、资产管理、资产证券化、金融监管、支付服务、信用登记、信用评级机构监管等多个领域使用 LEI。LEI 系统的广泛应用有效提升了国际金融市场的透明度，它已经发展成为新的国际金融监管标准，成为强化宏观审慎监管效果的关键原则和工具。

习近平在省部级主要领导干部推动金融高质量发展专题研讨班开班式上发表重要讲话强调 坚定不移走中国特色金融发展之路 推动我国金融高质量发展

本章小结

1. 国际金融规则的形成和变化与国际金融秩序的演化息息相关。尽管世界上的货币制度发生了数次变化，但是美元仍然是世界主导货币。然而应该指出，在 2008 年国际金融危机爆发后，以宏观审慎为基础的新的金融秩序模式逐渐形成，美国的绝对影响力逐渐减弱，我国和欧盟等国家的影响力逐渐增强。随着我国金融力量的不断增强，我国必将成为全球金融体系的一个重要组成部分。

2. 国际金融规则指国际金融领域有关参与方共同遵守的行为规范，反映了国际金融领域的共同要求以及规则制定主导方和参与方的利益诉求。国际金融规则的制定和遵从反映了国际金融格局的需要，既定的规则体系制约着既有国际金融格局的作用并影响着国际金融格局的走向，因此对国际金融格局有着重要影响。

关键词

国际金融规则

练习题

1. 国际金融规则的定义和主要类别是什么？
2. 国际金融规则的演变过程是什么？
3. 国际金融监管的内涵是什么？
4. 国际金融监管的基本原则是什么？
5. 现行国际金融监管规则是什么？

参考文献

［1］杨子晖，陈雨恬，张平淼.重大突发公共事件下的宏观经济冲击、金融风险传导与治理应对［J］.管理世界，2020，36（05）：13–35+7.

［2］张明，肖立晟.国际资本流动的驱动因素：新兴市场与发达经济体的比较［J］.世界经济，2014，37（08）：151–172.

［3］罗煜，王芳，陈熙.制度质量和国际金融机构如何影响PPP项目的成效——基于"一带一路"46国经验数据的研究［J］.金融研究，2017，（04）：61–77.

［4］谢平，邹传伟，刘海二.互联网金融监管的必要性与核心原则［J］.国际金融研究，2014，（08）：3–9.

［5］陶玲，朱迎.系统性金融风险的监测和度量——基于中国金融体系的研究［J］.金融研究，2016，（06）：18–36.

［6］操群，许骞.金融"环境、社会和治理"（ESG）体系构建研究［J］.金融监管研究，2019，（04）：95–111.

［7］杨子晖，周颖刚.全球系统性金融风险溢出与外部冲击［J］.中国社会科学，2018，（12）：69–90+200–201.

［8］马勇，王芳.金融开放、经济波动与金融波动［J］.世界经济，2018，41（02）：20–44.

［9］裴平，曹献飞，杜赫，等.国际金融学［M］.南京：南京大学出版社，2022.

［10］宿玉海，尹智超.国际金融学［M］.3版.北京：经济科学出版社，2023.

［11］杨长江，姜波克.国际金融学［M］.5版.北京：高等教育出版社，2019.

［12］信玉红.国际金融学［M］.北京：中国经济出版社，2005.

［13］姜波克.国际金融新编［M］.4版.上海：复旦大学出版社，2008.

［14］李小北，徐宏玲，田少卿，等.国际贸易学［M］.5版：北京：高等教育出版社，2023.

［15］路妍，姜学军，禹钟华，等.国际金融学［M］.2版.北京：清华大学出版社，2024.

［16］岩田规久男.金融政策的经济学［M］.东京：日本经济新闻社，1993.

［17］经济新闻社.金融·资本市场［M］.东京：日本经济新闻社，1982.

［18］西川元彦.金融的理论与政策［M］.东京：金融财政事情研究会，1977.

［19］经济评论社.银行业序说［M］.东京：日本经济评论社，1994.

［20］阿达哲雄.现代的银行［M］.东京：日本经济新闻社，1972.

［21］玉置纪夫．日本金融史［M］．东京：有斐阁株式会社，1994.

［22］鲁道夫·希法亭．金融资本［M］．福民，等，译．北京：商务印书馆，1994.

［23］保罗·萨缪尔森，威廉·诺德豪斯．经济学［M］．萧琛，等，译．16版．北京：
华夏出版社，1999.

［24］NEWMAN P，MILGATE M，EATWELL J. The New Palgrave Dictionary of Money and
Finance［M］. London：Macmillan Press Limited，1997.

［25］World Bank. Global Economic Prospects 1999［M］. The World Bank，1999.

后记

在完成《国际金融学》这本书的编写之际，心中满是感慨。

岁月不居，时节如流，唯有初心，坚如磐石。2002 年，我正在河北农业大学教授国际金融学，当得知学校并没有国际金融学的自编教材时我深感遗憾，并决心开始编写《国际金融学》，转眼间已有 22 年。在这 22 年中，我怀着对学术的热忱，马不停蹄地辗转了世界多个主要金融市场，自费进行实地研究。2005 年至 2007 年，我到香港国际金融市场学习；2010 年至 2014 年，我暂居日本进行学术考察，熟悉掌握日元的相关外汇兑换业务；2017 年，我去到了美国纽约，并有幸受邀前往南加州大学进行学术交流；2018 年，我又去到英国伦敦，并受邀前往剑桥大学参加金融学座谈会。若干年的实地考察经历让我获得了宝贵的一手国际金融资料，我秉持着精益求精的精神将多年的心血都倾注在本书的编写中，希望它的成功出版能帮助更多的学者开展国际金融学的研究。

2021 年，我的初稿完成并来到北京参加高等教育出版社的专家会议，在偶然提到自己正在编写《国际金融学》一书时，得到了高等教育出版社的鼎力支持。听闻该消息我十分激动，并加紧教材的修改。苦心天不负，有志事竟成，在今年我终于顺利完成了该教材的编写工作。

如今，世界之变、时代之变、历史之变正在以前所未有的方式展开，世界权力舞台中心"东升西降"，国际力量对比"北合南强"，世界经济重心逐步从欧洲、大西洋向亚洲、太平洋转移。同时，国际规则和国际体系也发生着深刻的调整，权力中心由西方发达国家向非西方国家转移。所以，本书融合前沿理论和经典内容，参考了大量国内外相关研究成果与实际案例，力图构建更符合现代国际金融发展趋势的知识体系。它凝聚了众多学者和编辑人员的心血，我们真切希望它能够成为国际金融学领域教学与研究的有力工具，也期待广大读者在使用过程中能提出宝贵意见，以便日后进一步完善。

读者意见反馈

为收集对教材的意见建议，进一步完善教材编写并做好服务工作，读者可将对本教材的意见建议通过如下渠道反馈至我社。

咨询电话 400-810-0598

反馈邮箱 wangym2@hep.com.cn

通信地址 北京市朝阳区惠新东街 4 号富盛大厦 1 座

邮政编码 100029

防伪查询说明

用户购书后刮开封底防伪涂层，使用手机微信等软件扫描二维码，会跳转至防伪查询网页，获得所购图书详细信息。

防伪客服电话 （010）58582300